西方传统 经典与解释
Classici et commentarii

HERMES

U0330064

HERMES

在古希腊神话中，赫耳墨斯是宙斯和迈亚
的儿子，奥林波斯神们的信使，道路与边
界之神，睡眠与梦想之神，亡灵的引导
者，演说者、商人、小偷、旅者和牧人的
保护神……

西方传统 经典与解释
Classici et commentarii
HERMES
伯纳德特集
张 辉●主编

美之在
——柏拉图的《泰阿泰德》、《智术师》与《治邦者》

The Being of the Beautiful:
Plato's *Theaetetus*, *Sophist*, and *Statesman*

〔美〕伯纳德特（Seth Benardete）●著

柯常咏 李安琴 ●译

华东师范大学出版社

华东师范大学出版社六点分社　策划

古典教育基金·"资龙"资助项目

"伯纳德特集"出版说明

与许多伟大天才具有相同的命运,伯纳德特(Seth Benardete,1932-2002)的重要性,在他生后才格外彰显;而随着时间的推移,他在思想史上的意义也将长久不可磨灭。

正像哈佛大学教授、著名哲学家曼斯菲尔德(H. Mansfield)在"悼词"中所说,作为一个古典学者,特别是作为一个杰出的哲学家,伯纳德特生前并不为知识界所普遍了解,他本人似乎对获得某种赫赫声名也并不感兴趣。但是,他又无疑是我们时代最有学问的人,同时也是最深刻的思想家(the most learned man alive, and the deepest thinker as well)。或者如另一位学者伯格(Ronna Burger)所言,他的一生,便是哲学式生活的楷模。

从1965年起,伯纳德特就在纽约大学(NYU)任教。在教书和研究的40年中,他几乎将全部精力都放在了对古希腊哲学和文学的研究与翻译上。逝世前一周,他还在为大家讲授柏拉图的《欧蒂德谟》(Euthydemus)——而这篇对话录,据说是仅剩的、少数他所没有讲授过的柏拉图对话录了。像他的伟大老师施特劳斯一样,他试图用那些"伟大的书"作为一面镜子,为平庸的现代世界,寻找到真正的、不可回避的对照;为实用而虚无的人生,提供另外一种生活的可能性。

　　而这一切是建立在严格而持久的学术苦修上的。伯纳德特对古代语言和古代文本天才的把握，甚至不得不使他的"宿敌"——美国形而上学学会会长罗森(Stanley Rosen)叹服。法国著名学者维达—那克(Pierre Vidal-Naquet)也认为，在这方面："他堪获得荷马的英雄般的荣耀。"而他涉足的广泛领域，更使当代学界少有人可以匹敌。1953年完成关于柏拉图的《忒阿格斯》(*Theages*)的硕士论文、1955年又完成关于荷马史诗的博士论文之后，他不仅翻译和疏解了埃斯库罗斯、索福克勒斯以及欧里庇德斯等人的戏剧；发表了关于赫西俄德、希罗多德的论文和专著；而且，还为几乎所有重要的柏拉图对话录——从《王制》、《会饮》到《法义》等等，在翻译基础上写了非常耐人寻味的评注。他对现有学科界限的超越，代表了一种学术和精神的高度，一种几乎难以企及的高度，历史、文学、哲学……诸多知识领域，在他的经典研究中精彩地融会贯通，而远非各自为政。

　　本系列从伯纳德特大量论文、专著和对话录中编选出11卷，向汉语知识界比较全面地介绍这位沉静而深刻的哲人的不朽思想。他对生活的悲剧与谐剧进行"情节论辩"的高超功力，他在体察"道德与哲学的修辞术"时所表现出的见微知著的惊人智慧，他与古代圣贤相遇并对话的奇特方式，以及他始终不渝的对美好生活的永恒追问，都将令拥有五千年文明的我们反躬自省。阅读伯纳德特，不仅会启发我们重新体认伟大的古代诗学传统，而且将对我们重新估量那些被现代学问与生活方式所遮蔽乃至毁坏的一切具有重要借鉴作用。

古典文明研究工作坊

西方典籍编译部戊组

2010年7月

献给——
莫米利亚诺

目　　录

致　　谢

感谢 1972 年国家人文学科基金提供助学金，本书的写作就从那时开始。也要感谢纽约大学，并感谢纽约社会研究新学院（New School for Social Research）研究生部的哲学系：最近 18 年来，我大部分时间都在讲授柏拉图和亚里士多德的单篇著作，是纽约大学允许我这样做，也是社会研究新学院给了我这样的机会。写作过程中，有些学生和好友提前阅读了部分或全部书稿，为我提出了许多改进意见，在此记下他们的名字以表谢忱：布鲁姆（Alan Bloom）、伯格（Ronna Burger）、戴维斯（Michael Davis）、肯宁顿（Richard Kennington）、斯特恩（Jacob Stern）以及乌姆弗雷（Stewart Umphrey）。尤其要感谢曼库索（Paulette Mancuso）女士，靠着她的精心关照，我的手稿方得以预备好而交付出版。

柏拉图说：一甚至也不是一，二则绝不是一。

——忒奥彭普斯(Theopompus)残篇 15K

导　言

　　[xi]曾有一份书目罗列出 1958 至 1975 年间所有的柏拉图研究文献,共有 3326 条。从索引看,其中有 102 篇讨论《泰阿泰德》,118 篇讨论《智术师》,21 篇讨论《治邦者》。其实,就写作计划和意图而言,《治邦者》的疑难之处不少于前两篇中的任何一篇(参 284c),因此,研究文献数量上表现出的这种不平衡,只可能基于如下假设:某种意义上,《泰阿泰德》和《智术师》讨论的是可与政治哲学截然分开的认识论和形而上学。本书则旨在证明,这样的区分无论看起来多有道理都是完全错误的——无论在一般意义上对于柏拉图而言,还是在特殊意义上对于这几篇对话而言。

　　本书安排如下。导言为本书采用的这种翻译作辩护,从而开启更广阔的思考,说明之所以把三篇对话一并收入本书的理由,并由此得出结论:《希琵阿斯前篇》表达出来的柏拉图在美面前的困惑,乃是这三篇对话的最佳导言。导言之后就是三篇对话,每篇对话先给出简短的导读,跟着是对话的译文,译文后各带自己的注释和疏解。① 这些疏解当然不是完全自足的,而是通过连续

---

① 　[译注]原文的注释和疏解以尾注形式给出,为方便读者,中译本改成了随文注或
　　脚注的形式。

的诠释把每篇对话与另外两篇关联起来。

一

　　本书译出三篇柏拉图对话，其中第一篇的标题为专名，不必翻译，转写过来即可。另外两篇的标题需要译，但译出来的结果只会引人误解。Sophistês 最好的译法莫过于 Sophist［智术师］，Politikos 最好的译法也莫过于 Statesman［治邦者］，但就前者而言，Sophist 这种译法已经带上了主要由柏拉图、［xii］而非任何别人赋予它的贬义。其实 Sophistês 这个词虽然可以指某种贬义的东西，像"自作聪明的人"（wise guy），但也可以指真正智慧的人，且可用于像宙斯和希腊七智这样值得尊敬的对象。因此，译为 Sophist 已经预示了原文所没有的含义。Politikos 的情况则更棘手，若把本书译名 Statesman 拆开来看，任何一部分都与原文不符，因为原文词中既没有 state［邦］，也没有 man［人］。Politikos 或许可以更字面地译为 politician［政客］，假如 Politician 的贬义色彩不像 Sophist 那么突出的话。若要与原文严格对应，这里的译名必须具备双重含义：Politikos 既指政治性的存在物也指精通政治事务的人。既然就这两篇对话的标题而言，都无法达到绝对精确的翻译，因此我们姑且退回通常的译法，并在此提醒：对于 sophist 和 statesman 要作比其表面含义更中立的理解。

　　刚才举出的两条翻译原则彼此并不一致。原则一是所有模仿性技艺的原则，即：翻译似乎既要让原文的光芒照耀出来，又不泄露自身为非原作的痕迹。原则二是，原文所包含的一切必须翻译得就像是在原文中一样，为的是让原文保持适当的距离。因此，惯用语译法（the idiomatic）与字面译法（the literal）的冲突是不可解决的，除非仅仅是表面上的解决。例如动词 sumpheromai 的意思是"一起动"或"同意"，最完美的译法是 concur，但这就在保留两个意思的同时也一并抹煞了两个意思。然而就柏拉图的作品而言，为了表明他如何在自己的写作中实践同样这两条翻译上的原则，这一冲突并非必须得到完美解决。事实上，冲突是柏拉图在城邦中展示哲学的必然结果。

柏拉图笔下的苏格拉底把哲学称为"辩证法"（dialectics）。这个词源自一个动词的主动态和中动态，该动词的同源名词即希腊文中的"言辞"（logos）。该动词的中动态 dialegesthai 是表示"交谈"（to converse）的常用词，主动态 dialegein 则要少见得多，意思是"隔离、分开"（to separate and divide）（色诺芬，《回忆苏格拉底》IV.v.12－vi.1）。一切言说的双重特质，正如赫拉克利特首先指出的那样，就在于它既是沟通（communication）、也是分离（separation），它们跟翻译的二条原则一样，根本上不相调和。但柏拉图努力要做的，就是使对话言辞与思想言辞之间达到某种表面上的调和，使他可以同时再现哲学与非哲学之间不可或缺的一致性，以及从意见上升到知识时这种一致性的部分瓦解。这种上升的标志就是在惯用语译法的语境中突然出现字面译法，以及同样，在字面译法的语境中突然出现惯用语译法。

[xiii]言辞的两个面相是某种不可分割的差别性。柏拉图在以下来自《智术师》的对谈中不为人注意地指出了这一点。异乡人说："猎取术如果不分成两种又说不通（alogon）"或"没有道理的"（make no sense）。泰阿泰德答道："说说（lege）在哪一点上分吧。"（参《智术师》219e）alogon 的字面意思是"没有言辞（without speech）"，要么指"无言的"（speechless）——在现代希腊文里这也是马的名字——要么指某种东西无法用言辞说出；仅仅把关于"说"的两个同源词并置，就显出"说"本质上既是区分（dividing）活动也是共享（sharing）活动，既是 dialegein［分离］也是 dialegesthai［交谈］。异乡人随后所作的划分让泰阿泰德很是困惑——他怀疑它们中的一个是否在——这就证明同时实践这两

种活动不可避免会导向彼此干扰。跟随 logos 意味着放弃沟通而进行划分(参《智术师》267d)。此时泰阿泰德用了一个双数词来表达他的疑惑,"可不是嘛,既然这一对中的两个都在"。双数词指一双或一对事物(如眼睛或耳朵),它们在柏拉图时代已从阿提卡方言中消失,只用于某些固定短语。柏拉图似乎重新启用了双数词,为的是突出一个事实:除非有在先的合(combination),否则就没有分(division),分说出了合,而非取消了合(参《厄庇诺米斯》978c-d)。因此,柏拉图往往用双数词表示对话中说话的双方,或表示将要讨论、因而将要被分开的什么东西。这种用法非常重要,因此在翻译中若碰到一个句子中至少出现一次双数词,我会不惜让译文显得笨拙,而插入"双"(pair)或者"成对的"(paired)这样的翻译。

　　此外,在这三篇对话中,柏拉图还把言辞的两重性跟一个词联系起来,该词在《智术师》的高潮处指示了对非在问题的解决。[这个词即"另一个/异"(other)。]① 在希腊文中,表示"另一个/异"(other)的词是 allo 或 heteron:说到一对中的另一个时就是 heteron,说到两个除了不同而再无其他关系的东西中的另一个时,就是 allo。heteron 所暗含的相互关系往往导致对这"另一个"的复制,因此当异乡人说钓鱼者和智术师在他看来是一对猎人时,泰阿泰德说,"那另一个是猎什么的呢? 因为我们已经说了另一个"(参《智术师》221e)。② 泰阿泰德说的第一个"另一个"是智术师,第二个则是钓鱼者。但是,一旦智术师被说成是与钓鱼者相对的"另一个",原本暗含在智术师是"异"这一说法中的钓鱼

---

① ［译注］本文中译为"另一个"的词,即《智术师》对话文本中抽象化地译为"异"的词。但在这篇导言的语境中,译为"异"常会导致中文不通,因而有时权且译作"另一个";在能够译为"异"的时候,则保持"异"的译法。

② ［译注］此句中的两个"另一个",希腊文都是 heteron,但并非指同一事物,而是指一对事物中的这一个和那一个。

者的首要地位就不复存在。为了尽可能清晰地显示这一点，我把
《智术师》文本中每次出现的 heteron 都译作"另一个"
（other），——并以 another 和 an other 这两种译法使一对相异者始
终保持分离——但绝不把 allo 译成"另一个"，无论这样译在上下
文中有多么便利。大多数情况下我们一眼就能看出"某个相异的
东西"（something other）并非"任何别的东西"（anything else），反
之亦然；然而两者的区别并非每次都一目了然，那时读者会觉得
我是在做一个[xiv]毫无差别的区分。因此，译者始终要确定什么
是重要的、什么是无关紧要的，否则就无助于解决上述问题。

也许，一个最能证明柏拉图让词语承担双重任务的例子，就
是 atekhnôs。字面上看，atekhnôs 是副词，意为"非技艺性地"（art-
lessly）（参《智术师》225c），日常用语中的意思则是 simply［只
是］。但在柏拉图笔下，atekhnôs 总是或几乎总是同时包含这两种
意思。在《伊翁》中，荷马史诗的吟诵者伊翁希望从苏格拉底那里
弄明白，为什么他自己除了荷马就再也不关注别的诗人，不能就
别的诗人讲出什么值得一提的意见，而是"只有（atekhnôs）打盹的
份儿"。苏格拉底立刻回答说，那是因为伊翁不能凭技艺和知识
来解说荷马（《伊翁》532c）。atekhnôs 这个词翻译起来很困难，但
通过在括号里附上其字面意义，也可以讨巧地应付过去。至于
ontôs，其字面意思是"在着"（beingly），俗语意思则是"真地"（re-
ally）——亚里士多德的作品中从未出现这个词便可证明它属于
口头语——我们必须确定一个词来翻译它，并从始至终采用这一
译法。我采用 in（its，his）being［就其在而言，在其在中］的译法。
这一解决办法其实很笨拙，精确有余却失了原文的随意感。不过
它似乎比译作 really（真地）好些，后者跟 concur 一样，因为要显得
正确，结果反而不能传达原词的意思。

有两个词最能说明本来带有随意感的词如何在翻译中却变
成了严格呆板的词。这两个词用作第三人称单数时表示某种程

度的赞同：一个词是 Eoike，其字面意思是"它像"（it resembles），延伸意义是"它似乎可能"（it seems likely）；另一个词是 phainetai，意思是"它显得"（it appears）。尽管这两个希腊词似乎可以通用，读者还是很快会注意到，它们往往成对出现，如果对话者先说了eoike，那么接下来的回答语往往就是 phainetai。若非异乡人在《智术师》中面对智术师问题时的困惑产生于他对两种技艺——一种源自 eoike 另一种源自 phainetai——的区分，那么上述特性或许说明柏拉图专好为了多样化而多样化。事实上，虽然异乡人还在让泰阿泰德关注问题时，并没有让泰阿泰德注意到他所说的话对问题的适用性，但问题本身还是因泰阿泰德说到 eoiken 而突然被提出来（236d）。异乡人把泰阿泰德所用的 eoiken 与他自己所用的 ontôs 形成对照，后者在泰阿泰德回答前和回答后都出现了。

　　Pantapasin men oun 是表示同意的强调形式，无法直译，不过也许可以随便用几个意义对等的词来翻译它，而不必始终采用同一个译法。泰阿泰德往往在听到异乡人对之前论证的概括后说这个词（《智术师》221c，223b，231e），异乡人从未对此表示任何不满（参《智术师》233d，253e）。但是，当小苏格拉底以几乎相同的方式使用这个词时（《治邦者》267d），异乡人却突然叫停了他，并想知道他们所做的[探究]是不是实在 pantapasi、[xv]即彻底完成了。就此而言，柏拉图已经为我们提供了跟踪 pantapasi 每次出现的线索，译者也容易按照柏拉图的严格用法来满足读者的阅读。但柏拉图显然不可能总是这样做我们的向导，当没有明确指示的时候，我们往往就不在意了；作为译者，把整个翻译建立在pantapasi 和 eoiken 这类无疑属于细枝末节的东西上，似乎也愚蠢得很。的确，当译者也不知道为什么、却仍然坚持严格的字面译法而不采用惯用语译法时，自己都会觉得自己愚蠢。唯有一颗意愿并盼望读者能够比自己更好地理解原文的心，才能让译者始终坚持走这条直而狭窄的[路]。本书给出的几篇翻译正是出于这样的意愿和盼望。

有一个词，to kalon［美］，比其他词更能把翻译的普遍问题跟翻译希腊文的特殊问题联系起来。雅典则似乎一直满腔热情地投身于美，正如耶路撒冷满腔热情地献身于正义；柏拉图把各个种的自然称作该种的 eidos［形相］；而 eidos 有时也单独指美之形式（form）——这三点加在一起，可能会使人猜测柏拉图之所以把美等同于诸在之在（the being of beings），乃是因为他错把他所属的那个民族的精神当成了事物的本质。①然而，美并非柏拉图的最高原则，柏拉图的最高原则是善，或善的 idea［型相］，它高于在。苏格拉底的无知最终止于美与善之间颇成问题的关系——美就是诸在之在，善则是那没有它就没有在或诸在的东西。假如柏拉图不是首先思考他去往美的道路，而是单纯作为希腊性的传声筒，这一关系是不可能成问题的；而除非柏拉图已经开始思考人们体现于日常用法中的关于美的共同意见，这一关系也不可能全面成为问题。《泰阿泰德》《智术师》和《治邦者》不但在语言上，而且在主题上都由美联系在一起。因此，一篇导言若能说明美如何造就了这种联系，并说明它为何要在此检审柏拉图在《希琵阿斯前篇》中对美的检审，就算完成了它的任务。

二

任何一篇柏拉图对话，初看都让人以为它本身就是完整的，但进一步考察通常会显示它跟另一篇对话存在某种联系，彼此构成一对。这样的对子很多，如《王制》与《法义》、《会饮》与《斐德若》就是其中的两对。此外还有［xvi］《斐德若》与《高尔吉亚》；而若不把另一对即《会饮》与《普罗塔戈拉》也纳入这一系列，我们

---

① 参海德格尔，《黑格尔和希腊人》，收于氏著，《路标》，法兰克福，1967，页262。

就不可能认为它们是一对,后面两篇对话也必须看成一对。然而还有一个最长的对话系列,循着一个外部事件,即苏格拉底的审判和死亡,按时间顺序相联,依次是:《泰阿泰德》《游叙弗伦》、《智术师》《治邦者》《苏格拉底的申辩》《克力同》和《斐多》。所列七篇对话中,《泰阿泰德》《智术师》《治邦者》又自成一组,不仅因为这三篇对话的人物相同(除异乡人以外的人物),还因为它们是仅有的明确提到彼此的对话。在《泰阿泰德》结尾,苏格拉底建议忒奥多洛斯及其余各位次日在同一地点再聚;而在《治邦者》开篇,苏格拉底则表达了他对于结识泰阿泰德和异乡人的感激之心。此外,《智术师》与《治邦者》在所有对话中最明显地构成一对,其特有的对话进行方式将它们与别的对话分离出来,并使它们彼此相系。

早在我还没有开始研究这三篇对话之前,我的恩师,已故的施特劳斯教授,曾以无与伦比的清晰点出这三篇对话的主旨:

阐明宇宙论问题意味着回答哲学是什么或哲人是什么的问题。柏拉图很克制地没有把关于这一问题的主题式讨论交给苏格拉底,而是交给了爱利亚异乡人。但异乡人也没有明确讨论哲人是什么,而是明确讨论了易被错当成哲人的两类人——智术师和治邦者:通过理解智术(最高意义上的以及较低意义上的)和政治术,就会理解哲学是什么。哲学追求整全的知识。整全是诸部分的全体。整全无法为我们捉摸,但我们知道部分:我们拥有关于部分的片面性知识。我们拥有的知识具有一种从未被克服的根本的二元论特征:在这一极,我们发现了同质性知识,首先是在算术中,其次也在数学的其他分支中,并且衍生地在所有生产性的技艺或手艺中;而在相反的一极,我们发现了异质性知识,尤其是关于彼此各异的目的的知识,其最高形式就是治邦者和教育家的技艺。后一种知识优于前一种知识,原因如下:作为关于人类生活目的的知识,它是关于什么使人的生命完满或整全的知识,因此是关于某种整全的知识。关于人类目的的知识意味着关于人的灵魂的知识,人的灵魂是整全中唯一向整全开放的部分,它因此也比任何别的东西更亲近整全。这种知识——[xvii]在其最高意义上就是政治技艺——不是关于**那**整全的知识。关于**那**整全的知识似乎必须以某种方式把最高意义上的政治知识与同质性的知识结合起来,这种结合可不是我们所能处理的。因此,人类不断地试图把问题向前推进,他们把统一性强加给现象,又把同质性的知识或关于目的的知识绝对化。人类也不断地受两种相反魅力的诱惑和欺骗:一种来自能力,它产生自数学和一切与数学相近的知识;一种来自谦卑的敬畏,它产生自对人类灵魂及其经验的沉思。哲学的特征乃是温和地——如果说也是坚定的——拒绝向任何一种魅力降服。哲学是勇敢与节制的最高形式的结合。尽管哲学崇高而尊贵,若把它的目标与它达到的成就相比,它可能还是显得像西西弗斯,或显得很丑陋。然而哲学必然由爱欲(erôs)伴随、维系并得以提升。它因着自然之恩惠而优雅起来。①

施特劳斯对《智术师》和《治邦者》的总结直指一个难题:柏拉图为何把讨论哲学是什么的任务交给一个地道的异乡人,而不交给苏格拉底?无论怎样回答这个问题,都必须考虑到这次讨论发生的大背景(苏格拉底的审判临近了)和特殊情境(苏格拉底前一天曾与泰阿泰德交谈)。尽管即将面对败坏[青年]和不虔敬的

———————

① 施特劳斯,《什么是政治哲学?》(*What is Political Philosophy*),Glencoe, Ill., 1959,页 39-40。

指控,苏格拉底还是要做他一直在做、并使他区别于其他所有人的事:以苏格拉底式的无知来诱导人。他当然成功地把泰阿泰德折腾得筋疲力尽,但自己似乎也筋疲力尽。我们感到,苏格拉底面对他自己的困惑似乎无能为力;而我们若意识到,面貌酷似苏格拉底的泰阿泰德也被放在了 50 多年前帕默尼德——他那时几乎跟现在的苏格拉底一样老迈——对年轻苏格拉底施行的那种障碍训练中,这一印象还会进一步加强。如许岁月过去,苏格拉底没有取得什么进展。哲人继承并传递怀疑。

苏格拉底对泰阿泰德的检查,从质疑泰阿泰德的老师忒奥多洛斯的资格开始,他质疑后者是否有资格判定泰阿泰德的丑几乎不亚于苏格拉底。苏格拉底的质疑似乎来自怨愤,这显得被后来的情形证实:苏格拉底接着对忒奥多洛斯穷追猛打,直到后者在他的盘诘下受尽折磨,承认自己的无知。苏格拉底怎么都不满意,直到他能够宣告泰阿泰德的回答证明忒奥多洛斯完全错了:泰阿泰德其实是美的,苏格拉底的美也不逊于他。面对证据,苏格拉底却服从于论证。他把一切型相化(idealize)。丑的感觉[xviii]向美的知识让步了,而造成这次屈服的两个美者却深陷无知的泥沼。如此的荒诞——它再次暗中证实了忒奥多洛斯起初的论断——只能令我们再也看不见那真正令人惊异的事,即《泰阿泰德》的情节把美与真放在了某种彼此对抗的关系中。帕默尼德当年追问头发、泥土、污垢这些东西的 eidos[形相]时——与苏格拉底追问正义、美、善这些东西的“型相”形成对照——就向青年苏格拉底暗示过这一关系(《帕默尼德》130b-d)。50 多年过去了,苏格拉底还站在同一位置,由此表明他什么也没有学到。

事实证明,苏格拉底在《泰阿泰德》中没有得出任何结论——这暗示着他的一生也是如此——这似乎导致如下结果,即柏拉图转离了苏格拉底,而求助于帕默尼德派的异乡人,来传达他本人对苏格拉底方式的责备并重新声明哲学的真正任务。异乡人本

身的方式无论多么不足,看上去肯定不像苏格拉底的方式。异乡
人的方式看起来很科学。当苏格拉底表示异乡人是作为神来惩
罚他的无能时(《智术师》216B),似乎柏拉图是在苏格拉底"惯常
的反讽"内练习苏格拉底自己的反讽。一边是《泰阿泰德》,一边
是《智术师》和《治邦者》,之间的不同或许可以这样解释:柏拉图
宣告他要从苏格拉底僵滞的怀疑中摆脱出来,转而求助于来自某
种精致的帕默尼德主义的有效方法论。《泰阿泰德》这篇对话的
形式本身似乎就证实了这一点。苏格拉底与泰阿泰德和忒奥多
洛斯的这场对话其实就发生在他受审判之前,但我们由对话本身
得知,这篇对话的发表延迟到了苏格拉底死后多年。似乎柏拉图
想要澄清一点:他对苏格拉底的背弃,与雅典此前对苏格拉底的
判罪毫不相干。然而,这个结论并不十分令人信服,因为柏拉图
让他笔下的苏格拉底暗示,他自己,而非异乡人,才是那篇计划中
将以"哲人"为题的对话的首要发言人(《治邦者》258a)。最后的
笑是苏格拉底的,这笑将因沉默而更加响亮。

　　解读这三篇对话的目的在于提供一种阅读方式,使人在阅读
柏拉图时,面对那混合着苏格拉底式和柏拉图式反讽的迷宫,一
旦意识到每一条似乎能领人走出这迷宫的线索——在人企图去
倚赖它时——都会突然断掉时,还能站得稳而不致失衡。然而现
在必须回头去问:什么使关于泰阿泰德之丑的争论成了提出知识
问题的契机? 如帕默尼德给青年苏格拉底的问题所暗示的,苏格
拉底的转向人类事务,更不用说还有他的否定[xix]整全的知识
作为哲学目标的可行性,便是两个问题的联系所在——第一个问
题的特征是太人性,第二个问题的答案则是超人性的。然而,美
不仅仅是偶然性地与苏格拉底的转向相结合,而是本质性地属于
这种转向。其间的本质联系即此。苏格拉底的转向人类事务,乃
是把美从诗人们那里夺走,并把美确立为一个哲学问题。可以
说,《会饮》和《斐德若》不用论证就证明了这一点,因为,在《会

饮》中，美被声明为哲学追问的巅峰，而且在两篇对话中，美似乎都作为哲学追问唯一可得的途径而出现。

《泰阿泰德》、《智术师》、《治邦者》可以为那些成对景观提供充分支持，这一点依赖于美作为它们联合论证的决定性因素重复出现的方式。除了关于泰阿泰德之丑的争论——苏格拉底以此争论开始，并且该争论不少于关于苏格拉底方式的争论——[涉及美]之外，在《智术师》开头和《治邦者》结尾都有那么一个时刻，美介入进来，确定了讨论的两极（《智术师》226d-230d；《治邦者》306a-309b）。异乡人区分灵魂的健康与灵魂的美，并把美化灵魂的任务归给苏格拉底通过盘诘来施行的净化术。然而，颇让我们吃惊的是，这样的归属又涉及道德健康与理智之美的区分，就前者而言，苏格拉底没有什么可做的，而后者则单在于苏格拉底式的无知。不过在《治邦者》的结尾，异乡人纠正了自己的说法，他主张在所假定的道德德性即节制和勇气当中，包含了美自身内部不同种（kinds）之间的某种对立，而治邦术知道如何把这些对立的种类混合起来同时又不削弱两个中的任何一个。

因此，在美的光芒照耀下，道德与理智的不可分离性似乎再次得到证实，同时显然也丧失了某种差异性。无论如何，对哲人苏格拉底的发现，表明作为智术师和治邦者的苏格拉底竟是个美化者。然而，这个名称本身似乎意味着苏格拉底做的是美容师那样以假乱真的买卖。因此，异乡人通过对两种造像术的令人困惑的区分，提出了非在的问题。两种造像术中只有一种关涉到美，他犹豫要不要把智术（sophistry）划归其中。如此他似乎就不得不区分真美与假美，但他没有这样做，而是向"不美"中寻找通往非在的钥匙。非在之在首先被表述成"不美"之在。头发、泥土和污垢一点儿也不比美少在些。美并不是一个格外享有特权的在。这样的结论如何才能一方面与灵魂健康和灵魂美的双重性一致，另一方面也与美在灵魂健康中的双重性一致，可以说正是《泰阿

泰德》、《智术师》和[xx]《治邦者》的主题。然而，在美本身尚未
得到检审之前，我们不可能接近这个主题。因此，这三篇对话还
需要《希琵阿斯前篇》。

三、《希琵阿斯前篇》疏解

《希琵阿斯前篇》可现成地分成七部分：(1)进步及其主要障
碍，法(281a1-286c2)；(2)286c3-289d5，(3)289d6-291c5，(4)
291c6-293b9，这三部分是希琵阿斯定义美的三次尝试；(5)
293b10-294e10，(6)295a1-297d9，(7)297d10-304e9，这三部分
是苏格拉底定义美的三次尝试。对话各部分相较它们属于其部
分的整篇对话而言，更明显地各自成为一个统一体。因此，这篇
对话似乎是要以实例来说明希琵阿斯对苏格拉底及其朋友们的
逻辑切割法(chopping)的批评；在希琵阿斯看来，他们不可能把握
诸事物的整全，尤其无法把握美的整全，因为美就其本性而言乃
是一个巨大的、不可分割的在体(body of being)(301b2-7；《普罗
塔戈拉》337e2-338a8；《希琵阿斯前篇》369b8-c2)。《希琵阿斯
前篇》的可笑加剧了它明显的不连贯性，而可笑——仍然是在希
琵阿斯看来——意味着它的丑陋，因为他认为可笑与丑陋等同，
美跟神圣一样则对笑声免役，它无可挑剔(288b1-3, d1-3,
294a5)。然而，希琵阿斯为这篇对话的可笑做出的贡献几乎不比
苏格拉底少，所以对话尽管嘲弄希琵阿斯，还是为希琵阿斯的原
则辩护。于是，我们碰到一个典型的柏拉图式的迷：通向对美的
理解的道路看上去却违背了美的一切可能的标准。很显然，自诩
无所不知的希琵阿斯和极度困惑的苏格拉底构成了最不可能共
同去发现什么东西的一对。其实他们在有一点上的一致是心照
不宣的：两人都没有提到美的吸引力或魅力。美并不是可爱。对
话中有表示性交的词出现，但没有出现 erôs[爱若斯]及其任何同

源词。

希琵阿斯与苏格拉底实质上不可能达成和解,这一点表现于各人提出的三个定义在种类上的差异。希琵阿斯举出某个在,把它当作美(少女、黄金、男人);苏格拉底则举出某种可叫人因此而承认该在者美的记号(合适、有用、快乐)。[苏格拉底提出]一个或多个反例,证明希琵阿斯的几个定义并不充分;不过,当美的操持、美的习俗、美的法律所提供的反例使苏格拉底的最后一个定义也快站不住脚时,他也就把这个定义搁在一边,转而证明该定义自身的矛盾。苏格拉底总是用一个例子来检验希琵阿斯的定义,那就是神;还有一个例子也总是出现,那就是法,它要么出现在关于苏格拉底诸定义的论证过程中,要么出现在苏格拉底引以证明他那些定义的事物中。很显然,美必须是实体(substance)和规则的不可能的结合,因为,就算一个在美的卓尔不群,[xxi]以至于人可以借此最佳地推演出[关于美的]规则,但一旦规则被发现,这个在者也就变成了仅仅是规则的例证而已。那么我们是否要由此得出结论:不应当去寻找作为某个在的美?然而,苏格拉底还是在探问存在(ousia),因为他谈到纠正他最后一个定义的可能性;他表明,这最后一个定义的失败是在论意义上(ontologically)的失败,而并不是因为它不能无误地察觉到某个美的事物的在场。一个名义上的定义可以轻易涵盖一切美的事物——无论是自然美、艺术美,还是礼法美(295d7-8),但不能辨别真实与虚假,苏格拉底放弃把"合适"当作美,就是因为"合适"不能说明表象之外的东西。苏格拉底选择单独与希琵阿斯交谈,而且在希琵阿斯似乎早已完全失去兴趣后还愿意把讨论继续下去,可见,他必定在某些方面需要希琵阿斯及其所代表的东西来补充他自己的方式。提供这一补充的,会是希琵阿斯把美视为某个在者的愚见吗?

进步（281a1–286c2）

对话第一句就是"美而智慧的希琵阿斯"，而对话本身也是从智慧问题进而过渡到美的问题。这就促使我们把美和智慧结合起来思考，即便在两者并没有明确联系起来时。例如，希琵阿斯一贯地把可笑可鄙的东西等同于无知（282a3，288b2，290a1），因此也就是暗示，不好笑、可敬佩的东西就是知识。苏格拉底呢，他一开始似乎认同今人可能比古人智慧，但他最终意识到了"美的事物是困难的"这句古谚乃是真理（即古代智慧的片段），并由此否定了在智慧上——至少是在美的知识上——的任何进步。美，似乎是进步与否的试金石（参 282d6）。既然可笑就是无知之丑，那么，庇阿斯倘若复生，比之智术师可能会引人发笑的这一事实，就是有了进步的标志。但是，既然希琵阿斯的可笑比起庇阿斯其实毫不逊色，那么也许丑跟缺乏智慧并不相干。短语"美而智慧"似乎是对传统中描述君子的"美而善"的现代改写，这里"智慧"取代了"善"，"美"则似乎保持原样。希琵阿斯说，他提供的新式教育会把他的学生变得更好，但他关于美的操持、美和礼法的言辞，却是以问题的形式说出来的，这问题是阿喀琉斯之子涅俄普托勒摩（Neoptolemus）向最老的英雄涅斯托尔问的问题。希琵阿斯相信，这些言辞在富有革新精神的雅典跟在斯巴达一样可能受到赞扬。

[xxii]根据希琵阿斯，智术师的技艺已经如其他技艺一样进步，庇阿斯换在今天将如雕刻家们所说代达劳斯的可笑一样可笑——如果他现在还制作那些为他获得名声的雕像的话。苏格拉底挑了这样一门技艺来证明众技艺的进步，该技艺主要涉及用将被当作现实的虚构物来表现美；还挑一个神话人物来证明古代雕刻家逊色于今日雕刻家。希琵阿斯够审慎的，没有公然轻看那包含着古代智慧的神话，但他似乎没有注意到苏格拉底所举例子

的真实含义。难道代达劳斯不能跟斐迪阿斯同样懂得美、只是在
实现美的手段上却稍逊一筹吗？还是说知识的不足必然伴随技
巧的不足？如果技能（know-how）与知识不可分，那么，古代的智
慧之士们将一方面比代达劳斯落后——因为他们都不参与公共
事务，一方面则更有知识，因为他们知道得足够多，以至于耻于参
与公共事务。然而，参与公共事务首先意味着参与政治，如果政
治遵从智慧正如雕塑遵从美的知识，那么参与政治所需的智慧必
然是政治哲学所提供的知识。但是，苏格拉底发现了政治哲学却
避开了政治。

　　于是，智慧上已经有了进步，但还没有相应的技术进步。如
果这种技术进步将来不能得到预防，那么智术师就会过早地进入
政治。但是，如果政治比石头或金属更坚硬，拒绝任何技艺性的
提炼，那么《王制》中苏格拉底关于美的城邦的神话便成了实现该
城邦的限度。姑且承认斐迪阿斯雕刻的雅典娜神像比代达劳斯
的任何雕塑都美，它是否也比荷马言述海伦之美的方式更美呢？
（《伊利亚特》3.146-160）即使帕特农的雅典娜并不少美一些，扩
展用以展示美的材料也并不表示荷马［在美方面］的知识较低；相
反，它表明现在抓住美也许更容易了。海伦之美须由她对特洛伊
长老们产生的冲击去侧面领略，雅典娜的美则直接可见。因此，
智慧的进步或许同样意味着智慧的大众化，而这必然导致精确性
的丧失。智术师希琵阿斯会区分依据精确言辞而言的法的意义
和依据大众意见而言的法的习俗意义（284e1-5），使臣希琵阿斯
则无意向斯巴达人或任何别族人教导这一区分。

　　掩饰智慧跟智慧本身相符，掩饰美则似乎自相矛盾，因为美，
若从丑或可耻的角度来理解，似乎指人们不耻于在任何人面前展
示的东西。［xxiii］然而，希琵阿斯的自夸却不美。由此，美似乎
正因为会自动引起赞美，所以无需自我赞美；但自夸未必就是不
得体的自我赞美，甚至未必就是自诩他能做别人所能做、而他做

不了的事。真正的自夸是把不可能表现成可能，也许自夸与美的不同就在于，美在表现自己时乃是公开宣告它自身的不可能，或至少是极度不在意这美（《普罗塔戈拉》315b9；《奥德修斯》494e3-8）。由此，智慧的进步可能恰恰意味着认识到智慧的不可能，"智慧"被"爱智慧"代替就表明了这一点。美的事物也不会像古人所以为的那样难以认识，而是根本不可能认识。道德也是，它似乎总是已经是一个"理想"。

在《王制》第二卷中，苏格拉底把正义与视觉、思想、听觉一起，置于诸善中最美的等级。格劳孔和阿德曼托斯却认为，不正义才自然地使人快乐，正义则强制性地获取称赞。私人善在公共处将站不住脚，公共善在私下里则遭人憎恨，而把使人快乐和值得赞扬统一起来的美似乎只能是虚构。希琵阿斯从斯巴达人听他自由演讲时所得的快乐以及他们给予他的称赞推断，假如不是因为法律，他——如果有人的话——就会凭借他的教育获得丰厚的报酬。构成希琵阿斯智慧的因素让我们想起苏格拉底所建议美的城邦中的护卫者应当学习的课程：天文学、几何学、逻辑学和音乐；但这些课程中没有一个让斯巴达人觉得快乐，也不会赢得他们的称赞。所以希琵阿斯被迫转而学习神话，或者，他更愿意称之为考古学，即人和英雄的谱系以及古老城邦的建立。希琵阿斯[的这一转变]是对哲人被迫下到洞穴及其高贵的谎言的模仿。苏格拉底曾经把希琵阿斯比作奥德修斯在冥府所见的赫拉克勒斯，因为赫拉克勒斯在诸神中间享受快乐（《普罗塔戈拉》315b9；《奥德修斯》XI.601-14）。

少女（286c3-289d5）

希琵阿斯知道什么是美，但这只是他广博之学的一小部分，而且几乎没什么价值。美的知识并不是美，因为它不能生利（参考282d2）。希琵阿斯不会提供一门"美学"课程，因为虽然不是随便什么人都说得出美是什么,但人人都能在听到希琵阿斯的定义后马上见证这定义是对的(288a3-5,289e4,291e8-292a1)。美似乎是无可争议的:雅典人和特洛亚人是因海伦而战,并非关于她而战。美直接迫使[xxiv]人达成一致,从而也就隐藏了它如何迫使人达成一致。美令人销魂。美典型地说明了"它是"(that it is)与"它所是"(what it is)的分离;美是一个公开的奥秘。苏格拉底必定也曾认为美不是什么难以认识的东西,否则他就不会因为答不出问题而生自己的气了。同样,他必定也经验过美的强制性力量,不然他可能已经决定再也不去赞美或谴责什么。但是,希琵阿斯本人以及他的言辞和思想使苏格拉底谈到美。

美的公共性体现在美与赞美的联系之中。美要求人们无保留地说出它。美跟其他的善一样不是人可以据为己有的东西。美如此显著地可以共享,以至于它似乎不能被拥有,更不用说被利用。苏格拉底无论如何也无法告诉第俄提玛,人一旦拥有了美之后能从美那里得到什么(《会饮》204d8-11)。美似乎总与人保持一定距离,这种难以捉摸性很容易让人误以为美是虚幻的。美的公共性,美召唤人说出它,美不与人独享,美总与人保持距离——美的这些特征,似乎使它够资格称为主体间性的基础或核心了。当希琵阿斯打算离开并独自去探究美时,苏格拉底以诸神的名义恳求他就当着他的面来找出美,或者如果他愿意,也可以与苏格拉底一同寻找(295a7-b3)。美是否就像正义那样,一俟我们孤身一人且太阳落山,就消失不见了呢?(《克拉底鲁》413b3-c1)

就对话的剩下部分而言,希琵阿斯和苏格拉底都绝非长时间孤身一人。苏格拉底把问题本身及几个论证托给了一个人之口;关于此人我们开始一无所知,只知道他惟一关心的事就是真理(288d4-5),但最后知道他原来就是索弗戎尼斯科斯(Sophroniscus)之子(298b11)。在这篇关于美的对话里,苏格拉

底把自己一分为二：一个是希琵阿斯愿与之交谈的苏格拉底（苏
格拉底1，简称苏1），另一个苏格拉底则品味低俗，竟然谈到盛着
美味豌豆汤的美的陶钵（苏格拉底2，简称苏2）（参291a3-4）。
那个谈论驮东西的驴，谈到铁匠、鞋匠、皮革匠而让阿尔喀比亚德
为之不安的苏格拉底，那个谈论娈童生活而被卡里克勒斯（Calli-
cles）视为不知羞耻的苏格拉底，现在由另一个苏格拉底呈现在
希琵阿斯面前，这另一个苏格拉底试图模仿前一个苏格拉底，成
为他的样子（287a3，b5）（《会饮》221e1-222a1；《高尔吉亚》
494e3-8）。苏格拉底先把自己变成了两个，然后再融入这两个
苏格拉底之中。用这种方法，难以得体地说出来的东西被得体
地说了，应该隐藏起来的东西则在幻象中并通过幻象显明出来
（293a2-6）。

　　一旦苏1把场景铺排妥当，苏2就使得希琵阿斯同意，所有
美的事物所借以显得美的那个美是一个在。[xxv]这就提出了诗
歌制作中的原因之在的问题。苏1设法把另一个作为主体的所
是变成自己的述谓语，但这另一个作为主体的人就是他本人。苏
2才是真正的苏格拉底，他正是自己对苏1而言具有可述谓性的
原因。看起来苏1通过模仿取了苏2的形像，实则是苏2再现成
了另一个苏格拉底里面的苏2，这另一个苏格拉底作为另一个，其
实是幻象。作为述谓语的苏2的双重性——苏格拉底既是苏2
也是苏2的画像——乃是真相的倒置，因为，苏1是苏2的画像，
但前者不是作为披戴了另一个苏格拉底的像的在，而是作为一个
像，这像披戴了其原型的在。述谓语为真，主语却为非真。或许
美亦属此类？如果是，那么美必须一面将自己表现为述谓语，一
面又将自己表现为另一个不同于自己的、作为主语的他者。这样
一来，对我们而言，美首先是作为其自身的不足形式的自身，即另
一个美，这另一个美作为另一个作用于美本身，使美本身作为它
本身在另一个美里面为人所知。由此，美便是某个特定的种——

诗人,诗人虚构的故事使得我们说他是诗人——的动力因,因为我们固然不会说建房子的就是那房子,但我们的确会说这段音乐是纯粹莫扎特的。亚里士多德说,前苏格拉底哲人首先提出美的问题时,错把其实是形式因/终极因问题当作了动力因问题。他们把这因叫作"爱",缪斯对赫西俄德说,爱神在众神中最美(《形而上学》984b11-29)。

希琵阿斯的"美的少女就是美"这个回答,在苏2用后面的问题引起他愤慨后有了几分道理:"那美的陶钵呢? 它不也是美的吗?"希琵阿斯说,只有没教养的人才有脸在严肃的事上说到这些不体面东西的名称。希琵阿斯反对的是名称,不是东西。"美的少女是美"并非完整的句子,必须给述谓语补上一个不定式才完整——如"提起来"、"说起来"、"写起来"是美的,或诸如此类;然而,美的陶钵再怎么美,都绝不会在有教养的言辞中找到一席之地。丑是不堪出口的东西。苏2引一位神作他的证人,试图预先防止希琵阿斯的反对:如果连一位神都能称赞美丽的母马,谈论陶钵就丝毫不比谈论美少女更不合适。希琵阿斯强调说话要体面,让我们不由得要用同样的标准来看待他的第一个回答,我们会把"美少女"看作体面的象征和天真无邪的同义词。由此,美就是那排除我们的经验、使我们重新去信仰明明白白的道德的东西(《智术师》234c-e6)。然而,希琵阿斯欣然同意,表述中的美少女也可以替换成母马或弦琴,因此我们只好按字面来理解他的话。希琵阿斯说,parthenos kalê kalon［美的少女(就是)美]。这里的形容词是阴性,谓述是中性;而且按照他的说法,kalon［xxvi]有没有冠词都一样。因此,希琵阿斯说美的少女就是美,他的意思是凡美的东西都是美。

美是具体的普遍,是提喻性的。希琵阿斯其实以一种极端方式表达了爱欲者的经验,苏格拉底在《斐德若》神话中对这经验作了更恰当的说明:在那些天外之在中,唯有美享有特权,可以通过

诸感官中最敏锐的视觉照耀出最明亮的光辉(《斐德若》250c8-
e1)。如果人们不会简单把爱欲者的经验归为幻觉,那么它就指
出了下述问题:如果美的定义并非具体说明美所关涉之物,那么,
那显得美的在者似乎就跟它之为美毫不相干;它就成了质料而
已,较完全、或没那么完全地接受了美的印记罢了。但是,美丽的
母马看起来仍作为母马美着,它是一匹母马这一事实并不说明它
在何种程度上抗拒成为美本身。苏1在解释苏2所说关于美的
陶钵的例子时,确定了专门适用于陶钵的美的标准——要是说
"光滑"、"圆润"等标准同样适用于判断美少女,未免太可笑(《斐
勒布》51c1-d10)。如果美像这样有类别限制,那么美要么只是个
完全模糊的术语,要么就有双重含义:一种含义是单一而广泛意
义上的美,它确定了最低条件,任何事物不满足这条件就算不上
美;一种含义是多重而精确意义上的美,各类在必须以各自的方
式满足这一精确条件。对第二种可能性的探询构成了对话其余
部分讨论的基础。

　　《希琵阿斯前篇》有两段引自赫拉克利特的话,第一次是苏1
引来为希琵阿斯辩护的,第二次是苏2引来回击希琵阿斯的。当
然,矛盾本身的和谐统一原是赫拉克利特教诲的特征。根据赫拉
克利特"最美的猴子与人类相比也是丑的"这句话,希琵阿斯本人
的话,即陶钵虽然可能很美,但比起母马或少女它却配不上美这
个字,就被改编成了"最美的陶钵比起少女来也是丑的"。通过赫
拉克利特,最高级的美被引入,比较级的美则被忽略了。事实上,
直到苏格拉底跟希琵阿斯和和气气地讨论起希琵阿斯关于美的
第二个定义,比较级的美才进入讨论话题(291b3)。赫拉克利特-
希琵阿斯的说法似乎意味着,最丑的人也比最美的猴子美。苏格
拉底丑只是因为他是个人,倘若他是猴子,也许就会被看作帅的
了。人若弄错了一个存在所属的类别,他的判断就会不可靠。修
昔底德说,对于斯巴达人而言,他是个出色的演讲者。若有人判

断一口陶钵或一只猴子是美,他当时必定多多少少[xxvii]没有意识到少女或母马这一类别。任何美的东西在吸引人注意自身时,必定会压制我们对其他一切美的东西的意识。美会封闭使得相互比较成为可能的视角;美压制其他事物。我们会单爱这一个人,而不爱别的任何人。这种压制一开始出现时并非跟美相关,而是跟智慧相关:庇阿斯尽管在智慧上有进步,还是被看作有智慧的,因为他必须先复活才可能成为可笑的。现在已经表明,美起作用的方式跟时间是一样的:它建立多种类别性的视角,不能把任何两个类同时包含在内、而不使其中一个类别立刻变成丑的。

　　第二次引自赫拉克利特的话把智慧与美结合起来:"最智慧的人与神相比,在智慧、美丽和所有其他方面都不过显得像只猴子。"赫拉克利特为了表明最有智慧的人也缺乏智慧,就把他移到另一类。但是,既然我们不可能像这样去移动最智慧的人——除非事先已确定好他并不实在属于其中的等级——那么,"显得"就必然被包括进来。同样的原则也适用于美。说某东西美,就是把它移出自己的类,把它要么等同于美本身,要么等同于某种临时找来的替代物(如"美得像画一样")。美的述谓语在严格意义上其实是隐喻。凡美物必须至少看起来仿佛是某种别物,而且显得拒绝被纳入它明显所属的那个类别之中。荷马笔下的普里阿摩斯(Priam)说到赫克托尔:"他是(eske)人中的神,似乎(eoikei)不像凡人的儿子,倒像是神的儿子。"(《伊利亚特》xxiv.258-59)可见,美具有一种不确定的二元结构:任何美物都既跃出了自身的类,又仍是它所跃出之类中的成员。这种不可消除的二元性说明了为何美与造像术不可分离。斐迪阿斯制造的雅典娜神像反驳了希琵阿斯关于美的第二个定义。

黄金（289d6-291c5）

既然单单把一类中的某个美物跟另一类之物并置就能使那美物的美消失,苏2便提出,美本身乃是一个形相,它一旦存在于或附加于其他事物上,就会令它们显得美或把它们装饰得美。美不可能是它为之增色的那个类中之物,相反,每样美物都必须从那个作为异者的美那里借来美。于是,任何东西的美现在都跟它之前的丑一样,[xxviii]只是表象而已,因为似乎一旦有一种以上的在被纳入考虑——无论是合起来考虑还是分开考虑——就有了表象。分开的诸是真实的,合在一起的诸在则是虚幻的:整全就在而言次于部分。苏2的提法似乎还意味着美的能力不受约束。有任何一种在能抗拒美吗? 赫西俄德说潘多拉是个美丽的恶,撒路斯特笔下的喀提林讲到一件其美无比的罪行(《第欧根尼》585;《喀提林阴谋》20.3)。反过来问,有没有一类在能自动接纳美进入其每个成员中呢? 鲜花似乎是这样一种在:鲜花的健康与鲜花的美是一回事。在任何情况下,鲜花都能轻松接纳美,这似乎要归因于鲜花是没有心智的生命的可见呈现。假如没有鲜花这样的东西,事实上心智或许是对苏2所提问题的一个貌似合理的回答。如果我们想到赫拉克利特那句措辞含糊的话,想到苏格拉底把阿那克萨戈拉称为最后一位古代智者(the wise men),并把他的漠视钱财视为古代智者集体愚蠢的证据,那么,古代智慧对苏2的问题所能给出的最好答案似乎就是心智了(《斐勒布》28c2-8)。这不大可能是苏格拉底自己的答案——因为只有某种目的论的物理学才能说明鲜花这类东西的美——但有关终极因的真理向来都让苏格拉底迷惑不已(《斐多》99c3-d3)。

老实说,"黄金"的确满足了美的好几个要求:黄金自立自存,可以附加到别的东西上,而且非常显眼。此外,如果"美的"之于"美"就像"金色的"之于"金",那么美就朝向(pros hen)了两种可

能的解释路径,可以解释美之事物的多样化。一条是比喻的解释
路径:那些显得美的东西对黄金而言构成了一个非实质性的类,
即"相似"一类。然而希琵阿斯选择了字面性解释,他说,有些东
西不包上黄金时显得丑,一旦包上黄金就显得美了。但这条解释
路径必然叫人失望,特别因为之前的对话曾引入诸神作为美的标
准,而诸神与黄金之间的联系由古代诗歌已可见出。荷马几乎只
把形容词"黄金的"用在诸神和属神的事物上,我们读到"黄金的
阿芙洛狄忒",以及宙斯的长着金色鬃毛的马。倘若"黄金的"这
个形容词说的是"美和神圣",那么黄金本身就得是美本身,而且
得是神真正的实质。由此,智慧上的进步便在于发现古人诗性想
象背后的真理(《斐德若》229c6-e4)。修昔底德笔下的伯利克勒
斯曾唯一一次谈到诸神,那时他提到属于"女神自己"(即斐迪阿
斯制造的雅典娜神像)的黄金,这黄金是雅典城的财政储备,因此
法令规定非到最后关头不得侵犯它们(《修昔底德》II.13.5);此刻
的雅典娜事实上是雅典城最后的指望。如此,进步便意味着
[xxix]字面化解释[黄金],因为美是自我利益的诗化表达,即隐
藏在炫目外表下面的自我利益。这听起又像是对苏格拉底的戏
仿,苏格拉底把哲学从天上拽下来带进了市场。毕竟,是苏 1 在
完全没有征求苏 2 意见的情况下提出美是有用[这一概念]的。

　　斐迪阿斯造的雅典娜是一个像,某个不可见存在的像,这一
点没有进入苏 1 所安排的苏 2 与希琵阿斯的论辩中。唯一一次
提到相似,是在说斐迪阿斯尽可能使石头和象牙搭配得相得益
彰。苏 2 由此说得好像斐迪阿斯意在尽可能把雅典娜雕刻得美,
而且他不必用放弃完全的美——完全的美必然要求一个纯金的
雕像——以换取相似(《王制》420c4-d5)。然而,雕刻雅典娜的
脸、脚和手的象牙,的确似乎是对相似的一次妥协,虽然她的黄金
外袍不是任何东西的像。但是,倘若选择象牙雕刻是基于某种明
喻——就像"她的皮肤白如象牙"那样,那么,也许象牙跟黄金一

样应当从字面上解释,而我们把斐迪阿斯的雅典娜说成是一个像
就错了。

苏2的反例有效地反驳了希琵阿斯的第二个定义,但似乎也
削弱了对希琵阿斯第一个定义的反驳。反驳希琵阿斯的第一个
定义时,他用诸神来显明美少女的丑,而现在,处在诸神当中的少
女似乎只是人中间某个美少女的像了。或者,难道雅典娜雕像之
所以显出女孩的丑,是因为她是用象牙和黄金做成的,而女孩子
们就算再美也只能"比拟"成雅典娜雕像的象牙皮肤和黄金外袍
呢? 亚里士多德认为,一个人若不高大就不可能美。"高大俊美"
几乎成了希腊文学中的固定表达(《萨福残篇》111 LP;《希罗多
德》1.60.4)。斐迪阿斯的雅典娜高得过分;她是个巨像,凡人无法
与之媲美。事实上,假如一个美少女长成那般高矮——实际上这
是不可能的——岂不古怪? 无论如何,在我们看来她会显得不成
比例,因为她身体的上半部分会显得过于小(《智术师》235e5-
236a3)。如果帕特农的雅典娜其实不过是人间少女的巨像,那
么,便是她所拥有的名号——雅典娜女神——消除了我们把她看
作畸形怪物(lusus naturae)的可能性。少女雅典娜美靠的是名称
上的类别转换。因此,不深入思考就无法弄清雅典娜雕像之所以
美,究竟是由于它反映了美的东西呢,还是由于它是某个或美或
丑、或不美也不丑的东西的美的像。在《智术师》中,柏拉图为我
们透彻思考这一问题提供了适当的语境。

希琵阿斯似乎总是抓不住苏2所提反例的重点所在;不过令
人吃惊的是,他竟能把苏2搅乱,[xxx]以至于苏2也没有把他的
话说清楚。无论如何,那个自明的结论并非自明;该结论说:如果
象牙也是美的,黄金就不可能是那使一切东西显得美的东西了。
希琵阿斯的论证——可能他本人也说不明白——如下。黄金就
是美本身,象牙之所以美,只是因为象牙可以兑换成等值的黄金。
黄金是一切美物的度量单位;一块象牙无论值多少黄金,它的美

也总是少于黄金,因为它永远不会成为衡量自身价值的标准。作为黄金的美本身支撑着并非黄金的美物,正如数字 1 支撑着一切数字。因此,就美而论,除了黄金,任何实体都不是实体;其他实体就算再美也只能被说成"黄金的"。但是,跟古代诗歌中的"黄金的"不同,此处的"黄金的"已经获得了一种精确的数字含义。如此这番论证隐藏在苏 2 从象牙转向石头、又从石头转向无花果木这一过程背后,因为造雅典娜眼珠子的石头根本不可能用黄金来度量其价值,而[造汤勺的]无花果木,则众所周知乃一文不值。因此,石头迫使希琵阿斯抛开黄金这一标准,引入另一种度量标准,即合适。合适是希琵阿斯第一次总结陈辞的核心:"只要是对于每件事物合适的,那么它就使每件事物美。"美现在成了动词,它把一个不确定的主语跟一个不确定的补语联系起来。它是美和不美的诸种类共同构成的 kosmos[宇宙]。

尽管希琵阿斯已经作出总结陈辞——归纳中不再提到黄金——苏 2 仍然坚持应当把黄金的地位拉下来,直到希琵阿斯同意,无花果木制成的勺子至少在一种情况下比黄金制成的勺子更美。苏 2 让希琵阿斯陷入关于美的胡言乱语(参 291a8),这方面他简直比阿里斯托芬还胜一筹;而苏 1 更是让希琵阿斯说出了"无花果木"这样的词,尽管他承认这个词跟希琵阿斯很不相称,因为后者"衣着光鲜,穿着漂亮的鞋子,全希腊都钦佩他的智慧"。其实,在阿里斯托芬现存的喜剧中,除了《云》(Clounds)这部最庄重智慧的剧作外,几乎都出现过"锅"这个词;而在《骑士》(Knights)这部剧中,腊肠贩和帕弗拉工人(Paphlagonian)克里昂(Cleon)争着向拟人化的雅典民族德莫斯(Demos)邀宠,并向后者奉上各种美味,此时有下面这样一段对话:

　　腊肠贩:我给你带来了一些面包,是女神用她的象牙手在汤里蘸过的。

德莫斯：我的女神啊,我从来没有发现你的手指头原来这么长啊!

克里昂：我给你端来了一碗绿色的豌豆汤——是这位曾经在皮罗斯助战的雅典娜调制的①。

[xxxi]腊肠贩：德莫斯啊,分明是这女神在保护你,她现在把这盛满了汤的钵举到你头上。②

德莫斯：当然,女神在保护我。倘若女神不把她的臂膊显而易见地伸到我们头上,你认为还会有人住在这城里吗?③

苏2就是柏拉图笔下的腊肠贩,柏拉图利用苏2显明,希琵阿斯的智慧——这智慧披戴着私下的和公共的身份——最终有赖于阿里斯托芬所暗示的一件事,即德莫斯不可能是一个单独的有生命的存在,或者说得更平白些,城邦不可能是一个家庭。故此,希琵阿斯的气愤是没道理的,因为他的华美衣服兼智慧之名使他成为帕特农的雅典娜的对等物,后者却并未不屑于把她那美丽的象牙手指蘸在她百姓的食物中。而另一方面,希琵阿斯的气愤也是应当的(appropriate),因为把雅典娜跟豌豆汤相提并论是不合适(unseemly)。然而,两者的并置正因为不合适(fit),所以才合适。不应当之应当是喜剧的原则,苏格拉底严肃的暗示就在于:只有可笑才能化解受形相(species)限制的美与超种属(trans-generic)的美之间的张力,因为只有可笑才能弥补束缚于形相中的美在一个kosmos[宇宙]中所受的压制。一个安排好的宇宙必定是好笑的。《蒂迈欧》中没有任何内容与苏格拉底的这一暗示冲突。

---

① 这里的动词来自"勺子"这个词。
② 意思是"延伸她的保护",这里利用了"膊"(kheira)和"钵"(khutran)的谐音。
③ 中译参罗念生译本,见《罗念生全集》卷四,上海人民出版社,2004,页135-136。

　　苏 2 举了无花果木制成的勺子的例子,但向希琵阿斯解释为
何无花果木制成的勺子更合适的却是苏 1。苏 1 是下里巴人式的
苏 2 与美的希琵阿斯之间不可或缺的中间人。他是不断转换的
无常者,正是这一点使对话成为可能。他成功地使希琵阿斯最终
承认了苏 2 所提问题的说服力。希琵阿斯看到,美这东西不可能
在任何地方、让任何东西显得丑。而美通过"合适"被相对化,就
使希琵阿斯认识到他们需要一个美本身。无花果木制成的勺子
无论制得多么粗陋都是合适的,黄金制成的勺子无论多么光亮、
巧夺天工都不可能合适。当然,苏格拉底没有考虑下面这样一种
情形:一只制作精美的金勺子正在搅动一口极美的金钵里所盛的
某种精美的肉汤;这样一种视觉上的快乐大可以弥补汤汁由于缺
乏无花果木调味而带来的任何味道上的损失。不过,这些考虑都
是不相干的题外话,苏格拉底只是要证明,无花果木在某种给定
的情形下[比黄金]更美。伴随比较级而来的是条件。当且仅当
一个人认识到黄金被丢弃之后,无花果木制成的勺子才变得更
美。可能之物成了判断美的背景。苏 2 的这两个例子都是人工
制品,自然存在可[xxxii]没那么容易服务于这些区别更好与更坏
之可能之物的论证。苏 1 说,"若我说美就是黄金,那么对我而
言,黄金并不比无花果木显得更美。"因此,"更美"不仅有赖于某
种被弃掉的可能性,还有赖于首先肯定某种似乎无条件美着的东
西的美。如此,美对类的跨越复又出现在"更美"之域。外表美的
东西本身这一被弃掉的可能性必须在某种程度上保留——如果
要那压制它的为人所知的话。若要去无花果木之美,必须有黄金
之美幽灵般地与之共在。对话进行到此,双重性才算出现了——
即勺子的双重性(290e5,291c2)。

人(291c6-293b9)

　　希琵阿斯把他的知识赌在了这第三个定义上;若有什么人能

反驳这个定义,苏格拉底就该说他其实一无所知。希琵阿斯相信
他的这个定义经得起自然的检验(即任何地方、任何时候都成
立),也经得起舆论的检验(即在每个人看来都正是如此)。那么,
美就必定是感觉领域的某个部分,正如对苏格拉底的第三个定义
而言美所是的那样。但希琵阿斯的这个定义完全是习俗意义
上的:

> 我认为,在任何时候,对所有人来说,在任何地方,对于
> 一位男人(anêr)来说,最美的是健康、富裕、深受希腊人爱
> 戴,还有高寿,在他的父母去世后替他们风光地料理后事,死
> 后由自己的儿女为他举行漂亮而隆重的葬礼。

最高等级的美由七个因素构成。少了其中一个或几个因素,
美仍然在,但若一个人死后不得安葬,美就彻底消失了,因为其他
所有因素都是实现这个目标的手段。

希琵阿斯的定义也可以从否定的方面来讲:对一个女人而
言,所有事情中最丑的莫过于贫病交加,毫无尊荣,芳华早逝,不
能安葬死去的爹娘,也无子嗣来安葬她本人。希庇阿斯似乎主张
美会使自然的普遍性与法的特殊性恰好一致,然而如果我们像希
琵阿斯所做的,把精确言辞所说的法与习惯所说的法、把进步的
事实与对古人的赞美区别开来,那么这种一致似乎是不可能的。

所以,美必须是在真或假、进步或倒退方面的不变常量,因为
它要么是被人们真相信为不变的东西,要么是必须被宣告为无论
何时何地都是不变常量的东西。美是天生不可根除的先入之见。
希琵阿斯把它等同于葬礼之美。[xxxiii]美的根源在于惧怕死亡,
因为美是所有能够掩盖我们必死性的东西。希琵阿斯的用词本
身已经揭示了这种[对必死性]掩盖:三个现在分词(富裕、健康、
受人爱戴)连着两个不定过去式的分词(长寿,埋葬)和一个不定

过去式的被动态不定式(被埋葬)。尽管希琵阿斯的定义其实很散乱,这里的措辞却呈现出某种整全的幻像,其表面上的完整性就是作为终局的坟墓(《法义》632c1-4)。

假如苏格拉底只想驳倒希琵阿斯[的定义],他本可举出波斯或其他不埋葬死人的民族的习俗为证,但苏格拉底放掉了"无论在哪里[都是美的]"这个条件,而抓住了"永远[都是美的]"这个条件。苏格拉底现在的问题是:"那对一切都是美的,且永远都美的美,是什么呢?"希琵阿斯强嘴说他的答案仍然成立:"我知道得很清楚,苏格拉底呵,对于一切而言,我说的这个定义就是美,而且将来也会被看作如此。"苏格拉底的"对一切"指的是"对所有事物"——石头、木头、人、神、每种活动以及每一种学习过程;希琵阿斯的"对一切"指的却是"对于所有人"(293a11—b4)。[希琵阿斯的]美是完全属人的现象,这要么因为死亡在某种意义上是单单属于人间的事,要么因为丑就是可耻,而唯有人才可能感到羞耻。苏2没去检审希琵阿斯的前提,而是根据希琵阿斯加上的那句话"而且将来也会被看作如此"来反驳他。对神和半神半人的信仰保证了希琵阿斯的前提不会得到认同,而希琵阿斯也不可能质疑那样的信仰,因为他所理解的美乃是对神圣事物的绝不可能的世俗化。他需要葬礼得到神的认可,尽管他必须抛开神。希琵阿斯被迫在雅典接受了他在斯巴达被迫学来的神话。即便没有诸神也没有英雄,城邦总是有的,为了爱母邦的缘故而英年早逝永远是高贵的。

那么,希琵阿斯是在想象着一个没有战争的世界,故此才以将来时态表达他关于普遍共识的断言吗?甚至这一奇想也救不了他,因为非在就潜藏在他的定义本身之中,即,完成了希琵阿斯所说前六个条件的男人,并不是其后代所埋葬的。死不会光顾任何事物,除非有美的诸神;但既然得以安葬就是美,就不可能有美的诸神。然而,既然赫拉克勒斯是不可能埋葬宙斯的(阿里斯托芬,《鸟》1642-45),那么,希琵阿斯不就能证明诸神不是美的、而是好的吗？就像我们说荷马是个好诗人,创作了两部美的史诗,又好像苏2暗示斐迪阿斯是个好工匠,雕刻了一尊美的雕像,诸神可能也是好的创造者,创造了各样美的事物,其中最美的就是葬礼的神性。美就是神性。这样一来,信仰智慧进步的希琵阿斯便会发现自己倒在由衷地赞美[xxxiv]古人的智慧。当苏2首先提到诸神的埋葬时,希琵阿斯委婉地惊呼"升天吧"(ball' es makarian),不过他真正的意思却是"愿你死了而不被埋葬!"他心里真正所想、但在他看来又不大得体的表达(ball' es korakas)多用于谐剧中,但在谐剧中它似乎已经失去了原初的力量,因为那意思不过就是"去死吧!"

合适(293b10-294e10)

到现在为止,美已显明是某种这样的东西:一方面就其自身而言它是完整的,另一方面,它又是超越于自身的一个指示者。苏格拉底的三个美的定义探索了美拥有这种双重性的其中三种方式,或者说仅有的三种方式;反过来,每个定义本身又迫使苏格拉底和希琵阿斯认识到一对词汇内部的、似乎美应该解决却又无法解决的对立。这三组对词是:"显得是"(appearing)和"是"(being);"美"和"好";"听觉快乐"和"视觉快乐"。由此,美,看起来仿佛是必分之物的不可能的合。欺骗性乃属于真正的美,这是美的特权地位——美是在感觉中显露自身的独一无二的存在——所带来的必然结果。苏1和希琵阿斯欲探究"合适"的本性,"免得在什么方面受了欺骗",结果发现"合适"的本性正是某种与美有关的欺骗。是希琵阿斯的例子迫使苏格拉底得出上述结论,希琵阿斯说:"一个人只要穿上合适的衣裳或鞋子,即使他长得滑稽可笑,也会显得更美。"没有这个例子,我们就不可能理解希琵阿斯接下来的选择。作为合适或显眼的美之所以使事物作为美显现,是因为这些事物是美的,但若没有合适在场就不会显得美。这种意义上的关乎合适的技艺,爱利亚异乡人称之为幻像术。幻像术呈现美是根据美本身作出纠偏,以适应视角扭曲;但既然美此时已是被知的,那这种呈现充其量只能是复制美。

那么,我们也许会怀疑那永远美的并非在者本身,反倒是美像光一样,把在者向我们揭开。善使在者成为可知的,美则使在者的确被知。美可能不是一个实体,也不是一个形容词,而是一个动词(《克拉底鲁》416b6—d11)。美与其说是定理,不如说是证明;美是辩证法,即苏格拉底向来所喜爱并认为无物可与之媲美的辩证法(《斐勒布》16b5—7;《斐德若》266b3—5)。事物之美要归功于事物被揭露的方式。[xxxv]一方面,只要在者没有完全被揭开,美就难以捉摸;而另一方面,一旦在者完全被揭开,美就消失不见。

希琵阿斯的例子表明应当区分"强迫"与"允许"(参294b7)。要么"合适"在竭力违背事物的本性,压制事物本来之所是——"即便他长得滑稽可笑";要么"合适"是以它所使之美的事物为铅锤,沿着这事物往下探测,把那本来有却隐藏在下面的东西取出来。但即便后一种情况,可能也存在着某种"强迫",因为"被隐藏"兴许就在事物的本性之中。用肉眼看事物与透过显微镜看事物的差别指出了这里的困难所在。本来肉眼看不见的事物经显微镜放大后,状态就与其存在相反了;可是,除非事物显得是其所非是,否则就不可能被知。即便事物经显微镜放大后各部分比例未改变,放大本身也已包含着某种欺骗,尽管我们认识事物离不开这种欺骗。用显微镜放大事物在柏拉图那里的同义词就是柏拉图的对话本身。他的对话总是抛开其他一切问题,单挑出一个问题来加以探究这就必然会放大那个问题(参286e3—5)。唯有关于整全及其所有部分的专门讨论才可能不涉及放大。但既然不可能有这样的讨论,表象就只能是我们关于某部分的知识的部分和片段,因而也是我们关于某部分的无知的部分和片段。

把整全贴上"善"或"善的型相"这样的标签,意味着那个对我们而言必然最重要、因此也包含着最严重且无可挽救的扭曲的问题,事实上与未经放大的"大"一致。无论如何,只要整全的诸部分被分别探究且因此被放大,美就可以属于整全的诸部分。然而,苏格拉底现在把大、美与如下论证联系起来:对一切大的事物都成立的——不管事物自显为大还是不大,都是大的——对一切美的事物也成立。一切大的事物,苏格拉底说,都是凭借过度或突出而大,但一切美的事物也是突出的,尤其因为在它们自身里面表现出某种类别转换。因此美是大的一个部分,它中止了量的连续;美是异常清晰的大。然而,大和美除了在幻像中是不能共存的,斐迪阿斯雕刻的帕特农雅典娜的巨像便是证明;苏 2 也曾引此例为证,得出美跟合适相同的结论。由此,美是、但又不可能是大的部分,就成了美那含混的二元结构的一个证据。美是形相性与广延性的不可能的结合。

希琵阿斯提出,有用的在场使事物不仅[xxxvi]是美的,而且显得美。苏格拉底把希琵阿斯的这句话解释成:真正(tôi onti)美的事物不可能不显得是(phainesthai einai)美的。美的事物以其表象宣告自己是美的。表象传达存在的信息。因此,美的习俗、美的操持本当被认为是美的,并始终向所有人显得如此。但恰恰相反,正如希琵阿斯也承认的,这些东西并非已被知,而且还极有可能围绕这些发生冲突和争斗,于私对于个人间是如此,于公对于诸城邦亦是如此。希琵阿斯没有注意到,除非美揭示自身,否则是不会招来争议的。美之被隐匿的限度,就是关于美之所是的普遍争议。谁也不怀疑美在,容易起争议恰恰是一种认同;就算美是主体间性的基础,它也不要求众口一声。事实上,关于美的政治斗争似乎表明人们不仅在形式上同意美在。为邦国捐躯或在一场并非自私的事业中顽强战斗似乎总会唤起普遍赞美。不过,完全不懂得失败之美的希琵阿斯或许是个例外:他的最后一个定义似乎否定了安提戈涅身上有什么高贵之处。因此,如果沙场上的勇气是探究美的恰当出发点,也会再次引出进步的问题,因为"善"原本的意思是"勇敢"(参289e7,290e4)。

有用(295a1–297d9)

从"美是合适"到"美是有用"的过渡引人注目。在希琵阿斯承认他相信人们认为是合适使事物显得(phainesthai)美之后,对话如此继续:

苏:哎呀! 美又从我们手里溜走了,希琵阿斯啊,我们没认识到美到底是什么,因为到目前为止,合适已显出(ephanê on)是别的东西,而不是美。

希:是的,以宙斯起誓,苏格拉底啊,可我老是觉得很不对劲。

苏:不过,同伴啊,我们现在还不至于放弃。因为我还抱有一线希望,美是什么最终会水落石出(ekphanêsesthai)。

希:那是当然,苏格拉底;因为发现美并不困难。我很清楚,只要给我一点时间,让我独自进行观察,我就可以告诉你一个更准确的答案,比任何答案都还要准确。

苏:呃,希琵阿斯,话别说大了。你看到了,它已经使我们如此麻烦了;[我担心]它可能会发脾气,逃跑得[xxxvii]更快了。但这只是我胡说八道。我相信你将轻易地发现它,只要当你一个人的时候。可看在诸神的份上,当着我的面寻找它吧。要是你愿意,现在就和我一起探求吧;如果我们找到了美,那将是最美的事情了,可如果没有,我认为我也会认命(tykhê),而你走后,还是会轻易地发现它。

对"合适不是美"之证据的"最终验讫"把 phainesthai 与 einai
的分词形式结合起来,这种结合之前从未出现过,此时 phainesthai
的意思不再是"显得"(appear),而是"显然"(to be evident)。那
除了"显示"(show)再也不提供任何东西的已"显示"出自己不过
只是一次"显示"。苏格拉底和希琵阿斯都对此表示惊讶——希
琵阿斯以宙斯起誓,苏格拉底则把美拟人化。对话到这一部分不
再引神以为美的例证,美披戴着神性的外观。事实上,假如不是
美会发脾气,美现在倒满足了苏格拉底"神学"中神所必须符合的
两个类型:美绝不用表象欺骗我们;以及如苏格拉底第二个定义
的意思所指,美单独成为善的原因(《王制》380c6-9,382e8-11)。
苏格拉底进一步表示,美一直都在;但是,美在场时必定已使某事
物真正美起来。难道美是藏在那证据后面的东西吗? 那证据打
开人们的眼睛,让他们看见那似是而非的合适之美。无论如何,
"美是合适"是第一个没有遭到嘲笑的美的定义。第一次,希琵阿
斯和苏格拉底单独在一起了:苏格拉底没有依赖苏2陈述自己的
论证,希琵阿斯再也无需恼火苏2的无耻。苏格拉底不再挑衅希
琵阿斯,希琵阿斯也停止了自卖自夸。希琵阿斯的参与寻找
美——即他承认他也对美感到迷惑——是否暗示着美的确曾经
在场,且给苏格拉底增添了几分美不会从他们溜走的指望吗?
(《拉克斯》194a1-5)不过希琵阿斯立即让苏格拉底的希望破灭
了,他嘲笑苏格拉底的犹豫不决,还说只要给他一点单独的时间,
他就能独自找到美。希琵阿斯宣称他找到的答案将比全然准确
还准确,但苏格拉底的答话没理会他这宣称,而是充分使美活起
来。苏格拉底暗示道,也许人们通常所理解的神不过是把一些不
可能性加以夸大而已,而美也绝不能像论证似乎必然推出的那样
与表象相分离。他终归没有明确地说合适不是美;而是说,看起
来合适仍是某种不同于美的东西。

苏格拉底承认自己是在胡说八道,还说尽管美刻意躲避,希

琵阿斯仍会轻易地独自找到它。不过苏格拉底奉神的名乞求希琵阿斯[xxxviii]当他的面找到美，或至少继续他们对美的联合寻找。他拒绝认为这三件事——希琵阿斯独自寻找美、当着苏格拉底的面寻找美、跟苏格拉底一起寻找美——有什么不同。自言自语也好，独白也好，对话也好，都是一回事（《智术师》217d8-e3；《高尔吉亚》505d8-e3），但唯有在对话中发现美才是最美。美显现时若不是共同探询使之显现出来的，就不会显示其因果力量。对美的静观不能单靠自己显明美是一个因（《王制》516b4-c2）；推理可能表明美是一个因，但这推理若要同时证明美的因果关系，必须是两个东西之间的推理。苏格拉底知道美的效果但不认识美本身。他对美的先在经验是带他走上发现美之路的向导。因此，他几乎是不可避免地马上把美限制于"对我们"而言，并随即把美等同于能力（295e9）。

如果任何东西的美都在于它有"能力"制作或生产出某种东西，那么完全的丑就是彻底的消极性，完全的美也就绝不可能受其作用，而是拥有最大的作用力。但这一推论忽略了消极性的用处：若没有消极性，一切能力就无法对任何事物有益。倘若我们承认消极性也是一种能力，那么不可能或非在便是丑本身。然而，承认这一点同样是不恰当的，因为那会忽略了"不可能"可能有的用处：帕默尼德曾经阐明，人若要认识到思想非在的不可能，就不得不思想非在。那么，丑就是无用的不可能。由此，美获得了一种超越的范围，但在这一领域内部似乎不可能定位出最美的东西，因为[在这种情况下]理解不得不对非在给予很高的评价。

"有用"与"可能"之间的关系很含糊。苏格拉底说，一个人的身体若作为一个整体适于奔跑就是美的，同样，另一个人的身体若适合于摔跤也是美的；这就表明，既然摔跤与奔跑对身体的要求不可能一致，任何身体就不可能同时在两方面都美。荷马也曾表明二者之间明显的不一致，他把这二者统一在阿基琉斯身上，又借着特拉蒙之子埃阿斯(Telamonian Ajax)和奥伊琉斯之子埃阿斯(Oilean Ajax)将二者分开。阿基琉斯是来到特洛伊的阿开奥斯人中最美的，无论奔跑还是肉搏都无人能敌。特拉蒙之子埃阿斯是战士中第二好的，他身材魁梧像一座城堡；奥伊琉斯之子埃阿斯几乎跟阿基琉斯跑得一样快，身材却小得多(《伊利亚特》II.528；XIII.321-25；XIV.520-22)。阿基琉斯是个奇迹。但奥德修斯却在记念帕特罗克洛斯的葬礼竞赛上，在阿基琉斯未参赛的情况下，靠着雅典娜的帮助在赛跑中胜了奥伊琉斯之子埃阿斯，又用狡计在摔跤比赛中跟特拉蒙之子埃阿斯摔成平局(《伊利亚特》XXIII.724-25，770)。把荷马这里的意思解释成智慧复制出神迹无疑是可笑的，[xxxix]但没人会认为荷马的美跟阿基琉斯的美是一回事。

美似乎是能力，部分原因是美把能力赐给美的感知者。一把美的七弦琴展示其能力时，仿佛它可以没有任何障碍地进行完美的演奏。似乎美的七弦琴会"实际地弹奏它自己"，美的锤子也不可能不把钉子直直地钉下去；美的工具使每件事显得容易。作为自动工具的美看上去是活的；实际上，美似乎就是客观化了的意志。但是，美还在我们完全无意识的情况下牵引着我们，让我们的计划、意图都朝向它本身，并由此证实我们有能力实现这些计划和意图。美的道德中立性因此对我们不成问题；我们知道我们的意图是好的。然而，苏格拉底看到，这一论证带来的结果将是：普遍而言，美丽的事物也有能力行恶，特殊而言，智慧不过就是无所不能。借助动词"想要"，论证从前后两面被框起来：论证之前苏格拉底说，他"想要他的论证进行得很美"(296b3)；论证之后苏格拉底问希琵阿斯，是否这就是"我们的灵魂想要说的：即，美就是对产生某种善有用、且能产生某种善"(296d8)。苏格拉底由此对论证提供了一个可能的矫正：能就是无能，除非拥有能力者理性地运用能力(《高尔吉亚》467c5-468e5)。如此，美就不是没有心智(参与)的能力了。此外,如果大是美的一个条件,而美又被定义为很大程度上得到理性地运用的能力,那么,美就可以是那暂时悬置了我们对善与恶的通常理解的东西。荷马笔下,海伦对赫克托耳说到她自己和帕里斯的话,听来既让人惧怕又让人受安慰:"是宙斯给我们两人带来厄运,好叫我们可以成为后世之人的歌题。"(《伊利亚特》VI.357-58)

苏格拉底进而假定善是惰性的,它并不对任何东西都好(善);毋宁说,是美对善是好(善)的。如此,善必定是终极之善,一切美的事物都是达到这终极善的途径。因此,苏格拉底所说的美并不是指那为一切美物之因的东西;美只是用以表示形形色色美的事物的那个集合名词。但是,如果说美对善是善的,那么苏格拉底怎么证明美不善呢?苏格拉底自己进一步深化了这个奥秘,他指出了美的事物与善之间的联系所在。他说:"我们热诚追求(spoudazomen)明智和其他所有美的事物,是因为这些事物的结果和产物正是热诚(spoudaston)[所追求]的对象,即善。"关心善使我们关心美;善是我们关注美的原因。[xl]那么,鉴于美作为原因引起善,美的事物之所以美便只是因着善。

作为终极因的善,把作为动力因的美与作为效果的善联系起来;但鉴于善显然没有把美揭示为实现善的手段,美乃自我揭示为手段。实际上,美的自我揭示如此彻底,以至于美不会止于表明它行善的能力,它还会作为行善者显明出来(296d9,297a4)。美不仅发起(initiate)(他物),美似乎还能自我发起(self-initiating)。因此,就其在而言,本自具足、但又指向自身之外的美,就是这东西:它带给我们那几乎根深蒂固的、关于动力因与终极因同一的幻象。美是自我遗忘中的灵魂。如果说,加上理性这一限定条件可以纠正"美是能力"这一定义的缺陷,而没有了自知的灵魂就藏在"美是善的原因"所导致的结论中,那么,两个论证合起来就指出了心智与灵魂的关系问题。这二者之间问题重重的统一,是否就是关于美的难题的根本所在?

快乐(297d10-304e9)

苏格拉底最后提出,美在于听觉和视觉上的快乐。视觉和听觉是所有感觉中最具公共性的两种感觉:我看到或听到的"这个",也是你看到或听到的"这个",但我不可以碰这个目标(如品尝这葡萄酒,或品闻这香水),除非我把它带出公共领域单单留归自己,同时不让你去感知它——若有这可能的话。但是,如果说,视觉和听觉因此就不同于其他诸感觉的话,那它们自身也因此不能同属一类:再没有比实地观察与隔空听闻更不同的事了。苏格拉底举出下面的例子来说明什么是视觉或听觉上美的东西:人、刺绣(poikilmata)、图画(zôgraphêmata)、雕塑(plasmata)、声音、音乐、演讲、神话故事。所列这些事物直接指向所视之物和所听之物的另外三方面特性。[其一,]它们是唯一被真实技艺所遮盖的可感事物,这些技艺中以模仿类技艺居多;[其二,]雕塑与神话故事的位置相对应,暗示着那些让我们看着或听着感到快乐的美的事物很可能都是谎言。[其三,]视觉和听觉现象的公开性本身也使它们可能具有最大的隐蔽性。视和听若不是在诸感觉中与认识最为紧密相关,也就不会那么容易受欺骗、尤其是有意为之的欺骗了。

然而,这些[共同]特质并未使视觉与听觉[xli]变得稍微接近一点,倒是苏格拉底所举例子的用词成了它们之间具有内在联系的第一个迹象。Plasmata 的意思是"人工制造的成品"(复数),也可指言辞的虚构,正如它可以指雕刻家所雕的雕像。同样,Zôgraphêmata 不限于指图画(苏格拉底用这个词表示"名称",因为名称是对事物的模仿),雅典异乡人也说到音乐旋律的 poikilmata。[1]　术语的模糊

---

[1]　《王制》588b10-e2;《色诺芬残篇》1、22;《克拉底鲁》430b3;《法义》812e2;参 d4。

性指出从可见到可听、从可听到可见的可转换性。一幅图画可以用言辞来描述,一段言辞则可以用图像来描绘。大量——虽然不是所有的——诗歌若非如此就不可能存在,而模型制作有时对于理解[诗歌]也必不可少。苏格拉底引入他的第三个定义时用了祈使句"你瞧!",但他的意思其实是"你听!"(参 300e2)①

如果"美"是一个缩写词,等同于"快乐的景象"或"快乐的声音",那么"美的景象"或"美的声音"这类短语就显得古怪而累赘了。"快乐"与"美"若是一回事,那就大可甩掉这个累赘[的修饰语];若并非一回事,那就只能得出一个结论:随着时间的流逝,"美"的原义已被人遗忘。"美的景象/声音"就好像"意见上的意见一致"这种说法;而句首复合主语"我乐于看见/听见"就成了一个述谓语,结果,"我乐于看见/听见这么美的东西"这句话,就会在讲话者不知觉中已经等同于"我乐于看见/听见一个让我的视觉/听觉感到如此快乐的东西"(参 299a3)。对后一句子的"解析"表明不因美的事物快乐是不可能的,某种道德问题上的诚实——最低限度,人会因看见/听见值得赞美的事物而快乐——乃是自动的。假如苏格拉底是在建议以某种精致的享乐主义或美的快乐——他后来这么称呼听觉或视觉的快乐——来取代道德,就不会得出这一可笑的结果。

苏格拉底一面以美的操持、美的法的形式带出道德问题,一面问这些东西归在美的定义下是否有理。不合理性不但在于法由此正在变得跟神话故事无异,而且在于操持对操持者而言已不

① 苏格拉底也许是在暗指另外一个场合下谈到的可转换性。那时苏2问道:"通过视觉而来的快乐,等于通过视觉和听觉而来的快乐吗? 或者,通过听觉而来的快乐,等于通过视觉而来的快乐吗?"苏1回答说:"从任何一种感觉得到的快乐,绝不可能等同于从这两种感觉中共同得到的快乐——因为在我们看来,你就是这意思"(299c4-8)。苏1怀疑苏2的意思,表明苏2的问题亦可作如下读解:即他是在说,凡通过视觉而来的快乐,既然它是美的,也就等于通过听觉而来的快乐。

再是美的，即便这操持给他带来快乐。道德之美将只为听见或看
见道德者显露；在道德之人可能判断自己的道德之先，他得先听
到自己被赞美或看见自己的行为。因此，道德将是因反思而美
（亚里士多德，《尼各马可伦理学》1095b22–28）。希琵阿斯认为，
苏2或许没有注意到美的操持、美的法度给美的定义带来的困
难。当然，希琵阿斯不知道索弗戎尼斯科斯之子是谁；因此他没
有意识到，[xlii]苏1的话貌似肯定道德若要是美的就必须有别
人在场，事实上却反驳了这一点，这话说："以狗起誓，希琵阿斯
呵，至少他不会的；在他这个人面前呀，我特别羞于讲废话，羞于
没话可说却又假装有话要讲。"然而，苏格拉底在自身面前的羞
耻，在此表现为在另外一个人面前的羞耻（参304d5）；因此，情况
仍然是：对于美而言，最起码事实上的距离，或基于另外一个人的
观点的想象，乃是必不可少的。

　　一旦苏格拉底很反常地提出将法的问题放在一边，不让它进
入明处（eis meso）——就好像法可能在任何地方而独独不能在明
处似的——苏2就又返回了讨论。第一次、也是唯一一次，苏2
同时对苏1和希琵阿斯两人一起说话。他的提问使苏1悄无声
息地把原来的陈述"听到/看见美是快乐的"，替换成了据认为与
这句话对等的表达——"听到/看见快乐是美的"。如此替换使苏
1承认，每个人都主张性交是最快乐的事而被人看见自己性交则
是最羞耻的/丑的（《斐勒布》65e9–66a3），然而，根据苏格拉底的
第一个表达，人又应该否认看自己或别人从事性交是快乐的。苏
2认为，苏1和希琵阿斯都会耻于说性快乐是美的，他们的这种羞
耻虽然完全符合人的共识，却可能与他们自己对美的定义不一
致。其实，是否所有人都会引此例来反驳他们的定义并不是很明
朗：苏2用"多数人"替换了苏1的"人们"（参284e2–4）。就谁是
苏1和希琵阿斯的证人而言，苏2想得更多的不是那些以法律禁
止观看性行为的民族，而是诗人和画家们，他们对性行为的表现

未必被人看作丑的。

　　我相信苏2脑海中尤其想到了《奥德修斯》中的一段。当时，奥德修斯正快乐地聆听赫菲斯托斯如何将阿瑞斯和阿芙洛狄忒双双捉奸在床的精彩故事。当赫菲斯托斯招呼宙斯和其余诸神来看"可笑而不体面的事"时，波塞冬、赫尔墨斯和阿波罗都来了，而女神们却出于羞耻感待在家里。"有福的众神中迸发出难以抑制的笑声，当他们看到赫菲斯托斯的发明时。"根据苏格拉底的定义，不可能美的神[xliii]却使多数人所以为的丑表现为美成为了可能；若非因为他们是神、是只有借助技艺才能为人所听见和看见的神，这种表现可能就是丑的。这不仅例证了美对道德的悬置以及美通过类转换的显露，而且，例子本身跟对话的最后主题也有直接关系。希琵阿斯断言，若两人中的每一个都是美的，他们在一起也必定是美的；但他显然也同意多数人的意见，即在性交这件事上，两个人在一起是丑的。当然，一切人中，偏偏希琵阿斯不会对阿里斯托芬的话作字面理解，认为性交中的两个身体不再是两个而是一个。

　　苏2说服了苏1和希琵阿斯同意，强度和时长之别不足以把一种快乐跟另一种快乐区分开来，因为它们都是快乐——他没有考虑到疼痛的在与不在是否会在这方面带来差别；此后他马上向他们提出下面的问题："那么，你们偏爱这些快乐而不是另一些快乐，在两种快乐中找到了这类东西，这岂非另有原因，而并非因为它们是快乐？一定是它们里面有某种不同于其他快乐的东西，你们因为注视着这种东西就说它们是美的，不是吗？"苏2用了"型相"这个熟悉的词，来问苏1和希琵阿斯有关那些单属听觉和视觉快乐的事，不过在这里似乎不够恰当，因为我们应该说，苏2比喻性地使用视觉用语提了一个问，而这个问题又跟字面意义上所理解的视觉相关。无论苏1和希琵阿斯看到的是什么，都是可在言辞中表达出来的；他们所看见并注视着的、跟其他一切事物分离的东西,乃是各种听觉和视觉快乐之美的原因。

　　他们的看是对某种原因的看,就此而言这原因跟他们推理所得的结论难以区分,因为苏2正在以最字面的方式让他们把一跟一加在一起。尽管按照定义,美要么是可听的、要么是可见的,但那使事物美的原因却不可能要么可听、要么可见。不过,原因最起码必须可以转换成可听之物,也许还适合做成某种可见的模型。如果可见和可听之域分别有多种泾渭分明的特质——分别用 A、E、I 和 α、ε、η……表示,那它们必定有某个共同要素例如א,这个共同要素既非可见亦非可听,但它作用于两个系列中的所有元素,这些要素在某种情况下造成了美的感觉。当视觉元素 A 和 E 都是美的时候,它们仿佛被编入索引,归在א名下,然后这个א便充当了 A 和 E 之间的纽带,当听觉元素α和ε是美的时候,א所做的也是一样。这个纽带虽然单独而言必须是不可感觉的,但当它作为美的景象或美的声音的原因起作用时,却不必总是不可听或[xliv]不可见的。这就像辅音字母一旦跟某元音组合起来,就丧失了它本性的沉默。这个既是感性的又是理智的共同要素,除了数,还能是什么呢?

　　苏格拉底说:“在我看来(phainetai),我所没有为了在去经受、且现在所不是、且也是你所不是的东西,我们两人都有可能经受;而其他一些我们两人都为了在而经受的东西,我们每个却不可能去经受。”苏格拉底似乎没有区别影响(pathos)和存在(being, ousia);他所是、他所经受、他为了在所经受的,三个被等同视之(参 301b8)。这一等同提醒我们,在讨论合适的时候,“显得是”与“是”之间的区分,如何首先随着“显得是”这种表达成为可疑,然后又随着“显然是”这种表达被取消(294c5,e9)。而且,想起那段讨论,我们也就想起:合适至少涉及两样东西,这两样东西合起来才使它们共同所属的整体显得美,即使它们单独一个时是丑的。然而希琵阿斯那时同意了一般意见,即合适没有能力使事物成为美的。因此,他现在否认他和苏格拉底合起来可能是他们各自分开时所不是的某种东西,也并非前后不一致。任何一种影响若只是把一些事物合起来,它必定是个表象。不过,希琵阿斯也得否决他自己提出的说法,即美少女只有在我们不把她跟神族比较时才是美的。到此,对话绕了一个完整的圈:从希琵阿斯默认不同类别中两个美的东西合起来不可能美,到希琵阿斯断言两个美的东西合起来不可能不美。[之前]的默认有赖于苏2引美的诸神为证,[之后]的断言则有赖于美的非算术性,该断言出现在对话的这样一个部分中:在那里,要么诸神不可能是美的,要么诸神不再是美的例证。数似乎取代诸神成了那必须据以来理解美的东西。

希琵阿斯一开始似乎是要求苏格拉底来考虑任何合起来跟分开不是一回事的东西,不过他立即澄清了这一点,并表明只应当考虑属人之事(ta en anthrôpois)。苏格拉底显然赞同。数似乎并不在属人之事当中。苏格拉底是否想要暗示,每个属人的整全,比如友爱或城邦,都不是真正的整全,构成这种整全的元素也不会共同经受任何事呢? 数仅仅说明了整体与部分之间的差别;它们并不构成那种现象的整个范围。希琵阿斯和苏格拉底都说到了整全(288e7, 295c8, 301b2),但只有苏格拉底说到部分(299b3)。

解决苏格拉底的难题容易,搞懂这一解决却很困难。[xlv]希琵阿斯会说:"希琵阿斯和苏格拉底两个(both)是二,每一个(each)却是一"中的"两个"和"每个"属于这个句子,但不属于"希琵阿斯"和"苏格拉底"这两个在。人兴许还可以说,"两个"(both)未必就会得出"二"(two):我们可以说"每块(each)板子长十尺",也可以说"两块板子都(both)长十尺"。是希琵阿斯,而不是苏格拉底,首先用"合起来"(together)这个词补充了"两个"(both)(301b8)。要从"两个"(both)里面提炼出"二"(two),我们必须摆脱那有"两个"（both）出现的句子，把它解释为仿佛一道指令，即要我们给之前被它组合在一起的元素施行手术——它合并那些元素是因为已经预见到这次手术。正因为如此，苏格拉底曾说，他的看就是在他灵魂面前的一次呈现。除非关于"两个"（both）和"每个"（each）的言辞跟说这言辞的人拉开距离，否则"二"和"一"永远不会显露。若要"一"和"二"不向说话者隐匿，说话者得听到他自己在说什么。希琵阿斯从来听不见自己在说什么；苏格拉底则总是听见自己在说什么，因为某个在种类上与他最相近的人跟他同住一处（304d3-4）。单个的苏格拉底必然是二，因为 dialegesthai［交谈］乃是说出来的 dianoeisthai［思想］（《泰阿泰德》189e4-190a2）。他问希琵阿斯："我要用言辞向你展示，我们是怎么想他们（即我们）的吗？"贯穿整个关于美的讨论，苏格拉底以肖像的方式呈现了智性（dianoetic）思考。思考以诗性再现的形式被显示。这个事实就是一个谜，因为它似乎把苏格拉底和希琵阿斯都同意的美与数的明显对立统一起来。

　　离题去谈数开启了关于美的另一个可能性：美可能也是对合起来而不是分离的事物成立。为了引出这一可能性，苏格拉底预先铺排了关于听觉快乐和视觉快乐的论证，其作用——尽管似乎并未推进论证——在于表明希琵阿斯之前所举"我"和"你"的例子多么不具有典型性。如果通过视觉和听觉得来的无论什么快乐都是美的，那只能得出两种快乐都美的结论，而不能得出它们每一个都美的结论。这一苛刻结论听起来纯属谬论。观看戏剧时聆听戏剧演员的对白是不是会带来某种快乐，且它必然是独特的快乐，区别于看演员表演所得到的快乐呢？据推测，这两种感觉在同时工作，就此而论，我们说"两种快乐中的每一种"（each），还是说"两种快乐都"（both），似乎都不恰当。苏格拉底的提法适用于言辞但并不适用于经验。谈到就他自己和希琵阿斯而言合起来成立、分开也成立的东西时，苏格拉底的第一个例子——如果两个人各自强壮,他们合起来也强壮——首先暗示出这话若反过来说是不能成立的:如果两个人各自虚弱,他们合起来也必然虚弱吗? 然而,希琵阿斯可能会辩驳说,这两个人合起来的力量——如果够资格称为"力量"的话——是一个连续的量,不能称为"两个"(both)。它作为一、而不是作为二起作用。

苏格拉底似乎犯了数学太差的过错:为了证明[xlvi]已有千万个例证自动向他呈现(prophainesthai),他引用了一些例证,在这些例证中,"两个"就是偶,"各自"(each)却是或奇或偶;而当两个数各自(each)是无理数(arrêton)时,它们的和(ta synamphotera)有时是有理数,有时却仍是无理数。但我们必须用几何学的方式思考这个问题:例如某直角三角形,一边长为2-,另一边长为2+,那么两条边长的和就是有理数。①作为几何图形的一部分,这些边的长短不会随着相加而消失,此时"两个"(both)和"每个"(each)各有其义。由此可以清楚看出苏格拉底为何说到他的prophainomena[显像];或许可以猜测:他是不是把算术和几何分别思想成了听觉美和视觉美的技艺? 无论如何,希琵阿斯没有对苏格拉底的例子提出质疑,他释放"合起来"和"各自"摆脱了更广泛的研究,他承认,如果两个东西合起来美而各自不美,或者各自美而合起来不美,那可是大大不合理的(pollê alogia)情况。

希琵阿斯没有注意到,苏格拉底的用词本身已建议用较现代的词(alogon)来替换那个表示"不合理"的旧词(arrêton)。苏格拉底可能是由此暗示,他的假想尽管不合理,但并不妨碍它有合乎逻辑的论证。希琵阿斯和苏格拉底二人是否也一样,分开时各自"不合理",合在一起却"合理"呢? 从算术角度来看,我们说"希琵阿斯是一,苏格拉底是一,但两个合起来是二",跟苏格拉底对希琵阿斯说"我是一,你是一,但我们合起来是二",没有任何区

---

① 我要感谢 Diego Benardete 给了我这个建议。

别。然而,离开了算术角度两种说法却有天壤之别。"苏格拉底"是个独立的一,但作为"我"的苏格拉底虽也是一,但甚至在他数算他们自己的数之前,他就已经跟另一个一、即作为"你"的希琵阿斯连在一起了。"苏格拉底"是个 hekastos(each)[各],而"我"却是个 hekateros(either one of two)[两个中的一个]。"苏格拉底是一"这句话单独就是完整的;"我是一"里面则包含着潜台词"你是一,但我们合起来是二"。"我们"(we)不同于"我们两个都"(both):"两个都"(both)不能"跟在""每一个"(each)后面,"我们"却能"跟在""我"后面。"我们"既是"我"和"你"合起来而非各自独立的所是,也是"我"——即我们中的任何一个——单独而非合起来的所是。因此,这个"我们"最明白不过地证明了必分之物的不可能的合。这个例子是希琵阿斯提供的,他只盯着人类,而忽略了诸神和数。

柏拉图在《希琵阿斯前篇》中所展示的美的范围,以非凡的方式包含了《泰阿泰德》、《智术师》、《治邦者》的所有主题,因此也证明了如下观点的正确性:美不仅标志着这几篇对话的关键要害,也贯穿于这些对话始终。这一观点为理解雅典人中最丑的那人提供了一条道路,此人把话题转向头发、泥土、污垢,却并没有转离美本身。苏格拉底辩证法的双重含义就是对美的复制。

《泰阿泰德》疏解

一、麦加拉人（142a1–143c7）

[I.85]柏拉图的所有对话都是写下来的,但只有《泰阿泰德》自我介绍为写下来的对话。这篇对话的作者不是柏拉图,声音是柏拉图的声音,握笔的却是欧几里德的手。然而,我们仍要把这篇对话的公开面世归功于柏拉图,因为正是由于他亲自(记载了)这段欧几里德(Euclides)和特赫珀希翁(Terpsion)之间的简短对话,使得欧几里德写下的这篇作品为我们所知。欧几里德似乎认为,若没有他向特赫珀希翁作出的那样一番解释——柏拉图本人则从不认为他需要为自己的作品作这种解释——他的作品就还有缺陷。如此,这篇对话事实上就有两位作者:柏拉图和欧几里德。其中柏拉图写的那部分似乎多余,就算去掉,留下来的未经叙述的对话本身仍是完整的,就像《欧绪德谟》或《法义》是完整的一样。只是,如此一来我们就不会知道欧几里德的"写作原则",也不会知道泰阿泰德后来还立下了赫赫战功。但是,无论是从叙述改变为戏剧,还是一位数学家的受苦受难,都无法跟苏格拉底的倒数第二个问题即什么是知识产生丝毫联系。但柏拉图可不这么想。

　　《泰阿泰德》的结构像极了《普罗塔戈拉》。在《普罗塔戈拉》中，苏格拉底偶遇一个友伴，并与友伴谈到美男子阿尔喀比亚德，谈到更美的普罗塔戈拉，又在友伴催促下转述了自己与普罗塔戈拉刚刚发生的一场谈话。苏格拉底跟友伴的谈话在二十一个回合的问答之后结束。在《泰阿泰德》中，欧几里德偶遇一个朋友特赫珀希翁，并向这位朋友讲到泰阿泰德生命垂危，又在特赫珀希翁的催促下吩咐小僮为他们朗读他记录下来的那场谈话，也就是苏格拉底跟泰阿泰德及忒奥多洛斯（Theodorus）的谈话。欧几里德与特赫珀希翁的谈话也持续了二十一个回合。《普罗塔戈拉》的大部分篇幅都在讨论[I.86]颇成问题的德性的统一性问题，最后结束于苏格拉底的如下提议：如果善就是快乐，那么我们需要的就是一种衡量快乐标准的科学。《泰阿泰德》提出了知识的统一性问题，对话大部分篇幅都是苏格拉底与两位数学家在探究普罗塔戈拉的一个论点，即"既然知识就是感觉，人便是万物的尺度"。普罗塔戈拉本人虽然并未在《泰阿泰德》中出现，只有几个不冷不热的拥护者为代表，但他决定了《泰阿泰德》的进程，正如他也决定了《普罗塔戈拉》的进程。

　　两篇对话中的叙述者都是苏格拉底。《普罗塔戈拉》中，苏格拉底差不多直接向我们讲述；《泰阿泰德》中，苏格拉底则向欧几里德讲述，然后，欧几里德又不厌其烦地[从他所记录下来的对话中]去掉了交代对话来源的苏格拉底[的名字]。比起《会饮》中的阿波罗多洛斯（Apollodorus）以及《帕默尼德》中的克法洛斯（Cephalus），欧几里德记录所听到的东西时并不那么忠实。阿波罗多洛斯和克法洛斯始终使自己的声音跟几个对话来源者的声音截然分开，欧几里德却相反，他不但去掉了交代对话来源的苏格拉底的名字，也去掉了他本人。欧几里德[写作中]遇到一个小小困难，即区分"他（苏格拉底）说，他（苏格拉底）说"与"他（苏格拉底）说，他（泰阿泰德或忒奥多洛斯）说"，但他走了一条便道：

他告诉特赫珀希翁,他删掉了苏格拉底的交代字样"我说",也删去了泰阿泰德的交代字样"他赞同"、"他不同意"之类。但他似乎没意识到,尽管他小心翼翼地要让他的转述分毫不差,但遇到也许仅仅是一个点头或摇头之类的动作时,他还是不得不为之寻找一个对等的言辞来表达。作为一个麦加拉人,欧几里德什么都不认,只认言辞;①我们都知道,泰阿泰德也许会不大情愿地赞同某个观点,而忒奥多洛斯则可能因苦恼而坐立不安。

叙述比起戏剧对白有两大优势:不仅让我们知道忒拉叙马霍斯(Thrasymachus)冒汗了或卡尔米德脸红了,还让我们知道苏格拉底如何理解对话者说某句话时心里想着什么、本来意图是什么。但这两大优势在欧几里德的转述中都不复存在。在这篇关于知识的对话中,灵魂栖身其中的身体,在其显示中似乎跟心智中无声的思想一起,都受到压制。事实上这篇对话最明显的缺陷,似乎在于未能考虑知识与学习、意图与理解之间的关联。苏格拉底的确区分了理解帕默尼德所说的话与理解帕默尼德话里的意图,但他作此区分时的语境,使得这一区分不可能对后面的讨论发生影响。只有明明白白可说出来的东西,才被欧几里德容许[进入笔端],或者说,才被泰阿泰德或忒奥多洛斯所承认。因此,欧几里德完全照字面的叙述,似乎正回应着泰阿泰德和忒奥多洛斯的刻板生硬。

欧几里德的这种写作方式,并不排除他仍可能在该方式的局限性内部找到某些途径,来表达各种身体动作和并未形诸言辞的意图,但这要求欧几里德[I.87]具有与柏拉图媲美的写作技巧。我们当然不能把这么大的本事归到他头上,我们只能猜测:要么,苏格拉底对任何人的表达或意图都没说任何话,他忍住未作一句解释;要么,由于早知道欧几里德迂腐且好卖弄学问(毕竟,苏格

---

① Aristocles, *De philosophia* Ⅶ(*Eusebius Praep.* Ev.ⅩⅣ.17.1).

拉底还是挑选了他作为最适合记录这次对话的人），所以，苏格拉底已经在自己的话里偷偷夹带了他怀疑欧几里德要不就会省略的那些话。这样一来，欧几里德的写作实际上就是苏格拉底的写作，那仿佛是苏格拉底自己为自己的困惑留下的证明。从《泰阿泰德》提出的问题来看，这篇对话比其他任何一篇所谓的怀疑主义对话都更全面地怀疑一切。因此，作为反映苏格拉底生命中最后时日的七篇对话之首，《泰阿泰德》与七篇之末①位于对立的一极——后者断言灵魂不朽，显得最具独断性。柏拉图恰当地把苏格拉底哲学中明显的怀疑论安排给一位麦加拉人来传达，而把其中同样明显的独断论安排给毕达哥拉斯派的斐多来传达。

我们决不能以为，苏格拉底与泰阿泰德和忒奥多洛斯对话发生之时，也是我们自己读到《泰阿泰德》之时。我们读到这篇对话，是生命垂危的泰阿泰德即将从麦加拉被送回雅典之时；对话发生之时，则是苏格拉底刚在王廊下遇见游叙弗伦，并听说了有人要告他之时。我们读到这篇对话，并非因为欧几里德认为它关系到苏格拉底的审判和死亡，而是因为欧几里德想起了苏格拉底从前的预言，感到惊奇——苏格拉底曾预言泰阿泰德若天纵其年必成为有名人物。我们也很有理由惊奇欧几里德的惊奇，因为如此简单的预言并不是非得苏格拉底这般人物才能做出，忒奥多洛斯也跟苏格拉底一样预言过泰阿泰德的潜力。然而，欧几里德——仍是作为一个模范麦加拉人——只会否认潜力的存在（亚里士多德，《形而上学》1046b29-1047a7），因此，在他看来，苏格拉底对泰阿泰德之未来所怀的十足把握若得到证实，那绝不亚于神迹；现在泰阿泰德快死了，欧几里德大概可以安全地抖出苏格拉底所据以推测泰阿泰德的未来的证据了，而不必担心泰阿泰德成为又一个梭伦。然而，我们自己还是不要把对话跟泰阿泰德之死

———
① ［译注］即《斐多》。

联系起来,这一事件虽然令人伤怀,在哲学上却无足轻重;我们应把对话跟绝非无足轻重的苏格拉底之死联系起来。对一位数学家的记念背后,潜藏的则是那位看起来与这位数学家长得相似的人,即那位哲人。

柏拉图让我们注意写下来的对话,注意欧几里德如何下了修昔底德式的功夫,把他的笔记改写成一篇完整的转述,从而在史学层面上再现了对话所讨论的问题。对所发生之事的记录忠于所发生之事吗,正如关于在的知识[I.88]就忠于在吗? 欧几里德呈现曾经发生的事时,仿佛暗示现在正在发生;他摒除了时空上的差异。同样,关于在的知识就可以呈现在吗? 但知识怎么可能避免对在的再现呢? 难道它必须消除自身的言辞吗? 倘若如此,知识就只能是直接[知识],而一切推理最终都只是怀疑。然而,如果我们不要学欧几里德的样,而是把关于在的知识与在分离开来,那么,这一分离又怎么能与知识之为知识的称号一致呢? 我们似乎不得不二选其一:要么,知识带有一种不可通达的直接性(immediacy),要么,知识带有一种不可根除的间接性(mediacy)。欧几里德带进写作中的失真,看起来只是让我们仿佛正在偷听苏格拉底、泰阿泰德及忒奥多洛斯的讲话;这种失真比起概括苏格拉底的话带来的失真更难纠正,但不像后者那么严重。

欧几里德提供给我们的是单独的言辞,是原材料,我们或许能由此上溯,去还原说话人的几种意图和对问题的几种不同程度的理解。一旦发现了说话人的意图和理解,就能想象出使那些话变得活起来的[人物的]行为,即事迹;如此应该也就会明白他们说话的动机了。如果说,解开《泰阿泰德》或柏拉图任何一部对话的秘诀正在于此,那么我们可以推测此乃一个模式,可以帮助我们走出知识问题把我们带入的困境。"言辞上的贫乏"可以通过对应的办法,即通过设法去发现行动、发现诸在——知识的言辞与诸在分离但又属于诸在——而避开吗? 阐明与柏拉图所用的那种模仿不可分离的隐藏和揭示,这本身可能就是解决苏格拉底和泰阿泰德对话结束时的困惑的恰当开端。

二、长相与似像(143d1–146c6)

在欧几里德所记的对话部分,一开始,苏格拉底问忒奥多洛斯,在雅典热衷几何学或别种哲学的年轻人当中,他有没有遇到什么有望迅速长进的人。苏格拉底所说的他更爱雅典人这一事实不能充分解释他此刻为何有此一问。假如苏格拉底尚未年迈,也没有面临莫勒图斯(Meletus)控告他的威胁,那么我们也许可以猜想忒奥多洛斯的角色是为苏格拉底搜寻英才。因为谁也不会认为,苏格拉底在《智术师》中预言爱利亚异乡人的到来,预示着他们必须眼前就有合适的对话者来讨论智术师的问题。那么,苏格拉底是在寻找自己的传人,即接替他继续在雅典搞哲学的人吗?[I.89]但苏格拉底已经认识了柏拉图,而且现在的情况也不像《卡尔米德》中柏拉图出生前的情况:在《卡尔米德》中,苏格拉底刚从波提岱亚(Potidaea)之战(伯罗奔半岛战争的序幕)归来,他因为关心雅典的哲学状况,就问[大伙儿],他不在期间有没有什么人在智慧、美或两者方面已经成长得出类拔萃。

在柏拉图笔下曾经与苏格拉底交谈过的一众年轻人中,泰阿泰德证明在哲学领域表现得最为突出。泰阿泰德和忒奥多洛斯是我们所遇见的与苏格拉底争论的仅有两个"科学家"(scientists)——纯粹的理论人。这次交锋的结果可能是二人都少了一些天真,但他们都没有完全转向哲学。忒奥多洛斯已经把哲学作为"光秃秃的言辞"丢开了,泰阿泰德则只探究了——就我们所知——他在遇见苏格拉底之前就已经开始问的那些问题。当然,苏格拉底肯定没有充分开发泰阿泰德,因为他直到听取了异乡人与泰阿泰德的谈话以后,才感谢忒奥多洛斯介绍他与泰阿泰德结识(《治邦者》257a1-2)。是苏格拉底不够能力去盘诘数学家吗?
但他后来提议盘问小苏格拉底,则表明他并非没有这样的能力
(《治邦者》257a3-6)。也许,他跟泰阿泰德的谈话相对比较失
败,此乃异乡人跟泰阿泰德谈话成功的必要条件——《智术师》为
我们提供了一个独特的"遥控器",可以用它来检查泰阿泰德究竟
从苏格拉底学到了多少东西。假如结果证明泰阿泰德真的成了
另外一种人——某个苏格拉底可能对其有决定性帮助的人,那么
苏格拉底是否设法作出一场完全不同的辩护,好让自己活下去
呢?而泰阿泰德跟苏格拉底本人一样到最后一无所获,则决定了
苏格拉底必然采取自杀式的辩护吗?

　　忒奥多洛斯用了大段美言称赞泰阿泰德,却一次也没有提到
泰阿泰德的名字。这个未指名的雅典人有见识地自愿与忒奥多
洛斯结交;他选择了不跟苏格拉底结交,尽管他关心那些据他所
知是由苏格拉底提出的问题。这些问题在他里面引起了眩晕,但
并不阻碍他向忒奥多洛斯学习所能学到的一切。起码可以说,苏
格拉底的哲学对于在数学领域取得惊人发现并非必不可少;而
且,既然忒奥多洛斯和泰阿泰德都觉得接受知识即感觉这一观点
没什么困难,那么,似乎这两个数学家本身根本不会受到哲学的
任何感染。面对苏格拉底和普罗塔戈拉的怀疑,他们岿然不动,
始终相信自己的能力。科学(Science)和科学家(scientists)都把
哲学内部争论看作中性之事。然而,忒奥多洛斯在称赞泰阿泰德
的同时,不能不防备自己可能受人质疑,说他的称赞并非完全不
偏不倚。他担心别人以为他心里爱着泰阿泰德,过于因自律而关
注"赤条条的言辞"所带来的结果。当然,他也不那么担心自己冒
犯了苏格拉底,就像[I.90]他担心别人以为他是泰阿泰德的同伴
那样。比起缺乏礼貌,男同性恋这一指控可要严重得多。在这部
唯一不是柏拉图所写的柏拉图对话中,苏格拉底被人当面告知他
长得很丑。既然泰阿泰德的长相(look)跟苏格拉底一样招人讨

厌,忒奥多洛斯就认为不可能有人——更不用说阿尔喀比亚德了——爱上泰阿泰德或苏格拉底,或者说,他认为泰阿泰德的丑可以保护他免于同性恋指控。他认为他已经先发制人,充分粉碎了关于他败坏泰阿泰德的指控。

苏格拉底所列出的潜在哲人应具备的先决条件,泰阿泰德身上全都具备,除了思路开阔这一条(《王制》487a2-6)。他具有出众的顺从、温和和勇敢。他似乎已经是节制与勇敢结合——爱利亚异乡人认为治邦者的技艺必须达成这一结合——所生的完美后裔。然后,苏格拉底最后告诉泰阿泰德,他们的谈话起码使他变得更温和了,以至于他因节制而不再相信他知自己所不知。苏格拉底显然不能增进泰阿泰德天性中的温和而不同时牺牲他的勇敢。相反,忒奥多洛斯则认为,温和与勇敢结合,还不像两者中的任何一个或两者同时与顺从结合来得困难。温和之人多愚笨,机敏之人多狂躁;或者,既然机敏之人多急躁易怒,而稳重之人又多驽钝健忘,忒奥多洛斯也就由此暗示,正义之人往往愚笨,精明之人则往往不义。忒奥多洛斯用了两个像,向苏格拉底传达泰阿泰德是何等出众。第一个像把泰阿泰德比作无舵之船。在这里,风浪是学习者必须穿越的媒介;风浪自然存在于骚动不宁之时,人若不用自身的重量抗拒风浪,风浪就会把人带走。你可以说,单单知识的媒介本身并不通往知识。第二个像把泰阿泰德比作无声无息流动的橄榄油。在这里,知识的媒介成了学习者本人,身外的任何东西都不能阻挡他缓缓行他自己的路。忒奥多洛斯所用的两个像不完全合得上。他的数学才能在他试图作诗时帮不上忙了。

苏格拉底从忒奥多洛斯的话里猜不出他指的就是欧福若尼乌斯(Euphronius)之子,显得笨得很。雅典人中能有多少人,风采

宛如一位年轻的西勒努斯呢?① 就忒奥多洛斯而言,更稳妥的方
法是向苏格拉底说出青年父亲的名字,来帮助苏格拉底搞清楚这
青年的身份。但忒奥多洛斯不记得青年的父亲叫什么了;他转而
求助于眼见:刚刚涂了橄榄油的年轻人正朝他们走来,中间就有
泰阿泰德。于是苏格拉底认出来了。但此人绝非忒奥多洛斯说
的那样独一无二无人可匹,他父亲就跟他如出一辙。然后,忒奥
多洛斯说出他的名字叫泰阿泰德,[I.91]并补充说,人们认为泰阿
泰德的监护人挥霍光了他父亲的庞大家产,但泰阿泰德仍旧慷慨
大方得令人惊叹。苏格拉底终于若有所动:"你所说的真乃一堂
堂男子汉!"自始至终,苏格拉底表现得思想相当狭隘,他关注家
世、名字、身价等表面因素甚于关注忒奥多洛斯对泰阿泰德灵魂
的热情洋溢的分析。然而从知识的角度来看,"雅典人欧福若尼
乌斯之子" 不能可靠地确定泰阿泰德的身份,如忒奥多洛斯的话
那样吗? 若离远了看,忒奥多洛斯可能误把泰阿泰德当成苏格拉
底;苏格拉底却绝不可能混淆他们二人。我们若要问知识是什
么,就必须问外表的知识、灵魂的知识、身体的知识以及名称的知
识是否、以及如何形成一个统一体。若答曰,这每种知识都来自
感觉和记忆,那就解释不了它们之间显然存在的差别。

　　苏格拉底让忒奥多洛斯把泰阿泰德叫过来,好仔细研究一下
自己到底长着一副什么样的面孔。难道苏格拉底从未照过镜子
吗? 泰阿泰德毕竟不像苏格拉底那样凸睛得厉害,但既然苏格拉
底此时并非真的在研究自己的脸,他的自爱也就不会妨碍他判定
泰阿泰德到底是不是长得丑。当然,苏格拉底太有礼貌了,所以
他告诉泰阿泰德,他的老师发现他长得丑。他一开始就提出知识
问题,并非因为忒奥多洛斯夸赞泰阿泰德,而是因为忒奥多洛斯
在断言苏格拉底与泰阿泰德长得相似(likeness)时援引了一个标

---

① [译注]西勒努斯是酒神狄俄尼索斯的伴侣和导师。

准(即,美)。苏格拉底想要知道,忒奥多洛斯的夸赞也好,批评也好,跟他关于二人相似的鉴定是否合得上;也就是说,苏格拉底不仅质疑忒奥多洛斯有资格断言泰阿泰德长得丑——既然他并非画家,也质疑忒奥多洛斯有资格刻画泰阿泰德灵魂的似像(likeness)——既然他并非诗人。

苏格拉底举了一个例子来论证这一点。假如苏格拉底和泰阿泰德各有一把琴而忒奥多洛斯说二人的琴所奏之音相似,那么,必得忒奥多洛斯精于音乐他们方才信他;否则他们就会检查忒奥多洛斯是否如此精于音乐,如果不是,他们就不会信他。泰阿泰德如此理所当然地看待技艺,他甚至没有问:他们自己也并非专家,又怎能继续检查忒奥多洛斯在音乐上够不够资格呢;反过来,倘若他们是专家,再去相信别的专家也就多此一举。忒奥多洛斯现在要教给泰阿泰德更高级的音乐。无论如何,苏格拉底区分了相信(trust)与知识(knowledge),从而预先推翻了泰阿泰德之后关于知识就是真实意见的提法。此外,苏格拉底让泰阿泰德否定忒奥多洛斯是一名画家,但仍让他作几何学家,这似乎又区分了两种美:一种是数学家可能认识的那种比例之美——奏出美妙音乐的琴就是一例;另一种是忒奥多洛斯的数学无路可以通达的人的相貌之美。苏格拉底暗示,[I.92]人之美的知识在比例知识的范围之外;完全一样的道理,关于治邦者、哲人和智术师等级之别的知识也在比例知识的范围之外。欧几里德就把生命垂危、病魔侵陵且身负重伤的泰阿泰德称为美且好的。

苏格拉底先温和地教导泰阿泰德,他们两人都不应该在意像忒奥多洛斯这种并非专家的人说他们丑,之后他就转向忒奥多洛斯对泰阿泰德灵魂的称赞。无知识的意见怎么说,这并不重要,重要的是专家怎么看。苏格拉底先设立了检验技艺上的资格的模式,现在又提出一种方法来考察对泰阿泰德灵魂的赞美,二者之间惊人地缺乏类似性。现在的问题不再是相貌相似的问题,而是泰阿泰德跟几乎所有其他人的差异问题,而苏格拉底甚至不停下来问一下忒奥多洛斯是不是灵魂专家。泰阿泰德和苏格拉底可以不理会忒奥多洛斯关于他们长得丑的意见,即便他们关心这个问题;但是,谁若是听到另一个人在德性和智慧上受到称赞,就当立刻殷勤检查受称赞的人,而受称赞的人也当同样殷勤地展示自己[的确当此称赞]。他们没有费工夫去寻找其他的专家;要么,再没有他们信得过的专家,苏格拉底已把自己立作灵魂专家;要么,他们二人尽管谁都不是专家,还是可以联手检查泰阿泰德的灵魂。且不论忒奥多洛斯究竟是业余人士还是专家,总之苏格拉底提议由他们自己来检验他[对泰阿泰德]的赞美。他提出,那顶多只能称为信心的,应该由知识来取代。

　　尽管泰阿泰德基本同意苏格拉底的话,但他羞于表现自己。他生怕忒奥多洛斯评论他的话不过是玩笑。苏格拉底安抚他说这可不是忒奥多洛斯的作风。苏格拉底没用几个字,可是,他所告诉我们的关于忒奥多洛斯的东西,比忒奥多洛斯精心组织的长篇大论所告诉我们的关于泰阿泰德的东西更多。苏格拉底接着又说,既然泰阿泰德必定也知道忒奥多洛斯说话向来诚恳,那么,他的如此托辞就只能逼得忒奥多洛斯起誓表明他对泰阿泰德的赞美是由衷之言。不好开玩笑也意味着不会轻易被人怀疑在起假誓、作伪证。另一方面,苏格拉底自己的好开玩笑——忒奥多洛斯偶尔也能听得出来——则可能指向莫勒图斯所告苏格拉底的罪状:他说苏格拉底不信城邦所信的诸神。无论如何,当稍后苏格拉底把忒奥多洛斯当成礼貌专家而请教他的意见时,忒奥多洛斯丝毫没觉得有什么好笑的。

　　苏格拉底突然从忒奥多洛斯是否正确地赞美了泰阿泰德这个问题转向他自己的一个小迷惑,即"什么是知识",再没有什么比这更突兀了。大概,泰阿泰德的自我知识也好,苏格拉底对泰阿泰德的知识也好,都要通过探究知识本身是什么来获得。知识问题似乎只是作为达到这些目的的途径而出现的。我们[I.93]看不清苏格拉底是否选择了最直接的路线。无论如何,结果证明泰阿泰德的自我知识很荒谬地跟他知道知识是什么毫不相干。还有一个方面,让苏格拉底的突转显得更令人吃惊:苏格拉底首先让在座所有人跟泰阿泰德一起来探究这个新问题,然后,面对泰阿泰德的不做声,他又问有没有其他人愿意先说。然而,只有泰阿泰德才可能为[证明]泰阿泰德的卓越去尽力。新问题与忒奥多洛斯对泰阿泰德的赞美毫无关系,似乎无限延后了对那一番赞美的检查。倘若欧几里德保留苏格拉底的叙述部分,我们兴许会知道是苏格拉底的命神(daimonian)中途阻止了他,叫他不要光对泰阿泰德说话。的确,泰阿泰德事实上一直是主要对话者,但那只是因为苏格拉底对他说,遵从明智的忒奥多洛斯的吩咐是他的神圣义务,而非因为他刚才答应苏格拉底要显示一下自己的身手。但,不管用什么来解释苏格拉底何以从泰阿泰德转向其他人,我们都不得不解释两个问题的并置。灵魂知识的问题在某种程度上使知识问题变得尤其尖锐,因为,缺乏公认的灵魂知识专家必然使得苏格拉底和泰阿泰德不可能判定泰阿泰德的灵魂当受赞美还是批评——无论他们关于这个灵魂有什么发现。就在忒奥多洛斯不惧权威而发言时,知识已然成了一个问题。就连这个脑筋刻板的数学家,当他称赞起一个同为数学家的人的灵魂时,也不得不用谜一般的像来说话。

三、泥(146c7-147c6)

泰阿泰德甚至还未冒险给出他[关于知识是什么]的第一个答案,就同意了两个看起来并不兼容的说法:学习几何就在几何上变得更智慧,学习星象术就在星象术上变得更智慧;智者却是因智慧而智。如果这样,那么这个无限制的智慧又怎能是那使智者有智慧的智慧呢？使几何学家变得智慧的不可能是星象术的智慧，更不用说也不可能是制鞋匠的智慧。泰阿泰德在诸技艺中挑出制鞋术，似乎表明他对苏格拉底的一贯作风有所耳闻，也许他是想借此讨好苏格拉底。假如他没有加上那些手艺，他的回答还容易概括些：知识无非就是数学知识，因此认知就是计数和度量；或放宽了说，哪里没有可数之物，哪里就不可能有知识。然而，泰阿泰德［在数学知识后面］又加上那些制作类技艺，因此我们只好认为，在泰阿泰德看来，［I.94］不可能存在跟技艺和科学分离了的知识。苏格拉底认出泰阿泰德就不算知识。

苏格拉底如他通常所做的那样，反对任何的多。问泰阿泰德一，他答以多，问他简单，他答以复杂。可选项——它是一、是简单——不是唯一可能的答案。知识像泥一样，可能是个复杂的一，或一个亦为多的单一；这个概念可以很漂亮地描述所有数学性科学的特征。但苏格拉底并不是要泰阿泰德告诉他科学的种类和数量，就像《智术师》中的爱利亚异乡人并不是要哲人们告诉他诸在的种类和数量一样。苏格拉底把计数与认知对立起来，但也由此暗示，泰阿泰德已经不言而喻地断定两者为等同。严格而言，人的认知只能在他所计数的种种技艺和科学之内（《斐勒布》55e1-56a2；《治邦者》284e11-285b6）。

苏格拉底用一个例子澄清了他的问题。他选择家常日用的东西为例。他没有问物理学家会问的问题，比如什么是水或者什么是土；他问什么是泥（pêlos）。这个问题在我们听来如有余音回荡，因为我们想起在苏格拉底还像泰阿泰德现在这般年龄时，帕默尼德也曾经问过他：他是否认为存在着一个水的 eidos［形相］，它跟我们眼睛看到的一切水分离。苏格拉底说他也很迷惑，不知如何回答，帕默尼德也用了极其家常而卑贱的事物——头发、泥、粪便——来提问，鼓励苏格拉底作答。苏格拉底说，这些东西就只是我们看到它们所是的样子，但之后他还是承认他脑子很乱：

就像他肯定正义、美、好都有其各自的 eidos[形相]一样,这些东西大概也有同样那种 êide[形相]吧。帕默尼德于是说,苏格拉底的年轻使他过于屈从人的意见了;如果哲学真地抓住了他,他就再不会轻看那些东西(《帕默尼德》130c1-e4)。

道德曾攥住苏格拉底,正对应于既定技艺和科学控制了泰阿泰德。泰阿泰德后来还说,作为真实意见的知识,其所有结果都既美且好(200e5-6)。苏格拉底试图来做泰阿泰德的解放者,正如帕默尼德从前做他的解放者那样。他向泰阿泰德表明,泰阿泰德只把知识局限在技艺和科学里面,因为,苏格拉底对 pêlos[泥]的定义可同时适用于土泥和陶泥,泰阿泰德的回答却只把 pêlos[泥]当作陶匠、玩偶匠、砖瓦匠各自技艺中的一种成分。苏格拉底的定义虽说是前科学的,却比单单罗列几种技艺所用的泥来得全面。然而[泰阿泰德的]科学答案并不像苏格拉底所证明的那般可笑。这答案告诉我们 pêlos[泥]是制作陶罐、玩偶、砖瓦的原材料,倘若想进一步知道陶匠的泥是什么,就该去请教陶匠,[I.95]他可以准确说出制作这种或那种陶罐都需要什么成分,以及这些成分应按什么比例搭配。科学答案可能的确支离破碎,却向我们提供了一些数。

柏拉图的例子既可以表明一个问题当如何回答,又充当着通向答案本身的指引,区分这两个方面殊为不易。如果说知识好像泥,而泥不过是泥所据以形成的那东西,那么,知识也就不过就是知识的来源;这样一来,[知识是]感觉看上去便是非常可信的回答。但是,既然不具体说明泥的各种成分如何混合,泥就不可能得到定义,那么,知识也就只能在诸成分以某种方式混合的条件下才可能产生。知识大概同时需要一个被动要素和一个主动要素,然后,通过发现其材料和动力因,就会告诉我们绝对意义上的知识是什么;至于种种专业知识,[其产生]则要归因于我们加在知识的无形之体上的种种形状——即我们对知识的不同运用。

但是,如此描画知识使我们面临如下难题:它仅仅向我们表明了那没有它知识就不可能存在的东西,由此,也就使我们可以随心所愿地把知识的各种成分相混合。光有土不是泥,光有水也不是泥,土和水必须在一定范围内混合才有泥,超过了这个范围泥就不存在了,而这个范围从逻辑上讲是不允许在任何程度上[把水和泥]相区分的。另外,如果我们以土和水制成的器具来证明我们正确运用了话题一开头所说的泥,那么我们又会陷入恶性循环。由前科学知识(泥)向专业知识(砖瓦、玩偶、陶罐)的转化,于是便通过知识本身之外的东西被正当化了。

　　苏格拉底以两个迥然有别的论证,试图让泰阿泰德相信他给出的答案是可笑的。苏格拉底作了一个类比:不知一物为何,便不可能理解其名,同样,不知何为知识,也就不可能理解什么是制鞋的知识。如果从严格意义上理解"知一物为何"这句话,那么,不知一物为何而理解其名,即名称所指之物的名,当然是可能的。因此,泰阿泰德的答案告诉了我们知识适用于什么,同时也隐含地告诉了我们知识不适用于什么。然而,如果在宽松的意义上理解"知一物为何"这句话,把它看成一个同一性问题,那么,不知一物为何,的确就不能理解其名。不过,苏格拉底似乎先是把知识与物之名对照,后又转过来把知识跟名称所属之物对照。然而,如此混淆意在显出诸技艺本身(如星象学的科学)里面被隐藏的余量,诸技艺用这个余量迷惑了泰阿泰德,使他以为它们是在各自表现它们所共同披戴的[形式]。苏格拉底的第二个[I.96]论证,是把列出所有不同的泥所可能造成的无穷累赘,与可能提出的简明答案加以对照,以此暗示在没有任何捷径可走的情况,也许不得不采用列举法。《智术师》和《治邦者》中的一系列二分,无疑使得在知识上兜圈子看上去就是二分法所能达到的唯一结果。

四、不尽根（147c7—148b4）

　　泰阿泰德发现，他最近与小苏格拉底讨论过的问题跟苏格拉底刚才所问他们的挺相似。相似之处似乎在于不尽根是不可数的——不过泰阿泰德和小苏格拉底还是找到了一个公式来概括所有这类数——技艺和科学实际上也是不可数的，因为把所有数分成两大类跟知识的统一性是不可比较的。知识问题似乎更多对应于问"数是什么"，但既然泰阿泰德现在所放弃的知识定义已经很像欧几里德关于数的定义——由一构成的多，那么，"知识是什么"在数学上的对应就并非"数是什么"，而是"一是什么"了。泰阿泰德和小苏格拉底的探究始于忒奥多洛斯所证明的一件事：3 方尺的方形的边，其长短不能以整尺量尽，从 3 方尺到 17 方尺之间还有某些大小的方形亦如此。不过他们两人注意的是无限多的无理数，而试图用一个名称来概括这些数。他们先把所有的数分为两部分：那些可由一个数与本身相乘而得的数，他们将其比作正方形，并称其为等边正方形数。这些数都是一目了然的，所以泰阿泰德一个例子也没有举。至于那些介于平方数之间的数，如 3 和 5，不能由任何数与本身相乘得出，而总是一个大些的数与一个小些的数相乘得出，这样的数，他们将其比作长方形，并称其为长方形数。然后他们说，凡构成等边方形数的正方形的各等边，名字就叫长度（mêkos）；而构成长方形数的正方形的那些边，就叫不尽根。这两种［正方形的］边不能在边的长短上、而只能在面积的大小上以共同单位量尽。

　　有必要再来看一遍泰阿泰德和小苏格拉底所做的事——苏格拉底恰当地给予了称赞——看看他们的办法如何出色，却又如何令人困惑。他们先跳过忒奥多洛斯关于那许多方尺的边的说法，单单思考数本身，但后来又不得不返回到几何学，以［I.97］获得那两类数的似像(likeness)。大、小、多、少先是作为第一位的现象消失了,后来却作为像(images)的来源重现。然而,作为像的正方形对两类数而言地位是不一样的。对正方形数而言,正方形的像完全无碍于我们返回到与正方形的边所对应的纯数。比如,代表 4 的平方根的像,就理解所有这类数而言并没有什么重要性。然而,一旦我们试图放弃对没有整数平方根的数的否定性规定——在此规定的掩盖下,这些数仅仅是异于正方形数而已——试图把它转为一个肯定性规定时,作为像的正方形就变得必不可少了。正方形之像成了基准,没有这基准,这类数——即无理数——就根本无法得到理解。代表数字 3 的长方形像必须置换成等面积的正方形像,这第二个[正方形]像跟代表数字 4 的正方形像可以用同一单位量尽,但我们再也不可能不靠像而仍旧谈论 3 的根。使这个根显明出来的构建与像已不可分离。纯数的根不是一个数,这个根只存在于该纯数之像的像之中,然而,它却有能力产生纯数。

倘若苏格拉底期待泰阿泰德在知识问题上也模仿这一切做法,那他可给泰阿泰德确立了不简单的任务。泰阿泰德会这样说吗——有两类知识,一类是"理性的"知识,一类是"非理性的"知识,这两类知识由于在平方根上的差别而不可相提并论,不过要是分别给两者一个类似的像——尽管两类中只有一类必须借助像才能得到理解——那么一句话就能够理解这两类知识。不管怎么说,苏格拉底以一个精心制作的似像(likeness)①呈现了他本人拥有的知识,并以此暗示泰阿泰德也应该找到一个同样圆满的知识定义,这个定义必须既适用于他所承认的众多科学,也适用于苏格拉底的单数的助产术。知识的这种二元性结果支配了《泰阿泰德》、《智术师》和《治邦者》三篇对话,而在苏格拉底不承

---

① [译注]指苏格拉底以他对泥的定义来表达他所拥有的知识。

认忒奥多洛斯有资格宣布他本人和泰阿泰德长得丑之时,这种二元性便已首次得到了暗示。

五、生育(148b5-151d6)

泰阿泰德现在已证实了忒奥多洛斯称赞他的话实为不虚,不过他还是无法像解释平方根那样来解释知识,因此,忒奥多洛斯尽管不乏真诚,显然仍是个说谎者。泰阿泰德以为,他必须能够回答任何这个类型的问题,方可担保忒奥多洛斯的称赞算数。苏格拉底用一个似像(likeness)给他鼓励:忒奥[I.98]多洛斯的称赞是相对意义上的,他的意思不是说泰阿泰德在德性和智慧方面已达巅峰,而只是说泰阿泰德比起同龄人可算是出类拔萃。但苏格拉底的鼓励反而叫泰阿泰德惶恐不安。要是知识问题终必打败泰阿泰德——若这个问题远超出泰阿泰德的能力范围则结果必定如此——那么,苏格拉底为何还要催促泰阿泰德去跑这场可能最难跑的竞赛呢?这样做无疑可能把泰阿泰德的才能开发到极致,但不同样也会打击他的信心么?泰阿泰德似乎并非必须吃这番苦头的。难道他必须立刻从一个青年数学家一跃而为老成的哲人吗?《智术师》中爱利亚异乡人跟泰阿泰德的讨论显得更成功些,但那是因为他循循善诱,一步步把泰阿泰德引到存在问题面前。苏格拉底对待泰阿泰德如此急切,也许是因为他自知时日无多,不能进展得太缓慢。即将到来的审判使他不得不加快步伐。

泰阿泰德的困惑并非刚刚才有的。自从他过去听闻了苏格拉底的问题,无论他自己或别人,都还不能给出满意的答案;但泰阿泰德不像忒奥多洛斯,他无法除去他的担忧。因此,泰阿泰德并非新手;苏格拉底抓住了他,就在他对数学研究的全心投入或许可以使他忘却这些问题之前。"我亲爱的泰阿泰德啊,原因是你正在遭受阵痛,因为你并非[腹中]空空,而是怀了胎。"泰阿泰德不是怀胎而无痛，也不是怀假胎而疼痛。"我不知道，苏格拉底，我只是说出我一向所经验到的。"在这里，泰阿泰德区分了他的属于自身经验的直接知识——他不称其为知识——与他对这经验之原因的无知。他已经把知识等同于诸原因的知识，但他后来把知识等同于感觉，则表明他自己并未意识到这一点。也许我可以斗胆说，在柏拉图对的所有主人公里面，泰阿泰德和忒奥多洛斯这两个人，对于自己的所言所行如何与正讨论的问题相关是最没有意识的。

我们或许可以这样解释泰阿泰德的自认无知：它本身就包含了一个知识定义，该定义包含在泰阿泰德的自认无知之中，从而说明了一个人如何在不知的时候知。但对这一自认无知也可作另外的解释：泰阿泰德的不知，也许并非针对苏格拉底关于他的困惑之因的解释的真假而言，而是就苏格拉底用词的意思本身而言——ôdineis（阵痛），kenos（腹中空空），enkymôn（怀胎）。苏格拉底说这些词时并没有加上"仿佛"或"好像"之类的限定语。他说的仿佛诗歌就是散文。假如他对这些词加上那些限定语，以此承认它们是某个像的组成元素，那么，他后来据此对幻像与真实所作的区分本身也将只是基于幻像了，而 [I.99] 关于原因的知识也将不过是个虚构。这是一个难题，《泰阿泰德》《智术师》《治邦者》的大部分内容都围着这个难题打转。此外还有一个难题。

泰阿泰德本人表现为一个无知之人。他知道他不知道。他似乎已经达到了苏格拉底的无知之境，因为他是那么谦和，我们甚至能想象他正把自己所知道的一切逐条列出来。但是，苏格拉底的无知不可能是那么容易达到的，似乎不管什么只要问个"某某是什么"就够了。苏格拉底的无知必须由对那无知的结构的知构成。必须是被知充满的无知。然而，这种被知所充满，不能是由于某种预先决定了可能答案是什么的方法论；相反，必须是由于一个人承认"外面那儿的"某个东西令人困惑。苏格拉底的问题乃是人不得不直面的问题;这问题既不能置之不理,也不可能自某种预先确立的怀疑论所产生。它必须是人惊奇的对象。就此而言,对苏格拉底问题的揭示本身悬浮在某存在的自我揭示与思想者本人的自我知识之间。正是苏格拉底问题的这种独有的双重性,使他得以从起初的问题,即泰阿泰德天性的自然转向其衍生出来的问题,即知识的本性问题。

泰阿泰德听说过苏格拉底的母亲是产婆,但从未听说苏格拉底也操此技艺。他只听说苏格拉底无比奇怪,使人迷惑。泰阿泰德跟所有无知者一样,不知道苏格拉底使他困惑的能力得归功于一门技艺,因此,他在定义知识时没有被迫把这门技艺考虑进去。无论别人向泰阿泰德所转述的对苏格拉底的印象,还是泰阿泰德[对苏格拉底的]切身经验,原因都在于一门技艺。泰阿泰德的经验的原因之原因在于苏格拉底的技艺。这是个秘密,苏格拉底要泰阿泰德保守这秘密,我们也只在泰阿泰德快死时才许听到这秘密。而秘密中更秘密的部分乃是苏格拉底还拥有做媒的技艺;而他只能通过如下方式来显示这门技艺:那就是告诉泰阿泰德产婆们也是婚配的掮客,她们跟苏格拉底一样,成功地隐藏了这门技艺直到如今。苏格拉底在意他母亲的名声远不如他在意自己的名声。苏格拉底向泰阿泰德保证,他的技艺与产婆的技艺除了两点明显的不同,其他完全相符,这似乎暗示我们可以尽力由此相符推出任何结论。产婆是已过生育年龄的女人,苏格拉底也曾是多产之人,但如今已盛况不再。假如不是人的本性太弱,不靠丰富的经验便掌握不了一门技艺,阿尔忒弥斯(Artemis)大概会把助产术交给不能生育的女人;但苏格拉底却不必靠经验才能成为[I. 100]为男人灵魂接生的熟练产婆。苏格拉底拥有先验的知识。矛盾似乎无法避免,苏格拉底却奇妙地避开了矛盾。他告诉泰阿泰德,当他除去人的愚蠢时,很多人向他发怒,恨不得咬他一口,因为他们不相信他的行为是出于好心,"更不知道神从来不恶意待人"。苏格拉底是个神。难怪他在即将为不敬神而受审之前，会要求泰阿泰德替他保守秘密。不可否认，人们往往不好意思承认这种疯狂，而退回来紧紧抓住苏格拉底关于他并不生育智慧的宣称，可这将彻底摧毁苏格拉底叙述当中的要害。产婆的不能生育并非其技艺的要素，但若没了这一要素，她们就再也无法理直气壮地对病人做[该做的事]；她们没有任何属己的东西妨碍她们照料别人。但是，倘若苏格拉底曾经生育自己的子息，那么他就会仍跟他们在一起，而不可能检查自己的子息，更不会在后来成为别人的试金石。苏格拉底若生产，就不可能作批判者；若要保持他的正义，除非他不育；但他不可能不生育，除非他是神。因此，对于莫勒图斯控告他犯有败坏青年的不义之罪，他只能以赞同他们告他不敬神作答。假如被迫在苏格拉底的不义和苏格拉底的疯狂之间选择一样，我们大概也会选择苏格拉底的不义；在《智术师》中，苏格拉底亲自暗示爱利亚异乡人是来审判他的。

　　这一切看似玩笑，但也暗示出一件严肃的事，即经验和知识互不相容：泰阿泰德有困惑的经验，苏格拉底知道这经验的原因。苏格拉底似乎认为思想像犯罪行为，而不像疾病：医生除了学习他们的技艺之外，还可能与最不健康的身体接触，自己染上一切疾病，或者可能天生体质很差；同理，法官若与邪恶的灵魂打交道后自己也行各种犯罪之事，那么，他也许会更加明察他人所犯的罪，但也会出于卑劣的猜疑而把好人的品格想歪（《王制》408c5-409e3）。我们更喜欢不需凭靠自身经验而判处不义之人有罪的法官，照样，我们也更喜欢单单凭靠技艺使虚假意见流产的苏格拉底。经验与知识的重叠只能发生在经验不产生任何假的时候，因为人无法自己治疗自生之假的感染。自我知识是不可能的。像泰阿泰德那样说知识就是感觉，便是跟着苏格拉底的推理走，因为这会激发人对不可消除之错误的害怕；但这也是否定苏格拉底拥有他的技艺。而这否定似乎也有道理，因为苏格拉底谈到他的猜测跟谈到他的技艺一样多。

产婆得意于能接生婴儿，但比不上她们得意于知道何种男人跟何种女人配合才能生出[I.101]尽可能最优秀的孩子。真正的产婆懂得《治邦者》中爱利亚异乡人归给政治科学的[技艺]，懂得苏格拉底曾经提出的对于保存最佳城邦不可或缺的那种技艺：随着城邦卫士们忘记了"婚配的数"，城邦开始衰落下去。苏格拉底没有这种应该属于数学的技艺，他的技艺也绝不是政治技艺。他的技艺要真正见成效，必须补充以媒婆的技艺，后者能够使人生出天性最好的灵魂；若没有媒婆的技艺，苏格拉底就只能对偶然所生[的孩子]加以改造。媒婆只有在最佳城邦才能操弄其技艺，换到任何别的地方都会触犯反对奸淫的法律。另外，这种技艺也将跟违法的、非技艺性的诱淫无法区别，因为它可能必须在男女并不两情相悦时说动双方彼此爱慕，或必须在男女不正确地两情相悦时劝阻双方对彼此用情。这样看来，苏格拉底把他的整个技艺称为助产术，实则掩盖了他在别处所称为爱欲术的那一部分。至此，苏格拉底之像的种种来源都已不成立，因为，产婆由于不育而绝不会认为自己是最佳孩子的合宜的母亲——费娜瑞特（Phaenarete）在生下苏格拉底后才成了一位产婆——但却没有什么阻止苏格拉底把自己看作最优秀的、拥有智慧的父亲。他介绍了许多有生育之能而未孕的青年给普罗狄科（Prodicus）和其他智慧之士，与他们婚配——后面这些人的收受钱财之举明显定了他们的嫖娼之罪（色诺芬，《回忆苏格拉底》I.vi.13）；苏格拉底只字未提他使哪个年青人受胎的事，则似乎暗示他不仅没有生育，也没有生育之能。要生下智慧，必须有一个男性源头和一个女性的、有生育之能的灵魂，虚假就是一个无精之卵。而那些在他本人的照料下取得进步的人，苏格拉底说得仿佛他们的灵魂既是男性的、又是女性的："他们主动从自己里面发现并生育出许多美的事物来。"如果苏格拉底的那些提问只是促成病人的分娩之痛，那么,病人要么是从自己受的胎,要么是从别人受的胎;但是,如果他的那些问题也是他在青年灵魂中播下的精子,那么,他的技艺就不只限于接生术和诊断术①。苏格拉底已通过他的提问技艺成了一位父亲。然而,他的提问技艺并非智慧,正如这技艺也并非他的灵魂知识。无论智慧或知识都不是他灵魂的子息。苏格拉底不育的灵魂与他从无差失的技艺相对立,二者互不兼容正如经验与知识互不兼容。智慧,作为一个人自己的灵魂所生出的那个真理,不同于知识。在鼓励困惑中的泰阿泰德的过程中,苏格拉底提出的这个困惑大得不能再大了:灵魂的经验会妨碍知识;[I.102]但若没有灵魂的经验,知识又不可能成为智慧;唯有智慧能告诉我们关于诸技艺和诸科学的真理。

假如妇人会生出幻影儿,那么产婆最伟大高尚的工作就是辨认孩子是真正的孩子还是幻影儿。苏格拉底以实际上不可能的方式扩大了产婆的工作范围,以便[当所谈内容]在接生术中已经找不到对应物时,他还可以继续采用接生术的用语说话。他已证明媒婆的技艺跟产婆的技艺是同一门技艺,但他不可能证明一门不可能实存的技艺属于无论是日常意义上的还是真正意义上的助产术,因此也就不可能基于一个像来确立他伪造了他的诊断术与助产术之间的本质统一。苏格拉底能够准确认出有孕之人并缓解或加剧其生产之痛,并不表示他也能辨认真胎假胎,除非这种辨认技艺跟他的区分好坏父母的技艺是同一种技艺。真正的产婆既然知道什么样的人跟什么样的人结合才能生出最好的孩子,也就必定知道如何分辨健全的孩子与有残疾的孩子;既然知道何时该使孕妇小产,也就必定知道什么样的情况下不值得让胎儿期满而出世。如果产婆的这种技艺完全对应于苏格拉底的技艺,我们就不得不得出结论说:正如有残疾的孩子跟健全的孩子

---

① [译注]指辨别胎儿的真假。

一样是孩子,同样,灵魂所生的假子息也跟真子息一样,确实是子息。然而这样一个结论无异于釜底抽薪,使苏格拉底的关于幻像与虚假的等同不再有效。这也就提醒我们要从头问起:假意见何以可能?无论如何,在《智术师》中,爱利亚异乡人证明,假意见的可能性依赖于对幻像和像的理解。

苏格拉底在泰阿泰德的路上所设的障碍不都是"理论上的";他的言辞强调他的失败——他还点名提到一个人——远甚于强调他的成功。有些年轻人,他认为还是处女[而无孕],就打发到别人那里去。剩下的人里面呢,有些人,"若神允许谁[进步的话]",起初显得愚笨后来却取得了进步,也就是说,还有一些人没有进步。进步的人中一些留了下来,但也有很多人不知道苏格拉底和神才是他们的进步之因——另外那些留下的人显然知道——未成熟就离开了。那些太快离开的人全都复又变得愚笨,他们中有许多人恳切乞求苏格拉底让他们回来,但多数人被 daimonion[命神]拒绝,其余[被接受]的人复又取得了进步。这里总共有十二组年轻人,每两组成一对,分为六对:有四组年轻人完全失败,第五组则被给予了第二次机会。明显具有天降之才的成功者数量少又少,不过苏格拉底在任何地方都没有说他们曾经生出真理。也许他们发现过许多美[I.103]的东西,但却是假的;也许苏格拉底在他们还没发现真理时就检查了他们的困惑。假如某个真实的言辞,被苏格拉底认作真实的言辞,没有也成为苏格拉底的智慧,那么苏格拉底便是一个明明白白的普罗塔戈拉派。因此,苏格拉底给了泰阿泰德一线微茫的希望:他长得虽然丑,但兴许可以有美的子息。

六、尺度(151d7–157a7)

哲学既然始于惊奇,就必定会区分意见与知识,因为惊奇就是发现如下二者的区别：我们清楚知道事物的"如是"（that），却不明事物的"为何"（why）。断定知识即感觉无异于否定了哲学的开端。苏格拉底说普罗塔戈拉的命题像在让人猜谜，因为，普罗塔戈拉似乎是在说我们每个人都认识诸在，事实上他的意思却是并没有什么存在有待认知。实情既非真理已被我们每个人所知，也非真理不能为我们所理解，而是：那里根本就无物使我们不解。泰阿泰德的惊奇与他所给的答案①相矛盾，其程度更甚于他的数学与这个答案的矛盾。他的灵魂经验，即他所亲自见证的灵魂经验，没有从他的答案中显明出来。因此，苏格拉底当即断定他的答案是书上抄来的。普罗塔戈拉的书就是泰阿泰德所生的这个幻影儿的父亲。

苏格拉底刚刚说过他自己就是真假的尺度："［神］绝不许我屈从于假而抹杀真理。"如果说，苏格拉底因为是一个人所以他是衡量真假的尺度，那么普罗塔戈拉的命题，"人是万物的尺度，在在（或它如何在）、不在不在（或它如何不在）的尺度"，岂不正是对此的正当归纳？按照苏格拉底对泰阿泰德说法的解释，泰阿泰德对苏格拉底助产术的否定再彻底不过。助产术要说的是思想在任何意义上都不是一种制作，然而，苏格拉底所复活过来为他自己辩护的普罗塔戈拉则会主张智慧无非就是一种制作。因此，普罗塔戈拉在他两种形式的论证中都以产婆苏格拉底为其头号论敌。苏格拉底现在与泰阿泰德进行的助产性的对话就是对普罗塔戈拉真理的反证。助产术的可能性——这不是别的，正是哲学本身的可能性——是苏格拉底与普罗塔戈拉的争议所在。只有始终把对话的助产行动与对话的言辞进行对照，我们才有望进到对话的论证里面。

---

① ［译注］即泰阿泰德对苏格拉底的问题"知识是什么"所给的"知识就是感觉"这一回答。

就在苏格拉底说明他的助产术之前,泰阿泰德声称,他承认他不知道时只是说出[I.104]他一向所经验到的;①听完苏格拉底对其助产术的说明以后,他则称知识就是感觉。似乎苏格拉底的说明对泰阿泰德起了作用,从而使后者以为他经验到的困惑就等于知识的证据。苏格拉底的说明肯定了泰阿泰德经验的真实性(genuineness),而从经验的真实性很容易滑向经验的真理性(truthfulness)。最起码,苏格拉底的说明起到的作用是使泰阿泰德忘掉了他第一次答案中所包含的对知识的描述——可知就是可数、可衡量。

想想这里发生了什么:一个数学家一开始提出了一个属于数学家的答案,然后苏格拉底向他提出一个尽管极其奇特却能够解释他自身经验的反例。于是,泰阿泰德不再认为知识就是数的科学,反过来说,知识就是感觉,但这感觉已经带上了苏格拉底关于灵魂经验的科学的色彩。泰阿泰德自己经验过的以假为真的实例是以丑为美或以美为丑(189c5-7);而在《智术师》中,他赞同异乡人把他们所具有的对道德之恶的感觉,与他们所具有的关于每个灵魂都不愿无知的知识区别开来(228b4,c7)。

泰阿泰德说知识就是感觉,但字面上他是这样说的:"如现在所显得的那样,知识无非就是感觉。"苏格拉底则把这些术语套在了一个轭上,说:"感觉,你说(就是)知识。"他在感觉与知识之间插入了"你说",以示是泰阿泰德断定二者相同,由此表明感觉与知识的同依赖于一个纽带;泰阿泰德一方面明确表达出了这个纽带,另一方面则向自己隐藏了这个纽带。这个既被表达出来、又被隐藏的纽带是"显得"(phantasia),它可以是"知",也可以是"在"。既然"是"与"对我而言是"看上去大有不同,分辨知识与

---

① [译注]指泰阿泰德的那句话,"我不知道,苏格拉底,我只是说出我一向所经验到的。"

感觉也就比分辨"显得"与"对我显得"要容易得多。然而,"显得"既可以在说我们所知之物(在),也可以在说我们知的动作(即感觉),既然如此,感觉自身内部的区分就必然坍塌。"我看见了"与"我显得看见了"——无论后者说的是梦着还是醒着都无关紧要——必定相同。但是,从感觉中驱逐怀疑,也就驱逐了否定。人怎么可能是非在(nonbeings)即非显现(nonappearings)的尺度呢?说"我不觉得冷",与说"我不觉得",说的是同一回事吗?若是,那么正如感觉是知识,非感觉也是知识,而且无知也是知识了;若不是,那么在第二句话中,我可能正感觉到我的无感觉,因此也就没有在感觉着我的无感觉。苏格拉底好不容易才暗示出来的这一难题,表明普罗塔戈拉"是用[I.105]人的语言说话",而现在必须有一种新的表达,好叫在与非在的区分被二者的统一即"生成"所取代。

普罗塔戈拉的真理并未揭示真相,他对芸芸众生——泰阿泰德和苏格拉底都属其中一员——说话时如同叫他们猜谜,却把真理密授给自己的门徒。尽管在实际中除了表象(appearance)别无他物,但在言辞中宣告真理的表象与宣告真理却截然有别。非显示之物(the immanifest)抵抗一切试图除掉它的努力。普罗塔戈拉掩盖了两位最优秀的诗人以及除帕默尼德外的所有智者都一致认同的事;苏格拉底撕去了普罗塔戈拉真理上的面纱,却用另外一句盖着面纱的话代替了它,此话出自荷马:"俄刻阿诺斯(Oceanus)和母亲忒提斯(Tethys),诸神之 genesis[起源]。"据苏格拉底所言,此话是说万物都是流(flowing)和动(motion)所生的子息;但它看起来似乎在说,诸神起源于自身并无生成的一位男神和一位女神。即使用"万物"代替"诸神",用"水"代替"俄刻阿诺斯",荷马仍是在说,万事万物的本原是一个永恒的、无所不包的东西,它把自身的特质分给万事万物。泰阿泰德的解释需要普罗塔戈拉的解释,而普罗塔戈拉的解释又需要荷马的解释。我们自开端起经历了三次改变(removes)。无论最初的诗人们还是较晚近的智者们，皆是所说非所指，直到此刻，在苏格拉底这里，真理才彻底地显明在光中。苏格拉底刚把他自己的智慧的秘密透露给泰阿泰德，现在又把智者的秘密告诉了他。

真理是：并无一物在。这一真理的显明的证据(signs)有两类：火表明动(motion)提供了被思想的在和生成，静则提供了(被思想的)非在和毁灭；学(learning)则表明动好、静坏。我们不必靠身患痢疾、生命垂危、正要被送往雅典的泰阿泰德才能知道这些证据绝不足以作为二级真理的证据，更不用说作为"无物在着"这一真理的证据了。因此，苏格拉底不得不放下这些证据——再多这样的证据也不会让真理多一分证明，转向某个取自该命题本身且不容反驳的例子。这个例子并不证实该命题，它只是问：我们是否那么确信我们的通常理解，以至于可以自信地说这个选项错了？命题只需要某个间接证据：我们必须证明该命题为假。如果它能暴露我们自己的前后矛盾，那么它的内在一贯性就足够充分。我们自身的前后矛盾一方面在于我们进行计数和度量时的说话方式，另一方面则是我们对生成的幻觉。在举棋不定中，我们很容易放弃了这样做的可能：要么断言他人感觉与我们自己的感觉相同，要么断言我们自己在时间流逝中保持相同。[I.106]但我们为自己设定了生成的条件，这些条件固然可为我们通常谈论感觉时的说话方式提供辩护，却跟我们的原数学式的(protomathematical)言辞相矛盾。这些原数学式的言辞跟我们否认任何事物能够就其自身而存在完全一致，因而也就不可能与我们不知不觉中借用在的用语对生成的论述兼容。

掷骰子时，若把四施于(application，希腊文prospherein)六，我们就会说六比四大；这正像荷马-普罗塔戈拉的命题所说，若把眼睛施用于(prosballein)一个恰当的运动(phora)，结果就产生白。白并不存在于眼睛之内或之外的某个地方，正如比例3:2并不存在于骰子六与四之间以外的任何地方。因此，要接受荷马-普罗塔戈拉命题，障碍并非如我们以为的那样在于我们所具有的数学知识，而在于我们那些关于生成的"公理"。把我们的感觉相对化，就是把我们的感觉去比附各种相对数目和尺度，除此以外用任何其他方式去对待这些数目和尺度，在我们看来都是不可接受的。然而我们又说，某物只要自身如故，就不可能在体积或数量上变大或变小，因为总有一个根深蒂固的幻觉在我们里面起作用，把那为某个不可分的一的东西分裂成两个在。我们说，只有当 A 改变时，把 A 加于 B 才能导致 A 变化。但这个"自明的"命题使我们困惑之处在于，A 和 B 的重合不是二而是一。假如某物本身就是热，那么除非它自身变，否则它跟别物接触后也不会变化。但这个"它自身自身"（itself in itself）是普罗塔戈拉的命题所否认的东西，而且泰阿泰德也不能为其辩护。度量者与被度量者并立时，所得量值既不单属于度量者，也不单独属于被度量者。因此，如果度量所得的读数是"大"，那么这个"大"并不属于度量者或被度量者中的某一个，而是属于作为一体的两者。同样，当眼睛与某个适合的动会合时，所看到的白也不是单由于眼睛的变或动的变，而是由于眼睛与动的联合。在这一联合中，眼睛和动的共同变化既非眼睛的变，也非动作的变。

　　然而，要不是有我们关于数和度量的言辞，相反的幻像也会不可避免；因为泰阿泰德本身变了（长大了），结果比苏格拉底高了，苏格拉底本没有变却"变得"比泰阿泰德矮了。如果我们在理解变、动和生成时从其中除去宽泛意义上的变化，而让"异"单独存在，便可拯救自己于此荒谬之中。我们可以说，矮苏格拉底仅仅作为苏格拉底与泰阿泰德［相比较而得］的"产物"实存，并与那个"产物"不可分离。矮苏格拉底是一个即时性的异，即时的异并非我们所说的生成的结果，而是由智者们所谓的动所致。［I. 107］这个动必须理解为无空间的居间地带、无时间的现在时刻的源头。只有数学指出了一条可能成就此事的道路，因为我们对生成的诸幻像太强大，不会屈服于任何其他类型的论证。

泰阿泰德并不隐藏他对生成的看法，虽然这与他必须承认的关于数的说法相矛盾。他的态度使苏格拉底对他发出称赞。泰阿泰德太棒了，竟然承认他持有双重标准，因为他本来可以拒不承认生成的幻像，从而一举解决他所面临的难题——即他显然不可能把生成的幻像与他的数学或他之前的命题相调和。泰阿泰德并不怀疑，他的数学（即他的知识）和他的命题（即他的感觉）会在苏格拉底即将带领他进入的奥秘中结合；他现在唯一能预见到的就是，他恐怕只能以牺牲灵魂为代价来保持一贯性。要是死守住他的幻像，他就可以作逍遥法外的理论空谈家。因此，没有丝毫勉强，泰阿泰德爽快承认了这个迫使他陷入惊奇的矛盾。

苏格拉底说，惊奇是哲学的独一起源，泰阿泰德的惊奇显然表明忒奥多洛斯对他天性的猜测没有错，就像人说伊里斯（Iris）是陶马斯（Thaumas）之女并未误溯其血统一样。伊里斯或称"彩虹"，她由七彩颜色组成但没有一个明显的身体，是人仰慕和惊奇的对象，由陶马斯或称"惊奇"所生。在人的惊奇与惊奇的源头之间，立着显像。令人惊奇之物在惊奇的人里面促成了惊奇本身的原因。据荷马说，伊里斯是陶马斯和［大海和天空女神］厄勒克特拉（Electra）或称"照耀"之女，而陶马斯乃［深海神］蓬托斯（Pontus，俄刻阿诺斯和忒提斯的兄弟）之子，厄勒克特拉则为俄刻阿诺斯和特提斯之女。如果我们沿用苏格拉底解释荷马的方式，则上述神谱是说，一切事物的终极源头——动乃是哲学的开端。泰阿泰德的天性经验到一种根源于事物天性之中的影响。他的天性（nature）就是自然的天性。泰阿泰德就是动：忒奥多洛斯曾把他比作橄榄油的无声之流。

苏格拉底对泰阿泰德的困惑作出了解释，或者说指出了一种解释，但解释的依据与他之前根据自身技艺来解释泰阿泰德的困惑并不一致。[以前的解释是,]泰阿泰德的灵魂有了胎,苏格拉底的技艺——从远处——引发了泰阿泰德灵魂的生产之痛,还可以在为泰阿泰德的思想接生时缓解他的疼痛。现在苏格拉底则表示,泰阿泰德惊奇的源头就在泰阿泰德自己的天性中,这天性无需凭靠什么技艺,就可以对这天性本身,以及对面对这天性时的困惑"生出"某种理解。泰阿泰德是动,动既带给他困惑,也让他知道了无物存在,唯动而已。俄刻阿诺斯那样的动[I.108]始终在作圆周运动。动动到哪里,哪里就有了惊奇和智慧。因此,苏格拉底和泰阿泰德的联合并非如苏格拉底所言只是这样一种聚合:在此聚合中两个人是二而各人是一;相反,他们的联合是一个不可分割的一,这个一无论如何不允许苏格拉底作产婆而泰阿泰德作母亲。苏格拉底与这个聚合分离或不参与其中只是一个幻像。他与泰阿泰德的联合同时使他们各自都发生了变化,以至于他们无论赞同什么[意见],这意见都作为他们联合的结果而存在,其中所含真理跟"因为六大于四所以六大"这一断言所含真理相同。只有在苏格拉底与泰阿泰德——他的副本(double)——如上那样聚合(synousia)时,知识并非感觉才成立。苏格拉底把泰阿泰德的命题充分展开,使之成为一种检验,不但要检验忒奥多洛斯所认为的泰阿泰德的灵魂,同时也要检验他与泰阿泰德对话的可能性。泰阿泰德的命题现在已证实忒奥多洛斯的资格而否定了苏格拉底的提问技艺,因此,质疑忒奥多洛斯[评价泰阿泰德]的资格也就是质疑这个命题。唯当苏格拉底能够证明泰阿泰德与他本人的联合的二元性时,①忒奥多洛斯才可算犯有伪证罪。苏格拉底必须证明:"两个一起"(both)并不是"一"(one)。

　　然而泰阿泰德并不明白他自己的命题,如果苏格拉底能跟他

---

① 　[译注]即证明在此联合中,苏格拉底是苏格拉底,泰阿泰德是泰阿泰德,二人并未成为一,而是仍为二。

一起来发掘那些著名人物思想中所藏的真理,他倒是非常感谢苏格拉底。只是外行不可偷听他们的谈话,因为这些人除了能用手牢牢抓住的东西之外,不信还有别物存在。按泰阿泰德所说,他们是坚硬而刚愎自用之人。他们没有任何奥秘,因为他们否认一切眼睛看不见的东西和可变的东西;如爱利亚异乡人所言,他们把一切事物从天上和不可见物所在之处拽到地上,把在和形体定义为同一个东西(《智术师》246a7-b1;《王制》509d3)。泰阿泰德用大地和形体的属性来描述执着于大地和形体的那一党人,苏格拉底刚刚暗示了泰阿泰德本人与其命题之间的一致性,泰阿泰德自己就宣告说:这一点对那些没有音乐鉴赏力的人也成立,他们说出了他们之所是。如果说泰阿泰德代表"流者"(streamers),帕默尼德代表"捕捉整全者",那苏格拉底是什么呢?他若是根本不生育智慧,也就不可能有任何话说了。或者,他也说出了他的所是——无?若然,那么苏格拉底的非在似乎就完美地证明了荷马-普罗塔戈拉关于无物自存的命题,而苏格拉底与泰阿泰德的谈话也就完美地证明了该命题的补充命题,即:凡物存在者,都是相对于它自身而存在。倘若没有苏格拉底的诊断术,苏格拉底的助产术看起来似乎就要与普罗塔戈拉的智慧殊途同归了。

　　苏格拉底把他对神话的解释分为两个部分:第一部分他称之为故事,第二部分他称之为故事的意思。故事的意思跟故事本身在一个方面明显有别:[I.109][故事中]所提的两种能力①的所有区别,[在解释故事的意思时]都被苏格拉底忽略了,而代为[动的]速度之别。能力必须成为故事的一个要素,因为能力意味着统一体内部潜藏着的能力本身与能力的作用之间有区别;但哪里没有在,哪里也就没有潜能。感觉和被感觉者是一,是由施与受

①　[译注]指施与受这两种动的能力。

构成的一种双重能力,若从施与受看回来,就等于在二者联合之先就把二者区分开来;然而,"未遇受者,施者无存,未遇施者,受者不在"。视觉不是受者,白也不是施者:看,由施和受而生的一个动作,只有在与白相遇的那一刻才成了一个看见;而这个看见又是一个动作,也由生出了看的施和受两个动作而生。看和白之起作用并非共同依赖于光,而完全是依赖于彼此。看发生于全然的黑暗中。

　　然而,如果故事的意思是没有什么潜能,那么,故事为何必须用能力的术语来说话呢? 说说诸感觉及它们蝉联而生的双重运动,似乎不也就够了吗? 视觉和颜色是一对双生子,看起来它们必定是同卵双生,不然我们就可以区分它们各自是什么(是施或是受)以及它们合起来又是什么。作为同卵双生的双生子,它们必然在同一单位上相等;因此,尽管把其中一个称为视觉,或把另一个称为颜色都是错误的,这两个运动却是以视觉性为固定特征的动作。视觉和颜色领域内的同卵双生的双生子中的任何一个,都绝不可能跳出其自身类别而产生出一个声音。因此,视觉和颜色构成的类别是整全的一个成分、一个原始类别。

　　但整全不是别的而就是动;整全并不只是无穷多类的感性活动,每个类别都区别于[动的]始点(the start)。也因此,每一类感性活动的双生子必有其非感性的源头、根源或能力——它产生了这一双生子,自身却不与它们相同。非感性源头分为两类,它们都没有专属自己的成员,但任何时刻其感性产物必是出自一个施的能力作用于一个受的能力。因此,苏格拉底的论述中在的难题可表达如下:视觉和颜色处于结合中时必定是同卵双生的双生子,没有了结合的每一个必定都为非同卵双生的,然而每个必定由同样的原则生出,这些原则只是在产生它们每一个时暂时不同,而并非永久地不同。同(所见之色)必须从异而来(视觉和颜色),而不同则必须来自另一个永远变动不居的不同(施与受)。

　　苏格拉底的用语表明,他正在模仿[I.110]泰阿泰德和小苏格拉底寻找不尽根的普遍定义时所用的方法。两类运动——一类有作用的能力,另一类则有被作用的能力——正好对应两类数,其中每一类的数目都无穷多。泰阿泰德分别制作了几何上的似像即正方形和长方形来表达两类数,数由此转换成了大小(即面积数)。苏格拉底现在用了同样的办法,他用很容易以线来表达的速度替换了能力。如果把施者和受者思考为线,那么,施者作用于受者(比如,四作用于三)就可以表示为一条边跟另一条边构成一直角,因为苏格拉底说施动和受动同样都是动,且在彼此交接之中(如图 1 所示)。

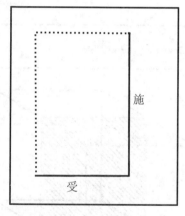

图 1

　　施和动的交接总是产生一个更大的(更快的)数(如四和三交接产生 12),这个数是两个数交接所生,可以用一个平面区域来表示。我们应该说,如此产生的两个可能长方形,4×3 或 3×4(参148a2),表明此法不可能解决个别的施与受的差别;不过无论是 4×3 还是 3×4,都必是一个施的数作用于另一个受的数。两个不同的长方形可代表——比如说——眼睛之动与白之动的区别(如图2 所示)。然后我们不妨进一步假定,这两个长方形必须重新把自

已变成等面积的正方形,以便可以互相交接;之后,它们就以 12
为速率平滑地相向运动,由此产生出一个立方体,其边长为无理
数 $2\sqrt{3}$（如图 3 所示）。

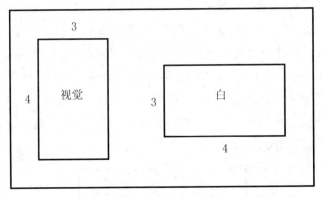

图 2

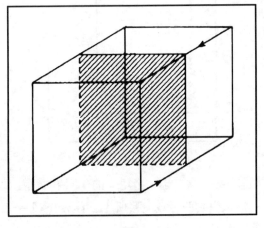

图 3

　　该立方体体积的立方根现在成了白和视觉这对[I.111]同卵
双生的双生子的单一的、非感性的根,而在立方体的相对两个面
之间移动的平面——像彩虹一样是非实体性的——是白或是视
觉都无关紧要了。所见的白将是一个非空间的居间地带。也因

此,它只能在这个"立体"中实存,拆掉这个"立体"它的根就会消失,留下的两个运动(由数字 4 和 3 代表)也将不再是两个完全相等的合作者,以制造出这个独一无二的、被感觉到的感觉了。

　　这些图示的意义与其说是一种忠实的描绘——动之于颜色就如数之于想象中的正方形——不如说它们有可能揭示苏格拉底的故事及其解释的前提。苏格拉底曾经表示,通过反思我们关于数和度量的言辞可以除去生成的幻象。骰子六与四的交接并不是一种生成,[I.112]正如两种能力的交接并不能导致一个更快的运动生成,否则这个更快的动就不再继续居于两种能力之间。苏格拉底所描述的生成和能力并非自然的而是数学的,也就是泰阿泰德定义不尽根时所说的那种生成和能力。泰阿泰德眼里并没有形体。自然生成被数学式比喻替代,这些数学式比喻正是数学家本人所操习之事——是他自己的构建和造像活动——他又把这操习归功于他的公理(《王制》527a6-b2)。于是,人便是万物的尺度,生成是人本身的造像活动,感觉则是人与这生成的公度。

　　荷马-赫拉克利特的命题"万物皆流"是受动,普罗塔戈拉的命题"人是万物的尺度"是施动,二者结合生出了"知识就是感觉"这一子息。荷马拥有内在奥秘,普罗塔戈拉拥有盖在奥秘外的面纱,他们之间生成了泰阿泰德;泰阿泰德是双方结合而成的产物,而不是其中任何一个。一名数学家,生产出了某种数学"生理学",它形成于万物之动与人这一尺度之间。泰阿泰德的命题以其两个一卵双生的根复制了万事万物的起源。这命题通过了解释其他一切、同时也解释它自身的考验。泰阿泰德仿佛一下从他自己身上读出了自己的自我:这个自我就是他的数学与他的永动灵魂之间的联合。一切知识——在某种非苏格拉底式的意义上——都是自我知识。

七、梦境（157a7–162b7）

苏格拉底在总结这些奥秘时说,我们总是拘于习惯、囿于无知而用"在"这个名称,但符合自然的说话只能根据变来说。他承认那些奥秘仅仅勾画了某种尚未实行的方案。若按此来修正语言,第一步恐怕就得用适意和不适意来替换真和假,因为把适意限定为我的适意,以及把不适意限定为我的不适意看起来很有道理。泰阿泰德事实上也曾反对在就是形体的观点,因为他发现持此说者都心硬而刚愎自用。于是苏格拉底就问泰阿泰德,他是否觉得这些奥秘适他的意,是否品尝它们如同品尝美味于口。令我们惊讶的是,泰阿泰德回答说:"我不知道,苏格拉底。"他之前也说过几乎完全一样的话,那是在苏格拉底指出他困惑的原因时。但那时泰阿泰德尚知道自己的经验,只不知其因,现在他却连自己的经验也"不知道"了。就在泰阿泰德本该一览无余地看透自己时,他本身却又变得模糊不清了。但泰阿泰德对自己经验的无知没有驳倒[I.113]反而巩固了他的命题,因为他是拘于习惯、囿于无知承认自己无知的。倘若泰阿泰德能猜到苏格拉底本人的看法,就会知道自己品到的味道如何了。泰阿泰德是个天生的跟随者,这是他平滑流淌的天性中有害的一面。他不会拼死捍卫自己的命题,而是稍微看到一点反证就会轻易放弃。他是个"惟命是从者",他唯一一次挑战苏格拉底竟然也是为了反驳他自己的命题。泰阿泰德与生俱来的顺从使他在面对在时明智得不亚于任何一位神,不冒然向前,但这顺从还需要混合以一定程度的坚硬元素。对话的成败就取决于苏格拉底能否截住泰阿泰德的随波逐流。

[苏格拉底根据那些奥秘]提出的语言修正方案并非没有困难,因为,我们也说到错听、错看、错觉等,仿佛那时我们的感觉错

了。有时我们甚至把错误归因于身体或精神状态,这就尤其显得像是我们的感觉错了。他们承认可以用梦幻、疯狂及其他一些病痛来反驳把在与显现等同。人人都会同意,在这些幻觉中在与显现的区别消失了。以此模式,可以进而取消所有情况下在与显现的区别。醒着、健康、清醒之人组成的共同体不得不同化为梦着、病着、疯着的人的私人世界。但是,对标准的离弃不能又成了标准,不然新标准就会给旧标准贴上"幻觉"的标签,于是当我们醒着、健康着、清醒着的时候,我们的感觉就会蒙骗我们。因此,有必要把来自梦境与醒境、病痛与健康、疯狂与清醒的对立证据加以置换,置换成某种介于双方之间并且对双方都保持中立的语言,从而一举解决冲突。

泰阿泰德本人似乎提供了这种置换的线索。他借助一个像把整数平方根与无理数平方根之间的差别给中立化了。无理数(aloga)获得了一个与其名称不相符的 logos[说法]。它们处在直线的连续体上,该直线连续体不能跟整数在同一单位上量尽;但就代表它们的正方形的面积大小而言,它们可以跟整数在同一单位上除尽。同样,梦者与醒者的感觉也互相冲突,但通过恰当置换两种感觉,就可以使一个看起来跟另一个一样,而完全不需要在转换中偏向任何一方。然而,泰阿泰德一开始并没有意识到出路在哪里,他完全被如下两种情况中假意见的昭然存在惊呆了:疯子以为自己是神;做梦的人以为自己有翅膀,睡梦中幻想自己正振翅高飞。也许可以说,泰阿泰德其实希望他的命题仅限于针对醒境中的清醒者而言,他们可能会部分搞错情况,但不会彻头彻尾地搞错。他不会容许自我无知(self-ignorance)①跟他的命题扯上关系:当且仅当某某是人并知道自己是人时,向他显现的东西对他才是存在的。泰阿泰德假定[I.114]他知道人是什么(参

---

① [译注]相对于前面出现的"自我知识"即 self-knowledge 而言。

152a8-9),并在这个确然的根基上提出了一套全面的[语言]修正方案。他的命题——用近代术语来描述,就是把一切客观性主观化——似乎靠的是把主观性本身彻底地客观化。

　　泰阿泰德犹豫着,他不想说梦者以为自己是鸟那么他就是鸟,因为即便梦者本人也不会因为夜里梦见自己飞到了埃及,就一大早起来上金字塔去(亚里士多德,《形而上学》1010b10-11)。苏格拉底则从梦者本人的信心和行为转向审视梦本身,他问泰阿泰德:有没有任何可辨认的差别足以确定苏格拉底和泰阿泰德是在睡,并梦见了他们方才苦思冥想(dianoeisthai)的一切,或足以确定双方都醒着,并在醒中彼此交谈(dialegesthai)呢?泰阿泰德可以在苏格拉底的梦中,苏格拉底也可以在泰阿泰德的梦中,如果他们是二,且完全醒着,那他们中的任何一个,无论他自己梦中梦见什么都不会改变什么。分开的二①尽管仍在一起却可以转换成某个一,伴随着某种虚幻的异②。这可算是泰阿泰德命题的一个例证。如果说苏格拉底和泰阿泰德长相的相似掩盖了某种同一性——他们中的任何一个梦见另一个时情形就是如此——那么,这一个的言辞就也是那一个的言辞,双方都在各自检验自己所生的子息。若把苏格拉底-泰阿泰德看作一个个体,那么,这个个体做梦时会生出一个幻影儿,虽然这个幻影儿不会被指为虚假,但它是真孩子的可能性也封闭了。它将永不得见天日(157d1),却在同与同永远转瞬即逝的交接中即生即灭。

　　泰阿泰德承认二人共同的交谈可以置换成某种私己的交流,尽管其结果将是(但也可能是原因)苏格拉底没有助产术而且仍是不生育智慧。事实上,无论是从哪一方置换到哪一方,对话形式本身里面已经插入了与这种置换对等的要素。欧几里德曾有

---

① [译注]指醒着交谈的泰阿泰德和苏格拉底。

② [译注]即转换成一个正在做梦的人(或苏格拉底或泰阿泰德),另一个只是在这一个的梦中出现。

过一番叙述,讲到苏格拉底向他转述泰阿泰德与苏格拉底本人的谈话;之后,欧几里德以直接引语的形式重新表达了苏格拉底转述的内容。欧几里德以为,他所复原的直接引语虽然先进入苏格拉底的叙述,然后又从那里出来,经历了一个运动过程,但并无丝毫变化。欧几里德的这种对差别的无动于衷,无异于把你我正在进行的谈话等同于你我当中某一个的梦中谈话转化成正在发生的谈话以后的那种你我对话。第一场对话中①两个讲话者的相互连结——两个施者——在第二场对话中②仅由两人中的一个来建立,其中一个变成了另一个的受者。若把第一场对话复原成单纯的言辞,则又似乎取消了谈话者的相互连接,从而将无法区别于人自己跟自己的交谈——即一个单一的[I.115]施与受的复合体。然而思想(dianoeisthai)就是交谈(dialegesthai),灵魂在此时自问自答,给出肯定或否定的回答。一场对话无论是否被公开似乎都是不变的,就算再怎么反反复复地给它加上引号又删去引号,它都不变。那么,思想只是某种做梦吗? 灵魂仿佛一个双重施动者那样向自己提问,也不过是在不断地欺哄自己吗? 也许,灵魂即便在无声地向自己提问时也可以醒着,并不总是需要由公开性给予其确证? 是否有一种对灵魂而言的天光,思想因着这光的照耀所以就成了可能? 而倘若没有这样的天光,语无伦次也好、自我矛盾也好,都将只是一种幻象,正如——根据阿泰德的命题所言——关于生成的诸幻象是幻象一样。

　　泰阿泰德同意真实与否并不系于时间长短。一个人只有一次宣告他是神,他的宣告绝对可能是真实的;而一个人穷其余生声称他是个人,他的声称大概是假的。泰阿泰德命题的拥护者并不想这样[用时间长短来衡量真实与否],相反,他们提出要维护

---

① [译注]即你我正在发生的谈话。
② [译注]即你我当中某一个的梦中谈话被转化成正在发生的谈话以后的那种你我对话。

每个瞬间的真实性，从而排除时间。这命题看似有关于动，实则是一种原子论。除了异，无物在。每个非同一性都是一个异，因为每个非同一性都必须看作一个整体。"病的苏格拉底"并不等于一个存在加一个意外事件，它是一个不可分离的统一体——像泥那样的单纯复合体；无论苏格拉底还是病痛在这个统一体中都不具任何优先地位，无论是暂时的优先地位还是永久的优先地位。苏格拉底病时就不健康，健康时就不病。他没有变，却又变了（He alters without change）。无在也无生成，因为每物总是需要另一物才能在或生成。倘若把众数看作在，那么每个数都是一个比值，二就是二倍。因此，在就是二者之所是的相互连结，这连结对于二中的每一个而言都不可或缺。

我们说二是二而不说二是一，此乃习语中的谬误，这个谬误也是我们的一切生成幻象的根源。这种习语的起源全然神秘，[经泰阿泰德的命题]修正后的语言似乎寄生在它上面，而且是从它所想否定的东西中派生出来的。只有一时我们被迫说二，但如果只有一，这种强迫就不可解释了。把两个非在结合成为在的这一必然性，乃是事实的必然性。事实或在是偶然的，每个事实的品质则是必然的。知识并非对事实的知识，而是对事实的必然品质的知识，无论这事实是什么样的事实。任何在者的在在任何在者被感觉到之前就已被知，但每个在者则是被感觉因而才被知。知识是感觉，同时知识又是非感觉、非实存的感觉之原因的知。泰阿泰德命题是居间之物——正如泰阿泰德本身是居间之物——乃是个幻影。泰阿泰德并未产子。

[I.116] 对话进行到这里，泰阿泰德开始抛弃自己的孩子了；此前的对话一直都基于一个假设：忒奥多洛斯对泰阿泰德灵魂的认识是正确的。正如泰阿泰德的命题必然意味着他的灵魂是忒奥多洛斯所说的那种灵魂，同样，他的灵魂若是忒奥多洛斯所说的那种灵魂，就必然会提出那种命题。作为产婆的苏格拉底稍胜

了一筹,他靠着忒奥多洛斯提供的线索,已经猜出了泰阿泰德所生子息的父母必定是谁:荷马的寓意诗跟普罗塔戈拉平实的散文结合,产生了一个幽灵般的影像(eidôlon)——荷马正是这样称呼那被他比作梦影的灵魂。泰阿泰德必须醒过来。但苏格拉底如此生动具体地呈现了这个原本属于泰阿泰德自己的梦,以至于当苏格拉底问泰阿泰德是否经得住把他的梦揭露出来时,忒奥多洛斯不由得非常惊奇。忒奥多洛斯震惊地得知他为之作保的婴儿就要被杀死。他并没有意识到,倘若泰阿泰德经得起抛弃他的命题,即便那是他自己的产儿——事实上忒奥多洛斯对泰阿泰德灵魂的认识已表明泰阿泰德必定会这样做——那么该命题就被推翻了,因为,那样一来泰阿泰德等于既承认自己是这命题的作者,同时又否定了命题的真实性。此乃杀死幽灵的唯一途径。

忒奥多洛斯若可免受别人意见的影响,尽可过自己的生活。普罗塔戈拉的怀疑主义使得忒奥多洛斯在哲学上必然持中立态度。但普罗塔戈拉之所以能保证这一点,是因为他的权威如神一样;他如果是个人就不可能具有任何权威。那个命题对每个有知觉的在都成立。只有人类不知道他们知道。猪就不会对它的知识盲目不见,看来人类需要被启蒙。普罗塔戈拉肯定要么是兽,要么是神,否则他怎会知道那无人知道的事。人类若不注意普罗塔戈拉,就是无知的;一旦他们注意普罗塔戈拉,则普罗塔戈拉是无知的。普罗塔戈拉只有在不是权威时才能是智慧的;因此,他无法帮助忒奥多洛斯与哲学保持适当距离。而苏格拉底为忒奥多洛斯提供了一条出路:普罗塔戈拉的"真理"其实是在从他书中最深的圣所里说玩笑话。忒奥多洛斯拒绝从这条出路逃脱:他无法想象普罗塔戈拉开玩笑,正如他不能想象他自己开玩笑。他宁可让普罗塔戈拉自相矛盾也不愿他缺乏严肃,但他不愿让他人看出他承认了普罗塔戈拉的自相矛盾。既然他自己没有作反驳普罗塔戈拉的工具,那么他就维持了与普罗塔戈拉的友爱的完整无缺,也没有推翻他本人的意见。

　　忒奥多洛斯就是另一个希波吕托斯(Hippolytus)。他把不真诚的权利留给了自己。他不经意间开了玩笑,但如果谁都不公开批评他,他就不把这当回事。忒奥多洛斯渴望受人尊敬,到目前为止他也获得了尊敬——借助普罗塔戈拉版的这句不经思想的俗语:"你有你的意见,我也有我的。"在任何对[I.117]旁观者的中立态度给予尊重的城邦,普罗塔戈拉都还帮得上忒奥多洛斯的忙。忒奥多洛斯在雅典就完全安全,不会自露马脚。但苏格拉底问他,倘若在斯巴达他是否还能躲得过,因为在那里若要做旁观者看别人赤身露体,自己也得脱光衣服。忒奥多洛斯要是不能说服斯巴达人对他网开一面,在那里就会待不下去;但忒奥多洛斯相信他能说服眼下这些同伴放开他。忒奥多洛斯[认为]总是能找到一个跟他的研究相投合的地方,他不像苏格拉底,既不是非得呆在雅典,也不是非得需要什么人。他认为自己完全自由。苏格拉底来让忒奥多洛斯检查他的自由状况,就必然意味着忒奥多洛斯最终要否定他所理解的他的自由。而如果容许他享有特权,又会把他变成另一个不容别人质疑其权威的神。因此,苏格拉底不得不强迫与引诱并用以说服忒奥多洛斯放弃做梦的特权。

八、修正普罗塔戈拉(162b8—171e9)

　　泰阿泰德所生的子息有两个起源,联合起来时的每一个不同于分开时的每一个。因此,苏格拉底分开对它们进行检审——与忒奥多洛斯一起检查普罗塔戈拉的学说,再与忒奥多洛斯一起检查荷马—赫拉克利特的学说,然后与泰阿泰德一起检查泰阿泰德的学说。苏格拉底已经过渡到了不同于泰阿泰德的普罗塔戈拉的那个普罗塔戈拉本人,因为他说,如果知识就是感觉,那么他在思想方面就不可能犯错(160d1)。从这以后,苏格拉底模糊了感觉与意见的区别。这种刻意模糊,泰阿泰德并没有意识到,但它帮助了苏格拉底,使他可以用词典式论证迎战泰阿泰德的生理学;词典式论证在处理人们所用的字词时,仿佛其意思跟感觉一样明明白白,以至于我们既不必问——比如说——记忆会不会也是一种感觉,也不必禁而不谈认知,把它当作某种在词典意义上不同于感觉的东西。苏格拉底指出他在谈话一开始就利用了不正当的特权。他问泰阿泰德,如果泰阿泰德突然变得智慧不亚于任何人或神,他会不会感到惊奇,但这其实是为了引出这样一种意见:诸神不但在而且是智慧的,而泰阿泰德版本的普罗塔戈拉却会认为,人不但不知道他们知道,还以为他们知道他们所不知道的。然而,泰阿泰德没有区分原始的亲聆与传闻:通过前者,我们知道这样那样的声音[存在];通过后者,人知道了神在。

普罗塔戈拉——或者说他的代言人——从另一条路[I.118]摆脱了困境。普罗塔戈拉明确否认他知道神在,苏格拉底对此未予理会;既然他只知其所知,苏格拉底也就不能质疑他,仿佛他接受别人的观点当作自己的。普罗塔戈拉要求他们用得到证明的必然性来驳倒他,而不要用煽动之辞或影像来反驳他。普罗塔戈拉要求他们对他的尺度进行证伪,其标准远远高于证明该尺度有效。普罗塔戈拉未曾给出什么证据,而只是作了一个断言,因为他能给出什么证据同时又不违背他自己的尺度呢? 若尚未采纳普罗塔戈拉的尺度为自己的尺度,一个人无论怎么说自己是神都显得疯狂,也许有人可以说服他相信他不是神,但至于如何证明这一点,说服的人仍然可能大伤脑筋。而一旦采纳了普罗塔戈拉的尺度,每个人怎么信他的话就不是他的事,他也不必管了,而普罗塔戈拉所要的那种证据也就毫无意义了。苏格拉底让普罗塔戈拉求助于泰阿泰德和忒奥多洛斯关于数学证据的一个共同意见,但就在此前,他还刚让普罗塔戈拉拒绝了一个关于神的公共意见。在这里,何以此意见优于彼意见并不清楚:泰阿泰德的不尽根定义也用到了形象,却没有因此而影响到它的地位。

苏格拉底的第一个词典式论证如下。他问泰阿泰德,在不懂一门外语或不识本国语的字母的情况下,我们能否因为不知道蛮族人在说什么或不知道本国字母的意思,就否认我们听到了那些话或看到了那些字母。泰阿泰德没有注意到,问题并不在于识字者和不识字者在看字母时所知内容有别,而在于没有感觉时到底有没有知识。泰阿泰德承认那是当然的事,然后又改口,把不识字者所借以知道字母的形与色的原始感觉,跟识字者所借以知道如何读出字母的东西加以区别,后者他认为根本不是感觉。泰阿泰德太过轻率地跳出了感觉之外,因为就识字者而言,感觉即便不是知本身,也是知的一条途径。此外,普罗塔戈拉也可以把苏格拉底的论证颠过来,他可以说,识字的人看到的是一个东西,不识字的人看到的则是另一个东西,其间的差别并不大于"生病的苏格拉底"与"健康的苏格拉底"之间的差别。

现在,苏格拉底开始让泰阿泰德随意往前走,在接下来的两个论证中,他没有纠正泰阿泰德的错误,因为他想让忒奥多洛斯看到泰阿泰德的天性并非如他所说。两个论证只是虚晃一招,泰阿泰德却因此绊倒,它们其实并未证明普罗塔戈拉的学说被驳倒,却证明了忒奥多洛斯对泰阿泰德灵魂的理解有误。泰阿泰德的温顺不应归因于他如水般流动的天性,而应归因于他的天性与他所生的幻影儿无法相容。认识泰阿泰德真实天性的第一个线索,是他匆忙把[I.119]字母或语言的知识归给了一个非感性的来源。他因此忽略了重要的一点:要是不知道一门语言,我们甚至都听不出这语言的声音。我们不可能听出莫尔斯电码的那些滴嗒声,除非我们知道它们代表什么。同样,即便像泰阿泰德那样感觉不到一门语言的意思,这种知识却可以使我们明白我们感觉的是什么东西。也许,泰阿泰德自己的科学——数学就是这类知识中最高级的一种。

泰阿泰德假设这种证明方式本身没有任何知识。既然方式并不断言此在或彼在，它就应该应用于任何命题。因此泰阿泰德没有意识到，普罗塔戈拉否定了任何证明都离不了的不矛盾律。这样，苏格拉底就可以用极少的证明条件来欺骗泰阿泰德而不遭遇任何反对。这些极少的条件体现在语言中。苏格拉底问，是否有这样的可能：人知道某物，记得那物本身（auto touto），自己也保留着那物，可是在他回忆时，他却不知他所回忆的那物本身（auto touto）？一旦承认了这个 auto touto［物本身］，其他所有问题就随之而来，而泰阿泰德的心如果还留在他的命题中，就该断然否认记得某物跟感觉到某物是一回事。泰阿泰德不依靠他的命题，表明他的命题在很程度上并非他自己的。但也表明了更多的问题，因为当普罗塔戈拉用这命题的术语来说话时，他必须否定回忆的实存本身。普罗塔戈拉将不会承认，人现在对所经验过之物的回忆，跟他曾有过但已不再经验着的经验是同一种经验。回忆将显得不是对那经验的回忆，而是对人所经验之物的记忆，因为人已不再拥有那经验；但回忆不可能是直接关于那物的回忆，除非回忆是一种感觉。然而，如果回忆是对某个经验的经验，那么这某个经验必须是在当下。而如果经验就在当下，也就不可能有对它的回忆了，有的只是我们无以名之的另一经验。普罗塔戈拉用一个实例证明了对语言的彻底修正可能带来什么结果：回忆将跟时间一起湮灭。普罗塔戈拉处理不了缺席之物的在场，而回忆的奇特性就在于此。异——虽然不是完全的异——必定离他而去（参 165c1,3）。

苏格拉底曾从忒奥多洛斯知晓泰阿泰德的名字，也知道泰阿泰德是个孤儿，被他的监护人挥霍尽了他的财产（ousia）。现在苏格拉底则说，普罗塔戈拉的言辞是个孤儿，监护人想要保护它，可他们却在监护人不在的情况下以非哲学的手段对付这孤儿——用名词（onomata）将它打败。他似乎暗示，［I.120］普罗塔戈拉做父亲而生下的言辞,其实质(substance)或者说存在现在还完好无损。苏格拉底之所以用了这个如此牵强的类比,是因为在曾经被定义为属性/财产(参 172b4-5)。在跟属性/财产一样,没有单独的在本身,只有属于某某的在。若不是属于某某的在,它就将消失;既然如此,苏格拉底将为公道起见,把在给予不在。他复活了普罗塔戈拉,但这个被复活过来的普罗塔戈拉——仍是根据学说所复活的——已不是同一个普罗塔戈拉。他变得比以前好了。苏格拉底对老普罗塔戈拉所做的事,正是新普罗塔戈拉所称为智慧的标志的事——能够把坏感觉变成好感觉。苏格拉底的公道所结的果子是他的智慧。他不再是不育的。死去的普罗塔戈拉与不育的苏格拉底结合产生了一个在,而苏格拉底显得不可能质疑这个在,因为那样一来他就不得不忍受——不是忍受他的头生子的死,而是忍受他自己的死。新生的普罗塔戈拉-苏格拉底加剧了智术与哲学之争,哲学与城邦和好的最后可能也将伴随着这一争斗的终止而来。

[苏格拉底所模拟的]普罗塔戈拉的讲辞分成四个部分:(1)指责苏格拉底逮住字句不放进行百般诡辩,以及如何答复苏格拉底的诡辩;(2)仍然根据真来重新表达该命题;(3)解释修正后的命题,但现在是根据善来解释;(4)指出苏格拉底应当怎样秉公而行。普罗塔戈拉通过重申极其彻底的原子性摆脱了苏格拉底的词典式论证。知者不同于不知者,因为这里没有二人都知道的同。这里没有同时性。然而,普罗塔戈拉不可能在坚持智慧的可能性时,却把知者与被知之物分解成断开的点。若有智慧,则必有在时间中持存的状态或条件。知识跟智慧不同:普罗塔戈拉仅提到过一次的知识属于赫拉克利特的流,智慧则在不可根除的幻觉的地平线内起作用,不知者就生活在那里,那里也有同的一席之地。对此最好的例证不是人界,甚至也不是猪界,而是植物界——普罗塔戈拉把感觉归给植物界,说到人时则说人的"意

见"。智慧之士不去碰触人类意见的幻觉根基,他们只有不理会这根基才能富有成效。普罗塔戈拉说话如此小心,以至于我们没法分清智慧之士在改变人的意见时,是使显得真实的坏变成了显得真的好呢,还是使显得真实的坏被显得真实的好取代了。普罗塔戈拉似乎暗示这种区分是假的:状态上的改变怎么解释都可以,根本无关紧要。如果苏格拉底所受的指责是他使较弱的论证成了较强的论证,则弱的确是弱的,只不过显得较强而已。但也可能弱的确较弱,而且也显得[I.121]较弱,然后的确变强和显得较强了。问是否还是同一个论证则毫无意义。

苏格拉底曾举过人在病时和健康时喝酒的例子,普罗塔戈拉重提这个例子,但不说喝酒而改说食物。医生借药物改变病人对食物之苦的意见;他是从病人那里知道食物苦的。普罗塔戈拉没有解释,如果病人跟医生说食物很美味,那么医生将如何知道病人在生病。智术师的药物是言辞,那什么是灵魂的食物呢?普罗塔戈拉只是顺带暗示了何为灵魂的食物。他引城邦为例。正义、美或道德之于城邦,就如真理之于个人,城邦说正义、美或道德是什么,它们就是什么。但是,好跟道德不属同一序列。每个城邦都相信道德是好的。生病的和健康的城邦都自以为知道道德是什么,只是生病的城邦以坏为道德,健康的城邦以好为道德。道德是城邦不可根除的幻觉,是城邦观看他自身处境的方式。城邦绝不可能离开道德来观看其自身的境况。好的演说者使城邦向他本人的境况接近,而他本人的境况又在于使得城邦接近他自己境况的能力。好或健康意味着成为一种施的能力,坏或有病则意味着成为一种受的能力。能抵抗另一城邦对自己的同化就是健康的城邦;境况最好的城邦能够靠其他城邦来哺养自己。

同样的说法对灵魂也成立。能够同化别的灵魂的灵魂是健康的灵魂——教师身边围绕着他自己的复制品——不能抵抗这种同化吸收的灵魂就是有病的灵魂。普罗塔戈拉本来已证明是彻底死了,因为他不能长久地把泰阿泰德或忒奥多洛斯变成他自己,而现在他却诱惑了苏格拉底,让苏格拉底指望着几乎是无限的能力。他需要做的只是指出弟子们的错误——或出于他们本身、或出于他们彼此从前的交往而犯的错误——并且不让自己使他们产生新的困惑(参 146c5-6,167e7)。他若把自己的疑惑藏起来,就能使人人都变成他那种哲人,永远没谁恨他。可哲学意味着对苏格拉底的爱。在苏格拉底的生命就要走到尽头时,普罗塔戈拉提出了彻底改变苏格拉底对他的技艺以及对城邦的立场。普罗塔戈拉连死了都在给人出坏主意。

　　智慧即能力。一个人若能使某人或某物成为自己的像,他就是智慧的。智者需要愚人或病人。城邦变得健康时并没有变得有智慧,城邦永远都是有智慧的演说者的病人。因此普罗塔戈拉必须承认显得健康与真健康之间的区别——不可否认,健康的病人绝不可能做这种区别(正是这使他始终是一个病人),但智者若不做这种区别就无法改变别人,除非他自己被改变。除智者以外的所有人都生活在衍生之物的环境中。[I.122]衍生之物的标记就是在与显现的同一;非衍生之物的标记则是其独立性以及使他物的在与显现成为同一的能力。在即施动的能力,不在即受动的能力。因此非在在某种意义上也在。复活的普罗塔戈拉仍然自相矛盾。

　　苏格拉底向忒奥多洛斯表示歉意,因为自己对普罗塔戈拉的援助不够充分。忒奥多洛斯像以前一样带着那种天真的粗鲁,他说苏格拉底的援助已经很有力了却还为此请求饶恕,是在开玩笑。这话暗示普罗塔戈拉对苏格拉底的谴责都是公道话,尤其暗示开玩笑是不义的。忒奥多洛斯是个严肃的人:倘若他参与探究,普罗塔戈拉就不能批评苏格拉底跟一个孩子(paidion)谈话是在开玩笑(paizein)了,因为忒奥多洛斯可不会让苏格拉底逃之夭夭。忒奥多洛斯如此严肃,以至于竟从字面上理解苏格拉底的俏皮话,仿佛苏格拉底真的是在说,他之所以有资格加入探究完全是因为他有一把长胡子,而不是因为他严肃。而目前的情况下,要谈的话题令他更严肃了,他们将要思考忒奥多洛斯是否应是数学公理的尺度;还是说,在天文学和其他一切他被指责占优势的事上,所有人都具有跟他一样的资格。普罗塔戈拉显然只说明了跟人类好处相关的那些技艺,但没有说明那些朝向真理的技艺。数学若有益于——在普罗塔戈拉的意义上——人类,那么它就好像良药;若对人类有害——仍然是在普罗塔戈拉的意义上——那么它就好像毒药。忒奥多洛斯将不得不证明数学是好的而同时又不影响数学之为真的地位;他将不得不说明,既然数学既非智慧又没有任何能力,人为何还要去获取这种知识;在说明这一点的同时,他还要表明知识存在,而且他的公理就是知识。

因此,忒奥多洛斯的私心不但使他变得更严肃,而且似乎迫使他抛弃了死去的普罗塔戈拉以便维护其私心。讨论似乎从一开始就沾染了污点。如果真理只向隔着距离的人显示,如果人只有在真理贴近他心灵时才能发现它(参 165d4),那么,关注真理的好处——人自己的私心要求他如此——必将妨碍对真理的看见,因为无私心地关注真理乃是个矛盾。忒奥多洛斯可以继续像从前那样做他的旁观者(参 177c5),但那样一来就没有了虚假;也可以从现在开始作一个参与者,但那样一来就将没有真理。他可以保持正确无误却不拥有好,也可以落得个不可证明却拥有好。忒奥多洛斯的严肃——这严肃使他看不到他的资格可能是虚空的——似乎是检查普罗塔戈拉的尺度时的一个不可缺少却又自我拆台的成分。

忒奥多洛斯恼恨苏格拉底情有可原,除了神话故事中的那两个凶徒,他找不到[I.123]更适合的形象来形容苏格拉底。他一度还愚蠢地以为苏格拉底起码能像斯巴达人一样可敬,后者总算还允许人选择离场。但忒奥多洛斯再不说他只是个旁观者,因为他意识到现在他必须起来为自己的身家性命作战(参 165e1-4)。他迄今为止还从来没有活在任何必然性的驱使之下,而苏格拉底却对他步步紧逼,使得他把苏格拉底说成是他的一个命运女神,编织了他必须承受的宿命。忒奥多洛斯想完全采取被动姿态,任凭苏格拉底剥掉他的衣服,将他打倒在地,最后放了他。他并不相信他是另一个忒修斯或赫拉克勒斯,能斗得过苏格拉底,他连试都不想试一下。忒奥多洛斯尽管的确是严肃的,他还是不可能严肃地迎接苏格拉底的挑战。他全心全意地研究几何学,逃到其中躲避言辞的虚幻,这使他听不到自己在说什么。他用词的夸张——他说苏格拉底是个无情的杀手——掩盖了他对苏格拉底所提问题的漠然。最能表达忒奥多洛斯的特征的词就是 pôs:"为了某种原因或别的[什么原因](pôs),我们宁可快快离开清谈而去研究几何。"他不肯跟这个"某种原因"较劲儿。苏格拉底恰恰相反。他以忒奥多洛斯指控他罪大恶极为荣。忒奥多洛斯打了一个极好的譬喻来形容苏格拉底的病(参 169b3)。[①] 苏格拉底不健康,他没有智者的能力——像普罗塔戈拉劝他的那样——也从未被对手的言辞治愈,因此他空有健康之表而无健康之实。苏格拉底的病看起来好像不义,因为它让人没法默许它,它不给人留这余地。苏格拉底的病在于他的力量,他的"对于赤身练习这些事的爱欲(erôs)"。如果后来忒奥多洛斯不去羡慕苏格拉底跟人之间的这种相斗相摩,那不但将有益于他自己,也会有益于苏格拉底。善生成于某种动(参 153b5-7),这种动由追求美的不治之症所发起。苏格拉底再简洁不过地一方面表达了自己与忒奥多洛斯的区别,另一方面也表达了自己与普罗塔戈拉的区别。

　　苏格拉底与泰阿泰德之间进行的玩笑式和孩童式的交谈,转向了即将开始的男人式的较量;这一转向似乎也是从天真到经验

----

① ［译注］英文原书写作 148b3,疑为作者笔误。

的转向,转向之后数学将让位于善恶问题。然而,两个较量者[指泰阿泰德和忒奥多洛斯]对这个问题的理解非常不对等,因此更周全的说法是:忒奥多洛斯站到了善恶问题那边,泰阿泰德则站到了他自己也不知其原因的经验那边。泰阿泰德当然经验过恶,他失去了自己的财产,不过他没有因此而烦恼,因为事情发生后他依然在钱财上出手大方;而忒奥多洛斯却被他不知其原因的经验所困扰。忒奥多洛斯并没有[I.124]怀什么胎,需要谁来拯救他脱离生产之痛,但苏格拉底的确拯救他——至少是部分地——脱离了道德上的义愤。苏格拉底问忒奥多洛斯,在指责那种使得人人在理解和审慎上皆为自足的论证时,他自己的义愤是否公道。苏格拉底曾用推演得出,如果普罗塔戈拉正确,那么他本人的助产术便为无稽之谈,那时忒奥多洛斯还不曾表达义愤。但苏格拉底又把忒奥多洛斯的注意力转向——忒奥多洛斯自己却从未注意到——另外一点,即普罗塔戈拉的尺度也可以同等地适用于忒奥多洛斯自己所从事的数学。数学家和产婆必须联合起来保护自己免遭普罗塔戈拉嘲笑。数的知识与灵魂知识的这种结盟使讨论变得严肃起来。

　　苏格拉底和忒奥多洛斯一致同意应该来检查意见问题本身,不但抛开泰阿泰德关于知识就是感觉的说法,也抛开普罗塔戈拉的妥协说法,即在好坏问题上的确有些人优于其他人,而且这些人是有智慧的。他们诘问普罗塔戈拉,是否人人都深信自己在某些事上比别人智慧,而别人也在其他事上比自己智慧。没人会以为每个人在任何事上都比自己智慧,也没人会以为自己在任何事上都智慧过于所有人。普罗塔戈拉断言,凡各人意见所认为真实的,对于持如此意见的各人便是真实的;苏格拉底则以一个远为深刻的观察取而代之:所有人都深信所有人的意见都有真有假。所有人共有的东西并非普罗塔戈拉那样的观点,而是一个信念,这个信念关乎属人意见本身的特质。这一普遍意见不容置疑:人在这方面不会接受任何普罗塔戈拉式的智术启蒙。这个普遍意见不像任何别的意见，人们总是照它行事。人在极端危险的关头——极度需要和极度恐惧之时——会寻求救世主，因为他相信别人比自己有智慧；他仰赖救世主如神，因为他盼着救世主的统治会拯救他们。苏格拉底当然过分渲染了他的论据。人所寻求的拯救者并非总是那些他们以为比自己有知识的人，有时候人所需要的不过是更大的力量或更大的胆量，而且，这需要的人甚至还会认为只有他自己才知道怎样最好地使用这力量或胆量。此外，苏格拉底所渲染的论据暗示，所有人都深信唯一应该享有统治权的是知识；这一点，普罗塔戈拉不会同意，多数人也不会同意。苏格拉底可能是在指他本人特有的能力，即对他自己的无知之知，这种知识既非救人的智慧，也非智慧的缺乏即假意见。苏格拉底的无知之知在人类信念的领域内根本没有容身之地。

忒奥多洛斯勉强承认，若说有[I.125]人坚持不信别人有假意见，那将是难以置信的。任何人都可能被另外某个人认为他缺乏智慧，因此，谁都不会永远被人人都认为在任何事上都有智慧。苏格拉底选了忒奥多洛斯作为例子。他问忒奥多洛斯，是否每每都有亿万人（myrioi）持有与他相反的意见，认为他的判断和他的意见是假的。有人可能会猜，在所有人当中，专搞数学而别的事一概不问的忒奥多洛斯最有可能反对这个不科学和夸张的用词myrioi（参196e2）。然而，苏格拉底已经戳到忒奥多洛斯的痛处了，忒奥多洛斯说："不错，对着宙斯说，苏格拉底啊，诚如荷马所说，'实在有亿万人'（mala myrioi），因为他们给我带来人间所能有的一切纠纷。"忒奥多洛斯很滑稽地用一句无疑是最简短、最缺乏诗意的引文，肯定了苏格拉底的说法丝毫没有夸张。他引的是《奥德修斯》里的一行诗，那里讲到特勒马科斯告诉他尚未认出的父亲奥德修斯，他不在家期间的确有成千心怀不轨的求婚者住在他家。忒奥多洛斯忍受不了别人的讥笑，但当他表达出对于自己必须承受的讥笑而感到的气愤时,听起来实在不由得人不发笑。我们还记得他如何小心翼翼地避开别人的非难,也记得他称赞泰阿泰德是因为他心里爱着泰阿泰德,但我们也注意到忒奥多洛斯为他的自由感到自豪,普罗塔戈拉对他的吸引力就在于其学说显得保证了他旁观的权利。苏格拉底很快就会告诉忒奥多洛斯,他不可能不显得可笑;现在他则是让忒奥多洛斯看到,普罗塔戈拉的智慧跟他自己的智慧一样大可怀疑,它的流行性乃是个假像(参 161e4)。

普罗塔戈拉写过一本书,书中出现了这样一句话:"人是万物的尺度,在者在(或如何在)、不在者不在(或如何不在)的尺度。"普罗塔戈拉现如今已死,我们当然想象得出没人用口说这句话了;实际上这句写下来的话不可能被人口说,尽管它作为写下的句子也有点道理。作为写下来的句子它不属于任何一个人,但如果被某个人接受且说出来,它就发生了变化。写下的句子本是直陈语气,一旦被人读出来就成了命令语气(参 170d6),因为它在命令读的人把"人"替换成"我"。"人"这个词只是个摆设,下面藏着指令;该指令得到实行后,句子就再次变成陈述,说此话的人可以赞成也可以不赞成这句陈述。这句话并不提供它是否为真的信念,相反,说话人自己在说这话之前的信念决定其真假。写在书上的这句话可能为真却无人相信,但这句话说,凡各人所信皆为真,因此,每个[I.126]说这话为假的人说的都是真理,而且都否定了真理的真。但是,只有书里的那句话说每个人的否定皆为真。人无须知道这句话假,只要他认为这句话假,那么这句话就为假。但是,一个意见之所以为真不可能只是因为那是某人自己的意见,某个意见之所以为假也不可能只是因为无人持这种意见。

普罗塔戈拉的这句话,一旦有人把它读出来且他认定自己是人,并遵照话中的指令去行动,这话就无效了。只要把句中的

"人"代以任何有感觉的在,就很容易看出这一点。写下猪或鹤是万物尺度的人或许会被人看作傻瓜,但这样的句子本身并没有问题。当苏格拉底提到梦境和疯狂,将其作为一般证据反对普罗塔戈拉的学说时,泰阿泰德就把自我无知排开了。因此现在很显然,泰阿泰德眩晕的根据完全符合他学说中的自相矛盾。普罗塔戈拉之所以吸引泰阿泰德,因为二人都是在视自己的学说为理所当然时遗忘了他们自身。

　　苏格拉底没有在普罗塔戈拉活着时检查他的尺度,而是到他死后才检查。如果死指的是没了生命和灵魂,因而好像某种写下的东西,那么,自相矛盾的命题在这个意义上正是死的:一旦它通过被人言说而活过来,它之为自相矛盾就立刻显明出来。让它活过来就是毁灭它。普罗塔戈拉的尺度因此集中体现了前苏格拉底哲人在理解灵魂上的失败,这一失败跟他不能解释他们自己是一回事。自相矛盾的根源在于对灵魂无知;柏拉图将让苏格拉底在讨论灵魂的语境中陈述非矛盾原则,应该并非偶然(《王制》436a8-437a10)。忒奥多洛斯说到普罗塔戈拉时从未当他死了,他讲到后者时从未采用过去时态,一直到他的自负得到治愈为止。普罗塔戈拉在忒奥多洛斯的想象中活过的半条命,也即苏格拉底通过两次把忒奥多洛斯唤作普罗塔戈拉而赋予他的半条命,出现在苏格拉底对普罗塔戈拉的描述中:后者从头到脖子突然从地下冒出,狠狠责骂了一顿苏格拉底的愚昧,然后又溜回地下不见了。苏格拉底告诉忒奥多洛斯,普罗塔戈拉比他俩年长,因此也许比他们更智慧。普罗塔戈拉写下来的那句话是对法律最极端的戏仿,法律必然宣称它比在场的智者更高明。普罗塔戈拉的尺度正是模仿了这一点,因为它像法律一样强调自己的智慧,同时命令我们人人都把自己想象成在法庭现场的智者。普罗塔戈拉的"真理"以不可能的方式玩骑墙术,两只脚分别踩在无时间和现在上。她缺乏明智。

九、泰勒斯(172a1–177c5)

[I.127]现在苏格拉底已经充分证明了他自由修正普罗塔戈拉之说的正当性。然而,他并非原封不动地重复他让普罗塔戈拉自我辩护时所说的话。其一,他在城邦本身制定的那些不容争议的律令之外,加上了普罗塔戈拉不曾提到的虔敬与裹慢——后者不提这些,跟他在写作和演讲中把诸神排除在外是一致的。其二,苏格拉底把普罗塔戈拉所说的"好"解释成有用,因而说到城邦的意见就真实而言为较优,而普罗塔戈拉则把智慧与真分开。苏格拉底作了一个类比:个人在热、干、甜等方面的意见排斥可证明性,而在健康或疾病等方面的意见却可以接受证明;同样,城邦在高贵、正义、虔敬方面的意见排斥可证明性,而在有利、无利方面的意见却可以接受证明——这个类比与其说是真实的,不如说似乎是真实的。在个人领域内,健康的地位远远高于热、干、甜等;而在政治领域内,有用本身的地位并非公认地高于虔敬、正义和高贵。此外,个人对热、干、甜的感觉还被认为是判定此人健康或有病的征兆,而城邦关于高贵、正义和虔敬的意见是不是判定该城邦健康或有病的记号,则并不明显。城邦的卷册上可能有着整套的意见而同时城邦又不断违背这些意见,个人却不可能否定他自己的感觉。再则,感觉的真与感觉的正确也不是一回事,没人因为在病中尝到酒苦就断定酒是苦的,而城邦却永远把自己的真实意见等同于正确意见。

上述类比迫使感觉与意见之间的差别完全被模糊掉了。类比认为各感官彼此独立运作:似乎一个人尝到酒甜时,他并非必然也感觉到酒很清凉。但至于城邦所规定的虔敬是否丝毫不决定城邦关于正义的意见,城邦关于正义的意见也丝毫不决定城邦关于高贵的意见,这一点则完全不自明。谁也不会在意人们对同样的"热"的不同感觉,因为每个人都认为热是一个连续的范围,现在感觉不到热的人可以在过后感觉到热。但正义同样也是这种持续的范围吗?有"不冷不热的正义"(luke-justice)这样的东西吗?如果依法纳税是"不冷不热的正义",那可能是因为这样做明确有利于每个人;但如果搭救溺水者比起纳税更正义,[I.128]那么,正义就不再是同样意义上的为了一个人自己的益处。因此可能必须区分两种正义:一种是所有城邦都规定为正义的东西,一种是诸城邦意见不一致的正义。但这种区分对感觉而言毫无意义。没有与单独的感觉相连的赞扬或谴责,但有与意见及其相应的行动相连的赞扬或谴责。

有限的普罗塔戈拉主义必定混淆感觉与意见,理由如下述。拥护此说的人从城邦之外观看城邦,从这一更有利的视角可以明显看到,城邦持有的种种意见不但有别于别的城邦的意见,也有别于本邦从前曾经有过以及将来会有的意见,因此,他们就断定合法不合法是各城邦自己的事情,正如感觉是个人自己的事一样。但是,虽说像泰阿泰德那样的人不会坚持认为,各颜色对他显为如何的颜色,对其他每个人也显为如何的颜色,可每个城邦都会坚持认为,它说正义对其他各城邦而言是什么,那就是什么,甚至为此争执到刀兵相向的地步。假如这些普罗塔戈拉们充分留意城邦的视觉与他们自己的视觉如何不同,他们就会进一步去区分个人的自然感觉与个人在意见中的感觉了——因着意见,一个健康人所看到的白跟另一个人看到的白是一回事;而且,他们也会继续区分也许自然就有的高贵、正义、虔敬与意见中的高贵、正义、虔敬了。但普罗塔戈拉们不可能作这种区分,因为他们否认有自然意义上的这类东西,这种否决绝非得自政治意见的多样性,正如人们关于感觉的共识绝非自动表明他们的学说是假的。基于他们对自然的理解,他们推断,个人自然拥有的感觉跟城邦的种种设定属于同一层次的东西。那么他们理当说,城邦相信自

己的意见为真必定也是自然而然之举。然而他们并未得出这一
结论，而是把他们从城邦之外观察到的城邦意见的主观性，以及
城邦本身所坚持的其意见的真实性，返回来套到个人的感觉
上——其实个人从未注意到感觉的主观性，也从不声称其感觉的
真实性。普罗塔戈拉们不经意间地作出如此投射，因为他们看不
到自己立身何处。倘若他们回答说，个人主体间关于感觉的共识
正好对应于公民同胞间关于道德和宗教的共识，那他们就会更深
地陷入自相矛盾之中，因为前者是一种在时空转换中恒常不变的
普遍共识，后者却不是。值得夸赞的是苏格拉底口中的普罗塔戈
拉，他从未提到自然，也从未把真理与智慧相混同。

　　苏格拉底已经诱敌深入让忒奥多洛斯身处困境，[I.129]在自
身内部遭到三面夹击：(1)他必须接受多数人的意见而放弃普罗
塔戈拉的尺度；后者对他的吸引力在于肯定了他自己的意见并不
劣于多数人的意见；(2)他也气愤多数人，因为他们竟然自立为他
的审判官；(3)他屈从在多数人的意见之下，他怕被他们嘲笑。某
种改良版的普罗塔戈拉之说似乎仍然是可能的，此说认为才能既
非主观独断的，也非控制于多数人之手。然而，忒奥多洛斯并不
具备任何这类才能，因为才能已被限于人人皆视为属人之善的原
因的技艺范围内。忒奥多洛斯的技能没有明显的实用性，其地位
倒更像新版普罗塔戈拉学说归给城邦的关于高贵、正义和虔敬的
意见。无论是城邦还是这个学说，都没有给他留任何位置。苏格
拉底必须提供给他一个位置，从那里他可以俯视欺负他的人。因
此，这一过程的出发点便是苏格拉底和忒奥多洛斯以不同方式所
投身其中的那类活动。

　　苏格拉底说，否定正义和虔敬的在把他们卷入了更大的辩论
中，比之前的有过之而无不及。"我们不是有暇得以自遣吗，苏格
拉底？"忒奥多洛斯问。他以超人的预见力(参154e8)，一语点出
把他的志业与城邦事业区别开来的唯一特征。但苏格拉底真的

闲着吗？他回答的是："看起来好像有。"苏格拉底心里想着迫在眉睫的审判，那时他将不是悠闲地说话，而是将被迫服从法庭的规则。忒奥多洛斯完全没有觉察苏格拉底随后话中的含义，因为他对苏格拉底眼下的处境一无所知，苏格拉底不只会遭到嘲笑——忒奥多洛斯心中的妖怪——还将被判处死刑。虽然忒奥多洛斯跟苏格拉底已是多年老友，但他对苏格拉底的命运并没有兴趣，倒不是因为他完全不关心苏格拉底，而是因为他的命运并不属他自己，而是属于忒奥多洛斯从来不会留意的此时此地。20多年前，苏格拉底曾经对人讲述他跟未来的僭主卡尔米德（Char-mides）和克里提阿（Critias）的一场关于节制的谈话（参155d3-e2），忒奥多洛斯很可能就是当时那位沉默的聆听者；虽然《卡尔米德》叙事的时间就在谈话发生后的第二天，地点仍是雅典，但苏格拉底的倾听者尚未听说过预告伯罗奔半岛战争开始的波提岱亚战役（153b5-6），苏格拉底也合宜地略而未谈他关于这场战争对朋友们所讲的东西。把产婆和数学家联系在一起的，是他们都具有非政治品质。Daimonion［命相神］禁止苏格拉底涉足政治，这与忒奥多洛斯漠不关心世事实在太般配了。

　　哲人的闲暇在于能反复［I.130］进行一项探究，并且不断从一个主题转向另一主题。探究的可反复性——探究不会改变它所探究的在，在也不会强加给探究什么时间限制——有个副作用，即它容易变成或显得像是闲谈，因为闲谈也是指远离了说者和听者所关心的主要问题。然而，在政治生活中，尤其是在对簿公堂时，我们绝对不可能完全从头再来，不仅因为我们必须当堂作出决定——或在我们从根本上不知何为正义的情况下判定此人有罪而那人无罪，或根据必然不充分的证据决定交战或讲和——而且因为我们的言辞和行动会改变我们随后的言辞和行动的条件。时间始终奔流不息，时间从来不是相同的时间。公堂上的滴漏不但是计量说话时长的工具，也以其流动描绘了言辞及其场合如何彼此相连构成一个独特的时刻。荷马-赫拉克利特的命题,若是在宣告自然的本性,听起来像是一句夸张和比喻性的俏皮话,但它也是关于政治生活的原原本本的真相。

讼棍是奴隶,陪审团是他的主人,双方都被奴役在事物之流中,但讼棍更是受双重奴役,因为他常在性命攸关中还得不顾一切地求活命。他所必须操弄的卑劣狡计把他跟他的主人绑在一起,而且他越是得逞就越是跟主人绑为一体。而主人既然从来无需玩弄技巧,也就深深地相信着自己的至高无上。苏格拉底的描述让忒奥多洛斯心里高兴。苏格拉底在强迫他说话以后,现在又告诉他,他并非被迫说话。忒奥多洛斯抓住主人与奴隶之别:他是主人,言辞是他的奴隶。尽管苏格拉底指出,我们的错误对于我们所探究的在其实无关紧要,忒奥多洛斯却强调言辞应该耐心等着,直到发言的人兴尽为止。逻各斯不是我们的法官,因为人并非必须遵从逻各斯。忒奥多洛斯想要做苏格拉底始终要以甜言蜜语去巴结的陪审官(参 177c3-5)。他在模仿城邦——不是说,他尽管远离城邦却在模仿城邦,而是说,恰恰因为他远离城邦所以他才模仿城邦。

苏格拉底对一流哲人的描绘实际上从描绘忒奥多洛斯和泰阿泰德开始。他开篇讲到这类哲人有哪些不知的东西。他们的无知分为四类。他们不识去市场的路;不晓得法庭或城邦其他任何公共会场之所在;所谓不成文或成文的法律政令,他们一概不闻不睹;政客聚会或私人宴饮,他们就是在梦里也不曾去过;城邦里谁的出生高低,[I.131]谁的母系或父系祖先有什么劣性,这等事他们也不在意,就像人不在意海水有多少桶。哲人对太人性的东西是彻头彻尾地无知,他们甚至不自知其不知这些事,因此,他不可能去探究这些事的在,他思想上确信这些事太琐碎,甚至根本不在——但并不知道它们如何琐碎。他因藐视这些事而不理会这些事。他对美和高贵的理解决定了他对在的理解。他身在城邦,但从不追问身体是什么,他的思想朝向几何和天文学,绝不会纡尊降贵探究眼前之物,而是展开翅膀,上天下地,探究每一样在的自然。忒奥多洛斯的问题,"此言何谓,苏格拉底?"正好证明了苏格拉底方才所言:忒奥多洛斯不自知他所做之事。《泰阿泰德》的奇特之处在于,虽然对话关注意见与知识的不同,但丝毫没有从非哲学皈依哲学。忒奥多洛斯是个老专家,泰阿泰德是弟子,因此两人谁也不怀疑知识存在,或者说,谁也没有意识到哲学的可能性这一问题;因为,毕竟忒奥多洛斯已经飞起来了。

泰勒斯仰观星辰,一失足掉在井里。他掉在他所看为万物之本原的东西里面,却没想到通过观看脚下来发现星辰的自然。然而,人若看不见自己所站的地基,也就不知道地基上的何物使他的仰观成为可能。并非每个地基都是人能脱离的。人在仰观之先必须先说明他所站立的地基,因为他并非实际去造访星辰。泰勒斯式的哲人没有问这样一个问题:人若站在某个星球上眺望地球,那时,他能理解自己从前所站立的地基吗? 不过,人本来的位置并不是单纯地可以跟其他位置交换,从雅典到忒拜的距离等同于从忒拜到雅典的距离,并不意味着由此到彼、由彼到此两个方向的运动也相同。那个做婢女的色雷斯(Thracian)女孩的俏皮话似乎是这个意思,不过苏格拉底把这话拧了一下,好让他可以显得跟忒奥多洛斯是一类人。

哲人面前和脚下的东西不是他自己,而是他的邻人。哲人甚至连比邻而居者是人与否都不分晓,也不知道邻人的事,但他会问什么是人,什么是人性所特有的施与受的能力。苏格拉底的问题与闲谈不是一码事,但上面的问题是苏格拉底式的问题吗? 人若对他的邻人一无所知,就必定以为自己的自然就是人的自然,自己的[I.132]行动和经验就是权威。几何学和星象术不能揭示一个人自己的自然如何,因为人有邻舍,这本身就是为人的一部分,而邻舍与自己的亲近并不能用尺寸来衡量。星象术师倘若以星象术的眼光看自己,大概会断定自己是一只鸟,而根本不是一个人(《蒂迈欧》91d6-e1)。如果认识人性跟认识奇数绝非偶数是一回事,那么,几何学家可能醒着时也在做梦(190b6-7)。知道泰阿泰德父亲的名字、声望和财富的是苏格拉底,也是苏格拉底关心雅典可能出现的哲人胜于关心昔兰尼城的情况(《拉克斯》187e6;《苏格拉底的申辩》30a4;《智术师》265a2;《希琵阿斯前篇》304d3)。而忒奥多洛斯却只能从极远的视角来看近旁之物,因此他必定通过"影像"来理解泰阿泰德的灵魂,像是一个人借以忘掉眼前之物的工具。

哲人一旦被强迫去谈论人事,就会遭人取笑,正如讼棍,他一旦想去讨论什么是正义和不义、什么是人的幸福和痛苦,也会被人嘲笑。然而,哲人嘲笑他人必定是一个假设,因为他绝不可能勉强只是脑子聪明的人上升到他的高度;而且,即便真的发生这样的讨论,也不会有谁跟哲人一起发笑,因为人们看不出那可笑之处。但哲人似乎不得不笑自己,因为他的成功显然达不到他所渴望的程度。两个难题忒奥多洛斯一个都没意识到。他相信苏格拉底可能说服每个人,从而结果就是人间多些和平而少些邪恶。苏格拉底告诉他,他的愿望不可能实现,苏格拉底的话可不是立法提案。除非与善相反者存在,否则善也就不可能存在。很难弄清苏格拉底的话在指什么,但无论如何,他不可能跟忒奥多洛斯一样竟然不知道这个必然规律。

苏格拉底似乎只是在指二者中的一个。对人而言,善不可能生成,除非也有恶伴随善生成,这似乎是柏拉图《王制》的主题,但苏格拉底这里说的是在而不是生成。或者,苏格拉底的意思也可能是:既然恶必定如影随形地与有死之人的自然同在,恶也就始终伴随着哲人所达到的善。但这恐怕是偶然之物的一个必然性,它不能解释苏格拉底何以能够把恶说成静立于其在中的范例(《帕默尼德》132d2),也不能解释哲人死后如何能被接纳进入脱离了恶的所在。苏格拉底只字未提灵魂的不朽,甚至从来没有哲人的灵魂一说。玩弄卑劣狡计的人有灵魂,哲人则只有思想(dianoia)。苏格拉底说,对不义的惩罚即痛苦,但既然痛苦的含义是看不见神性事物,那么,除非不义之人认识到自己的盲目且这种盲目[I.133]永无治愈的可能,否则也就无所谓什么惩罚。苏格拉底因此是在暗示,幸福单在于检审何为幸福以及其他类似的问题(《苏格拉底的申辩》38a1-6);更确切地说,既然幸福必然在于检审好坏善恶,并且因此而检审邻舍和脚下的地基,那么幸福之善就离不开其他事物的恶。苏格拉底已经从称颂自由的忒奥多洛斯转向了颂扬政治哲学——忒奥多洛斯探究一切在的自然,苏格拉底既不把这叫作智慧,也不把这叫作幸福;政治哲学的地基是[被忒奥多洛斯]藐视的世人,其指引则是诸神。这样一来,苏格拉底似乎比忒奥多洛斯更可笑,因为他没有丝毫证据却也不带一丝怀疑地宣告神是什么,一边却又说哲人在弄清人是什么上困难重重。除了节制,苏格拉底把每样美德都归给了哲人。

十、性质(177c6-183c4)

苏格拉底把将来效果(affect)的讨论与现在效果的讨论分开来。对将来效果的讨论凭借修正后的普罗塔戈拉学说,对现在效果的讨论则是检查问题本身,因为据忒奥多洛斯说,赫拉克利特式的拥趸在这个问题上前后太不一贯,根本没法接受提问。对将来效果的讨论跟《王制》卷一很相似,但又有以下不同:此处的讨论认为正义不同于善,而善就是有利,并认为城邦制定所有法律都是为了一个目的,那就是尽可能地有利。这样就会得出以下三个结论之一:正义、高贵和虔敬只是"有利"的不同名称;或,这些名称现在都是指将来利益的程度和种类;又或,城邦犯错时,那些错误就是正义、高贵和虔敬。关于第三个可能的结果,苏格拉底

在《王制》中有一个例子：他说，最有利的婚姻是神圣的婚姻
（458e4），因此，兄妹结婚在某些情况下应当得到允许；城邦之所
以认为禁止近亲结婚是神性的，那只是因为城邦没有对准善。然
而，现在苏格拉底却自行其道，因为忒奥多洛斯不是忒拉叙马霍
斯，他不可能去问城邦立法是为了城邦中谁的利益。忒奥多洛斯
离城邦太遥远，所以看不到野兽般贪婪的牧人与暴躁叛逆的无知
羊群有什么区别（174d3-e1），这一不同使城邦既不可能作为一个
整体承认它［I.134］犯了错，也不可能作为一个整体承认它在某些
时刻选择了善。如果统治者承认他们有时也犯错，是否就足以削
弱普罗塔戈拉命题的可靠性呢？对忒拉叙马霍斯当然够了；但对
克利托普丰就不够。后者是如此地勇敢，竟然强说统治者有关一
己之特权的意见就是强者的正义；因此，他大概也会主张，只要他
坚持这意见（即，只要他不改变法律），他就没有犯错（《王制》
340a9-b8）。

　　因此，若要苏格拉底的论证成立而不仅仅是 ad Theodorum
［针对忒奥多洛斯］成立，他就有必要思考城邦到底有没有一个共
同善，但这样做相当于是从意见转向知识，并把整个《王制》插到
这里来。苏格拉底不可能这样做，因为他已经在之前讲论正义
的——即哲学的——生活时总结了《王制》的高潮部分（卷五至卷
七）。他无需穿越整个城邦而把忒奥多洛斯带向哲学。既然他已
经用一个仅仅含蓄的论证，论证了从洞穴开始的必要性，以此取
代了走出洞穴的运动，那么他现在可以请忒奥多洛斯观看事实
（pragma），就仿佛事实是已知的。因此，忒奥多洛斯的不通世故
使他与苏格拉底能够立马达成关于城邦——只有政治哲学才能
确定——的共识。忒奥多洛斯完全不懂得，一个基于意见的论证
可能多么不可信。

　　一旦引入将来这一话题，感觉与意见的差别立刻变得一览无
余：鉴于并不存在对将来的感觉，关于将来事物的意见——作为

意见,便跟关于现在事物的意见无异。苏格拉底由此证明,门外汉关于将来感觉的意见不如专家有权威;但他没有强调一点:专家的意见只是先于门外汉的意见,至于这意见是否正确,最终判断的权威仍是门外汉的感觉。长远来看,专家与门外汉知道的是同样的真理(参158e1,178e8)①,据此,技艺与小技巧或熟悉就无法相区分,或者说真假技艺无法相区分。忒奥多洛斯一直被苏格拉底带着走:从一开始站在多数人一边反对普罗塔戈拉,到后来苏格拉底让他看到他跟多数人之间无法跨越的鸿沟,再到他自己跟多数人再次联盟。城邦是权威,不是因为城邦能发现对它自身最有利的东西,而是因为城邦必定会证实这东西是有利的。但专家知道城邦的口味胜于城邦知道自己的口味。这一点曾由泰阿泰德[的表现]暗示出来:当时苏格拉底问泰阿泰德,那个学说在他听来是否如口尝美味令他心满意足,而泰阿泰德迟迟没有答复,直到听到专家苏格拉底后来所说的话[才给以肯定的答复]。

苏格拉底对普罗塔戈拉之说作了新的修正,现在比之前的修正幅度更大:智者预先知道将来会被每个人认为是真的事。[I.135]正因为如此,苏格拉底以预言死后之事为他关于哲人的讲辞作结,显然,可悲之人那时将知道自己的痛苦。智慧根本而言就是共同意见(consensus)。② 智慧单在于知晓事物的不息之流下一次将怎样转弯。智者只是比不智者领先一步,但那一步对不智者绝非一直隐藏的,因为那就是不智者自己[要走]的步子。智者是洞穴中最受尊荣的那些人,他们可以预言接下来将是哪一个"像"从洞穴人面前闪过:忒奥多洛斯就是个星象术师。因此,反驳苏格拉底智慧的论证便是:他的智慧永远无法从这个方面得到证实;他无法在现在就告诉多数人他们后来将会自己明白些什

---

① [译注]专家是预先就知道该真理,门外汉则要等到真正经历了才知道。
② [译注]这里的共同意见是说,智者预先就有关于某事的意见,而多数人则要等亲身经历时才知道此意见正确,从而同意智者的意见。

么。苏格拉底会推测，假如他的审判不只持续短短一天，那他有可能争取到无罪开释；但苏格拉底不会说，雅典人到那时就会明白未经检审的生活不值得过，因为他们已经有整个有生之日来对他的生活方式作出判断。另一方面，忒奥多洛斯却可以自慰：他也许什么时候都看着可笑，但长远来看最后的笑将属于他，因为再怎么深奥的技艺和科学，都不构成对城邦意见的持久的威胁。

　　既然一切意见都得服从那个将在某个时刻成为当下意见的权威意见，苏格拉底就必须证明，断定现在意见为真的根据本身就没有根据。我认为他完成了这一证明，但苏格拉底智慧的悖论性却变得更鲜明了。多数人现在成了权威，但这一权威的"生理学"主张的却是多数人所不信的东西，即一切皆在动中。多数人信的是事物有的动有的静，苏格拉底也相信如此，但他不认为他们的意见是权威。于是，我们面对的一方面是这样一个学说：它在把多数人的意见抬举为知识的同时也削弱了这一抬举；另一方面是这样一个苏格拉底：他在区分意见与知识，进而区分真假幸福时，主张的是多数人绝不会接受的事——但苏格拉底证明了多数人如何就是这样不接受他们的确接受的事——即动和静二者都存在。也许，正是这样的双重性才使得苏格拉底可以说：最伟大的疯狂乃是节制的化身。

　　忒奥多洛斯声称他跟荷马－赫拉克利特学说的拥趸者熟得很，可是当他接下来描述这些人时却渐渐地对他们大为光火；他表示那些人绝没有什么共同学说，相反他们根本没有什么固定之说可言。苏格拉底温和地表示，也许那些人在平静且不与人争辩时，倒也将一贯和固定的言说传与门徒（即，任何他们想要改造得像他们自己的人）。忒奥多洛斯听完却更愤慨了，他不认为他们当中任何人有哪怕一个门徒。忒奥多洛斯认为他们[I.136]是疯子，全凭灵感触动；他觉得跟这些人简直无法交谈，正像泰阿泰德发现毫无灵感的形体论者如何刚愎自用（参 156a1），除了双手能

抓住的东西之外不承认有任何东西存在。忒奥多洛斯的前后两
段话，似乎正效仿了他所怪罪于赫拉克利特之徒的那种前言不搭
后语之貌。刻板的忒奥多洛斯愤恨起赫拉克利特之徒的刻板来。
根据赫拉克利特的作品，这些人的样子正是他们该有的样子，因
为如苏格拉底所言，并非那些人故意要假装，他们按天性、且凭天
性就是不智之人。他们每个人都是一个最严格意义上的原物（the
original）：既不是他物的原因，也不以他物为自己的原因。每个人
都只是自己的原因。专家型的忒奥多洛斯却不能忍受这个，他把
知识按先后次第由师傅传与门徒视为理性的典范。他呈现了［荷
马－赫拉克利特的］学说消灭灵魂、消灭逻各斯的品质，但他没有
下结论说这样就驳倒了该学说。虽然人既不能在言辞层面上也
不能在灵魂层面上忍受该学说，但它就在而言仍为真。

　　苏格拉底对泰阿泰德的检审是基于这样的假设：忒奥多洛斯
对泰阿泰德的形象化描绘，其意义就是字面所指。此番检审在泰
阿泰德里面引出了一个幻影儿。但忒奥多洛斯现在似乎开始相
信，如果说人不是万物的尺度，那么动仍然可能是万物的自然，因
为赫拉克利特之徒以他们的实存本身证明了这就是万物的自然。
但忒奥多洛斯是有出路脱离这个两难的，他建议把［赫拉克利特
的］学说当作一个问题（problêma）来对待。problêma 是几何学术
语，表示现在要开始某种构建：他们必须设法构建一个论证，这个
论证将展示忒奥多洛斯所理解的赫拉克利特之徒的行为，但又不
会引入"灵魂"；这样一个构建将是理智可以理解的，同时又会让
赫拉克利特之徒跟之前一样，在现象上是理智所无法理解的。忒
奥多洛斯把灵魂看低成了一个星象术问题。考虑到行星的无规
律运动，可以构建一个模型，该模型将充分描述行星的运动，但不
会随意地解释其运动之因（530b6-c1）。假设把众行星理解为神，
那它们就是凭意愿做他们正在做的事，我们只是凭设计来呈现他
们所做之事；照样，在我们的模型中，赫拉克利特之徒——他们每

个人里面都有一个神——将既保有其非理性，又展示出某种合乎理性的秩序。

忒奥多洛斯陷入一个矛盾。如果赫拉克利特之徒的灵魂看起来像他们的行事那样，只是因为我们看他们时带有某种视角（如苏格拉底所说，从他们纷争时去看），那么忒奥多洛斯就不能说他们的样子就是其所是。他们的灵魂作为一个星象术现象，原因不可能被知；如果原因被知了，那它们就不可能是星象术现象。因此，忒奥多洛斯在自己身上演示了泰勒斯的跌倒。他同时[I.137]从望远镜的两端观望——但他自己并不知道——结果近的成了远的，远的成了近的。因此，当从远处观察别人的狂热时，如他所猜测，他自己也感染了那种狂热。因此，忒奥多洛斯的问题无法根据忒奥多洛斯的术语得到解释，因为如苏格拉底所指出的，赫拉克利特之徒会说他们是什么，帕默尼德之徒也会说他们是什么，双方所说都不是万物的自然。忒奥多洛斯和苏格拉底光顾着赫拉克利特之徒把帕默尼德抛在了脑后，但现在两人一起陷入了赫拉克利特与帕默尼德的拉锯战中。他们不仅在城邦眼里看为可笑，还会在哲学眼里看为可笑——如果他们既不躲入"不动"中，也不向"动"中寻求脱身的话。至于形体论者，苏格拉底也想当然认为他们救不了他。

城邦的权威已经使普罗塔戈拉学说的一种版本暴露出其不充分性，并让苏格拉底显得跟他自称的一样缺乏知识，不过，这权威不能再次动用。因为，鞋匠固然可以站在中间立场取笑两个阵营，因为它们每一方都漂亮地推翻了另一方，但苏格拉底或忒奥多洛斯却不能退场。即便忒奥多洛斯——他对讨论的热情是装出来的（161a7，181b8）——尽快离场，苏格拉底也以看起来无耻的办法逃离危险，他们还是在某种程度上认识到了哲学的权威。苏格拉底突然回忆起帕默尼德，实则是记起了在的问题。最根本的问题不是何为知识，而是何为在；不是知识能否与生成并存，而是生成能否与在并存。对话的紧迫压力曾经逼得普罗塔戈拉与赫拉克利特之徒结成联盟,但当他断言人不可能思想不在之物时(167a7-8),他也成了帕默尼德一派的代表。因此,普罗塔戈拉将随荷马和赫拉克利特一起被推翻,但也会随着假意见的问题而再次露面。《泰阿泰德》中普罗塔戈拉不断变换的面具,是苏格拉底的最后一个问题——智术师、治邦者和哲人的异同问题——的佐证。忒奥多洛斯面对赫拉克利特之徒时那天真的困惑,底下潜藏的乃是非在问题。

忒奥多洛斯似乎已经承认了苏格拉底打算去证明的东西:即赫拉克利特之徒说话不可能不自相矛盾;而苏格拉底却不承认忒奥多洛斯的悖论,即赫拉克利特之徒必要的沉默符合其灵魂的自然,所以他们无需用言辞来证明动乃万物的自然。然而,苏格拉底的确利用了他们的沉默,他使忒奥多洛斯承认了他在之前的阐释中曾说过他们已否定的东西。现在苏格拉底谈到地点和[I.138]地点的迁移运动(参 153e1-2),从而引入两种类型的动,与之前受动与施动的区分形成了交叉。苏格拉底此举并非完全独断专行,他刚才已经表示,否定地点的在严格来讲属于帕默尼德派的学说,他们的“一”独立于静中,不占有空间(180e4)。看起来,普罗塔戈拉在暂且与赫拉克利特联手时,偷偷夹带了一点帕默尼德的东西进来,完全由于他本质上的折中主义,才赋予赫拉克利特学说以服力。无论如何,苏格拉底现在让人看到,随着对类型的辨认,将带来何等惊人的清晰性。他不再理会因果问题,而代之以观察对我们来说最显眼的东西。

从前,“动”曾经作为一个学说的组成部分出现;该学说决定了此后要作的区分。但现在,苏格拉底和忒奥多洛斯首先就“动”达成了一个共识,该共识先于一切有关动的“理论”。其先在性最突出地显现在两个方面。首先,按照泰阿泰德的生理学,位移(locomotion)只发生于施与受的“之间”地带——sensibilia[可感之物]的genesis[生成]就是这种位移;变化则遭到否定,因为同一物中不存在改变;但是,无论是他们所承认的位移,还是他们所不承认的变化,都是可感的。第二,泰阿泰德的生理学认为唯动在,然而它又不断说到genesis,即生成。但一旦我们看位移,我们在那里将看不到任何东西形成(coming-to-be)。荷马谈到genesis[生成],现代人谈到动,但苏格拉底所作的区分直接表明了genesis[生成]与动并非一回事。苏格拉底从未问过忒奥多洛斯他对动的分类是否完全,这是苏格拉底唯一一处暗示人注意"生成"所涉及的难题。因此,苏格拉底没有让赫拉克利特之徒解释,从位移和变化的任何可能的结合如何就生成了白,他容许他们把这视为某种神秘的因果,而迫使他们转而以观察那向我们显示出来的变(change)。苏格拉底非常节制。他对动的区分,与其说类似于泰阿泰德对平方根的分类这样的高级区分,不如说更类似于奇偶数的区分。比如他没有提出这样的问题:某物在作位移运动的同时变成了不同的东西,或同一物的地点发生迁移,替代了从前在该地点的东西,这样的变化是否也可能是一种位移。位移和变化的不同如此确凿无疑,比任何说二者可能在根本上相同的假设都更确凿。然而,苏格拉底让忒奥多洛斯同意了某种绝非如此确凿无疑的事。他让忒奥多洛斯把旋转(rotation)也纳入为位移的一种变体。但是,旋转假设了一个完美的形体,它在位置上不会偏离其中轴线;简而言之,它假设了一个数学结构,而这样的结构是不是存在大值得怀疑。忒奥多洛斯接受这种旋转为一种位移并不奇怪,但这的确暗示出,对明显的动所做的这种[I.139]初步二分是多么棘手。其实,苏格拉底很小心地克制住自己没有说这些动中的任何一个在(is);在(being)仅仅出现在"假设这是一个eidos[形相]"这样的话语里。

　　苏格拉底并未证明一切不在动中;他只是证明,根据一切唯动之说,知识不可能是感觉——如果知识意味着正确命名的话。

说话时的现在与感觉时的现在之间有着不可化约的时间差,这个时间差确保了如下结论的正当性:对语词的任何可能的修正都无法满足该学说的要求。通过图表的形式可以看到,每个感觉都具有这一性质(图4)。

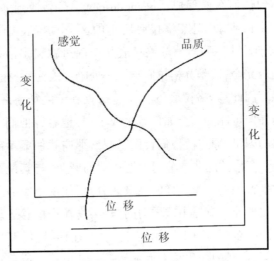

图 4

感觉与品质的交叉点是不可言说的,但苏格拉底说的任何话都无损于这样一个观念:这个点虽不可知,却始终为真。对于感觉者和观看者它都不真;它是"型相"(ideally)上的真。或许可以用"数学点"这个用语来描述它,数学点既不可证实也不可证伪。为了弄清苏格拉底的意图,我们有必要问:他为什么用现在所谓的性质(sortness)或品质(poiotês)(182a9)——被说成是一个集(collective)——来代替他曾经所谓的被感觉者一类(156b7)呢?"品质"或曰"性质"这个词原文作 poiotês,它来源于两种不同的构词模式:其词尾取自热(thermotês)和白(leukotês)的共同词尾,其词根则取自"制作"和"种类"(sort)两个词的双关语(to poioun poion ti)。每个种类都不属于某东西(ti),而仅仅是某东西的效果;而这效果[I.140]不是感觉,相反,它本身被感觉,因为它本身被感觉就是它作为(as)被感觉者的原因,不是它成为(become)被感觉的原因。

性质这个词就属于赫拉克利特学说提出的语言修正案。假如颜色完全变了而看在持续,那么,对于"你看到了什么"这个问题的正确回答就不是某种颜色,而就是"颜色"。但既然"看"也不驻留,而总是在变成另一感觉,包括适意、疼痛、恐惧、渴望以及其他数不胜数的无名感觉(156b2-7),那么,对于"你经验到了什么"这个问题的正确回答,也就不是"我看见"或"我害怕",而就是"我感觉"。知识就是感觉这个命题必须按字面理解;只要按字面理解它就不可反驳,因为它根本容不下任何连贯的言辞。知识也属于性质,是无限多名称的集,其中任何一个名称你都永远不可能正确地使用它。性质是一个永远不可以拿来应用的共相,因为它的殊相永远不可感觉。苏格拉底把下面两者的不同呈现在我们面前:一个是他本人的区分,即把动划分为两种类型,一个是伪造的集,即性质。这个伪造的集看起来是要把一个 aisthêsis[感觉]与一个 aisthêton[可感物]分开,其实是让二者坍塌成了一个点,结果是这个集中的成员跟每种感觉一起化为乌有。我们现在明白了,当苏格拉底向泰阿泰德揭示那些[有名人物的]奥秘时,他为何把故事与故事的意思区别开来。在故事里,他谈到 eidos[形相]和 genos[种];在对故事的解释里,他谈到 hathroisma[集合],并把它与 eidos[形相]对立起来(157b8-c2)。

十一、海伦(183c5-187c6)

苏格拉底在一定程度上同意了忒奥多洛斯的要求,即把赫拉克利特之徒当成一个问题来对待,也就是说不针对他们的灵魂提问,因为赫拉克利特之徒的命题结果已证明跟普罗塔戈拉的命题一样是不可说的。忒奥多洛斯解脱了,他现在已充分兑现了约定。泰阿泰德提醒他,他们还曾提议要检查一下帕默尼德——毕竟,忒奥多洛斯说过,不检查一下帕默尼德是无法容忍的;忒奥多洛斯却告诉泰阿泰德说,像他这样的年轻人可别教长辈背约和行不义之事(参 162d3)。忒奥多洛斯并非开玩笑。他曾明明地自己发誓要履行义务,但仅止于履行义务,他不会多走一步——即使论证本身迫使他这样做。忒奥多洛斯跟泰阿泰德不一样,他为了保持一致宁可付出任何代价,什么都不可干涉他的自由。忒奥多洛斯把数学中找到的精确标准应用到正义上(《治邦者》257b7-8),又把这一对孪生"型相主义"(idealism)——在他看来比"光[I.141]秃秃的言辞"更真实——与自由结合起来。他既想讨好真理,又想讨好普罗塔戈拉;他怕自己显得可笑,但又对自己糟糕的态度浑然不觉;他承认城邦的权威,但又全然意识不到城邦的在。他这个人是反复无常和气愤的混合体。他一丝不苟地在自己周围画了圆,把它看作不可侵犯的,并希望别人容他自己呆在里面,喜欢干什么就干什么。他逃避任何东西对自己的强迫,却不反对随意支使泰阿泰德——"你还是准备自己和苏格拉底讨论余下的问题吧";他也不反对把理性的作品(言辞)当成他的无理性奴仆来使唤。忒奥多洛斯不想做喜剧的主题,他想做悲剧的主题。苏格拉底为他编织的命运不是让他得到一次提升,而是受到一次惩罚。一名数学家却以诗的方式来理解他自身。忒奥多洛斯所谓的哲人,据苏格拉底所言,应是这样一个人:他知道如何像自由人当做的那样,穿着优雅的服装,用颂诗来歌颂神和幸福之人的真正生活(175d7-176a2)。关于诗与哲学之间的古老争论,忒奥多洛斯是一无所知。

　　忒奥多洛斯做了一个错误的预言。他以为苏格拉底将要做的事应是带来泰阿泰德最乐意听的东西,即,检查那些主张整全在静中的人。他说,人无论何时请苏格拉底谈论任何事情,苏格拉底都不可能拒绝。苏格拉底不但拒绝迎合泰阿泰德,也拒绝为忒奥多洛斯打掩护,然而,终归不是别人而正是苏格拉底记起了帕默尼德,并把忒奥多洛斯和他自己推到了动与静之间的一场绝无中立余地的战争中。因此,忒奥多洛斯终归说对了:言辞的确像奴仆那样侍立在旁,等着我们辞穷。苏格拉底曾说过,人在最危急之中最易承认他者的智慧;因此,虽然他也说到过战争,说到过他自己和忒奥多洛斯的危险处境,但问题不大,他们并不是非得玩下去。在的问题可以等着。然而他们虽是自由的,却并非完全自由:泰阿泰德已经有了孕,苏格拉底的助产术必须帮他把孩子生下来。泰阿泰德的灵魂比在的问题更优先。他们打算模仿政治生活,在政治生活中,迫在眉睫的时局压力无限延后了人类彻查政治生活的地基的可能性。泰阿泰德的灵魂现在也正处在生死攸关之际(参172e7)。他必须在苏格拉底的技艺这一从无差错的法庭上现身,尽管他都不知道最重要的问题是什么。此事如此紧急,以至于苏格拉底都没有征询泰阿泰德的意见,问他是否乐意。苏格拉底让存在屈从于知识之下,让人想起他之前是如何阻止谈论哲学的(参177b7-c5);因为,如果说帕默尼德首先问出了哲学中的首要问题,那么,回避"什么是哲学"这个问题就等于回避[I.142]"什么是在"这个问题。爱利亚异乡人的到来显得像是奉了某个神的差遣。

　　苏格拉底安抚了忒奥多洛斯怕在多数人面前受嘲笑的担忧以后,自己在帕默尼德面前却表现得满心惧怕而羞愧。为了强调帕默尼德与他自己的巨大悬殊,他引用了荷马的半节诗:普里阿摩斯"令我既敬且畏"。这句话是海伦对年迈的普里阿摩斯说的,伊里斯——"惊奇"(Wonder)之子安排了二人的会面。那时他们在特洛伊城墙上相遇,普里阿摩斯手下的长老演说家们看见海伦,不由得赞叹:海伦竟有如此令人敬畏的美貌,堪比女神,简直因此就算阿开奥斯人和特洛伊人为她开战,也不可能激起他们的愤慨。海伦在回答普里阿摩斯温柔的言语时,脱口说道,她真希望当初跟着普里阿摩斯的儿子来到这里时,自己已乐于遭受死亡的命运。[苏格拉底]这个人中最丑的人——他因诸神之命而永远不能生育智慧,在这里把自己比作女人中最美的女人——她因罪被神降罚而永不能生育(《奥德修斯》412)。苏格拉底既然不再跟忒奥多洛斯对谈,也就否定了后者评断他相貌的资格:在他称赞作为哲人的忒奥多洛斯时,没有一个字眼说到美。

说苏格拉底是另一个海伦,是动静之战的原因,这听起来似乎很可笑。苏格拉底在描述这场好玩的战争时,区分了古人与现代的智者:古人通过诗歌向多数人掩盖无物为静的事实;今日的智者则公开宣讲万物皆动,以至于连鞋匠都听懂了他们的智慧而向他们表示敬意。提倡一切皆静的今人没有古人搭档,虽然帕默尼德也用诗歌说话,但他显然没有哪个门徒试图让多数人明白他们的智慧,更不用说让人对他们表示敬意了(《帕默尼德》128a4-e4)。然而,比起那些劝人改信荷马的家伙,即将被推上审判席的苏格拉底所做的事似乎还要更坏。苏格拉底当然没有试图用他的智慧去打动人心,因为他根本没有智慧;他只是谈论谈论,而且他对泰阿泰德承认,他所践行的事引起了许多憎恨。苏格拉底口中的普罗塔戈拉曾力劝苏格拉底别再引发人们对哲学的敌意,而应开始转变[人们对哲学的态度],苏格拉底却在忒奥多洛斯面前为自己[的做法]辩护,其根据是恶必然与善共存。他还进一步指出,多数人绝不可能接受普罗塔戈拉的智慧,而且他们也未必关心动与静之争这个问题。

自从苏格拉底把哲学拽到地上,开始思考起头发、泥土、粪便这些东西,他就成了哲学最大的威胁。实际上帕默尼德也曾叫苏格拉底这么做,尽管[I.143]苏格拉底现在很可能怀疑自己是否正确领会了帕默尼德的意思。在这里,苏格拉底犹豫要不要在哲学的审判台前为自己辩护。但他选择了介于两个问题之间的中间路线:一个是永远不会变得紧迫的在的问题;一个是哲学与城邦的关系问题,苏格拉底使这个问题变得极其尖锐,到了非解决不可的程度,现在甚至把他自己的身家性命也卷了进来。一个是最紧急的问题,一个是最重要的问题,二者的折中就是泰阿泰德的灵魂问题;为了泰阿泰德灵魂的益处,苏格拉底继续做他一直以来所做的事。就是在这样的语境下,苏格拉底让我们得出他是美的。

苏格拉底与忒奥多洛斯的对谈净化了泰阿泰德原来的答案,"知识就是感觉"现在孤零零地立在那里,成了泰阿泰德个人的意见,不再有荷马或普罗塔戈拉为其生父或生母。苏格拉底问泰阿泰德:如果有人问他,人"通过"(by/with)什么来看黑白色,又通过什么来听高低音,他大概会说"通过"眼和耳吧?苏格拉底不让泰阿泰德说用"视觉"和"听觉"(《王制》507c1-2),而是迫使泰阿泰德说:说我们"通过"(through)眼来看和"通过"耳来听,比仅仅使用"眼"和"耳"的工具与格而不用任何介词要正确些;不过,直到泰阿泰德承认这一点后,苏格拉底才向他解释了前一种回答为何更正确。当然,介词 dia[通过]与"眼"或"耳"连用在诗歌中很是常见,但我们不把诗歌作为精确性表达的范例。综观柏拉图作品,"眼"和"耳"两个词则都只使用与格,甚至在似乎已经具备精确性的文段中也是如此(《王制》352e5,518c5)。在有无灵魂这个问题上,工具与格保持中立立场,介词短语则要求某个类似灵魂的东西来使其变得完整。苏格拉底对泰阿泰德使用强力,目的是把灵魂引进来。眼睛的与格形式 ommasi[通过眼]同时驱动了眼睛和视觉,倘若严格理解的眼睛乃是正在视物的眼睛,那么使用工具与格就是更正确的回答。介词短语 dia ommatôn[通过眼]则要求区分没有视物的眼与正在视物的眼,一旦眼睛因此而变成了某种意义含混的东西,那么,诸官能藏在我们里面就变得很可怕,我们成了特洛伊木马似的东西。更精确的那个回答表明,多重感觉必然共同属于或延伸至某个单一的整全或型相;而较不精确的那个答案,由于只处理运行中的感觉器官,因此让我们觉得有那些看似数量有限的、运行着的存在就够了。但是,我们只要考虑一下触觉就不得不承认其数量无限——每只手、每个手指、每寸肌肤都有触觉——就会不由得以为,那运行着的作为整全的身体就是我们用以触物的[工具]。作为一个感觉着的整全的身体,又提出了它何以[I.144]是这样一个整全的问题,如此便不得不再次引入某种类似灵魂的东西。苏格拉底通过他迫使泰阿泰德承认的临时性区分,避开了这个更迂回曲折的论证。多重感觉属于一个单一整全,不仅仅是说这个整全好像众感觉的容器,而是说,整全乃是"多"是其所是的原因。idea[型相]就是赋予其成员以类别特征的东西。

　　苏格拉底一旦从泰阿泰德身上引出了他想要的东西,立刻又让泰阿泰德再次出发。他不再多言,他要让泰阿泰德说自己想说的话。泰阿泰德重新获得了自由,不过有代价:论证将会失去它刚刚获得的精确性。苏格拉底问泰阿泰德,我们的感觉工具属于身体还是属于别的什么东西,苏格拉底已经暗示这些工具可能就是指身体,泰阿泰德则说,它们单单属于身体。它们如果是工具,就只可能是灵魂的,唯在闲置不用时才可能是身体的。然后,苏格拉底又在没有任何解释的情况下说到我们用以感觉的能力,并使泰阿泰德心甘情愿地赞同了此能力不能承担彼能力的工作。苏格拉底暗示,所有的感觉能力都属于身体(185e7),它们作为工具乃属于工具的使用者,因此五种能力都属于一个单一的 idea[型相]。不过,也可能这些能力就像手的五个指头,作为整全的手就是那单一的 idea[型相]。苏格拉底提到了灵魂——虽然他指出 idea[型相]之名应该称为灵魂,但他提到灵魂时态度漠然,这就预先使得泰阿泰德倾向于把 idea[型相]与身体分开。他想象身体是一只木马,遍布小孔,如同筛子,里面坐着一位奥德修斯,全面掌控着众多不懂规矩的感觉。泰阿泰德曾不假思索地弃绝了形体论者。

苏格拉底提出四个陈述,前三个陈述似乎永远为真,最后一个陈述则暗示出错误可能发生之处。无论如何,泰阿泰德同意了前面三个陈述,却对最后一个陈述持犹豫态度。关于声音和颜色,泰阿泰德的想法是:(1)这两种感觉都存在;(2)二者中的每一个都与另一个相异,而与自身相同;(3)两者合而为二,各自为一。如苏格拉底的表述,"二"和"一"某种程度上是从"二者"(both)和"各自"(each)、"同"和"异"衍生出来的,这几个名词当中,"二者"又先在于其他几个名词。声音和颜色的存在在思想中首先是以成对的形式被思想,而且,正是作为一对被思想之物,它们的共同之处才得到彻底思考。它们作为一对在思想中被赋予共通性,先在于对其共通之处的思想,这些共通之处就是:在,异,同。所以,不能由此就断定它们各自是无条件地同于自身而异于其他,因为苏格拉底问泰阿泰德,是否他能[I.145]进一步考察它们彼此的似和不似。跟在、同和异不一样,似和不似不是直接"被知"。没有什么能禁止人在经过考察后断定颜色和声音完全相似,其间的不同仅在于我们感觉它们的方式。既然如此,那三个陈述与其说是直接知识,不如说是思想的条件。对话的第一部分曾提出知识和感觉是同还是异的问题,但只要二者被误当作相同,思想就彻底瘫痪了,因为感觉若与知识等同,就没有了思想的任何余地。若非已知某物,思想就不能思想某物;然而,只有思想才能消灭这种等同。

无论如何,苏格拉底现在带领泰阿泰德回到了内在于第一个答案中的结论,即没有数的地方就没有任何知识。泰阿泰德数点颜色和声音;而除非他想到二者的共同存在,否则他就不能数点这两样东西。二者的共同存在使它们成为可数,可是,这共同存在也使它们各自成为各自的所是吗?声音和颜色的共同存在分

别单独支撑着声音和颜色,正如单一的 idea[型相]支撑着多样感
觉?若然,那么灵魂便是所有感觉的共同存在(就像亚里士多德
所说的"感性灵魂");说单独的灵魂,就好比是把声音和颜色之二
说成单纯的二。如此一来,单独的灵魂之于感觉灵魂,就好像二
之于两个被感觉之物。最起码,泰阿泰德认为,他所说的那个探
究[不同感觉的]共同之处的灵魂就是那个 idea[型相],我们借助
该型相并通过身体的诸般工具性能力去感觉。那作为感觉的共
同基础的东西,便是那探究各样感觉之物的共同基础的东西,这
个共同基础不是身体、大小,也不是动或静,而是在。在对泰阿泰
德而言完全不是什么神秘的东西。

　　假如有可能去搞清声音和颜色的滋味是否都咸,那么泰阿泰
德会说,通过舌头而来的能力乃是判定这一点的工具。苏格拉底
用这种间接方式问的是:人何以能说一个声音、一个颜色都厚或
都浓,或者说它们都悦人或都不悦人,以及最重要的,人何以知道
他不能去尝一种颜色或一种声音?不同感觉间共同的东西及它
们之间的区别让泰阿泰德困惑不已。"通过舌头而来的能力"这
一表达是泰阿泰德自己的发明,也是他把"通过一种工具"、"通过
一种能力"和"通过一种感觉"结合起来的方式。能力现在可以是
灵魂的能力,它用舌头作为工具来完成这一特殊工作;灵魂,作为
一个 idea[型相],成了一种能力。泰阿泰德假如听听自己的回
答,就会认识到这一回答的美(185c4),因为这个回答不仅表明舌
头单靠自身无法区分两种味道,而且[I.146]已包含着对苏格拉底
下一个问题的回答。苏格拉底接受了泰阿泰德所说的"能力"。
他问的问题是:通过什么而来的能力,即灵魂通过什么,向我们显
明那共同之物?答案是:通过言辞(dia logôn)而来的能力;言辞的
有形工具就是舌和耳(《王制》582d7-14)。然而,泰阿泰德是根
据苏格拉底原来的陈述,而不是根据他自己的表达来听苏格拉底
的问题,于是他把问题听成了:我们通过身上的哪一工具且借助

灵魂去感觉那共同之物？

在泰阿泰德看来，灵魂并没有专门工具来把握共同之物，相反，单独的灵魂就是灵魂自己的工具。苏格拉底说，事情之所以对泰阿泰德显得如此，是因为泰阿泰德美。泰阿泰德的美是一个原因，其结果是把某种东西向他敞开了；若不是他的美，这种东西会要求一段长篇论证[才能显明出来]。美是内观；它是论证的捷径。因此，美越过了"言辞的贫乏"，而冒着过度简化的危险（kalon 的这一用法见《高尔吉亚》454d1-4）。泰阿泰德的美不但在于他误打误撞地找到了灵魂，还在于他无视作为灵魂工具的言辞。这美跟泰阿泰德对苏格拉底的善举（benefaction）不可分离，苏格拉底不必提供什么长篇大论。苏格拉底把自己放在海伦的角色上，并告诉跟他相貌相似的泰阿泰德说他并不丑。苏格拉底美，因为他为了帮助泰阿泰德而避开了在的问题；泰阿泰德美，因为他不借助言辞就抓住了灵魂本身。但是，他们共同的逃避行为又把他们带回在，在比别的任何东西都更堪称一切事物的共同之物。帕默尼德在泰阿泰德毫无意识的情况下已潜入论证之中。泰阿泰德的美似乎使他与帕默尼德的对峙势在难免。这场对峙的表现形式就是，泰阿泰德以他本人对假意见的经验，即知识不是感觉，来对抗帕默尼德的主张，即假意见不可能。泰阿泰德抵挡不住这些论证对他经验的攻势，从而暴露出他的美中（包含的）脆弱性。

泰阿泰德的内观所招致的困难到了论证的结论部分立刻变得明明白白。他告诉苏格拉底，他认为，在是灵魂自身单独追求或欲求的事物之一。此乃泰阿泰德有史以来作出的最为惊世骇俗的评论。我们完全没有料到他会这样说，因为我们本以为他会说：在是灵魂自身单独探查的事物之一。似乎泰阿泰德刚刚获得的美影响了他的存在观；或者往好里说，他的存在观在他新获得的美中昭明了。总之他说，灵魂尤其会在事关美丑、好坏的问题上单独检查在，"灵魂在自己里面计算[I.147]与未来有关的过去现在的事物(及财货等)"。泰阿泰德还记得,苏格拉底曾通过论证使忒奥多洛斯同意,并非每个人在推测未来上都具有同等的资格。在和有利的交集点就是未来。在首先在于时间关联的在,关于在的科学是一种预言术。通过身体而来的感觉经验中没有任何在,因为那些经验中并没有任何对未来的经验。泰阿泰德似乎已看出灵魂独立于身体,而这种独立性最明显地表现在灵魂的希望、恐惧和欲求中。

那么,这些灵魂经验与通过身体而来的感觉经验的关系可能就是在,关于这关系的科学,可能正是那把众多技艺和科学归入一类的那种科学。知识的统一性靠灵魂的统一性来保证。泰阿泰德的美——苏格拉底通过提醒泰阿泰德想起他的数学,使他的美被激发并照耀出来——已牵引他离开了自己的身体。身体完全消失在人通过身体而有的诸般经验之中。如果真理不可借助感觉得到把握,那么任何感觉也就无所谓真假,而真理就要通过对那既没有真理、也没有存在的东西的反思来获得。泰阿泰德又跌回了普罗塔戈拉主义之中:当苏格拉底问他,灵魂每每单独凭自身探究在时该叫作什么时——对话从未提到它的名称——泰阿泰德不说"猜测"(syllogizesthai),不说"计算"(analogizesthai),也不说"思考"(dianoeisthai),却说"意想"①(doxazein),而这正是苏格拉底口中的普罗塔戈拉所用的关键字眼(参 1708-9)。泰阿泰德在他的美中一并遗忘了身体和 logos[言辞];他也忘记了,按苏格拉底的说法,常人都相信智慧即是真思想(dianoia)。

十二、帕默尼德(187c7-190c4)

对话剩余部分反复出现了知识的例子,都是关于泰阿泰德、

---

① [译注]即形成意见的思想活动。具体译法视语境而定,为方便读者,会不时用括号注明英文。

苏格拉底以及忒奥多洛斯和他们中任意两位的知识,但尤以关于泰阿泰德和苏格拉底的知识为多。二人的对话由此成为反身性的,转回到他们自身——转向苏格拉底和泰阿泰德自己的行动和在。苏格拉底首先开启这一转变,他向泰阿泰德展示了他在智慧上如何不育。我们现在不再目睹苏格拉底如何在泰阿泰德身上践行他的助产术,而是目睹了苏格拉底实际上不可能的生产。真正构成这一不可能性的要素是假意见。泰阿泰德提醒苏格拉底他之前所说有关闲暇的话,但苏格拉底其实正在受时间催迫;如果说在这种情势下检审假意见仍然合乎时宜,那么苏格拉底将受的审判似乎也必定与这问题相关。苏格拉底在受审时[I.148]声称他只知道他一无所知,这话若根据泰阿泰德[现在关于知识]的定义加以转述,显得应该是这样:"苏格拉底拥有他没有关于任何东西的真实意见这一真实意见。"如此,苏格拉底便是真实地意想着他所意想的为假。即便我们从苏格拉底意想错了的每样事物中排除掉他的真实意见,说他坚持那些他所真实地意想为假的意见,仍然很可笑(参 189e7) 。然而,如果"一无所知"的意思是"没有任何意见",苏格拉底就是真实地意想着他没有关于任何事物的任何意见。但这同样很可笑,因为苏格拉底其实有很多意见,而且所有这些意见在他看来必定都为真,其中一个意见就是灵魂单凭自身与某些事物打交道。

泰阿泰德提醒苏格拉底记起城邦,也就迫使苏格拉底来反思自己的无知究竟有何含义。苏格拉底的无知赤条条立在全智的哲人面前,所有这些哲人,尽管他们在"存在论"上彼此有龃龉,但一说到假意见的不可能则交相赞同。从泰阿泰德的第二个孩子转向苏格拉底的无知问题,这很像之前从泰阿泰德的灵魂转向知识问题,即对话之初苏格拉底以同样突兀的方式引入的知识问题。但是,正如知识问题最终证明是泰阿泰德的灵魂问题和忒奥多洛斯的资格问题的根本所在,泰阿泰德的孩子现在也直接指向苏格拉底的资格问题。苏格拉底如何对泰阿泰德施用了强力,城邦和哲人们现在也如何联起手来对苏格拉底施用强力。泰阿泰德那时曾显出是美的,苏格拉底也会做得一样漂亮吗?

因此,《泰阿泰德》整部对话乃是要检查苏格拉底的两大特征:他的接生术和他的无知之知,多数时候对话会分开处理这两个方面。赫拉克利特和普罗塔戈拉的学说似乎为苏格拉底技艺的独特性提供了知识论和生理学上的根据,就此而言,对第一个特征的检查,其实是掩盖在赫拉克利特-普罗塔戈拉部分的表面之下。第二个特征则在忒奥多洛斯一旦抛弃掉赫拉克利特和普罗塔戈拉以后,以更直接的方式主导着苏格拉底跟泰阿泰德的讨论,因为对同一性的追问①——假意见的问题就是由此被提出的——等于要多方尝试去把苏格拉底与其他一切人区分出来。在《智术师》中,正是由于泰阿泰德和忒奥多洛斯显得失败了,即没能找到对苏格拉底的logos[言辞],才使他们问了异乡人一个问题,跟苏格拉底所问几乎相同:如何分辨哲人与智术师?

如果说知识就是真实的意见,那么泰阿泰德现在就知道(即有此真实的意见)情况如此。但既然苏格拉底和泰阿泰德还要去发现泰阿泰德有了一个真实意见,那么,他的真实意见也就缺乏关于真实意见就是知识的证据。[I.149]作为真实意见的知识,跟灵光一闪的猜想根本无法区分开来。泰阿泰德没有认识到,真假意见的区分不可能基于真实意见作出,因为,既然两者都是天然就有(187e7),即都先于任何计算,那么,两者作为经验便是平等的,其中任何一个都只能否定另一个的真理性。一个真实意见并不能提供通过它本身来证实其真理性的途径。真实意见所拥有的地位,与个人感觉在泰阿泰德生理学中所拥有的地位完全相同;灵魂在意想事物时单凭自身行动,但仅凭这一条,并不直接就

---

① [译注]指苏格拉底追问泰阿泰德,感觉跟知识到底是不是一回事。

使这意想变得高于灵魂与感觉身体的联合行动,因为灵魂可能意想真的事物,也可能意想假的事物。因此,寻求出路来辨别真意见与假意见,这本身已经超越了真实意见,不过,在退回来检查感觉的真与假之前,苏格拉底和泰阿泰德不可能走出这一步。

感觉最初跟动的学说被绑到一起,但现在,既然他们打算抛开学习和遗忘[这一中间过程]来思考知,就必须把动抛开。提到帕默尼德这个行动本身就有它的效果。苏格拉底用以论述假意见[不可能]的三个相继的论据不带任何"生理学"色彩;它们作为论据结果证明非常有力,以至于摧毁了假意见本身的可能性。但是,在苏格拉底转而求助于像以后,他开始有了一些进展。两个像——蜡版和鸟——把想象性的动和形体注入到灵魂的呈现之中。动和形体在两个像里比在泰阿泰德的生理学中更为真实,在泰阿泰德的生理学中,形体和动仅仅作为数的几何学造像才实存(假如它们具有任何实存的话)。一种通过像来表达的灵魂生理学,比一种幻像生理学似乎要少些虚幻。苏格拉底和泰阿泰德最终再次需要爱利亚异乡人[的到来]。

在第一个论据中,苏格拉底不但说到知和不知,还说到"相信"(oiesthai)和"坚信"(hegeisthai),①从而含蓄地区分了知者或不知者的真实状态与他本人对这状态的意识。这种区分对前两种情况似乎没有任何影响;②但在第三种情况,即泰阿泰德所以为离奇的那种情况下,假意见的不可能存在则因着这一区分而变得不再那么明显。苏格拉底说:"确实,任何人都不会把知道的事物当作不知道的,也不会把不知道的当作知道的。"商人知道如何赚钱,并相信赚钱的知识就是如何管理城邦的知识。说得再直接一

---

① [译注]在《泰阿泰德》文本中,这两个词视具体语境一般译为"当作/认作/以为"等,都是表示一个人自己的主观意见。
② [译注]第一种情况是,人不可能把自己所知某物认作他所知的另一物;第二种情况是,人不可能把他所不知的某物当作他所不知的另一物。

些,忒奥多洛斯知道数学、天文学和音乐,并相信这种知识就是关于灵魂的知识。面对这种自负,泰阿泰德发出惊呼——谁还能对自己这么不诚实呢——这既见证了他的天真,也表明当人不晓得通往市场的道路时其论证具有何等的危险性。泰阿[I.150]泰德对如下情况一无所知:每一种技艺和专业知识,若没有受到自身只是知识的一部分这种意识——但它本身无法提供这种意识——的引导,就必然渐渐对自身领地进行虚假的推延。因此,如果现在重新来考虑第二种情况,它也会变得远非那么肯定。苏格拉底问:

> 他会把他所不知道的某些事物认作他所不知的另一些事物吗?有没有可能他既不认识泰阿泰德,也不认识苏格拉底,心目中却以苏格拉底为泰阿泰德,或以泰阿泰德为苏格拉底?

安虞图斯(Anytus)自己承认他不认识那些智术师,也不认识苏格拉底——我们应当这么说——可他硬是相信苏格拉底是个智术师(《美诺》92b7-c7)。泰阿泰德的真诚使他绝不会去扮演希波吕图斯那样的角色,但这种真诚也完全蒙蔽了他的眼睛,使他看不到别人身上也许并没有这样的真诚。然而,如果知识彻底被真实意见取代而无知彻底被没意见取代,假意见就成了不可能;如此一来,泰阿泰德的定义就瓦解了,因为真意见必定跟假意见一起化为乌有。然而确立假意见的存在对泰阿泰德和苏格拉底都利害攸关,一个是为了维护自己的定义,另一个则是为了区分真实意见与知识。

第二个论据揭示了感觉与思想的不同,苏格拉底把看和意想对比,表明“无”的专属家园在感觉中。一片漆黑中所见为无,这是一种日常经验,思想的最低条件——就思想是灵魂的单独活动而言——却是思想"至少一物"。既然在已经紧随着"一"闯入，思想就必定包含对的思想。思想的这个"至少一物"是思想的先验目标吗？若是，那么是思想把这物带入光中的呢，还是光先在于思想而使这物的被思想成为可能呢？最后，如果思想并非自己为自己提供光照，那么此光照是不是必然将光投在某个特殊的"一"上面，如帕默尼德所认为的那样？还是说此光照仅仅保证了思考任一事物的可能性，而那被思想之物其实是另从他处进来的？此外，要看却看到无物，要听却听到无物，这些都是同样普通的经验，但我们似乎不可能有任何一个思想试图去想却想的是无物。思想要么关闭要么开启，要么接通要么未接通（亚里士多德，《形而上学》1051b24–25）。人不可能先在思想，然后才把思想转向某物，就像人把目光转向某物那样。思想是一个不具潜能的运行着的在。因此，苏格拉底通过一个关于人不可能思想无物的证据，为他貌似独断的宣称作了辩护，即：灵魂单凭自身处理诸在。

第三个论据在前两个论据的基础上进行，并因此穷尽了假[I. 151]意见的所有不可能性的总数。第三个论据借用了第一个论据中的"异"，又借用了第二个论据的"在"，从而把假意见思考为：把一个在当作了另一个在。由此，假意见若要在，最低条件似乎必须有两个在。这也是真实意见的最低条件么？思想第一次被苏格拉底呈现为思想一个二（a both）；苏格拉底此时是在暗示，思想也许有两种，一种思想的最低条件是"二"，另一种思想的最低条件是"一"。无论如何，苏格拉底此处对假意见的描述，似乎更适合于一个人误解了某种意图时的情况，我们在《王制》（523a10–524c2）中就看到有个这样的例子。

在《王制》中苏格拉底告诉格劳孔，有些事物并不要求理智（noêsis）去思考它们，因为感觉就已经能充分识别它们，还有一些事物则迫切要求理智去思考它们，因为感觉的作用还不够完全。格劳孔说："很显然你指的是那些从远处和影子画中显现出来的

事物。"苏格拉底说,"你几乎就要碰巧猜中我的意思了。"在格劳
孔举的例子中,感觉要求感觉本身作进一步探究;他地地道道是
在思想别的东西,因此,他关于苏格拉底究竟意指什么有一个假
意见。虽然格劳孔自己里面不是在意想什么假事物,但由于他的
意图是猜中苏格拉底的意思,因此他是撞上了并非他想要的别
物。苏格拉底用言辞给出了格劳孔想要之物,而格劳孔则相信他
找到了与这言辞相符的存在。如此,假意见产生的原因就不在于
把一个存在当作了另一个,而在于把一个存在跟该存在并不属于
它的言辞关联起来。若用图表表示,情况便是如下所示:

言辞$_1$(不要求人思想的事物)   存在$_1$(相信的领域)

言辞$_2$(要求人去思想的事物)   存在$_2$(不同存在的矛盾性)

言辞$_3$(不要求进一步去感觉的事物)   存在$_3$(在近旁见到的现象)

言辞$_4$(要求进一步去感觉的事物)   存在$_4$(从远处见到的现象)

格劳孔因为把言辞$_3$当成了言辞$_1$,所以把存在$_3$当成了存在$_1$,
又因把言辞$_4$当成了言辞$_2$,所以把存在$_4$当成了存在$_2$。这类假意
见的最低条件是两个存在加一个言辞:在给定的言辞下,人找到
的是并不与该言辞对应的存在;正是在这个意义上,一个存在被
当成了另一个存在。我们因此就看到,泰阿泰德忽略了作为灵魂
工具的言辞,这对他而言是多么致命的错误。

泰阿泰德用一组对立的事物为例,来说明假意见中在与在的
互换。"当一个人把丑的[I.152]当作美的或把美的当作丑的来
思考,他就真地在虚假地意想。"他似乎想到了忒奥多洛斯,如他
现在从苏格拉底所得知的,忒奥多洛斯看他为丑而不是美;但是,
既然普遍与特殊不靠言辞便无法相区别,泰阿泰德就忽略了如下
事实:意想就是意想关于某物的某物,在非述谓的层面上,
"把……误解成……"是不可能的。因此,泰阿泰德恰恰以他认为

不可能的方式把事情搞错了。他把两个述谓当成了一个非述谓，因此他对思想的处理便仿佛思想就是感觉似的。苏格拉底拿泰阿泰德的这个"真地"一番打趣，怪泰阿泰德对他不敬不畏，不像苏格拉底对帕默尼德那样是又敬又畏。泰阿泰德的"真地"证实的是他的如下意见：人若把美当作丑，就是虚假地意想（opine falsely）。苏格拉底开玩笑地问，他这个"真地"跟作为真实意见的知识能不能兼容（参 189d7）。泰阿泰德说：我知道——或者说我真实地如下意想——忒奥多洛斯虚假地意想；但"忒奥多洛斯虚假地意想"是一个定义产生的结果，泰阿泰德所说的真实意见没有纠正的余地，而是必然为真，而真实意见中必然不可能有"知"。"忒奥多洛斯虚假地意想"意思是说，他把美当成丑而自己并不知道。你不能用"没有真地意想"（without opining truly），来代替"不知道此事"（without knowing it）所表达的错误（inadvertence）之意。此外，泰阿泰德没有注意到，意想美也可能是一个不涉及以美为丑的假意见，比如一个人相信自己有颗金子做的灵魂，此时他就是高贵地意想假的事物。唯有真即美、假即丑时，才能够必然得出这种对美的意想必定把美当成丑。而泰阿泰德想当然地认为真就是美（194c1-2；参 195d2-5, 200e5-6），他就像苏格拉底年轻时的一个翻版。

苏格拉底设法让泰阿泰德理解他自己当前的言说和谈话。由于泰阿泰德遗忘了自己，苏格拉底要达到目的，就只能把泰阿泰德对他的言说转换一下，转换成泰阿泰德灵魂自身内部的无声对话。泰阿泰德站立在自己的言说面前，仿佛那是某种外国语言。如果意想（doxazein）和思想（dianoeisthai）是灵魂的一种无声言说（legein）和交谈（dialegesthai），那么，当且仅当一个人从头到尾经历了导致某个结论的思想之后，他才能够真正地意想。（分享一个 logos[homologein]算不上说出了一个意见，除非说出中间的推理过程。）苏格拉底在此把怀孕和生产这两个像的关系解释成好像无声的思想与无声的言说之间的关系,并把助产术解释成无异于就是辩证法。然而,如此解释也[I.153]废掉了苏格拉底不能生育及其助产术从不失误的说法。他现在不知道,灵魂仅幻像般地显现(indalletai)于它思想自己正在对话时(《王制》381e4;《法义》959b1)。

苏格拉底所主张的说出的问答与无声问答之间的同一性,把灵魂的自我同一等同于两个不同的说话者。但是,即便[两个说话者都在]灵魂内部,还是有一个难题。如果灵魂自问然后自答,那么,当灵魂要么否定、要么赞同它已经想出的答案时,它必须欺骗它自己。如此,一切思想的条件都将是以同为异,而泰阿泰德刚刚称为假意见的东西就成了思想。这样,人之所以不可能在自己的思想中把一物(heteron ti)当作另一物(heteron),就当归因于思想自身里面人为制造出来的异性(otherness)。一个灵魂既是作为回答者的知者,又是作为提问者的不知者,在它里面不可能发生误解(参145e9,187d2)。美诺的悖论重新强大起来,无论是蜡版之像还是养鸟之像都无法充分化解它。

苏格拉底现已向泰阿泰德指出,后者关于假意见的定义所得出的结果某种程度上跟他们先前从知识就是感觉中所推出的结论相同。就一个人可能虚假地意想着以下东西来看,梦无法区别于醒,生病无法区别于健康,疯狂也无法区别于清醒。但有一个不同:感觉时,人的感觉根据人的情况而改变;意想时,虽然所有主张本身也是私人性的(一个人自己的),但这些主张是恒定的且人人可共有,跟任何人的情况无关。乍一看,主张的恒定性就是空"概念"的恒定性——那个奇数是奇的,那头牛是一头牛,那个二是二——而感觉的非恒定性虽表现出内容上的丰富性,却完全是非概念性的。问题于是在于把空概念的恒定性跟丰满经验的恒定性结合起来。然而情况并非如此,因为奇、偶、牛、马、二、一是在,不是概念。苏格拉底其实别有意思,而泰阿泰德一直听得不够仔细。用口讲出"奇是偶"这个句子完全有可能,但如果"言说"指一个人总结自己的思想,言说这句话便没有可能。可以口说并不是可以意想的,我们一般所理解的言辞并非思想。若严格地理解,言辞总是一个结论,而绝不是一个前提。有一个证明——古人都知道这个证明——让我们看到,如果一个等边直角三角形的斜边与腰可在同一单位上量尽,那么奇就将是偶。当然,有人可能在非苏格拉底的意义上意想它们就是可以在同一单位上量尽,但他不可能在苏格拉底的意义上如此意想,因为伴随此意见的推理会推翻这个意见。苏格拉底与泰阿泰德的对话[I.154]现在证明了同样的观点。他们的对话证明,严格而言(190e1),意想假意见即异端邪说或即意想异,也就是言说无,因此也就是意想无,而第二个论证已证明了意想无是不可能的。对话本身就是这定义的反逻辑性的证据,理解该定义的非理性离不开这一证据。现在苏格拉底已经为帕默尼德作了申辩。他的申辩从两个方面进行:被思想的在就是它所是而非他物呢,还是说,一个意见唯当附上证据时才是真正的意见?——无论哪种情况,犯错都是不可能的。真(Truth)也好,意见也好,都不承认有假存在。

十三、蜡版(190e5-196c3)

泰阿泰德还没明白他刚才的经历;他又堕入了以前的光景中,那时他面对苏格拉底的提问感到困惑,苏格拉底就向他解释了他的困惑之因。他甚至不知道,如果他们不能发现假意见的存在的话,将造成何等离奇的结果,那就是:他们关于假意见的所有假意见,尽管已被证明是假的,都将不再为假。但苏格拉底拒绝启发他。他对泰阿泰德非常严厉。他为了预防智术及对帕默尼德的一般理解而给泰阿泰德施行的预防注射,此刻尚未"起作

用"。唯有泰阿泰德先在自己身上预演一遍他所经历的事,这预
防注射才能"起作用"。谁也不能代替他进行这场内在的对话。
要让论证对他显明出来,泰阿泰德就不得不实实在在地变成苏格
拉底,因为,只要说体现于对另一个人说出的声音,逻各斯就仍然
是不可见的。逻各斯作为思想的虚幻影像(eidôlon),抗拒一切使
它本身成为透明的努力(参 206d1-6)。大声地说也具有表面上
的合理性,跟普罗塔戈拉写在他书里的句子一样,后者只有当读
者遵从其中隐藏的命令时才自动崩塌。因此,欧几里德不经意间
做了一件正确的事,那就是把苏格拉底的讲述表达成直接引语。
泰阿泰德所站的位置,就像一个人注视着课本上的一个数学证
明,却承认他没"看见"它。没有人能替他"看见"那证明。泰阿
泰德完全被言辞奴役了;就算像忒奥多洛斯那样丢开它,他还是
无法摆脱它,除非他理解了言辞是什么。理解才能对抗言辞,尽
管理解本身就是一个言辞。例如,如果苏格拉底的"我没有任何
智慧"是一句反讽,那么它可以转写成下面这样:"苏格拉底对泰
阿泰德可能认作智慧的东西一无所知。"此事本身他无法向泰阿
泰德解释;但同时,面对泰阿[I.155]泰德无法理解光秃秃的 logos
[言辞],他有必要去探究作为思想-回忆之像的言辞在实质上的
对应物。

　　为了帮助论证,苏格拉底提出我们灵魂中如同有一块蜡版。
蜡版是一个容纳诸像的像;蜡版之为像不同于蜡版上所印之物之
为像。无论原物是感觉还是思想,原物之于它在蜡版上所留的
像,都不同于灵魂中的未知之物之于作为其像的蜡版。苏格拉底
的论证开始于把他所不知的存在当成另一个存在。记忆之像由
其原物产生,不能行原物所能行的事;蜡版并非由那未知之物产
生,却被设立在此,以行那未知者所行之事。蜡不只是作为每样
事物的接收器放在那里;如果要它算作知识的一个来源,那么我
们还必须能把我们所希望记录下来的每事每物都上交给它,否

则,事物留下的印记不完整就会有碍于修复,而且我们曾经感觉的每样事物我们就都会知道了。

无论就所能接收的像的数目而言,还是就印记所能达到的精微程度而言,蜡的容量或能力都是有限的。此外,蜡[的比喻]要求我们以某种特定的方式来解释感觉和思想,即它们"好像戒指上的封印或记号"。这些记号不可能是在本身之所是,而是在的替身。作为替身,它们可能是主观所规定的存在记号——就像用一个字母来代替一种声音那样——也可能是存在自然留下的记号。如果是自然留下的记号,那么,把蜡版上的记号倒过来,会产生某种属于原物的、记号本身并不具备的东西吗?再者,我们不知道是否感觉的或理智的记号会被蜡版损坏,以至于唯有初盖的印记才可能完好,而后来每一次对印的重复使用都会损坏原来的清晰。苏格拉底似乎假定,每个感觉一旦盖下它的印记,其本身立刻就被彻底清除了,就像他曾鼓励泰阿泰清除他之前检查的所有思想一样。思想与感觉之间的差别在记忆中模糊了,知识——若知识就是感觉——所必须赖以修饰自己的每个词,像"钝"和"尖"等,都容许一个可能性的意义。

这一切苏格拉底仅仅是暗示出来的,它们都是从作为像的蜡版得出的推论;这些推论几乎跟任何一个在充当像之前本身就已存在的像都不可分离。因此,除了阅读最简单的像,"阅读"任何像都始终是件困难的事,因为人很容易搞错下面这样东西:它仅仅属于像的物质材料,并且若没有它,像就不再是像,而成了物自身。在苏格拉底用的两个像中,蜡版由于像极了灵魂在回忆时所必行之事,因此比鸟的像更容易误导我们,鸟的野性[I.156]及其抗拒一一对应的特质,使得整个像也许更具启发性——虽然不是那么容易读懂。

就连柏拉图口中的帕默尼德——他把他的假设法提供给青年苏格拉底作为出路,以摆脱"型相"(ideas)必须存在与型相不可能存在所造成的僵局——也不能完全禁绝不用像和举例。理解帕默尼德在着手阐明他的假设法之前的立场，必须提到伊比库斯(Ibycus)的一首包含着优美比喻的诗。帕默尼德的第八个假设直到他引影子画和梦为证时，才变得可理解了(《帕默尼德》136e9, 164d2, 165c7)；在这一点上，我们不由得猜想，假如帕默尼德在其他那些假设中愿意少些严肃，也许我们跟上他的思路会容易得多。而在帕默尼德的言辞中似乎是不经意和偶发性的东西，在柏拉图笔下的苏格拉底那里则成了一个策略问题。例证和像大大丰富，简直比比皆是；每次苏格拉底若没有不厌其烦地把他本人所想的与谈话对象所理解的东西联系起来，谈话对象都不得不打断他的话，要求他举例说明他的话。柏拉图笔下表现苏格拉底持续思想的一段最长的讲辞，现在就摆在我们面前。苏格拉底罗列出十四种误解不可能发生的情况，然后又列出三种误解可能发生的情况。在论证的限度内，此做法可靠得如同一次穷尽式列举。思维敏捷如泰阿泰德者竟也无法跟上苏格拉底，直到后者举例加以说明。柏拉图似乎在说，这就是苏格拉底无声地对自己说话的方式：完全性和必然性是苏格拉底总在试图够到的两个标准。

　　因为泰阿泰德不理解 logos[言辞]是什么，苏格拉底差不多用一个泰阿泰德无法理解的言辞批评了泰阿泰德。苏格拉底的论述引出了好几个问题。作为认识的知识似乎在于，它能说出过去印记与当前感觉之间的相符；但这在最好的情况下也不过只是真实的意见，人总可能受欺骗。为了检查是否真正相符，必须把印记与印本身对照。假如把印重置于印记的位置，印记应与印叠合；二者始终要具有相符性，比如你不能说，这就是苏格拉底，只是显得老一些。必须把印"投射"于印记上，或把印记投射于印上。蜡版似乎不但需要有厚度以便记忆，还需要一个反光的表面以便投射。此外，如果印记残缺不全，人盖印时有点没控制好或完全没有控制好,印记就会跟印不相符,甚至在盖印的时刻就已不相符;但那时印记仍被正确地贴上了言辞标签,标签在印撤去以后仍然附在印记上,尽管它其实已经不具备人曾经感觉到的任何要素。举个例子,如果一块带有三个角的印留下了一个带有四个[Ⅰ.157]角的印记,但被贴上"三角形"的标签,那么某种意义上那里也可能存在知识。只要除这块印之外没有任何别物又在这里出现,我们就仍然可能认出它[是三角形],尽管印记本身看起来将是"长方形"。因此,苏格拉底没有考虑到一种可能的情况:印记的错误匹配,比如你可能把"三"跟蜡版上的"四"联系在一起,但标的还是"三",以至于"三"在没有当前感觉时就不被知,唯在有当前感觉时才被知。泰阿泰德给"真实的意见"添上一个"逻各斯",也许就是为了避免这类错误。还有一种可能的情况是对印的误读,此时被感觉之物同时存立于两个层面,比如,当泰阿泰德区分字母的形状与颜色时就是如此,还有人对言语的再现也是如此。可能所有的感觉都具有这种双重性,而知识这种东西则把某个作为可能记号的感觉转化成某一在者的实际记号。

蜡版使人根据触角来思想所有的感官感觉。但如果一种颜色在蜡版上变成了一种表面,那么在感觉缺席的情况下,该表面似乎会以其皱纹被知,而不是作为颜色被知。我们也许还可以推想,记录在蜡版上的声音不会把声音作为声音保存,而是保存为发声者的一个模拟物(simulacrum)。即便此时这声音就在场,人也不会知道它,直到人用心智的唱针去"弹奏"该模拟物;而且,唯当这声音再次被人听到时正"弹奏"该模拟物而又不损坏其沟槽,人才会认出这声音。我们可能记得某段言辞,胜于记得它的声音,而我们或许可以猜想类似这样的事也发生在视觉上。我们看到 MAN 这个词就读出它,即便它被写成我们以前从未见过的字形。

因此,把蜡版上的印颠倒过来,意味着当前感觉在那里经历了两次转化。首先，蜡版冒充成了每种感觉的至少一个原因，但它并不真是其中任何一个原因；第二，蜡版把感觉的"意图"与感觉本身分离，一如苏格拉底把他对帕默尼德言语的理解与他是否明白帕默尼德的意图分离。因此，错误既可能发生在意图层面——如泰阿泰德此刻跟不上苏格拉底［对种种情况的］列举（参 184a3，192d2），也可能发生在蜡版上印记与何物匹配的层面。苏格拉底只说到误配（mismatching），而略过了误解（misundertanding），因为我们已经说过，误解这件事无法解释。

　　苏格拉底现在已列出灵魂的七种可能状态：（1）知识；（2）无知；（3）感觉；（4）无感觉；（5）作为真实意见的知和感觉；（6）无知、无感觉；（7）作为假意见的误配。知，就是不把［I.158］此物当彼物，因此知就是识别。苏格拉底讲到技艺不精的弓箭手射到错误的靶子上，似乎表明了作为识别的知识的内涵。其一，作为准知者的弓箭手，与作为将要被知者的靶子之间要有一定距离，无论是时间还是空间上的距离。其二，要有灵魂作为视觉注视那将要被知之物，识别被知之物本身，而且独自行那"知"之事。其三，双手是发动箭头的能力，使箭头飞驰出去直到与靶相接。双手对应于受灵魂指引但本身又要驾驭弓的思想；弓乃言辞，箭乃知识，它使将知者与将要被知之物相接。知识是灵魂与在之间的纽带，真理则是光，灵魂在这光中看到纽带之为纽带。然而，除非靶子，或曰在，在被识别之先就被选出来作为将要被知之物，否则这种知识是不可能发生的。在必定已经被设于我们面前了。此事乃谁或者什么所为？假如对我们而言在已经就位，那么在灵魂有知之能的情况下，知识注定将落入我们之手。可见，在必定不在其当有的位置，必须由我们来将其分门别类。而我们总有可能犯错，因为我们不能从根本上改变事物的混乱状况，我们必须持续地分门别类。这一分类活动就是《智术师》和《治邦者》中爱利亚异乡人所谓的辩证法知识；但泰阿泰德虽把数分成了两类

（虽然他没有称之为"类"），却没有意识到这种分类的必然性，因为数并非呆在混乱之中，而是井然有序的。假如泰阿泰德在回答知识问题时，仿效他为数分类时第一个步骤所暗含的方法，那么他可能会误打误撞地撞到真理。他之所以没有击中目标，是因为数对他而言完全清晰明了。他的知识妨碍了他认识知识是什么。

苏格拉底没有直接说假意见是什么，而是列举出假意见和真意见的所有可能情况。如果他的列举已经完全，一无遗漏，那么他后来关于何为假意见的断言就应当成立，无论蜡版之像所暗含的"生理学"是否为真。"像"也应该已经没有必要。然而，苏格拉底做了一件非常奇怪的事。当泰阿泰德问他"这一点说得岂不美吗"（参195d4）之后，苏格拉底告诉他：如果他继续听下去，他就会说这话说得更美。基于泰阿泰德同意意想真实的事美而说谎和被欺骗丑，苏格拉底继而以作为字面真实的蜡代替了作为像的蜡（194e1）。真实意见的美要求［I.159］真实意见所借助的工具也美，正如说谎的丑要求一个相应丑陋的灵魂。灵魂中的蜡就是荷马暗示性地称为心的东西。在荷马那里心乃蜡的隐喻。然而，荷马并不明白他自设的谜题，不然他就不会赞美粗糙的心了；同样，这粗糙的心并不是凶猛的象征，严格而言它正是健忘者的情形，这些人里面保存的印象（ekmageia）常常模糊不清。"印象"这个词之前曾经指作为像的蜡版，现在则作为心里的印象再次出现。苏格拉底似乎故意在美化荷马，无论如何，荷马对说谎的评价可要高得多。

这种美化的结果是，苏格拉底对真假意见的可能类型的证明，最终转变成了主张美和丑的必然存在，因为假意见现在成了某几类灵魂的必然。泰阿泰德对于"我们里面"是否有假意见这个问题表示强烈同意，有人可能把这理解为没有人的灵魂是全然美的（参195b1）。苏格拉底曾告诉忒奥多洛斯坏不可能除尽，因为只要有好,就必然有好的对立面存在;现在美显得也是如此;假意见对知识来说必不可少。苏格拉底和泰阿泰德刚刚发现了关于假意见——它是丑的——的某种美的东西,即一个真实的意见。

然而,苏格拉底对自己的美化(kallôpizomenos)是虚假的。他其实很丑。苏格拉底把自己呈现得跟帕默尼德一样可怕,也讨人厌,完全不是什么值得尊敬的对象。之所以讨人厌,是因为他反应迟钝,而且还不能放过任何论证。他学习起来很慢,这意味着——根据他自己的解释——他的心硬得很,可能还粗糙得很。因此,只有在美蜡是不好的情况下,全智的荷马称赞这样的心也许才算正确。苏格拉底似乎在说,我的丑是老妇人的那种丑,它象征着我所操持的技艺。我的技艺关注丑的东西——头发、泥土、粪便,得归因于丑与我灵魂的密切关系。但我们不应该忘记,苏格拉底也用同一种技艺揭示出泰阿泰德的美,而且恰恰是因为遗忘了言辞所以才美的(参 157c7,167b7)。于是,辩证法似乎又是正确利用美丑的技艺。

苏格拉底和泰阿泰德的美的发现被一个问题推翻,这是一个关于提问的问题。既然对蜡版的字面解释使蜡版具有了完整灵魂的特质——因为灵魂也是认知性的,灵魂就再也不能思考或问自己问题了。美的蜡,那为确保[I.160]完美的识别性所必须之物,也因此早已排除了把二跟二放在一起的可能。蜡挡在道上,不仅挡住了我们犯错的道路,也挡住了我们把任何事物与另外一个事物放在一起的去路。"五与七之间"的这个"与"在蜡上的印记中没有栖身之处。柏拉图笔下的帕默尼德就引导青年亚里士多德①忽视了第二个假设中的"与"(《帕默尼德》143c4-8)。

---

① [译注]这里的亚里士多德不是柏拉图的学生亚里士多德,而是伯罗奔半岛战争后接管雅典的三十僭主之一。

帕默尼德：人们可以说"在"吗？

亚里士多德：可以。

帕默尼德：也可以说"一"吗？

亚里士多德：也可以说它。

帕默尼德：那么，这两个中的每一个岂不是都被说？

亚里士多德：对。

帕默尼德：每当我说"在和（te kai）一"时，不是两者（both）都被说吗？

亚里士多德：当然。

　　"在"和"一"两者都（both）要说——若要遵从这一命令，则要么说"在和一"，要么说"在，一"。二者都是描述人自己的、作为言说者的行动，但在前一种情况下它转化成了人所说的东西。两者都（both）说，就是要说"两者"（both）。对两者（both）的计数（言说）适用于被计数者，不然就不会有计数。"5,7"不是"5和7"。假设5和7是两个辅音，而你要求人用口说出两者，那么他将无法从命，除非在两者之间插入一个元音。两个元音不会以别的方式"相加"。当然，你可以说出这两个数的对等单词，但这就好像问你5+7是什么，你却回答是"5和7"。然而，如果我们想象（事实上是不可能的），思想可以任意移动5和7的印记，而且四个数字的印记如图5所示，那么，把新结合成的12跟原有的12和11对比，我们会很容易把12错当成11。因此，蜡版将同时作为记忆和感觉的对等物起作用。苏格拉底原来是排除这种可能性的，因为蜡起初只是起很有限的作用；直到他为了让真实意见成为全然美的而让蜡（现在则是心）篡取了一切认知功能时，原来的意见也就坍塌而不成立了。

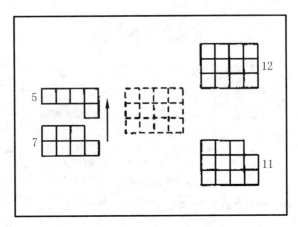

图 5

众多的数看起来就像众多可感之物,但泰阿泰德和忒奥多洛斯各自的印记完全不像 5 和 7 的印记。泰阿泰德和忒奥多洛斯合起来是两个人;5 和 7 合在一起却不是两个数,而是 12。泰阿泰德承认这一差别,因为他说,[I.161]越是在极大的数之间人越是容易搞错。但泰阿泰德又一次没有搞清楚他自己在说什么,因为谁的心里也没有 $12^{69}-1$ 的印记,尽管人也许很容易在计算时把这个数搞错。

关于泰阿泰德的灵魂,忒奥多洛斯完全搞错了;它并非节制本身,而是一个灵魂在最崇高状态时可能处在的光景。泰阿泰德灵魂的崇高令人如此目眩,以至于他自己都不晓得自己处在何种状态;相反,如他所说,当他注目于各种关系问题时,他有时会在黑暗中打转。假如泰阿泰德搞懂了他自己,他就会说知识就是理智(noêsis),是灵魂与诸在的接触,这接触不靠中介,亦或无需思想。知识不是对原因的知,而是对自立自存的诸在的知(《王制》516b9-c2)。泰阿泰德的实际回答也是想同样的意思,因为不但感觉——尤其是苏格拉底所解释的感觉——具有理智特性,甚至连 aisthêsis [感觉] 这个词在"意识"这层意义上也可以当 noêsis

［理智］来用（《智术师》241d1－242a4）。事实上，就算泰阿泰德说
了知识就是理智，仍然什么都不会改变。可感之物与感觉者区别
消失的情况还是会在最高的层次上再现，该学说最终还是会证明
内在自相矛盾。

　　苏格拉底似乎一下子就看出了泰阿泰德是怎样的人：如我们
所说，他看出泰阿泰德是一个处在几乎是永恒的"高处"的人。苏
格拉底曾试图证实自己的猜测，同时也设法把泰阿泰德拽回地
面。他在泰阿泰德身上依稀看见了自己年轻时的模样，那个聆听
帕默尼德教诲并与对方交谈的自己，但又有区别。泰阿泰德还没
有想到"型相"（ideas）问题，也没有想过原因的问题。他完全忽
略形体，[I.162]与其说他是苏格拉底的潜在皈依者，不如说他是
帕默尼德的潜在皈依者。难怪在《智术师》中，一个前帕默尼德主
义者，也就是爱利亚异乡人将跟泰阿泰德一起，他将为泰阿泰德
做更多的事，胜于苏格拉底跟泰阿泰德一起时为泰阿泰德所
做的。

十四、鸟（196c4－201c7）

　　苏格拉底给了泰阿泰德两个选择：要么否定他自己关于假意
见的切身经验，承认同一个人对同一事物不可能同时知又不知的
论证；要么承认切身经验，否定该论证。泰阿泰德说，这根本没法
选。苏格拉底建议，不如他们厚着脸皮行动，来说说知识是什么。
泰阿泰德不懂为什么这样做就是厚脸皮。他一开始就已假定知
识是现成的，也假定苏格拉底其实知道知识是什么；他更不知道
某某是什么的问题先于某某的品质问题。苏格拉底告诉他，他似
乎没有意识到，他们的问题本身已经暗示他们从一开始就知道什
么是无知，且暗示出当他们说"我们认识"、"我们不认识"以及
"我们知道"、"我们不知道"的时候，他们彼此都明白那是指什么

意思。他们的对话早就感染了不纯(参 194e6);只要他们必须像他们知道"不知何为知"是什么意思那样交谈,美丽的蜡版之心就毫无价值。在这里,针对知识与感觉的等同,苏格拉底不经意间提供了最有力的反驳。因为,假如感觉不是在显示的同时也隐藏,我们就绝不会问问题了;而假如我们是全然处于黑暗中,那么事物也不可能具有迷惑人的力量。但对于我们众人很多时候都处在黑暗中这一事实,泰阿泰德只是把那解释为他自己的脑子偶而眩晕。苏格拉底说,现在他们必须厚着脸皮不顾自己的无知继续往前走;作为一无是处的人,他们这样做可以不受责备,因为这类人往往都是这样做的。他们反正免不了成为笑料。

蜡版之像已经暗示出拥有(possession)与使用(use)或持有(having)之间的区别,因为知有独立于感觉的知,也有与感觉相伴随的知;把单独的印记称为作为拥有的知识(它在思想忆起它之前就存在,也在它被召去鉴定某个当前的感觉之前就存在),似乎比像苏格拉底那样耽于[笼中之鸟]这样古怪的想象简单得多。苏格拉底要玩的必定是某种更大的游戏,因为泰阿泰德与他所进行的谈话表明,他原本可以很轻松地使蜡版之像适应他表面上的论证目标的。

> [I.163]苏格拉底:你听过时下他们说"知道"(to know)
> 　　　　　 是什么吗?
> 泰阿泰德:可能听过,但眼下我不记得了。
> 苏格拉底:他们说,"知道"就是"持有(having)知识"?
> 泰阿泰德:对。

在这里,泰阿泰德持有一个他并没有在使用的印记;他甚至不能在使用这印记以前确定自己持有它。当他确实去回忆时,他就正在使用它了,并发现这印记与苏格拉底所说相吻合。苏格拉底对人们言说"知"（knowing）的方式提出一个小小的纠正，这很像他之前迫使泰阿泰德承认，介词短语表示的"通过"（through）眼和耳，与"眼"、"耳"作为工具与格出现是有区别的：介词短语必然要求"拥有"和"使用"有区别，工具与格则仅承认"使用"。那里的区别有其重大后果；这里的区别则似乎在回到原初困惑的过程中逐渐消失了。然而引人注目的是，那时打着不得不精确的掩护而悄悄潜入的术语上的不精确性，在这里又出现了。

买来一件外套但不穿，就像拥有（possessing）知识但不使用。没有知识就是没穿衣服。买来但不穿的外套对应于买来但不用的杠铃，它似乎不像知识，知识不可能单是你的而不是别人的。严格来讲，买了但从来不穿的外套，更像一本买了但从来不读的书——即特赫珀希翁现在正在听的、被欧几里德长期压在抽屉里的这篇对话。这样比较其实也不准确。欧几里德记下这篇对话，并不表示他就理解这篇对话。此外，苏格拉底把知识或科学比作笼中野鸟，人先捉来家中，又做了笼子来饲养它们，这一说法使他的表述变得更加复杂。苏格拉底由此暗示：（1）所有的科学必须先猎获之，然后才能拥有之；（2）科学被抓获时并非彻底成了家养的，也就是说，并非完全缚住了翅膀，被牢牢拴在笼中一隅；（3）科学是活的；（4）它们不会自然而然地在我们所住的环境中移动；（5）抓获科学需要暗中进行并要运用巧计，因为它们狡猾而且不愿意被人逮住；（6）我们对科学的拥有可能带有某种不自然的因素，也就是说，我们与科学并非同类，因为我们从未完全同化它们；（7）如果猎取者是用知识来捕猎，那么这知识不可能是一只鸟，除非鸟儿当中有一个报信的，或者说鸟中有一个叛徒，即唯一一只天生就是驯养的鸟；（8）一个人未必得自己去猎取科学，他也可以从科学的猎人那里买。以上得出的这些直接结论有的被苏格拉底加以利用，还有的他则作了重新解释。[I.164]笼鸟之像跟蜡版之像同样意蕴复杂，但在两个重要方面有别于蜡版之像。首先,它不可能被滥用到让人作生理学式地理解的地步;它作为像,始终区别于它所象征的事物,因为跟蜡版不同,所有的鸟笼都是一样的,并非某位女神的一件幸运或不幸的馈赠。其二,蜡版暗示,知是某种并非我们能掌控的造像活动,笼鸟则暗示并非如此;鸟即便在我们灵魂的笼子之外,本质上也还是它们在笼中的所是。

　　第一次应用像时苏格拉底引入的是另外一类猎取,人想使用其所持有的某种特别的科学时,所从事的就是那种猎取。这种特别的科学跟人原来捕获它时可能用过的科学并非同一个——反正不是需要同样的巧妙手段——但是,如果它是一种科学(记忆术[mnemonics]),那么它比其他任何科学更近在手边。第二次应用像时,苏格拉底引入了灵魂中的鸟笼——而不是整个灵魂——持有各种鸟这一观念。这个鸟笼并非我们制作的,我们还是孩子时它就存在,那时它是空的。它里面并没有装着对可感个体的知识(参186b11-c2);它是人之作为人所特有的笼子。可见,苏格拉底只可能是在说拥有众多不同种类知识的人,因为不管一个鞋匠经验多么丰富,也不过拥有一只鸟而已。唯有希琵阿斯那样的博学之士,或许还可当此描述;换了别人,就连忒奥多洛斯只怕也当不起这样的描述。算术学家所知的每个数,即便各有一只不同的鸟与之对应,他也不得不把全部的鸟归成群。有的鸟聚集成群,与别的鸟分开;有的鸟结成小群;还有的鸟是某个类中的一只,随意在众鸟间飞来飞去。科学也是这样各有门类,人从来不是获取某个类本身,而是获取该类中的某个成员。因此,两个个体的人可能持有同一种科学,但未必同等地精通这一科学。但既然没有完美的鸟,也就没有任何科学是完美的;因此,苏格拉底的意思可能是说,我们在饲养鸟的过程中,使得鸟比当初捉住时变得更完美了。野生状态的科学只是贫乏的样本。

　　诸科学的半驯养状态,暗示出科学的某种政治处境(参174e1-

2,197e4）。一个城邦的居民,就其每一个都被理解为一个知者而言,我们或许可以把他们描绘成不同的鸟。那些聚集成群的是技匠,他们因照料我们的各种不同需求而一起归入某个类(如裁缝、清洁工、鞋匠、帽子商,等等);那些结成小组但不成群,而且据说离了别人就不能活的,是法官、演说家、祭司、诗人、将军;那些独栖一处的鸟便是数学家、生理学家和辩证法家了。各种技艺[I. 165]都"自然地"独处一隅,不与他者交集,唯有哲学智慧不然。哲学智慧不必加入任何一个组,也从不长驻任何领域:各门技艺皆指向智慧,拥有技艺的人则未必指向智慧(《王制》496b5－6)。若根据《王制》和《治邦者》,对于像的如此解释确实有几分道理,但苏格拉底说的是鸟笼在各人灵魂中,因此,除非灵魂就是城邦的像,否则上述解释便不成立。

知识本身并不比鸟本身具有更多实存;知识总是对某个事物(pragma)的知识。每一门知识所知的事物,都作为它之所是的知识的种出现在知识中,知识的类也就是鸟的各个形相。有人也许想说,那么整体的算术便是"鸽子",而关于每个奇偶数的知识则是一只特殊的鸽子了。但苏格拉底把 11 说成一只斑鸠,而把 12 说成一只鸽子;即便他没有这样说,对 12 的知识也决不能与任何人共享。另一方面,如果对每个数的知识各成一个形相,那么就会有数目无限的形相,而算术也将成为一门本质上不完整的科学。泰阿泰德没有任何疑问地同意,数学家完全认识所有的数,而且他显然能够马上说出一个数是奇数还是偶数,他也承认它不同于任何其他的数。然而,倘若对数字 12 的知识意味着对这个数的所有要素的知识,无论是相加还是相乘,那么,数学家不但绝不可能错把 7 加 5 当成 11,还会对不管多么大的每个数都拥有同样的知识。然而就算拉曼纽扬(Ramanujan)①再生,恐怕也达不

---

① [译注]印度天才数学家,在数论、整数分拆和连分数理论方面有很大成就。

到如此境界。因此我们可以说,苏格拉底正在把总是分门别类的知识呈现为从不分门别类的真实意见,如此也就揭示了知识与真实意见之间的差别。真实意见总是属于个体,它永远不能提供此个体与彼个体之间的联系,尽管它对两者都下了真实的判断。

　　然而,如果知识是对种类的知识,那么苏格拉底就似乎是在指向一个真正的难题。苏格拉底用一种似乎更精确的描述取代了我们对科学的通常描述,在我们的描述中,一门科学从上面统摄某个不定数的个体,他却把科学描述成跟知识所知之物一样分散(参 207d3-7)①。这真是意味深长,算术并非数的科学,因为没有非奇非偶的数,所以也就没有什么知识不是对某个偶数或某个奇数的知识。由此,苏格拉底可能是在质疑泰阿泰德对所有数的二分——即把所有数分成具有有理平方根的数和具有无理平方根的数——而称赞忒奥多洛斯——证明了从 1 到 17 的每个数的无理性。泰阿泰德的方法告诉我们[I.166]每个无理平方根的性质,但不能证明 288 并非某个整数的平方。因此,我们应当回到原初的问题,即人何以能把所有技艺和科学包括在一个单一的种类中。现在看来,包括它们的不可能是知识,而要数尽科学又不可能。我们还是没有解开苏格拉底的鸟喻之谜。

　　关于追问某人何以可能错把 7 加 5 当成 11,这里面甚至也有某种虚假的东西。如我们所说,那就是因为做加法的人粗心,而且他可能也不知道任意两个奇数之和必是偶数。此外,你也可以问两个数之和,就是那个谁都不会搞错的和[是怎么回事]。100 和 2 在一起是多少? 是 102。看起来可以设计一种语言,让问与答的不同只表现在重音的改变上。毕竟,在荷马的作品里,十二就是"十和二"(dyo kai deka),它是作为一个词(dyokaideka, dyôdeka, 或 dôdeka)说的。倘若苏格拉底是想以粗心来解释错

————————————

① 这种唯名论思想在亚里士多德的《后分析篇》71a30-71b8 中有讨论。

误,那么,他的蜡喻会适合得多,因为他可以说,印记不清晰,等于人在观看印记这一行动时粗心。作为偶然事件的错误似乎无法得到说明。利希滕伯格(Lichtenberg)有一个著名的悖论:请说明一个印刷错误。把一只斑鸠当成了鸽子,这说明的是错误事实,但并未说清楚犯错本身,因为当人把斑鸠拿在手里时,他正在知着数字11。如果我们左手拿着"5"和"7"二鸟,那么,我们右手拿"11"这只鸟的事实并不表示我们弄错了。两只手之间的联系本身并不是一只鸟。

苏格拉底在整个鸟喻中不谈 7 和 5,表明他脑中所想的知识种类不可能是算术。如果问题是 7 和 5 加起来得多少,那么,7 和 5 就是两个事实(pragmata),而人既然要猎取二者之和的知识,他也就并未在自家鸟笼中拥有这知识。如果人的确有这知识在家里的鸟笼中,那么他可能是忘了它(即,并不试图使用它);或者他可能再次进行了求和,并根据已拥有的知识检查其结果。此外,当苏格拉底使得泰阿泰德承认算术可传播时,也就使他注意到他所用之像的不当。学生接受的并不是老师的鸟。难道老师养的是学生的鸟吗?"12"这只鸟是在学生搞懂了功课时突然现形在他的鸽子房的吗?这样一来笑话似乎没完没了了。

使用知识与拥有知识的区别引出一个结论,即人自己的知识使他成为无知,因而很可能人自己的无知也使他知。因知而无知,就是人知道自己一无所知;[I.167]因无知而知,就是人知道未经检审的生活是不值得过的。这两条都不是假意见;它们合起来描绘了苏格拉底的哲学。如果鸟笼是哲人的且尤其是苏格拉底的,那么,说一种科学或一门技艺是一只活鸟,意思就是,苏格拉底总是根据拥有该科学或技艺的灵魂,来思考这种科学或技艺。他从不把任何东西放进他的灵魂却忽略了灵魂本身。关于某事的技能和灵魂在任一知识中如何显露出来,其象征就是鸟,因为一旦灵魂的问题提出来,能力就变得很难抓获了。

　　根据苏格拉底所说,忒奥多洛斯是一只飞在天上和地底下的鸟;而且,既然泰阿泰德可以生下无精之卵,那他必定也是一只鸟。苏格拉底已证明,泰阿泰德所说的两种人都是做梦之人:以为自己有翅可飞的人,以及认为自己正在飞的人。泰阿泰德洞见到存在和有益(benefit)是辩证法的主题,因为二者的结合必须在灵魂中寻找。也因此,苏格拉底的鸟笼之像看起来又像城邦。只有在伴随着诸多紧急问题的城邦中,善才能凌驾于技能之上;尽管政治上的紧急状况未必能够显明善和技能二者本身是成问题的,但遗忘城邦却等于人看到的甚至不如城邦所看到的多。忒奥多洛斯与普罗塔戈拉的结盟,就意在向我们表明这一点。泰阿泰德则要天真得多。他已经忘掉了他是一个人。他是游叙弗伦的更为高贵的孪生兄弟;他催促爱利亚异乡人弑杀其父帕默尼德。①苏格拉底把蜡版和鸟并置,为的是把泰阿泰德和他本人并置。泰阿泰德的技能——经反思后——变成了关于诸多美的虚构的知识;苏格拉底的技能则就是这种关于泰阿泰德的知识。灵魂知识并非单纯只是知识;没有灵魂幻像的知识,每一种知识——作为孪生灵魂幻像的基础——都将不可得。若没有灵魂知识,技能对各行专家而言就会成为不可侵犯的圣所。

　　稍加思考就会看清,非知识不可能像泰阿泰德所说的那样也是一只鸟,跟灵魂中的知识之鸟一起飞翔。难道谁还出去搜寻过无知吗?但假如泰阿泰德说,知识和非知识看起来仿佛是同一只笼外之鸟,猎捕知识时无知就占据了知识的位置,那么他就触摸到真理了。非知识是知识的非常好的模仿者,以至于诱使拥有非知识的人相信那就是知识。非知识是一只媒鸟,②但是,除非它借得一些知识的羽毛,并因此在某种程度上也是知识,否则它也做

①　《智术师》241d1-242a4。
②　[译注]即用来引诱真鸟的假鸟。

不成媒鸟。

[I.168] 泰阿泰德必不会承认在我们前面并没有纯一不杂的知识（201a1）。即，假如不是灵魂外面首先有了假意见，灵魂里面也就不会有它了。泰阿泰德既然相信存在绝不会显现为任何异于自身的东西，也就不得不相信在和表象是一回事。于是清晰变成了暗昧，看见变成了目盲。泰阿泰德是一个梦游着的捕猎知识的家伙。他放在笼子里的任何东西都必须是知识，因为笼子毕竟是装知识的笼子。苏格拉底提出捕猎的四个特征：（1）猎捕知识；（2）捉住并拥有它；（3）一旦拥有，再去猎捕下一级的知识；（4）使用知识。泰阿泰德完全忽略了第一个步骤。在他看来，一个人所要寻求知道的事实（pragma）对人而言完全不成问题（参 194c6，d6），因此，假意见成了某种"心理性的"（mental）东西，某种灵魂中的偏差，这偏差跟人误把 11 当成 12 一样微不足道而又充满神秘。真正的困惑在于作为知识之假象的假意见。泰阿泰德需要爱利亚异乡人，以弄清他那些关于知识的假象是什么，以及它们何以可能。而苏格拉底能给予他的只是对这些假象的经验。

苏格拉底认为，泰阿泰德的关于知识即真实意见的定义已被推翻。他们既然没有研究出假意见是什么，也就没有研究出真实意见是什么。假如他们对假意见作了说明，那么也就对真实意见作了说明，但这一说明将用知识取代他们所说的真实意见。然而，泰阿泰德不明白，即便他的定义为真，他现在也是处在一个陪审团的位置上，是被说服而不是被教育。既然它们丝毫未得到说明，苏格拉底说，那就什么也还看不出。要想确立真实意见就是知识，有必要——根据泰阿泰德自己的标准——无一遗漏地列举出真实意见的各种情况，并证明任何一种情况下的结果都绝不是丑和恶的；只要有一个反例，就足以把这个定义推翻。

苏格拉底的反例取自城邦，泰阿泰德对城邦可是一无所知。他显然想的是数学：要是某人对问题的回答一直正确，他的真实意见就没法儿跟知识相区别。老师向学生提问,以便检查学生是否只是靠死记硬背获得知识,但他不可能设计出一种美丽的蜡版即灵魂所无法完美通过的考试。但泰阿泰德恐怕很难主张说,那照抄自己的考试题,或重复自己[问问题时]所说之话的人,会真的知道问题的答案。他并没想过这样的不诚实行为。他不是希波吕托斯。他因他的天真而忽略了模仿和说服——这每个城邦都生活于其中的两个要素。泰阿泰德与城邦太疏远,以至于他既看不到别人身上的这些要素,也从没想过这些可以适用于[I.169]自己身上。他单单以智慧而成智;他学习他所知道的一切东西(145c7-d12)。然而,诉诸耳闻与目睹的区别似乎会使苏格拉底的例子降低说服力,因为诸感觉应该已被否认可作真理的来源。不过苏格拉底此时想的是他即将面临的审判,而柏拉图想的是他的对话:苏格拉底哪怕对那些会判他无罪的人,也不会直接教导他们未经检审的生活不值得过;照样,柏拉图也要让我们自己去判定苏格拉底是否无辜,既不靠苏格拉底的一手证据,也不靠哲学提供的一手证明。讨论假意见一节以暗示苏格拉底的受审开始,也以暗示苏格拉底的受审结束。

十五、字母(201c-206b12)

苏格拉底刚说完知识必定不同于真实的意见,泰阿泰德没有停下来验证苏格拉底的证据,就突然想起他从前听人说过的话:知识就是带"逻各斯"(logos)的真实意见。可是苏格拉底的证据由一个例子组成,在这个例子中,作为耳闻的"言辞"就是真实意见,与由眼见而得的"知识"相对;既然如此,泰阿泰德所想到的"言辞"必定另有他意。泰阿泰德似乎终于跟上了苏格拉底的思路,因为苏格拉底曾把意想(doxazein)定义为有推理(dianoeisthai)支撑的无声言辞。因此,泰阿泰德所说的"言辞"可能指证据,持有知识就是持有关于某个真实言辞的证据(《会饮》202a5-10)。泰阿泰德刚刚对此有所体验,即,他从苏格拉底那里听到了关于真实意见不可能是知识的证据。这一点现在已然被知。但是,泰阿泰德既不知道他的定义其实源自苏格拉底,也不认识他自己的经验源自苏格拉底。他不知道他刚刚为什么想起那个定义。他的当前经验留下的印记,跟印在他心里的某个记忆如此完美地吻合了,以至于该印记在二者的叠合中消失了。其实他错了,他把印章覆在了错误的印记上。他记忆中的东西并非他刚刚听到的东西,而是一个完全不同的说法:知识属于可知者,而可知者是拥有或容得下一个"言辞"的东西,不可知者则没有或容不下一个"言辞"。这里的"言辞"不可能指证据,它仅仅是相对于名称而言(201d3)。泰阿泰德正在做白日梦,他把完全不属一起的东西混了一起。他的当前经验唤醒了某个只是看起来好像跟当前经验相同的旧日记忆。他想起来的是某种"原子论",那是他非常讨厌的形体论者提出来的。现在对方算是报复了他的吹毛求疵。虽然如此,泰阿泰德[I.169]还是取得了重大进展:第一次,他不但提出了知识的定义,还附带说出了知识的对象。

[构成事物的]元素(the first things)如同单纯的声音,除了其约定俗成的名称,你无法再就它们说任何话。每个元素都是一个专名,你不可能就它们说些什么而又不违背其单质性。它们是完全异质的,每个元素自成一类,而且你无法解释为何恰恰这些是元素而别的东西不是。诸元素也有共同之处,那就是它们的认识模式;它们是可感知的。诉说这梦的人脑海里想的是字母表的模式。希腊字母表中有七个元音字母可以单独被感知;另有十七个辅音字母,其中九个不可感知,八个几乎可以单独被感知。倘若忽略最后这句精确描述,那么我们可以说,字母表为辅音字母找到了一种可感知的表现,它把辅音字母和元音字母并置。希腊文中长元音 O 的名称就是其发音(ô),而辅音字母 S 的名称却是

sigma［西格玛］。元音是无需表现的——想想好几种语言中那些没有书写元音的手稿——但辅音需要。声音 δ 的表现符号就是 Ω；这里没有任何东西被改变，因为该符号的发音就是 δ。而 Σ［西格玛］，你却绝不会单独听到它的声音，它总是要跟某个元音相结合才能发声。比如 sδ 这个音节，如果丢掉 δ 而让 Σ 单独留下，虽然 Σ 还是 Σ，声音却变了。但现在 Σ 跟 Ω 一样可感知了。Σ 与 δ 的差别之大，正如长方数 12 与它的正方形之像之间的差别。用正方形来表现一个无理数，跟用拼音来表现一个辅音，完全是一码事。难怪苏格拉底把那看作泰阿泰德的梦。

　　知识就在于对不可知之物的表现。这表现是独断的（就像字母的形状和名称），但也不尽如此。这种表现来自把可感之物拆成一个可感元素和一个不可感元素，而这个拆分则可以重组成所有可能的音节或组合。所有这些可知的组合，所结出的果子就是诸般可经验的对象。然而，构成这些组合的元素却被划分为可经验的对象与不可经验的对象，而这些元素都是不可知的。不可经验的对象就对应于原子论者的空。苏格拉底暗示，没有任何元素被发现是孤立存在的；因此，所有在者中最简单的在，乃是由两个元素复合而成的在，这两个元素中只有一个可以同样在原则上孤立开来。logos［言说］——其存在（ousia）把两个名称编织在一起——的"像"就在音节中。反过来，音节由于是一个辅音和一个元音的结合，因此也可以作为原子和"空"在一个在者中相结合的像。"空"和［I.171］原子，二者中任意一个都绝不能脱离彼此，它们是在的两个本原。在和"言辞"因此可以互相置换，因为只有有理性者才"在"。具有"言辞"的在之具有"言辞"，正如知者之持有言辞。知者为了表明他的意见为真而给出的"言辞"，正是在本身所赖以在的"言辞"。"言辞"对知者而言是证据，对在而言则是原因。

　　苏格拉底区分了定义——离开了"逻各斯"和正确的意见，知识还剩下什么呢？——与"生理学"。生理学中最具天才的发明，即字母的不可知和音节类的可知，令苏格拉底很不满意。他为什么没说到字母的类呢？当苏格拉底让泰阿泰德给出 Σ 的"逻各斯"时，泰阿泰德说："怎么解释元素的元素呢？原因是，苏格拉底啊，Σ 属辅音，仅仅是个响声，就像舌头发出的嘶嘶声。至于 β 和大多数辅音字母，则既无声也无响。因此，那话说得好，它们无可言说（aloga），因为它们[字母]中声音最鲜明的七个[元音字母]也只有声音而没有任何言说。"泰阿泰德把字母分了三类；他并不把这看作逻各斯，甚至也没有说到这是分类。他不带任何解释就断定，从动因角度所给的说明——舌头发嘶嘶声——并不是一个"逻各斯"。陈述个体所属的类并不是一个"逻各斯"。"一"没有什么"逻各斯"；可数之物才有"逻各斯"。泰阿泰德再次回到了他起初的问题，但他现在处在左右为难的境地，因为，关于元音字母这一可数的类的知识显然存在，只是不存在每一个元音字母的单独知识（参 206b7）。泰阿泰德说有七个元音字母，那是因为元音字母一类中有七个字母。但这只是一个并非总是为真的约定，因为元音或者只有五个，或者也可以说是十个——如果忽略长短元音的区别就只有五个，如果始终考虑这一区别就是十个。此外，只有这几个元音只是就希腊文而言，这七个约定俗成的元音字母其实属于一个连续体，在这个连续体内可以有数不胜数的元音。一门语言置入同一个连续体内的节点是约定俗成的，虽然人耳朵的分辨力有限，但该连续体自身内部并没有什么实在的限定。然而，元音字母的类却整个区别于辅音字母的类。类天然就有，类中的每个发音则是人为约定的。泰阿泰德根本不听他自己的声音。他更擅长的是做梦，而不是认知。

生理学的范例既不会多于、也不会少于书写中的音节和字母。凡于书写为真的，于知识生理学也必定成立。书写不是该命题的一个像，而是一个实例。苏格拉底和泰阿泰德抓住这个实例好像抓住一件抵押品。抵押品的作用是担保[I.172]别人会有良好的行为,字母的作用则是担保所有存在都以同样的方式可知,或以同样的方式不可知。那么,字母是最佳的可能抵押品吗?我们所知的一切事物,都跟我们对字母的知识具有同样的特质吗?前科学知识的模式是非文字性。那作为科学迅速进步的条件的东西[文字],也是科学追求的目标。诸科学,为了确定什么是科学,指望于它们自身的社会性:文字相比于灵魂中美丽的蜡版是一个进步,因为它以公开代替了私密。感觉的众印记现在属于科学自己的发明了,不但数量有限,万一在结合时出了错还完全可以修改。"言辞"在一切在者上盖上了自己的戳记。比如,我们先验地就知道,[三个辅音的组合]KPG根本就不存在。

"现实"有三个层次:有限数目的原子字母;有限数目的分子音节;然后是无限数目的音节组合——绝大多数事物/名称都是这种音节组合。苏格拉底问泰阿泰德自己名字中的第一个音节是什么,泰阿泰德说是西格玛和 δ,而不说是 δ 和西格玛(参206a8)。对音节的逻各斯必须具体指定诸元素的次序,并确定一个事实:必须不用"和"就把它们说出来。"和"表达出诸元素是被结合起来的,但一旦被结合,这结合本身就隐匿了。这里的"和"跟"7和5"之和中的"和"是一回事。"连接词把多件事情连成一件"(亚里士多德,《修辞学》1413b32)。"12"才是说"7和5一起"的正确方式,正如"ΣΩ"才是说西格玛和 δ 的正确方式。假如每个偶数都是两个互质数的独一无二的和这话为真,那么12的"逻各斯"便是"7和5"。

字母和数似乎互相竞争着都要来作知识的模型。某些数学运算上的可交换性若运用于字母会使 ΣΩ 和 ΩΣ 根本上变成一回事。因此,可感之物只是一个先导,把我们带向在的对称性。相比之下,字母的优势则在于其有限性。欧几里德关于没有最大质数的证据,给在的可理解性设立了限度:要么,并非每个带"逻各斯"的事物都能够被知;要么,如果在是有限的,那么这一点将无法通过数得知。然而,字母跟数一样,似乎也不能处理意义问题。泰阿泰德曾区分两件事:不识字的人观看字母的形状颜色,与识字的人阅读字母。阅读字母是在一个"逻各斯"中阅读它们:"Socrates sits"[苏格拉底坐着]。此时字母中没有任何东西与Socrates 和 sits 中间的那个空格相对应。若写成 SOCRATESSITS,即这个句子写作希腊文时的样子,将是一个不同于 SOCRATES,但又跟它有几分相似的名称/事物。泰阿泰德的生理学曾断定"有病的苏格拉底"异于"健康的苏格拉底",现在在另一种伪装下[I.173]再现了。遗憾的是,它看起来不再显得有道理,因为它带来的结果是每个复合物原则上都是无限的,且必然与其他每个结合物相联系。不存在任何独立存在的名称/事物。泰阿泰德的生理学的私己的原子性,现在变成了一种公共的原子性,其中万事万物皆聚合在一起。

苏格拉底[关于音节]给了泰阿泰德两个选择:要么说音节就是它的所有元素[字母],要么说所有这些字母元素组合起来时形成了某种单一整体。泰阿泰德选择了前一种可能;而他之前曾经同意,就感觉而言必定存在某个单一的整体,作为一个"多"的感觉属于该整体(参 184d6,203e6)。因此,泰阿泰德不经意地承认了有两类在(beings),一类最清楚显示在这样一个数上:该数的所有部分合起来就是这整个数;另一类最清楚地显示在灵魂上:灵魂的统一不仅仅在于它的诸部分。至于音节属于哪一类在,则尚不清楚。但苏格拉底很快证明,如果音节的诸元素不可知,那么音节也不可能被知。他建议考虑一下另一选择,并重新表述了这个选择:"也许我们不该下结论说音节就是它的诸元素,而应当认为它是从诸元素形成的某个单独的形相,有其自身单独的型相,与诸元素不同"(203e3)。作为单独的种且有单独型相的音节,再也不可能仅仅作为它所由形成的东西[字母元素]被知。光有质料因是不够的。音节不仅截然不同于骡子那样的杂种——杂种有其单独的型相但在种类上具有双重性——也截然不同于人脸那样具有多种形相的一个单独的种类。如果认为 ΣΩ 意味着书写下来的字母，那么它可以有一个很大的变形区间而同时并不丧失其可识别性，尽管或许存在着一个不可见的完美的 ΣΩ，就跟完美的三角形一样；而如果 ΣΩ 意味着某个声音，那么它也会有一个变声区间，在此区间内我们也都能听出它是 sô，更不用说，我们也能听出它在 Σωκράτησ（主格）中的无重音形式与它在 Σώκρατες（呼格）中加了重音效果之后的区别。

　　如果我们准许苏格拉底为了论证的缘故去掩盖这些棘手的问题，那么新的命题就是在说知识有两种类型，即对整全的知识和对部分的知识，而且那种对部分的知识并不产生对整全的知识。然而，泰阿泰德没有注意到，苏格拉底在重复这一命题时悄悄引入了一个新的考虑，他说，"从那些结合在一起的单独元素中，音节形成了一个单独的型相"（204a1）。对音节的知识必须包含对那些结合之前的字母元素的知识。对非在的知识是在的知识的一部分。知识中有非在的位置，尽管在中没有（非在的位置）。苏格拉底由此表明，音节可能 [I.174] 并没有任何部分，因为它的所有部分已形成了它的整全，而泰阿泰德则想要区分整全（whole）与总和（all）：由所有部分形成的单一的种（kind）异于其所有部分。泰阿泰德的直觉虽然轻率，总算还可靠，不过他理解自己的答案时却不可靠。Σ 和 Ω 若离开了 ΣΩ，就不再成其为 ΣΩ 的部分。

　　苏格拉底问，[对于数字 6] 我们说"一、二、三、四、五、六"，说"三的二倍"或"二的三倍"，说"四和二"或"三和二和一"时，所有这些说法之间是否有什么不同。苏格拉底以此暗示，言说就是计数——作一个讲述者就是去清点数目——所以要求一个不计数的 logos [言辞] 是不可能的。但若一个言辞乃是一个和（summation），它就只有在可说时才能被说；也就是说，它只有被连接成某种可说的形式才能被说，该形式必须在它被说以前已经有了。"多"（the manifold）必须已经作为一个多在那里了，不然的话故事说起来就没个完。苏格拉底在这里给出了故事可以被说的三种方式，其中只有一种方式——"三的二倍"或"二的三倍"——把运算包括进来作为说的一个部分。用["四和二"或"三和二和一"中的]"和"（and）来加的和（summation）可以有两种读解：读作不相加的两个单独的组（"四和二"）或三个单独的组（"三和二和一"）。苏格拉底重新引入了单独那些数的观念而没有考虑音节的可感特质，同时也没有考虑辅音 Σ 与元音 Ω 的差别。此外，在第一种说法即"一、二、三、四、五、六"中，说者不可以重复说同一个数，而且在说每个接下来的数时，都必须在前面一个数的基础上往上加。说者的灵魂不可见地在说中在场，是它在从事"加"这一举动，听者却不可能听出来他指的是 6 还是 21。泰阿泰德对数学太在行了，以至于他对苏格拉底的话不可能以其他方式去听，而只可能以数学的方式去听。他那曾经用来承认灵魂是一个单独整体的美的言辞已经跑开了。假如苏格拉底不曾引他陷入精确言辞的偏狭之中，他其实也根本不会认识到灵魂是一个单独整体。

　　苏格拉底逼着泰阿泰德去面对的有关整全和部分的困难，跟整全可知而部分不可知这一限制并不相干。泰阿泰德曾因为这一限制而不得不人为地区分总和（all）与整全（whole），还因此忽略了一件更显然的事：既然数六的诸部分可以用一种以上的方式表达，那么这些部分就并不总是元素；当它们都是元素性的东西时，那它们也就都一样了。五跟六一样是个整全，四跟五一样是个整全，如此等等；每一次求和都有一个完成，其标志是数列中各数之间的连词已省略。相反，声音 sô 从我们初听到它时就已确定了每一小段的音型，离开其中任何一小段它就不成其为音节（亚里士多德，《修辞学》1413b32）。其实还可以进一步说，呼格的"苏格拉底"这个词作为一个整体制约着第一个音节的发音,而数字六对于我们数"二"则毫无影响。[Ⅰ.175]整全在丢掉了某个部分时最能显出是整全(参 186a4),而数从不显得短缺了什么。计数有两重特质:总是完成的,却又从未完成。开始计数绝非停止计数,却又已然停止。因此,泰阿泰德不可避免地只能承认整全(whole)与总和(all)是一回事,因为数在任何时刻都是一个总体(total),它什么也不缺,就像整全中什么也不缺一样。

那么,整全和部分的问题又是什么呢?①如果 Σ 和 Ω 各是 ΣΩ 这个完整言说(logos)的部分,且任何部分若非分有一个整体否则便不成其为部分,那么,Σ 就是从完整言辞 ΣΩ 取得了它作为该言辞的一个部分的特质;Ω 也同样如此。因此,Σ 和 Ω 每个都是以这个整体的言辞 ΣΩ 作为自己的言辞;但这样一来,每个部分的言说就重叠了,由此将导致无穷重叠。部分本身的二重性和整体的二重性——如柏拉图的《帕默尼德》所言——不可能通过区分"同"和"异"得到解决(146b2-5)。帕默尼德以他第一个假设的二部结构表明了它们的差别:该假设的前面五节依次且似乎用演绎的方法讨论整体-部分、开始-结束、形状、位置、动-静,后面五节似乎也按照演绎的顺序讨论同-异、似-不似、相等-不等、年老-年少、作为时间的在。苏格拉底没有提供泰阿泰德用来讨论整全与部分问题的适用工具,就跟对话中的所有问题一样,他单单从同和异的角度呈现了这个问题。之所以不给泰阿泰德工具,是因为泰阿泰德尚未认识到,在是一个时间之外的问题。

十六、逻各斯(206c1-208b10)

问知识是什么,就是问最完全、或者说最完整的知识是什么

---

① 以下是对《帕默尼德》142d6-143a3 那段论证的改写;参亚里士多德,《物理学》185b11-16。

（参 206a10, b9），而不是问我们拥有、或可能拥有什么类型的知识。泰阿泰德完全意识不到二者之间的差别。而苏格拉底一直设法让他看到其间的差别。他提议来探究一下，在最完美的知识就是真实意见加上逻各斯这一定义中，逻各斯可能指什么。苏格拉底似乎想找到逻各斯的逻各斯（参 208b12）。如果逻各斯含义是证明，那么他想要的就不能是证明的证明，而只能是对证明的说明，即，一个证明由什么构成？我们常说"并不因此就能得出结论说"，这表示此时论证中存在某种裂隙，即存在某种没有明确举出但被假定为真的东西，某种一旦明说立马就会显得可疑的东西。把仅仅无言的意见提升到逻各斯的层面，就是[I.175]把意见变成被知。根据当前的知识定义，苏格拉底"意想"逻各斯只可能有三种含义；他不是"证明"逻各斯的含义只有三种可能性。他证明了逻各斯并未给真实的意见加上什么，但之后他没有证明知识不可能是带逻各斯的真实意见。但是，如果他所说的只有三种可能性的话为正确，那么他就证明了知识不可能是那种东西，尽管他自己拥有的也仅仅是不带逻各斯的真实意见。

他用逻各斯所作的证明产生了这样一个知，即知道了知识并不是带逻各斯的真实意见；但这个知并不真是知识，因为他并不知道，何以不可能存在另一意义上的、可以挽救这一定义的逻各斯。除非已经有知识存在，否则真实意见不可能作为真实意见被知。假如逻各斯的含义自明地是一个非此即彼的命题，那么苏格拉底早就能结论性地证明那个知识定义为错了。苏格拉底的论述中遗漏了他本人的计数。他的论述所有三个定义的特点：他言说；他通盘考察言辞的一些元素；他力求找出真实意见与带有逻各斯的真实意见之间的差别。而他之所以没有找到这一差别，可能——就我们所能知道的而言——是由于他并没有穷尽言辞的所有元素。

言说就是"使某人自己的思想（dianoia）通过单词和短语的声

音显示出来,经由某人唇齿而出的语流描述出某人的意见,就像事物映在镜子或水中"。这个"流"是赫拉克利特式的[用词]。"流"时刻改变其性质和处所;此"流"必须既在人开始言说之前又在人终止言说之后,不然人就始终有一种危险:即无法让其意见的或前锋(the first edge)或尾锋(the last edge)在这流上留下印记。人的意见存在于单词和短语中,是对人思想的翻译,思想可能或清晰或模糊地显现在意见之中。单词和短语显现为声音;假如单词和短语本身就是思想,那么,思想就会像写在纸页上的字母,出声地读出无声的书写将没有什么困难,而苏格拉底也就无从说什么帕默尼德的思想与其表达之间的差别了。思想必定实实在在是无声的;它不可能一边是无声的一边还潜在地可听。无声的思想只能像辅音那样,是不可听闻的,直到被插入元音的变化之流中为止。故此,除非有非思想之物的伴随,否则思想绝不可能变成显明的。错误由此就很容易产生,无论在说者一方还是在听者一方。

苏格拉底把音流比作一面镜子,由此提醒我们注意思想在成为可听的过程中所经历的某种颠倒。颠倒或许在于它否定了思想[I.177]之于声音的优先性。在言辞中非思想之物比思想更显明。不为这一颠倒作出校正,即为不经思考而说话。此外,如果言辞如泰阿泰德所言(镜子的比喻也暗示出这一点)是思想的像,那么之所以指出言辞,就是在于造像。也因此,最出类拔萃的知者(knower)可能也是最优秀的造像师:谁最清晰地用言辞为他的思想造像,谁的知就最完全。然而这样一来,除非我们说拥有假意见的人永无可能最清晰地为其思想造像,否则知者就将无法区别于智术师。不过也许可以这样说:一个像最清晰之时,也就是这像显示出它自己是一个像之时。帕默尼德可能不是最好的造像师。

苏格拉底引用赫西俄德的一句诗作为元素知识的例证。苏

格拉底和泰阿泰德仅知道车上五个局部的名称①，赫西俄德却说
车有百木。车匠必须知道车之百节，那在车匠上面管他的人——
即凡是知道实际情况需要何种车的人——则无需知道这么多。
苏格拉底也许装作若无其事地给逻各斯另加了一重含义：要么，
它不可能指把真实意见改造成知识的东西；要么，如果的确指那
东西，苏格拉底对逻各斯的探究就还处在未竟状态。这个意义上
的逻各斯显然与整全有某种关联；但既然整全已被等同于诸部分
的总和，这样的逻各斯也就不可能是知识定义中的一个部分。由
此，苏格拉底就只能忽略任何关于彻底的考虑，才能够真正彻底
地考察逻各斯的含义；而他的确是这样做的，尽管关于某物之元
素的知识事实上需要证明它已通盘考察了该物的整全（参207c3-
4,208c6）。这样的证明不可能是自明的，除非我们所知一切都是
我们制作出来的。苏格拉底举的例子就是一件人工制品，其所含
部分的数目为诗人（制作者）赫西俄德所知。日常言辞中所隐含
的造像与证明逻各斯的第二个定义时的制作恰好对应起来。

　　苏格拉底区分了关于泰阿泰德这个名字的音节知识和元素
知识，但是若说关于他名字的音节知识是次一级的知识，听起来
似乎荒谬。音节知识是关于整全的名字如何发音的知识，它知道
这名是专名，拆开的单独音节将毫无意义。泰阿泰德的名字有四
个可感部分（THE-AI-TE-TOS），所有这些部分在泰阿泰德名字中
的所是，完全等于它们在音节知识中的所是。而元素知识知道的
却是九个部分，其中任何一个部分在元素知识中的所是，都并非
它在泰阿泰德名字中的所是。A 在何种意义上是文法家的知识
的一个部分，那么它在这个意义上也就并非说出来的这个名字的
一个部分。不是文法家的科学知识，而是文法家的前科学的真实
意见［I.178］，告诉他 A 和 I 合起来发一个声。音节知识是元素知

① 译按：即轮、轴、轭、车身、车厢。

识的一个部分,但元素知识并没有在音节知识上增添什么,作为部分的音节知识仍是它单独之所是。因此,知识是二,不是一。作为一个整体,知识是真实的意见;就其诸部分而言,知识是一个逻各斯。逻各斯是真实意见的分析性内容;没有逻各斯,真实意见可以知道各样可能之物,但不会知道任何实际之物。

[知识的]这种二元性产生了如下悖论。具有真实意见或者说具有前科学知识的人绝不会犯错(220e4);但正在走向科学知识的人可能犯错——他可能时不时地把"忒奥多洛斯"写成"提奥多洛斯",而不识字的人却永远只说[正确的]"忒奥多洛斯"。苏格拉底在此指出了知识与"知"(to know)之间的不同:知识没有错误,但知者可能犯错。犯错有两种类型:要么以"同"为属于同-异,要么以异-异为属于"同"。就字母而言,把 THIS 和 DOES 的开头字母都写作 D,就是第一类犯错;把 DOES 的头一个字母写成 D,而把 DOZE 的头一个字母写成 T,就是第二类犯错。泰阿泰德所说的知识就是真实的意见,似乎犯了第一类错误;说知识是带逻各斯的真实意见,则似乎犯了第二类错误,因为这跟真实的意见相同。

一个人写出不正确的 DIS 却写出正确的 DOES,其错误在于误把 DOES 当成了 THIS 的一个范型;写出 TOZE 和 DOES,其错误则在于不把 DOES 当作范型。因此,知识必定在于知道一种特定情形下该用什么范型。泰阿泰德的头一个错误是由于他以为一切知识都是直接的——此时他是以感觉为范型;第二个错误是由于他以为一切知识都是演绎——此时他是以数学为范型。在头一个错误中他误读了自己的灵魂,在第二个错误中他忘掉了自己的灵魂。原子论者认为他们的范型是单纯的,可倘若他们正确认识到字母是其模型——识字与不识字的差别泾渭分明——那么,任何范型知识似乎都将不可能。我们可能撞不上何时以及为了何种目的该用的范型,除非运气好。而倘若范型知识是可能的,而且我们已经获得了这知识,我们就会知道如何从恰当的范型中准确挑出所要探究之物中以某种方式反复出现的元素(比如从DOES 中摘出 D)(《王制》368d1－369a3)。柏拉图把苏格拉底呈现为一位范型知识的大师。范型知识不可或缺的向导和伴侣乃是苏格拉底对灵魂的知识。爱利亚异乡人试图在范型知识方面教育泰阿泰德和小苏格拉底(《智术师》253d1－3),但他在教二人中任何一个以灵魂知识上［I.179］却都没那么成功。因此,完美的知识是范型知识与元素知识的统一。但我们不知道什么带来了这种统一,因为,元素知识由于是根据真实意见进行的,因此不可能为自身的完整性提供证明,而范型知识由于指望由此物而知彼物,因此总是可能犯错。范型知识可能在不知不觉中变成了造像,元素知识则可能在不知不觉中成了一种制作。

十七、异(208b11－210d4)

到目前为止,苏格拉底已经思考了"知识是'带逻各斯'的真实意见"这个定义中"带逻各斯"的两种可能含义。第一个含义,指向他人讲述某人自己的真实意见时所用的言辞(具有主体间性);第二个含义是那把已知整全打散成许多部分的言辞。然而,如果这个知识定义为真,那它必定跟任何其他类型的知识有着同样的特质。该定义包含两个部分,可见逻各斯必定是某种加上去的东西,而并非现成地存在于真实意见中。因此,逻各斯必定是一种说出某事物与其他一切事物之异的言辞;唯有如此描述逻各斯,才能与这个关于知识的定义严格吻合。其他两个含义也可能正确,事实上似乎还包含着几许真理的亮光,但并不符合所提出的知识定义。只有在前面所述含义下,苏格拉底才能严格论证"带逻各斯的真实意见"这一定义是同义重复;在第一种含义和第二种含义下,可能的知者也许不是完全知,而是知道某些拥有真实意见的人所不知道的东西（参 208b8-9）。苏格拉底在把真实意见等同于公开言辞中,不得不取消了聋哑人拥有真实意见的资格（206d9）。当泰阿泰德想起这个定义时,他其实在做梦。他的意思是知识即元素知识,但他却说知识就是关于异的知识。他没有表达出他的思想。

元素知识与异的知识并非不可兼容,事实上,异乡人在他的诸二分中就结合了这两种知识:他先从某个整体开始,比如某种技艺或某一门科学,然后把整体拆分成诸部分,直到最后得出某种不可再分的形相（form）,而这就是他所寻求的无论何物所以区别于他物的逻各斯。异乡人这样结合两种知识,与苏格拉底分别驳倒两种知识是否针锋相对,此时暂且不论,但二者并置的确证明了一个困惑,苏格拉底在《斐多》中说,就是这种困惑使得他去追踪"型相"（ideas）（96e6-98b7）。在《斐多》那里,苏格拉底以[I.179]溯因开始,即每一事物何以产生、何以消亡、何以存在,但一个事实让他感到困惑不已,那就是:二的生成原因是二且彼此对立。如果说二产生于一和一的彼此靠近,且这两个一的结合——此结合在于它们的合并——就是二的原因,那么苏格拉底惊奇的是:如果你把某个一分为二,那么这两个一成为二的原因却是这个"分"。

切分和相加得出的结果一样。"切分"是逻各斯的第二个含义,"相加"则是其第三个含义。泰阿泰德最开始给出的知识定义,即知识就是各种技艺和各种科学,是一个加法式的定义,并因此是同义反复:知识就是知识加上 a 知识、b 知识、c 知识、d 知识,等等（参 146d2）。反过来,苏格拉底提出的反对定义则是切分式的定义。要是苏格拉底把知识像掰泥巴一样不断掰下去,大概会把知识这一单一类别中的每个成员都涵盖进来,其结果也将是如泰阿泰德般的对各种技艺和各种科学的枚举。他的知识字母表也许比泰阿泰德的更详细完整,但并非更好。他的字母没有一个能告诉我们字母究竟是什么。无论加法式的回答还是切分式的回答，都不得不跌回各自的出发之处，即真实意见。前科学的知识好像泥巴，就这样在我们面前（参 147a2，170b6）。它是一。科学知识则是二，或是更多，但我们不晓得其多重性之因。因此我们不妨问：《智术师》和《治邦者》，即柏拉图用来回答《泰阿泰德》问题的这两篇对话，是通过并置而为二的，还是通过切分而为二的呢？

关于逻各斯作为对异的解释，苏格拉底举了个例子加以说明。太阳是天上的绕地天体中光芒最强的；正确意见的言辞可能会说：太阳是绕地天体中的一个。然而当苏格拉底随后引他自己认出泰阿泰德一事为证时，又否定了这一理解：如果一个关于泰阿泰德的正确意见足以使苏格拉底在次日认出泰阿泰德，那么，关于太阳的正确意见也将使他在次日认出太阳。苏格拉底所举为例子的言辞是正确意见的言辞，我们在这解说上另外再加上什么，都不会使我们更有能力识别太阳。苏格拉底是在贬低星象术吗（参 145d1-5）？也许是，但他的言辞可没星象术的那么简洁。就认出太阳而言，知道它"光芒最强"就够了（色诺芬，《回忆苏格拉底》Iv.vii.7）；可是在苏格拉底的描述里，太阳之不同于他物的异内含在一套星象术的逻各斯里，这个逻各斯宣告太阳在动、地是圆的，还宣告某些东西——也许是闪电——比太阳更明亮。苏格拉底似乎在暗示，真实意见并不像泰阿泰德不知不觉中所以为的那么现成。

苏格拉底认出泰阿泰德的［I.181］例子也同样令人迷惑。通过知觉认出泰阿泰德才是绝对可靠的，远胜于任何言辞可能达到的可靠程度。忒奥多洛斯无论如何都不能通过他的言辞让苏格拉底认出泰阿泰德。苏格拉底由此暗示出下述差别。凡有关于泰阿泰德的印象——这印象并不伴随着关于泰阿泰德的异的言辞——的人，只有在看见时才能认出泰阿泰德，而拥有这言辞的知者,即便泰阿泰德不在面前也能把他呈现在自己面前。对话本身传递给我们的就是这样的逻各斯。作为一篇逻各斯,它潜在地是普遍性的。它不会提高我们识别这一个泰阿泰德的能力,但会提高我们识别所有泰阿泰德们的能力,他们恰恰因为近在面前而为我们所不见。逻各斯制造出适当的距离(参 208e7-10)。不过有人也许会犹豫如何称呼这逻各斯,也许它顶多只能称作真实意见。苏格拉底说,"为了弄清或知道我们所意想之物"而要求利用我们身边有的那些东西为例,此乃非常高尚的一种鲁莽。这样利用事物并不像苏格拉底说的那样懒惰。谁都不会不认得笑声,但把笑声跟其他一切区别开来的逻各斯仍然不可小视。人人都知道泥是什么,苏格拉底的逻各斯只是真实意见的内容,但"泥"作为一个逻各斯突然变得堪当范式之用。但如果把泥的逻各斯单独拿出来,它就不再是一个范式,而是沦到了微末小事的水平;如果把柏拉图对泰阿泰德的呈现单独割裂开来,仿佛那是记住泰阿泰德的一种详尽无加的办法,那么,它跟欧几里德以为是自己写的那篇对话相比也好不到哪里去。

　苏格拉底取笑该知识定义不过说出了对真实意见而言已经包含的东西,这使真实意见的 logos 即它的逻各斯变得含混不明。苏格拉底似乎在用一种"异乎寻常的东拉西扯",[①]模仿他所批评该定义的东西,即那种毫无意义的累赘。他的第一句话表达了一个适宜的结论:"[此定义]要我们在已有一物之所以异于他物的正确意念之外,再加以此物之所以异于他物的正确意念。"但随后苏格拉底又开始自顾自地唠叨起来:"比起这样的指令,skytalê[橇轴]的旋转或任何回旋机的旋转,其荒唐之状都不算什么了。"苏格拉底脑海里想到的这件人人都知道的事——杵的转动,是说

---

① L. Campbell 对 209e5 的解释。《柏拉图的泰阿泰德》(*The Theaetetus of Plato*, Oxford, 1866),页 209。

不停转圈而一无所成。他在寻求正确表达的过程中,似乎也一直在让自己转圈。然而,他还是不由自主地要说出点新的东西来,尽管他只是在笨拙地试图重复自己说过的东西。

skytalê[橛轴]

> 在斯巴达是一种棍状或棒状物,用作书写急报的保密工具,其法如下:将皮纸斜裹于轴上,纵向书写急报,这样展开看时,[I.182]急报只是一堆杂乱无章的文字。在外带兵的将领也有一根同样粗细的轴,他们[收到急报后]展开,复卷在自己的轴上读其文字。①

假设我们设伏[并抓获了]一个斯巴达人的信使,他的急报由密码写成。由于我们能读报上的所有字母,所以,我们关于这些字母拥有正确意见,不会把这封急报跟别的急报弄混;但是,由于我们无法读懂这封急报,所以我们并不知道它的逻各斯。一旦我们借助 skytalê 来读,急报上那一堆杂乱无章的记号立刻就成了一篇逻各斯。苏格拉底自始至终假定真实意见必然拥有一定秩序,但他本该追问:到底是什么把杂多的感性记号置于其恰当次序中的呢?那附加于真实意见之上并导向更大知识的,并非逻各斯——逻各斯毋宁说是排序的结果——而是灵魂的橛轴。苏格拉底本人曾把这 skytalê[橛轴]称为思想(dianoeisthai,英文 think-ing)。爱利亚异乡人自认懂得某种自动的橛轴,即二分法。

苏格拉底已钳住了泰阿泰德的翅膀。他使泰阿泰德跟自己一样成了不育的。他试着要把泰阿泰德放在他自己的地基上。然而,他对付泰阿泰德的方式是不是可能方式中最好的呢?尚不清楚。泰阿泰德只有不到一天时间去理解他所经历的对话,之

---

① H. G. Liddell、R. Scott 主编,*A Greek-English Lexicon*(Oxford,1882,第七版),该词条。

后,异乡人就会在《智术师》中带他进入另外一种历程。异乡人跟苏格拉底一样,并不认为泰阿泰德像忒奥多洛斯所相信的那样温和谦逊,但他没有让泰阿泰德突然泄气,没有让他陡然直面他那如空想家般光辉的梦境与苏格拉底半黑的醒境之间的抵牾。相反,他接受泰阿泰德的假定,即真正的开端是全然已知的,他们可以由这开端出发去推导出一切。他向苏格拉底表示,如果以这样的幻景去鼓励泰阿泰德——苏格拉底曾经试图鼓励泰阿泰德但却让泰阿泰德的幻想破灭了——泰阿泰德就能够走得更远。异乡人对苏格拉底的助产术起草了一份有利的控诉,无论如何,这是每个读者对《智术师》的印象,而苏格拉底也证实了这一点,因为他直到听了泰阿泰德跟异乡人的对话以后才感谢忒奥多洛斯让他结识了泰阿泰德。然而,在《泰阿泰德》中,苏格拉底仍安慰了泰阿泰德:最起码泰阿泰德将不会苛刻对待他的同伴们——忒奥多洛斯甚至在这一点上也搞错了;由于某种更大的驯良,且因着他的节制——对话中唯一一次提到节制——他不会以不知为知。苏格拉底的技艺所能做的仅止于此。他从一位神那里获此技艺,并施之于所有高尚的美少年。虽然他们陷入了僵局,但苏格拉底之所以离开,只是因为他必须答复莫勒图斯的指控。他告诉忒奥多洛斯,次日黎明时分他们可以在同一地点再聚。苏格拉底可不是那么容易气馁的。在柏拉图的对话作品中,苏格拉底只此一次立下了肯定的约定并如约前来;他这次没有像从前那样,在别人强求他时推脱说,"神若愿意的话"他就来会他们(《拉克斯》201c4-5)。苏格拉底似乎在预言异乡人即将到来。

《泰阿泰德》是苏格拉底的逻各斯,只有借助于这个逻各斯,苏格拉底才能被我们认出并认识。然而,苏格拉底在《泰阿泰德》中是从消极方面定义的,因为他绝不是什么忒奥多洛斯会称为"哲人"的人。必须据此来理解对话的两个主要结论:灵魂和灵魂经验不可能是所有事物的真理;灵魂和灵魂经验不能以数学的方式去理解。第一个结论关系到试图区分苏格拉底的助产术与普罗塔戈拉主义,即苏格拉底对普罗塔戈拉本人学说的改进;第二个结论关系到苏格拉底的无知,苏格拉底的品质抗拒一切以算术方式来理解它的企图。然而,也许,这两个结论似乎只是本篇对话的特殊情境所成就的功能,而并不属于单独的苏格拉底本身的真理。尚需要《智术师》和《治邦者》以显明《泰阿泰德》中对苏格拉底的消极规定必然就是对哲人行得通。这样把苏格拉底普遍化为一个问题,继而带来了在的问题。通过"非在"的困惑来发现"在"的同等困惑,便是《智术师》中与苏格拉底的无知的对等物。在也一样并非完全可数。

《智术师》疏解

一、搞错（216a1–218a3）

[Ⅱ.69]忒奥多洛斯——我们知道此人向来严格遵守他的约定——开言便声明他的到来可谓正派而得体。读者可能想知道，他是否在心里怀着什么热情来到这里。他还带来一位所谓的异乡人，此人来自爱利亚，是帕默尼德的朋友，也是芝诺的追随者，道地的哲人。忒奥多洛斯忘了向苏格拉底介绍异乡人的姓名，就在前一天，他也曾长篇大论地把泰阿泰德赞美一番而没有提及他姓甚名谁。不过，苏格拉底似乎关心雅典过于关心别的，他没有追究进一步的细节。他接受了异乡人的无名无姓，却问忒奥多洛斯是不是搞错了一件事：莫非荷马说得对，异乡人是一位乔装改扮的神？苏格拉底把两段荷马诗句糅合在一起，他自己在这两段诗句中都显得是个穷凶极恶的罪犯。第一段诗句是奥德修斯对独眼巨人波吕斐摩斯（Cyclops Polyphemus）说的，若按诗句来套，忒奥多洛斯就是奥德修斯，只不过他本人不知道；苏格拉底是波吕斐摩斯；异乡人则是神宙斯。第二段诗句中是一位无名的求婚者在对安提努斯（Antinous）说话，按这段诗句来套，则异乡人又成了乔装改扮、被误认为是神的奥德修斯，苏格拉底则是安提努斯。

按奥德修斯所说,神宙斯常以肉眼看不见的方式陪伴在谦恭的异
乡人们身边。苏格拉底提醒忒奥多洛斯他也是个异乡人,绝不亚
于这位异乡人(《泰阿泰德》145b8),但忒奥多洛斯不承认自己是
异乡人,直到他指着自己的神宙斯阿蒙(Zeus Ammon)①起誓为止
(《治邦者》257b5-6)。根据无名求婚人的话——安提努斯没耐
烦去回答他——神明们在另外一种意义上看不见地在场,[II.70]
他们把自己乔装得好像外来的异乡人,甚至乔装成卑中至卑者,
好在各城查看人们的遵纪守法或暴虐之举。

　　苏格拉底不久前刚被莫勒图斯(Meletus)指控犯了政治罪,他
怀疑他的罪同时也是哲学上的。异乡人来是为验证帕默尼德关
于苏格拉底的哲学冲动所作的预言吗？也许异乡人是某个专好
辩驳的神,为了苏格拉底言辞的贫乏来惩罚他的。就在昨天,苏
格拉底刚让泰阿泰德一起体验了这种言辞的贫乏,因为他们厚着
脸皮承认了他们只能有不纯粹的交谈,其原因是他们在探究知识
是什么的同时,没法禁绝说到他们自己的知与不知或他们自己的
明白与不明白(《泰阿泰德》196d2-197a5)。如果说异乡人是个
神,那么他仍是个异乡人,因为作为神的他要么是昨天作为异乡
人的神宙斯在场,要么现在是某个扮作人的无名神。如此,忒奥
多洛斯可能犯了向雅典引进新神的罪;但这是一个雅典将不得不
承认的神,因为苏格拉底通过让泰阿泰德进入他的秘密,已经神
不知鬼不觉地表明他曾是一位神。苏格拉底的哲学罪跟政治罪
不可分割,他的哲学犯罪结合了两样东西,一个是某种不纯粹的
辩证法,一个是把他本人作为真与假的绝无差错的尺度;而他的
政治罪则在于被指控败坏泰阿泰德,并用神所赐的助产术引入了
一位城邦所不信的神。

　　忒奥多洛斯知道他的荷马[诗句](《泰阿泰德》170e1-2),他

---

① ［译注］阿蒙是非洲最高的神,称为埃及的宙斯,亦称为利比亚的宙斯。

从字面上理解这一切。以他那惯常的粗俗,他默认了苏格拉底在言辞上的贫乏,但认为苏格拉底对异乡人的想法错了:"异乡人不是这样的,苏格拉底。"他这是在模仿苏格拉底的话——"忒奥多洛斯不是这样的",苏格拉底在否定忒奥多洛斯对泰阿泰德的赞美都是玩笑时说了这话。我们开始怀疑忒奥多洛斯是否胜任谈这样的问题,但他已凭经验确信,异乡人不会强迫顽固倔强的忒奥多洛斯悖乎自己的意愿来参与这种空谈。异乡人并非另一个苏格拉底,后者"对单纯操练言辞的热爱",使得谁也无法从他那里脱身,除非那人先把自己的话说清楚(《拉克斯》187e6 - 188a3)。异乡人比那些专好争吵辩论的人温和些。因此,苏格拉底将受到惩罚,异乡人将让苏格拉底看到正确的谈话该怎样进行,这种谈话对苏格拉底而言并不像忒奥多洛斯在苏格拉底手下所经受的那样,是一种折磨。苏格拉底对异乡人的误认把他带向了一个更严重的错误:既然忒奥多洛斯确定异乡人是温和的,比他确定异乡人不是一位神来得更笃定,那么他就在暗示,即便异乡人是神,那些神也未必像苏格拉底所认为的那样,专好惩罚人。我们可以推测,诸神并不那么在意人,以至于会为了人的罪过来强制施行人所当得的全部刑罚。

[II.71]异乡人的确是人而不是神(参 216a4);然而他是神性的,因为忒奥多洛斯把所有的哲人都说成如此。但再确定不过的是,忒奥多洛斯相信苏格拉底不是神性的(参《泰阿泰德》173c7);忒奥多洛斯用来比附苏格拉底的安泰(Antaeus)只是个巨人。无论如何,忒奥多洛斯知道"神性的"意味着什么,但我们不知道他是否只把哲人称为神性的,或者他会认为,比如说一些诗人也当得起这称号(《王制》331e6;《美诺》99c7-d9)。他一定没有看出来,苏格拉底把诸神称作"强者",已经使"神"与"神性的"之间的区分变得成问题了。异乡人是否在某种意义上是一位神?"神性的"这个词说的是本质还是外观?若说的是本质,那么异乡人就

如苏格拉底所言真是个神;若说的是相像,那么异乡人就是跟哲人们一样有着神的外观,苏格拉底也只是被某种表象所欺骗了。忒奥多洛斯口中的"这种人"最终就成了《智术师》中成问题的词。

苏格拉底既承认又不承认他的错误。他在称赞忒奥多洛斯称呼哲人的方式时,把忒奥多洛斯唤作朋友。异乡人即便不是个神,起码也不是朋友,苏格拉底没理由期待异乡人会于他有好处。也许苏格拉底本来在指望异乡人作一个施惠于他的神,因为他告诉忒奥多洛斯说,没有哪位神对人怀有恶感。然后,苏格拉底又怀疑异乡人究竟是不是一位哲人。这次他引了荷马的三句诗,出自无名求婚人的同一段话,但他没有提到荷马的名字。荷马笔下人物关于神所说的一切话都被苏格拉底所采纳,作为他自己关于哲人的看法。苏格拉底曾在他的"神学"中建议从荷马笔下的众神身上剥去的所有表象和幻像,现在都适用于哲人(《王制》381e4)。这些表象和幻像乃是荷马谎言的真相。那些真正的哲人,或就其在而言是哲人的,与伪装和冒充的哲人相对,他们"从高处"——一个诗歌用语——往下观看低处之人的生活。哲人显得既不惩罚也不施惠,因为他们对非哲人的生活除了轻视再无其他。他们借助别人的无知,把自己显现为各种各样的幻像,使一些人认为他们一文不值,另一些人则认为他们顶得上一切。

倘若"神性的"这个词说的是本质,则忒奥多洛斯就是把哲人视为顶得上一切;倘若"神性的"说的是相像,则忒奥多洛斯就是把哲人看得一文不值。哲人这次幻化成治邦者,下次幻化成智术师,还有些场合则让人觉得他完全疯了。忒奥多洛斯说,有些疯子会相信自己是神。如果异乡人是哲人,那就是说忒奥多洛斯已经看穿了他不情愿的伪装,而不是像别人那般无知。但是,如果异乡人并非哲人,忒奥多洛斯就是错把精心[Ⅱ.72]伪造成的表象当成了实物。苏格拉底曾说忒奥多洛斯是智慧之士,并把他描绘成高飞的理论家(《泰阿泰德》146c2),从来不曾称他为一个哲人。

苏格拉底现在不大友好,他似乎在要求异乡人证明他自己的身份背景,但哲人的本性恰恰使得这种证明只可能看起来像伪造的。如果苏格拉底关于哲人的看法正确而异乡人正是哲人中的一个,那么,异乡人就会呈现出他自身的幻像,即智术师和治邦者。他会定义智术师和治邦者,同时显得就是智术师和治邦者。此刻,异乡人要么已经意识到了,要么开始意识到了苏格拉底的特殊挑战。他担心泰阿泰德会得到他是个疯子的印象(242a10-b1)。

哲人显为非哲人。在——至少在这个例子中——显为不在或幻像。视觉扭曲是哲人之在的不可避免的伴生物,但这对我们而言并非首先的困惑。伴随着真哲人的种种幻像,凭技艺造成的哲人的种种幻像也显出来,它们看上去要么像哲人的幻像,即智术师、治邦者或疯子,要么像哲人本身。哲人本身看上去总是像智术师、治邦者或疯子,而从来不会像他本身。区分假哲人很容易,只要他声称自己是哲人[,那便是了]。既然苏格拉底不得不承认——我们或许也希望如此——有些显得像疯子的人的确是真疯,那些真智术师和真治邦者就更增添了问题的复杂性:他们曾跟仅仅幻像性的智术师和治邦者一起显现吗,后者中有些是真哲人,有些是假哲人,还有一些则是真智术师和真治邦者的幻像?奥德修斯被雅典娜装扮以后看起来跟真乞丐阿尔奈奥斯(Arnaeus)一样是乞丐,半分不差,而后者的别名伊罗斯(Irus)使他显得倒像是神的使者(《奥德修斯》18.1-7)。

然而,苏格拉底可能不会提出这么大一个谜题——如果他的意思是说智术师和治邦者顶多不过是真哲人的幻像而已。而且我们也不必非得分辨哲人的幻像与那些真智术师和真治邦者,尽管如此,还是可能有些智术师和治邦者的幻像,它们既非真哲人的幻像亦非假哲人的幻像。毕竟,一个受政客雇佣的小跟班虽然是个冒牌的政治人,看起来也不会像假哲人。哲人立于多重幻像的背后和上方,这些幻像似乎绝不比普罗透斯神的那些千变万化的幻像更容易精确区分。只有一件事可能使苏格拉底采纳忒奥多洛斯的观点,那就是:让一位神来证明他是神并不正当——如果异乡人是神的话。

苏格拉底很乐意从异乡人那里了解,"他们那个地方的人对这些怎么看,怎么称呼他们"。[II.73]苏格拉底对问题的表达含糊得不能再含糊。"那个地方"指异乡人的出生地呢,还是指真哲人自上往下看的那个地方呢(《泰阿泰德》176b1)?出于礼貌,异乡人必须像[保守]神谕那样保持沉默和漠然,直到作他代言人的忒奥多洛斯对苏格拉底的问题听得足够明白而替他作答。苏格拉底解释了"这些"指什么:"智术师、治邦者、哲人。"现在忒奥多洛斯听懂了苏格拉底的表达,但未明白苏格拉底发问的意图。苏格拉底当着一个帕默尼德的追随者的面在用言辞模仿他本人关于帕默尼德的困惑。他婉言谢绝了去审查帕默尼德,理由是,他怕自己并不明白帕默尼德所说,怕自己远远没跟上帕默尼德话里的意图。在苏格拉底看来,帕默尼德的含糊之处在于,他显得未能区分非在的诸幻像。一个真哲人与一个假哲人之间的差别未必会显露于言辞。

苏格拉底说了三个词,这三个词若连续说出来是不可能——根据异乡人的说法——构成一句言辞的。头两个词是柏拉图两篇对话的标题,第三个词则是一篇未写成的对话的标题,即《哲人》,其副标题不妨作"论某种疯狂"。异乡人径直接受了苏格拉底的排序,当作后续讨论的恰当顺序,但我们不知道应当如何解读苏格拉底的排序。如果智术师、治邦者、哲人就像一、二、三,那么,我们数完《智术师》后就可以把《治邦者》加上来,数完《哲人》后也可以把另外两个加上来。它们各自是一,单独就是完整的,放到任何更大的集合中也不会丧掉自身的任何东西。因此,按怎样的次序来阐述这三者,跟它们的在的次序就没有任何相干,而忒奥多洛斯后来建议说,异乡人可以先讨论完智术师,然后再讨论作为治邦者的哲人(《治邦者》257b9—c1,258b2—3),这在原则上也就是正确的了。然而,如果异乡人赞同苏格拉底的想法,即智术师和治邦者之于哲人正如表象之于在,那么,无论把它们数作三或二或一,都将是对人的误导。两个幻像相加并不就等于一个在,一个在也不能简单分裂成两个幻像。而如果我们假设,苏格拉底所说的三个词应当理解成一个阿里斯托芬式的词(philoso-phistopolitikos),那么,柏拉图在给出该词的两个部分时,所给我们的就不会只是部分。而且,脱离了其所属之整全的《智术师》与《治邦者》,就会像分开的两个词"神"(theos)和"礼物"(dôron)之与这两个词合成的专名 Theodorus[忒奥多洛斯]一样,有着天壤之别。①

　　当然,我们也不是非要这样分析苏格拉底。我们也可以假定智术师、治邦者和哲人每个都是字母名,或其中两个是辅音、一个是元音,或者其中两个形成一个双元音、而另一个是辅音。[II.74]一种可能是,智术师和治邦者名为 M 和 D,哲学名为 U;另一种可能是,智术师和治邦者分别名为 I 和 A,哲学名为 M。第一种可能性意味着,《智术师》和《治邦者》之所以可以听见,仅仅是因为有个外来元音分配到了它们当中;第二种可能性意味着,虽然《智术师》和《治邦者》单独就可听见,但只有在本质上无声的《哲人》恰当地安放到其旁边之后,它们才得到了规定。尽管我们可以直接把苏格拉底的逻各斯理解成他是在说,智术师、治邦者和哲人是带有两个面相的一个类,苏格拉底却用一个词语序列向异乡人提供了其他好几种解读他的方式。如果异乡人说话时将立的位置在诸幻像之上,他就会作为异乡人说话,诸幻像对他显得

---

① [译注]伯纳德特在这里玩了一个文字游戏,他把剧中人物忒奥多洛斯的名字拼写 Theodorus 拆成两部分,theo-dorus,前一部分在希腊文中意思就是"神",后一部分在希腊文中意为"礼物"。

也就会跟对下面的我们显得不一样。

苏格拉底想知道:帕默尼德派是把智术师、治邦者和哲人看作一,还是看作二,还是如其名称那样看作三;又,若他们把三者的等级分成三,是否会各附上一个名称。计算它们其实就是计算等级;确定它们的种(genus)也就是确定在。此处有七个可能性。第一个可能性是异乡人所转述的帕默尼德的看法:有三个种。但若它们的种是二,就有了三种组合方式:(1)智术师和治邦者其实是一个种,哲人是另一个种;(2)智术师和哲人其实是一个种,治邦者是另一个种;(3)治邦者和哲人其实是一个种——《王制》明显就是这一看法——哲人是另一个种。又,若它们的种是一,那么所列出的三者中,必有两个是幻像:(1)治邦者和哲人都是智术师的幻像;(2)智术师和哲人都是治邦者的幻像;(3)智术师和治邦者(符合苏格拉底的提法)都是哲人的幻像。苏格拉底似乎排除了第八种可能性,即:另有一个智慧人或全知者的等级,包含了另外那三者。这样一个等级大概就是神明的等级。异乡人不能像普罗塔戈拉所做的那样,把神明排斥在他的论证之外,事实上,他以区分神的制作与人的制作收束《智术师》,又以区分神作王与人作王开启了《治邦者》。哲学这个名称本身之中已经包含着不完全性。如果真哲人也有自己的等级,那么,哲学必定就只是智慧这一等级的碎片,因此也就跟它自己的幻像即智术师和治邦者一样成了幻像性的,难道不是吗?泰阿泰德开始相信了智术师是在模仿或效法智者(268c1),但这样的效法如何区别于哲人的效法呢——据苏格拉底所说,哲人试图把自己比作神(《泰阿泰德》176b1-3)?苏格拉底的有罪在于他问了异乡人一个在某种程度上[II.75]跟他问忒奥多洛斯一样的问题。起码他没有夸大确定神的等级与确定哲人的等级这两件事在难度上的差别。

异乡人的回答是[他们大体认为他们是]"三"种,如果这个"三"意味着智术师、治邦者、哲人全都是平等的,那么根据他的二分习惯,似乎就有两个方案中的一种向他敞开:要么,一次切分把哲人与智术师或治邦者分开,另一次切分把智术师与治邦者彼此分开;要么,第二次切分时,智术师(或治邦者)会与某个未命名的第四等级分开。前一种情况下,第一次切分后余下的要么智术师要么治邦者会造成一个问题,因为此时对同一事物就会有两个并不对等的定义。第二种情况下,苏格拉底的问题将得到不正确的表达,并且那缺失的第四等级也需要得到说明,尤其要说明关于它的什么东西使得苏格拉底忽略了它。既然苏格拉底像荷马赋予诸神那样赋予哲人以幻化的能力,那可能余下或发掘出来的第四等级,就很可能正是诸神的等级。神会埋伏在异乡人的路上,这听起来无论如何都令人难以相信。异乡人通过非在接近了在的问题。非在之成问题的两个最明显的例子就是死亡和诸神。"在"(that which is)如何不再在,"据说在的"又如何要么在要么不在,都同样令人困惑。柏拉图虽然通过《斐多》圆满地为我们回答了第一个问题,却没有同样公开而圆满地为我们回答第二个问题。缺失的那篇对话《哲人》似乎真的迫切需要。

　　对于苏格拉底的问题,据异乡人的代言人忒奥多洛斯所说,异乡人不会吝啬而不给苏格拉底一个透彻的回答。不过,异乡人区分了两种回答:一种回答是自愿的,而且简短;一种回答则须长篇大论地道来,是比较棘手的任务,即需要明确阐明他们各是什么。结果,这个长篇大论的回答对柏拉图来说太长了,以至于他都没把它写下来。仅用一个词"三"来作答是一个极端,用一篇冗长太甚的对话《哲人》来作答是另一个极端,柏拉图以两部对话即《智术师》和《治邦者》,给出了两个极端之间的折衷处理(217e4)(《治邦者》286e1 及其上下文)。假如苏格拉底不告诫我们勿把几何学的比例运用到某些事物上,我们也许会相信柏拉图之所以决定不写《哲人》这篇对话,仅仅是因为它若写出来的话字数可能会达到 10^{10} 那么多。无论如何,柏拉图的折中方案让人想起苏格拉底在《泰阿泰德》里的折中之举。在不重要之事的紧迫性与不紧迫之事的重要性之间的某处，泰阿泰德的灵魂就存在于那里，但他的灵魂某种程度上已屈服在假意见的问题之下，而结果证明这就是苏格拉底呈现他自身智慧的方式。苏格拉底的智慧本可以放在一段插入的部分中来讨论，并且比帕默尼德一开始提出的在的问题得到更充分的讨论。然而，异乡人，[Ⅱ.76]尽管几乎没有意识到苏格拉底已让他作为代理人来解释帕默尼德的"静"（参217b4-8），还是决定把在的问题放到插入的部分来谈，使之从属于智术师的诸幻像。似乎没有任何合适的场合，遑论有足够的时间去充分地讨论在。因为，尽管在必定是有限的——如果任何东西一样地只是部分可知——尽管很难轻易想象对哲学来说还会有什么东西（比在的问题）更非枝节问题，但在还是似乎总隐退在背景中，要不然——一旦它被推向前台——就在威胁着要把关于它的任何谈论拉伸到无限长。也许，当我们认识到在必然服从于这种或那种妥协时，我们才刚开始了解在是什么。

我们不晓得异乡人的简短回答是否已经让苏格拉底满意，但幸运的是，苏格拉底的问题跟几个数学家之前向异乡人提出的问题正好相似。现在，他们所有人都可以恳求异乡人来讲述一下他曾完整听闻并且尚未忘记的内容了；唯一待定的事情是异乡人怎样来讲。根据苏格拉底的说法只有两种可能的讲法：要么像他比较习惯的那样，独自发表一篇长篇讲论，把他想要向别人表明的无论什么内容通通讲遍；要么通过问问题的方式来讲，因为苏格拉底曾经听帕默尼德这样讲过，而且整个过程他都讲得非常漂亮。原则上异乡人并不反对作一篇长篇讲论，不管是自言自语还是当着别人的面；但作为异乡人，他毕竟有几分羞于这样展示。长篇讲论当然会比《智术师》和《治邦者》合起来短，因为异乡人并非不得不在一个简单的例子上来训练泰阿泰德，也并非必须来澄清小苏格拉底的误解。异乡人的羞耻感——也许并不完全正当——迫使他转向了帕默尼德的讲话方式。

帕默尼德的讲话方式在这方面不同于苏格拉底的方式。帕默尼德式交谈的目的表面看来是为了旁观者的益处，且并非必然而只是附带地为了交谈者的益处。苏格拉底听帕默尼德推着亚里士多德练习使用假设时就曾是受益者，现在，他似乎再次成了异乡人讲话的主要受益者。毕竟，泰阿泰德和小苏格拉底将要用后面两部对话共同回答的乃是苏格拉底提出的问题，而他们俩似乎对这问题都没多大兴趣。在《泰阿泰德》整篇对话中是泰阿泰德在不断地起誓；而在《智术师》和《治邦者》中只有异乡人在起誓。苏格拉底本人似乎也至少一次采用过帕默尼德的讲话方式，那时他是要在美诺的奴隶身上展示他希望美诺本人能明白的东西。苏格拉底并不想教美诺的奴隶，也不想教美诺本人任何几何学的东西。那么，异乡人是想教苏格拉底某种东西吗，且智术师和治邦者为此各都是一个幻影（corpus vile）而已？［Ⅱ.77］除非我们首先知道，异乡人单独的长篇讲辞是否可能跟他所进行的两段对话是一回事，否则我们无法回答这个问题。也许，泰阿泰德和小苏格拉底无法预知的错误，可以无法校正地修正异乡人的讲话方式。

二、钓鱼（218a4–221c4）

异乡人轻松地逐一给出了智术师的六层定义，最后令人惊讶地总结说，智术师还是从他那里溜走了。也许我们本来猜想会有一个单独的定义，可以在不再引入其他任何要素的情况下涵盖如下所有六个分离的言辞，即：智术师是富家子弟的猎取者，或在本地猎取或在海外猎取；目的是向他们兜售灵魂用品；或是他自己的灵魂或是别人的灵魂所用的货物；灵魂货物在于一切美德；而它若离开了智术师对辩论术的运用就无法获得；在此过程中智术师还扫清了那些阻碍学习的意见。泰阿泰德没有提出这么一个复杂的言辞，而异乡人似乎也排除了这么复杂的言辞。定义只能利用"纵向"要素（即同一谱系中较宽那列的要素），而不能利用任何"横向"要素（即属于侧面各分支上的那些要素，这些分支根本上都属于同一家族或同一族群）。异乡人对一个逻各斯的要求是它必须纯粹，不应混杂，并且要像阿米巴变形虫那样自我生成。他没有解释如此严格要求是出于何种道理，也没有解释他如何知道智术师就符合这种类型的言辞——即使其他事物也符合这类言辞。泰阿泰德从未见过什么智术师，他温顺的性格使他只可能随着异乡人的兴之所致亦步亦趋，而绝不会去问异乡人到底要干什么。然而，异乡人自己所举的范式，即钓鱼术，并不纯粹。它的九个要素分成三组，各包含三个要素，每两组之间仅有非常微弱的联系。前三个要素给出钓鱼者的方法或 methodos（秘密进行获取的技巧），接下来三个要素给出钓鱼者所猎捕的对象或事物（生活在水里的动物），最后三个要素给出钓鱼者所用的工具（鱼钩和线）。

　　一门技艺根据其方法、存在和手段，即如何、什么和靠什么被定义。所提供给我们的智术师的定义在这三者之外又加上一条：实践这门技艺的目标或目的。异乡人完全不谈目的，目的潜伏在任何一门技艺的认知内容之外。钓鱼者若把钓到的鱼尽数放生，他仍跟之前一样是钓鱼者；智术师若把灵魂用品免费分给人，他还是智术师吗？因此，爱欲者可能是某种爱欲者，以美德为诱饵让［II.78］后生们上钩。不管他的那些灵魂用品有多假，他总归在实践一门技艺。我想我们可能不介意说，只有那个钓到最狡猾的鱼的人才算是钓鱼者。的确，渔夫的诱饵越是能骗得鱼儿上钩，他就越是可能成功。带着这一最基本的考虑，我们已经不知不觉地滑向了模仿术，也就是异乡人最后归给智术师的技艺。假如异乡人不假作谦让，假如他直接给出他所知道的长篇讲辞，那么他可能很快就到达了在的问题所潜伏的地方,而我们也就可以不跟着他虚假的二分科学左冲右突了。事实上,我们在追踪智术师的伪科学(pseudoscience)的过程中遇到了一个伪科学的谜。

　　泰阿泰德和异乡人必须用一个他们通过言辞而共同达到的言辞,来代替他们现在对智术师的共同称呼。该言辞的实质本身,或者说其实际,将是一个联合达成的协议,或曰共同言辞(sunômologêsthai)。异乡人把不经言辞而有的名称,与经言辞而发现的事情本身相对而论。名称通过言辞转化成事物。异乡人似乎把智术师等同于那个将要以对话方式得出的关于智术师的言辞。在异乡人的言辞中,智术师的族就是那智术师,理解(sullabein)了那智术师,就整个地抓住了(sullabein)智术师。异乡人说话既用字面意义又采用隐喻。从智术师的角度来看,异乡人的言辞本身是智术式的,因为它把它试图发现的东西变成了在;但异乡人似乎暗示他的智术只是一个假象,因为其实际乃是泰阿泰德与他本人的联合行动。这一结论只可能显为虚假的。异乡人引了一句格言来缓和他们追捕猎物的紧张感,但这句格言关乎制作术而不是获取术;不仅如此,格言还假定,他们所拿来练习的事物跟他们想要认识的事物属于同类。只要他们所用的"方法"是万能的,鱼跟智术师之间的差别就无关紧要。事实上,异乡人将宣称他们的方法绝对可靠,即使他否认人类可以达到全知。异乡人看起来就像另一个苏格拉底。

　　泰阿泰德和异乡人最后所给的关于钓鱼者的逻各斯完全符合他们一开始关于该名称含义所持的真实意见。事实上,该名称通过一个生造的词源已经包含了这个逻各斯本身(221c1-2)。钓鱼者拥有获取鱼的技艺,但"技艺"这个词有待分析。异乡人把钓鱼者跟其他门类的技匠分开,却没有把任何一门具体知识归给钓鱼者。他告诉我们钓鱼者做什么,却没有告诉我们他为了做此事必须懂得什么知识。那些二分显明了行为是什么,但未显明[II.

79]使行为得以可能的技艺。它们并非穷举式的而是排除式的定义:如怎样怎样的人不是农民。我们只看见一人手持钓竿坐在河岸边,竿上飘飘摇摇垂下一条线,落在水流中,突然那人猛地拉线,拉上一条鱼来,鱼还咬着钩。我们有没有看见钓鱼者所用的技艺?异乡人的言辞只能起到两种可能的作用。首先,假如我们是立法委员,打算禁止某些类型的捕鱼捕猎行为或定该行为为有罪,同时允许或鼓励其他类型的捕鱼捕猎行为,那么异乡人的划分方式可能有助于使这打算形成为成文法典(《法义》823b1 - 824a19)。异乡人提供的标记可以帮助警察立刻确定这样或那样的捕猎是否违法。如此,钓鱼这个范式背后的范式就是法律(即《治邦者》这部对话),异乡人可能正在为了他尚未确定智术师已犯下的某种罪而控告智术师。第二,假如我们是画家,想按照一份说明来画一副钓者的图画,那么异乡人提供的材料也足可糊弄除了钓鱼者本人之外的任何人了(《伊翁》538d1)。如此,钓鱼这个范式背后的范式就是模仿(即《智术师》这部对话),异乡人就犯了为他自己所犯之罪而控告智术师的罪。异乡人的[行为]方式就证实了智术师的实存(existence)。我们只有注意异乡人所做的事,才能把握智术师是什么。智术师过的是一种双重生活,他既是泰阿泰德和异乡人所联手追捕的野兽,又是猎取泰阿泰德和异乡人这类驯兽的猎人(参 218a1)。泰阿泰德和异乡人看起来与其说像偷猎者,不如说更像被猎取者。

　　所有的技艺大体只关乎两类。异乡人警告泰阿泰德他们的出发点不够清晰(参 220e6)。一类技艺可以完全正当地称作制作术,另一类技艺则可以完全恰当地称作获取术。制作术包括耕种、各种对整个有死之身的照料、对合成和制造之物的[管理],以及模仿术。制作术的特质就是让不在的东西进入在。由于苏格拉底曾把自己的助产术比作耕作(《泰阿泰德》149e1-8),异乡人也就暗示了那也是一种制作,尽管苏格拉底曾竭力在这点上把自

己跟普罗塔戈拉区别开来。异乡人觉得区分如下两样技艺并不
重要，即一个是把某物带入在的技艺，一个是制作出一种若无该
技艺就可能永远不会有的东西的技艺。然而异乡人排除了虔
敬——游叙弗伦曾试图把它定义为照料诸神。我们也不知道他
会如何给杀死和毁灭这种把在带入不在的技艺归类。我们不能
将它与猎取和争取放在一起，因为异乡人此时并未提到杀死是这
些技艺中的基本组成部分。

　　获取的技艺中包含学习、认识、赚钱、竞赛以及打猎整个这一
类活动，这些都不制作任何[II.80]东西，而是要么通过言辞和行
动掌握已在的东西，要么阻止别人掌握它们。异乡人认为区分如
下两种技艺不重要，一种是获取某种要么由我获取要么谁也不能
拥有的东西的技艺，一种是无论如何并不涉及独占的技艺。我们
不知道他会把教育术——使别人获取知识的技艺——归在哪里。
尤为奇怪的是，他只字未谈一个人的获取术是作何用途。钓鱼者
若是为了牟利而钓鱼，那么他就只是在某种意义上拥有他所获取
的东西。若我们把用途考虑进来，技艺作为一个整体就成了获取
财物的技艺。这一类技艺比制作术一类具有更大的统一性，因为
没有人希望获取虚假的财物，无论是假钱还是伪知识；而制作术
中却充满了假的事物，无论是苏格拉底的技艺所产生的幻像，还
是诗歌、绘画中的形象。

　　获取术似乎比制作术有更多自我关涉，因为实行制作术不会
影响或牵涉到技匠本人。此外，从未制作过什么的人不可能是制
作者（《治邦者》258d-8e2），而拳击运动员即便输掉所有的比赛，
他还是拳击运动员。当然，从未抓到过猎物的猎取者是否仍是一
个猎人，这一点并不清楚——比如《泰阿泰德》里那显然空着的苏
格拉底的鸽屋。无论如何，我们可以假定某人拥有过——或所有
人都想要拥有——获取属人财物的技艺。当异乡人讲到那些不
容别人掌控的技艺时，他似乎想到了正义或正义的某个部分（《法

义》730d2-7）；至于制作术，我们甚至无法想象作为一个整体的制作术可能是属人的技艺。异乡人把制作术纳为一个名称时，他既没有说到整体，也没有说到部分，因此，他一开始就隐秘地区分了属人的知识与属神的知识。他那解决智术师问题的方案要求有一位神创造一切，人又从这一切中制作出其他事物。

泰阿泰德轻松地接受了交换一类和强取一类的区分，交换中的双方都是自愿的参与者，强取则是一方跟另一方对抗。此后，他又接受了公然争取与秘密猎取之间的区分。但他疑惑是否真存在猎取无生命之物和猎取有生命之物这两种猎取。异乡人承认无生命之物的猎取一类很少有各自的专名，他引用的一个例子——人潜水采集海绵——也值得怀疑，因为不仅海绵可以视为有生命的，就算它们是无生命的，似乎也没必要偷偷地"猎取"。贼的例子要好很多，但整个这一未得命名的类还是不如猎取动物这一类那么确定。然而，如果我们[II.81]考虑到唯一主导整部《智术师》的像，即对智术师的猎取，那么，这个未得名的类就不是别的，而正是哲学，那对隐秘的诸在或诸种的秘密猎取（《欧蒂德谟》290b1-8）。正因为泰阿泰德和异乡人是猎取者，他们才能单单根据智术师的名称向前追踪，而不去查证他实存与否。他们越意识到自己在做什么，区分真正的猎取诸在与伪装的猎取诸在这一问题就变得越尖锐。他们所犯的每个错误都迫使我们在其基础上思考，并因而揭示出智术师是哲人无可避免的伴生物。

如果我们说，异乡人无论在《智术师》中还是在《治邦者》中所提出的区分没有一个是自明的，那绝非夸大其词。例如，自愿与非自愿之别在这里成了区分自愿交换与强取的根据，而在《治邦者》中却遭到激烈批评；而且，异乡人刚把战争归入猎取一类，转过来就又发现了以公开竞争为名的战斗。不过，表明诸种类之不可靠的最明显也最奇怪的标记，也许是如下这点：捕鱼范式之后的每一次列举中，总有某个人——异乡人、泰阿泰德或小苏格

拉底——要么错误地从第三类中分出第四类来,要么在两类之间
造成某种混淆。也总是在这里,"同"被错当成"异","异"被错当
成"同";异乡人把避免这两种错误的任务交给了辩证法。例如,
当泰阿泰德帮忙总结他们对智术师的定义时,他列出了智术师的
第四个种,但这与异乡人的看法相反,因为后者明确否认这一种
称得上独立的一种(参 225e4)。另一方面,第三次和第四次划分
总是很容易瓦解而进入彼此的类属中,所以,在这里,泰阿泰德质
疑异乡人的第四次划分是否成立。他没有意识到,如果这次划分
成立,那么他和异乡人正在进行的联合行动,连同哲学本身的可
能性,都将随着这一划分而消失。泰阿泰德忘记了,他自己的科
学如果属于获取术的话,必定属于无生命之物的猎取一类。他忘
了苏格拉底曾把算术定义为对一切奇数和偶数的知识的猎取
(《泰阿泰德》198a7-8)。

　　在钓鱼的问题上异乡人漏掉了一个绝对必要的因素,此乃钓
鱼的整个技艺性所在:他只字未提钓鱼者必须裹在钩上的饵食,
或他必须栓在钓线上的诱饵(参 222e6)。假如他考虑到这个要
素,那么不仅强取与自愿交换之间的区分会变得成问题——礼物
(dôron)也是贿赂——而且,部分模仿术也会变成获取术中的一
支。但是,异乡人可能争辩说,钓鱼者当然可以亲自调制鱼饵,但
他也可以向[II.82]别人买或者去别人那里预定,叫别人按自己的
要求制作。因此,一切制作似乎原则上都服从于获取:农民并非
靠他的技艺拥有他所种植的果子(《王制》333a2-4)。这就意味
着,异乡人在把智术师迁出哲人所属的类并迁入制作术时,就把
智术师置于了哲人的掌控之下。智术师操练各种不同的获取术,
归根结底可能是因为未能成为完美的获取者;但智术师作为可能
完美的制作者,却威胁着哲人的要求,因为他否认哲人在诸在中
得出的任何区分是真实存在的。智术师制作哲人所掌握的一切
东西。仆人不肯承认自己是为仆的。到目前为止,我们不知道制

作如何把自己从获取中解放出来，或者更笼统地说，那些非自我关涉的技艺如何反抗那些关注善的技艺的显而易见的优越地位；但是，异乡人如果想让智术师安守本位就不可能避开统治的问题。因此，《治邦者》必须是《智术师》论证的一个部分。

异乡人用回溯的形式对钓鱼术加以总结，看起来就像荷马笔下的家谱（比较268d2-3），但这种回溯的形式并不容易有现成的解读。有没有可能他是在讽刺苏格拉底的助产术，根据这种助产术泰阿泰德如果生出一个多产的后代，就能生出一个家族的真理来？"苏格拉底啊，"异乡人会说，"不是灵魂靠着助产术中的断脐术的帮助生出了真孩子，而是对种类的解剖做到了这一点。"这种"解剖"必然结束于某个不可分的即某个不育的种类，但该种类并不因为不可生育就是虚假的，而是恰恰相反，它是一个终极形式，就像是知识字母表中的一个字母。它作为一个字母不能单独读出，必须借助于其他字母才能恰当地拼读。然而，到目前为止，字母"钓鱼"只跟一个别的字母即叉鱼分离开来，其他所有的类仍然是带有音节的或多音节的（参220a8-9），其中最庞大的一类就是"技艺"或"知识"本身。毋宁说，"技艺"是我们从远处听见的某种混合的噪音，而不是一个清晰的单音。

现在，如果异乡人发现了"钓鱼"是"获取"的后缀，他岂不同时也发现了另一个后缀即"叉鱼"吗？二者中的每一个都不是正确的读法而排除另一个；而且，既然不管异乡人说了什么，叉鱼之击打都并不是钓鱼之击打的反面，那么钓鱼和叉鱼这两个种类就并不属于某一门更高的技艺。如此，假如我们成功地分辨出知识的每个原子片段，那么我们将永远不能够把它们合起来，因为原子的粘合剂并不是知识，而是真意见。二分法给人一种层次分明的幻像，仅仅是因为其余的[II.83]原子尚未被发现。钓鱼术的清晰和独特必然依赖于其他所有原子的不清晰和不独特。知识的所有要素一旦被认识，也就都散开了。

异乡人两次使用词语"另一个",两次都是用于进一步对类进行下分(220a9、d1)。事实上,直到出售身体所需品的行商出现,"另一个"才被用于表示被弃置的类别(223e6)。钓鱼,作为最后剩下的"另一个"(220e6),完全寄生于我们所不知的一切。就连日光,那若无它钓鱼术就无法施展的东西也被归到"带钩之物"名下——鱼钩亦属其中之一。"公开"和"隐秘"凭自身"存在",而不由那些需要它们的技艺确立。"公开"是友好的竞争术与敌对的争夺术之间的纽带,但这两种技艺无论分开还是合起来,都不构成关于"公开"的知识。探索就是未知,因此,异乡人必须把他的分类谱系化以掩盖其内在的原子性。谱系乃是异乡人向其二分法中插入其寻找次序的手段。由此他就使寻找的次序显得像是在的次序。寻找与在相配,便产生出一种特别的生成(参222d5-6)。泰阿泰德在《泰阿泰德》中提出的知识就是感觉的定义中,普罗塔戈拉的尺度与赫拉特利特的动就是这样统一起来的,两者没多大差别。异乡人说,"我们看到一类是有翼能飞的",他只有在此处才允许自己的逻各斯中出现了一个表示知道的词。

三、猎取(221c5-223b8)

泰阿泰德和异乡人将根据钓鱼者的范式来找出智术师究竟是什么。二者之间的连结点仅在于一个事实,即智术师的逻各斯可能在于一系列的划分——不管他有没有一门所谓的技艺。但是,有两件事使钓鱼范式变得与智术师更接近,这两件事要同等地归因于泰阿泰德和异乡人。异乡人问泰阿泰德,他们是否要把智术师"完完全全真的当作一个智术师"(《泰阿泰德》189c7)。泰阿泰德在这关头决定性地插了一句话。当然,他们已经根据经验和"天资"、不用逻各斯就排除了苏格拉底关于智术的定义(《高尔吉亚》463a6-b4),因为泰阿泰德忘了异乡人原先关于钓鱼者曾提出三种可能性——一个有技艺者,无技艺的,或者有别的某种能力。但是,如果实实在在地是一个智术师意味着一个有技艺的人,那么,像泰阿泰德所做的那样追问该技匠拥有何种技艺就是不可能的。泰阿泰德先承认凡有技艺的人就是一个智术师,然后又提议来思考[II.84]何种技艺是智术。他在求似乎不可能的东西,即某个一,但这个一既是多,又是多中之一。他在天真地究问他们本身所正在做的事。这种他们借以追踪智术师或任何别的技匠的技艺,这种其他各种自称为技艺的都必须用到以使自己成其为一门技艺的技艺,这种在其自身关于技艺的谈话中显为众多技艺中之一种的技艺,究竟是什么?

一旦智术师和钓鱼者都显示为猎取者,范式就不再只是“方法”的一个例子,它已凭借自身成了某种东西——即一个产生像的源泉。我们说,智术师仅仅在比喻的含义上是钓鱼者,泰阿泰德没有对比喻提出疑问,或没有注意到比喻,尽管异乡人特意提醒他注意这一点:“智术师则转向陆地,另一种江湖,就像[遍布]富家子弟的广阔草地。”异乡人声称猎人-智术师是他自己洞察到的,但这一洞察所洞察的乃是智术师自己的伪装术。智术师就走在异乡人的探究之路上,他在做异乡人自己正做的事。智术师把自己变成了一个猎取者(参265a8)。异乡人未曾发现关于智术师的任何未曾由智术师本人展现给他的东西。不是钓鱼者使异乡人在智术师身上看到了[与猎取者的]相似性,而是智术师使异乡人在钓鱼者身上看到了[与猎取者的]相似性。智术师有能力使他自己的非在——不管什么非在——显出来。他永远都在预言异乡人的下一步发现。就在异乡人要把目光从智术师转向钓鱼者的同时,智术师也在跟随异乡人的指示去检查钓鱼者这个部分。要想追踪智术师,就好像人企图直接看透一面镜子而不看见自己一样。更确切地说,这就是灵魂自问自答的难题。这就是思想的难题。

　　就智术师和钓鱼者皆为获取者、征服者、猎取者而言,二者无法区分;但就自然元素而言,他们一个在陆地,一个在水上,就此分道扬镳。现在需要将繁多的陆生动物一分为二(参 220a3),为克服这一困难,异乡人建议把所有陆行动物分为驯养的和野生的。泰阿泰德吃惊了:"那么就有一种对驯养动物的猎取啦?"泰阿泰德之所以吃惊,是因为"猎取"(thêra)一词本身已暗示其活动仅限于获取野兽(thêria)。于是异乡人向泰阿泰德提出几种可能的区分,它们都是用一个显然属于人为的区分,代替了陆行动物的自然的多样性。然而,如果人为的区分也可用于人本身,那么,人类在驯化兽的同时也可以驯化他自己了。无论如何,驯养与野生的区分,与由人驯养与非由人驯养之间的区分,其实是一回事,于是泰阿泰德别无可答,只能说:"异乡人,我认为我们是驯养的动物,[Ⅱ.85]我还得说存在猎取人这种事。"关于兽的议题使泰阿泰德变得自觉了。他立刻做出一个双重划分——猎取驯养的动物与猎取人,这次划分在异乡人的小结中被恰当地算为两样东西,但在泰阿泰德那里并未清晰地辨别为二。驯服的、被驯服的、可驯服的,对泰阿泰德而言全都是一回事。他不记得苏格拉底曾经说,他由于苏格拉底的助产术变得更驯服了;他也不记得异乡人曾经的暗示,异乡人曾说他自己若拒绝苏格拉底的请求,将是不友好而且野蛮的。泰阿泰德还忘了,在《泰阿泰德》中,苏格拉底曾用鸟来象征知识,鸟被抓住必然意味着鸟变成了准家养状态,人把驯鸽错当成野鸽也是如此。无疑,泰阿泰德本该考虑为什么对于鱼和鸟没有作出类似的区分。他没有意识到政治和教化之间的联系,或者说,他不知道人性中的两种潜在的本性,在《治邦者》中,异乡人花了很大力气要让小苏格拉底承认这一点。

　　泰阿泰德对城邦的一无所知跟智术师对城邦的一无所知是一样的,智术师的猎物并不是人,仅仅是一种驯服的动物。智术的基础在于高估它通过言辞所拥有的能力(《尼各马可伦理学》

1181a12-15;《高尔吉亚》456a7-8)。智术诱捕的乃是城邦中富足而有名望的年轻人,这是个事实,但不是智术师技艺中的一个要素。在这方面,智术跟苏格拉底的助产术不同,苏格拉底的助产术只能搞定高贵的美少年(《泰阿泰德》210d1)。泰阿泰德此处的选择初次表明,他而不是小苏格拉底才是这场探究智术师的对话的合适人选。异乡人从不纠正泰阿泰德的任何错误,假如泰阿泰德选择了另外三种可能性中的任何一种,异乡人就不得不去教导泰阿泰德城邦对强力的需要以及法律的特质,这样一来,《智术师》就变成了《治邦者》。因此,《治邦者》只是暂且排在《智术师》之后。

接下来的四个划分都很可疑。抢劫术、掳奴术、僭政术、战争术所属的强猎都是驯服的动物凭借强力去猎取驯服的动物;这种猎取看起来很像野兽猎取野兽,因为人也可以用另外的方式,通过礼物和言辞把驯服的对象诱入其网罗,事实上,有些僭主就是这样做的。假如这里没有列出战争,我们本可以保住这一类,把它重新定义为不法猎取类,由此把它跟城邦内的合法猎取相对;但异乡人要指出法的强力本身(《法义》722b4-c2),并指出,如果人类直接就是驯服的,那么就不可能区分强力与说服。因此,他在小结时省去了这一类。与强猎构成一对的类,即智术师所属的类,乃"说服术"(pithanourgikê);如其名称所表明的,它已经沾上了制作术的成分。由此[II.86],它显得并不依赖于获取那些被说服的人,既然如此,它在异乡人的总结中也必须被省去。异乡人接下来的区分,即私人场合与公开场合的猎取之分——应当指出,不是私人场合与公开场合的说服之分——出于另一个理由也不足以成立。用种种许诺来追求选民的技艺,跟私人爱欲术的言辞有分别吗?柏拉图用了整整一部对话来澄清两者间的分别,但泰阿泰德对 erôs[爱欲]跟对城邦一样,知之甚少。他的无知是其温驯的一部分。这种无知使异乡人得以在对话中顺带提出柏拉图的某一潜在的或实际存在的对话的主题——有时隐晦有时明确——正如《高尔吉亚》和《斐德若》有时就这样被暗示性地提到。异乡人通过言辞或辩证法的方式所发现的每一个形相,都是一部对话的种子。他的形相看似对"型相"的戏仿,事实上却是那些对话的浓缩的公式化表达。这就提出了一个问题,即我们应当如何给这些对话归类:是所有对话都能从一个单一原则明明白白地演绎出来呢,还是说,它们跟那不知不觉地从一个类溜入另一个类的智术师一样,行踪莫测?柏拉图自己对谈话的模仿也是《智术师》的主题,就像无声对话或思想的难题也是《智术师》的主题一样。

泰阿泰德首次对一个区分感到不理解:异乡人认为,私猎中牟利的一类不解自明,他只需要解释倒贴礼物的一类(比较 223e5-6)。泰阿泰德之前没有注意过对所爱之人的猎取。忒奥多洛斯没什么好担心的:没人会把泰阿泰德当成他所爱的人。异乡人区分了奸淫与爱,前者或许应归入自愿交换的技艺,而在爱中,爱者按理必须说服被爱者相信他的"权利"。异乡人把爱者的礼物跟谄媚者讨好人的诱饵和智术师允诺教人以德性区分开来,让我们看到他归给谄媚者和智术师未经分析的双重性。通过揭示谄媚者的甜言蜜语以及智术师许诺背后的目的,他把两种不同的技艺合在了一起,因为如果智术师没有得到酬劳,或谄媚者没有得到养生所需,他们仍然各自拥有严格意义上的技艺,即为人提供德性或快乐的技艺。所以,异乡人在他的小结中把这最后一次区分表述为两种技艺——一种是为了获取金钱而出售教育,一种是为了改善人的"形象"而从事教育。然而,它们属于同一类技艺,因为习俗的给予"形象"的承认不亚于给予钱币的承认。

相反,爱欲术则如此公正,既不夸大爱欲者的功德也不夸大被爱者的功德,这种技艺必定是苏格拉底的技艺,苏格拉底常声称这种爱欲术是他唯一的知识。苏格拉底出现在了智术师的谱系中。苏格拉底和智术师在意见和动机上都不一样,但异乡人把二者理解成一个,并与[II.87]赠送礼物相对照。礼物如果是一种投资,送出之时已在算计日后可能的回报,则礼物就不再是礼物;这一点远比下面这件事好理解:无偿给予的东西也可能服从于某种技艺,一种其名称——爱欲术——恰恰指向 erôs[爱欲]的对立面的技艺。《会饮》中就只有苏格拉底以及公然宣称其目的是赞美自身技艺的厄里克希马库斯(Eryximachus) 说到了"爱欲之事"。于是,苏格拉底与智术师之间的不同就转换成了苏格拉底与智术师的宣称之间的不同:苏格拉底宣称存在一种关于爱欲的科学,智术师则宣称德性是可教的。但这种主张上的不同又转换成了爱欲术与辩证法之间的同,到目前为止二者之间唯一的相似性就在于它们都是比喻意义上的"猎取",都被归入"猎取"类中。理解诡辩术(eristics)与德性的可教何以密切相关要容易得多。

异乡人的小结表达出智术师的难以琢磨性而不是固定性。某些曾经被泰阿泰德视而为一的类别,现在分成了二。这些区分有的已经隐含在论证中,有的则显得极其武断——比如强取与获取之间的区分——直到我们反思到一点,即智术师必须同时兼顾两个方面:一面是他自己是什么,一面是他做什么事。这方面最明显的例证就是最后一对事物:他所卖的东西和他所获取的东西。由于智术师自己是不能把这两方面合起来的,这才从根本上为异乡人的诸多二分提供了正当性,并导向智术被定义为其本身就是具有双重性的技艺,或者说,造像的技艺。

四、出售(223c1–224e5)

苏格拉底曾经把智术师定义为出售灵魂必需的营养品的批发商或零售商(《普罗塔戈拉》313c4–6),异乡人用大得多的篇幅也提出了同样的定义作为他关于智术师的第二个和第三个定义。

对于为什么给出第二个定义,他没有提供别的理由,只说他注意
到在他们之前所说的内容中已经有一种幻像,似乎智术师属于某
个别的类,结果证明,这正是最严格意义上的智术师的类——即
某个"异"(比较221e1)。智术师只在第二次作为其平常的自我
显现时才露出他的真本色。但是,如果智术师的"同"始终在于他
乃"另一个",那么,异乡人的方法除了一个接一个的幻影,将抓不
住任何东西,并且他永远也不会搞清一个幻影是什么。假如异乡
人先定义哲人,然后再比照这个尺度来量出哲人的假影子,显然
他就可以避免这个结果。异乡人似乎犯了苏格拉底在《泰阿泰
德》中所犯的错误,因为苏格拉底没有首先确定何为知识就离题
去谈假意见;[II.88]但是,苏格拉底的错误仅仅是他跟泰阿泰德
的整个对话中的一个部分,而异乡人的错误则似乎是把一次错误
的离题搞成了整篇对话。整个《智术师》就是智术师的"异"。
《智术师》越是一部关于智术师的忠实的"现象学",就越发成了
智术师本人的戏台。《智术师》并不是一部"关于"智术师的对
话,它就是智术师——它是某个"异"。泰阿泰德和异乡人不经意
间至少有两次掉进了哲学(231a1-b2,253c6-9),因为他们已经在
哲学里面。异乡人曾表示他只有一些听来的话转述给他们听,结
果独白变成了一场对话,变成了异乡人承认自己久已处在无尽的
困惑中,而且就连帕默尼德的反驳也不足以消除这困惑。

　　异乡人的第二个定义从一个错误开始。他把获取术中的猎
取部分跟交换(allaktikon)配对,但是,表示交换的另一个名称
(metablêtikon)起初是从强取(kheirôtikon)中分出来的,后来已经
在总结猎取者智术师的定义时不见了。这种配对上的互换意味
着交换术可以理解成某种强取,即贱买贵卖的技艺。智术师-交
换者是以一物换另一物的商贩,就此而言他要么自产自销,要么
贩卖他人生产的货物,要么周游各城去卖,要么就在本地卖。可
是,异乡人没有理会坐商是自产自卖还是贩卖别人的货物,但却

不容行商是生产者即制作者,仿佛做一个专业外乡人就要是非本色的(unoriginal,参224a3)。异乡人似乎想到了他自己;无疑他希望尽可能延后把制作与获取相联系,这一联系在 autopôlikê 这样的词汇中暗示出来。autopôlikê 是异乡人生造的第一个其构成无法传达其含义的名词:它由 autourgos[用自己的双手制作东西的人]的前缀 auto-与 pôlikê[贩卖的技艺]复合而成。也因此它是某种双重技艺包含在一个名称里面。

它可能是某种单一的技艺吗? 可能有这样一种技艺,它用跟制作相同的手段来贩卖,以至于它所借以制作的手段就是它所借以贩卖的手段吗? 广告商的技艺当然也可以做广告的广告,但那只是偶然性地,就像医生有时也医他自己的病。与销售产品相伴的推销辞必定属于某人制作该产品时的那种技艺。假如产品就是灵魂食粮,那么灵魂食粮就应在销售"灵魂食粮"的过程中昭明。让我们假设有一种灵魂食粮是灵魂知识,那么销售这知识的人就必须在他的推销辞中让人看到这知识。在这个意义上,呆在本地的苏格拉底是一个 autopôlês[自产自销者]。他在《泰阿泰德》中那些谈论助产术的言辞其本身就是一篇具有助产作用的言辞。另一方面,智术师–贩卖者则将是双重性的,因为他在吹捧其货物方面的经验[II.89]不可能是他所贩卖的德性的一部分。虚假的德性不可能有技巧地管理其自身的运动,而灵魂知识若是德性,那么它在规劝中才最大程度地就是它自身,尽管它甚至在阻碍出售时也仍然是德性。假如苏格拉底生产的是某种技术品,那他也许就是智术师中的大师了。但是,autourgos 主要是指自耕自种的人,唯有从异乡人把耕作划归制作术这样一种分类,苏格拉底才有一点被当作智术师的危险。是泰阿泰德把异乡人小结中的第三个类错会成两个类别,才使 autopôlês[自产自销者]处在了关于智术师的七个定义的中心位置。

出售灵魂食粮的行商卖消遣、专长或德性。异乡人没有解释这几样东西彼此排斥的;作为别人制作的产品,这些本来都可以放在书本中出售,贩卖这些东西的行商不必对索福克勒斯的戏剧比对普罗塔戈拉的《真理》知道得多些。但异乡人似乎假定,行商在某种程度上就代表着他的产品:他已经吞吃了或者说相信了他卖的商品,也信仰他的使命。倘若没有这一假定,对行商和坐商本身的描绘也许就会脱离与智术的任何连结。例如,行商也可以拥有虔敬术——除非异乡人想要把虔敬跟赠礼放在一起——因为根据游叙弗伦,虔敬术就在于以祈祷(言辞)和祭品(吃喝之物)从神明那里换取好东西(《游叙弗伦 14c8-e8》)。

五、争取(224e6-226a5)

到目前为止,智术师技艺的多面性一直有赖于——也许用"伴随着"会更好——异乡人认出他的不同方式。智术师是猎取者,因为他跟钓鱼者相近;是行商或坐商,因为他给人一种幻像,似乎他属于交换者之列;是论争者,因为他像是争取什么的人。异乡人和泰阿泰德凭借以上三个符号发现各类属的成员,可以说,这三个符号之间的关联就是《智术师》的主题。

公开的获取分为竞争和斗争。第一次,异乡人做出一个区分而不加解释;也是第一次,泰阿泰德说两类都存在(estin)。之前泰阿泰德是很快同意异乡人为类别所取的名称,而非同意其存在(219c1,220a6,223c11)。他之所以同意竞争和斗争的存在,似乎是由于这两样都发生在公开场合,特征上没有一丝模糊之处。异乡人把赛跑纳入竞争,但排除了拳击或摔跤,因为人在赛跑场上跟别人的竞争[II.90]不会妨碍到他自己的行动,他有多大能耐就做到多好,不由别人做主。由于不必与他人身体接触而受其牵制,竞争者可以设定自己的目标并刷新自己的纪录。学习大概就属此类。这一类的对立面则属于身体或"逻辑"上的竞争:异乡人把前者称为搏斗,把后者称为论争。两军相遇于开阔的原野,步兵之间展开的血刃战可以说明这一类战斗,但异乡人却由此把战争术一分为二,其中的另外一部分属于强猎,跟偷盗术和僭政术归在一起。异乡人没有把这类置于那类之上,因此我们就不能说他的分类里偷偷掺入了"价值"之分,但我们不能肯定泰阿泰德没有把一类看为尊贵的而把另一类看作相反。他当然没有看出强争也是可能的——如忒拉绪马霍斯以言辞激怒他人的技艺(《斐德若》267c7-d2)——也没有疑惑法庭辩论术现在怎么成了既是公开的又是私下的技巧。泰阿泰德太过温顺以至于不会去反驳异乡人。

第四次切分有点问题。异乡人把公开场合谈论正义和不义的长篇大论,跟私下的问答对立起来。争论并不限于正义问题,因为诡辩术也属于争论术的一部分,它会争论正义也会争论别的问题,事实上它会争论一切事(232e3)。此外,异乡人还假定私下场合是没有长篇大论的,尽管他本人已预备发表这样一段长篇大论。假如异乡人克服了他的羞耻感,或者假如他不是异乡人,他会拟出一份控告苏格拉底的诉状来吗,就像苏格拉底所害怕的那样?无论如何,苏格拉底可以感谢上苍,因为异乡人不是雅典人,因此他没有资格公开指控别人。对话形式限制了他攻击苏格拉底的力量(235b8)。他曾把苏格拉底困在智术师被找到的每一个族类中,现在他再次做了同样的事,因为最后一次切分所分开的是赔钱的饶舌者和智术师,前者让许多听的人讨厌而让自己高兴,后者是在从事私下论争时没忘自己从中得利(《帕默尼德》135d3-5)。随着一系列的切分展开,苏格拉底一直在稳步向智术师靠拢:一开始他作为爱欲猎取者只是智术师的一个老远的远亲,但现在他已经跟智术师构成了一对。现在把他们分开的只有金钱了;但是,异乡人甚至也漏掉了这一区分,他在总结时只说这一类表明了智术师是操弄诡辩言辞的职业拳击手(231e1)。智术师的"真实"在苏格拉底与异乡人之间的无声竞争中浮现出来:苏格拉底被异乡人间接发现原来他是个智术师,而异乡人对智术师的公开指控就算不具备智术师的实质,至少也带有智术师的色彩。《智术师》是[Ⅱ.91]一篇包含三个未知要素的言辞:智术师、异乡人和苏格拉底。如此,《智术师》的情节便重复了苏格拉底的问题:智术师、治邦者和哲人是一呢,二呢,还是三?

异乡人说,逻各斯已经认出那些私下里关于契约的无技艺的争辩是一个独立的种类。从表面上判断,这也是不可能的,因为异乡人一开始谈的就是所有技艺的集合,无论非技艺性还是非技艺性的经验,在这里已经被排除在外。而且,讨价还价为何就不能是有技艺的行为呢?这似乎也没有道理;除非异乡人想要暗示,它的不义性排除了它有技艺性的可能。然而,这里插入讨价还价一类,表明智术师的牟利之举本身就是矛盾的。关于契约的争论必须由得利的考虑所驱动,谁都不愿参与这样的争论而忘了自己,因为这种争论本来就事关各人自己的。另一方面,关于正义本身的争论本质上则是理论性的,对争论者自己的作用不能单由赔钱或赚钱来确定。智术师身上结合了市场上的讨价还价与哲学。他在非苏格拉底的道路中结合了苏格拉底的道路,即穿过途中的市场走向那处在城邦之外的东西。

六、净化(226a6–231b8)

智术师是一只性格复杂而难以捉摸的野兽,随随便便或"单用左手"可抓不住他,泰阿泰德建议他们尽全力或用"双手"来抓。他似乎在建议寻找一种能克服二分法的片面或二分法的"异"的方法;异乡人的确在某种程度上抑制了制作与获取之间的区分。第一次也是最后一次我们得许进入异乡人的工作间,好让我们能够看到一个类别的形成。异乡人首先把他从仆役用语中拣出来的某些动词拢到一起。这些动词所表示的活动各属不同的技艺，但它们本身大多并不是什么技艺。每一个动词分别指示一个动作，每一个动作又跟其他连锁动作合起来描述一门单独的技艺。某种意义上，之前的每个智术师定义都是一个孤零零的动词——猎取、出售（贩买贩卖）、争取，然后，后续的每次划分则给这个动词加上宾格名词、副词以及形容词；但是，在整个越来越专门化的划分过程中，核心动词始终都不受影响。因此我们不能不得到这样的印象：渔夫只要把他的网从水里拖上来挂在树上，那他立马就成了一个禽猎者；每种技艺人假如被拿去他特有的工具并脱离他的技艺对象，技艺人本人就会显出来。然而现在，异乡人［II. 92］首先是看那些成串的相互关联的动作，直到后来才去看其综合而言的技艺。假如他从叉鱼者的叉开始他的讨论，然后再加上剑士的刺、步兵的捅、拳击手的击，我们也许立马就会看出，并不存在什么就其本身而言的击打技艺了。异乡人在这里举出滤、筛、簸几个动作把它们作为一组，又举出刷、纺、梳作为另一组，在他重新分开这些动作之前，他把它们统称为"分"，把它们所显明出来的单独的技艺称为划分术或分别术。假定某个人知道怎样梳理羊毛，那他就不知道怎样滤出酒里的杂质，然而，无论是滤酒工还是梳毛工，实践的都是分别术。

"分别术"一类中的任何单个动词都不能直接跟另外的动词相通，它们只有通过这样一种技艺才是可混合的：它们全都分有这种技艺，但谁都不是无条件限制地列在这种技艺之中。只有一种纯属分别的技艺：那就是泰阿泰德和异乡人一开始就在践行的技艺。分别术就其本身而言是一种技艺，但它同时也是综合性的类，是类中所有成员的特征。当分别术是实践性的时候，它从来都不完全是它自己，因为一到那时它就分裂成了一些彼此互相排斥的动作；只有在与一切他物分开时，分别术才成为它真身。它自己的工作对象并不局限于羊毛、酒或谷子什么的，因为它出产的产品就是诸 eidê[形相]本身的差异,而且它本身是理论性的。假如我们说划分面粉而不说筛面粉,我们的过错只是在于不精确,而不是错误,①但我们这并没有什么不光彩的不精确可能遮住我们的眼睛,让我们看不到分别术是脱离了多的一,它不只是一个集合名词而已。奴隶们所干的工作、所用的字眼,有时比自由人漫不经心的言辞更具启发意义。

　　到目前为止,所有的区分都是把相似与相似分开——异乡人没有一个普遍适用的名称来称呼这一类——而不是把好与坏分开,所有把好与坏分开的活动都叫"净化"。然而,在这次划分的最后,他们发现了苏格拉底的技艺,异乡人希望把它单独分出来,因为它是"家世高贵的智术",不同于其他智术,就像狗不同于狼。泰阿泰德只看到它们之间的相似。异乡人一直在训练他只区分诸种类而不要去关注种类的好与坏,现在,他又以极其强调的方式,表明他们的方法完全不关心诸技艺是卑下还是自命不凡。既然他们的方法只能指出一种技艺跟另一种技艺的相似,那么它似乎就没有能力区分真与假,因为假只有看似真时才成其为假。异乡人似乎正在陷入一场"方法论"危机。

　　然而,某种意义上也没有危机。异乡人的方式的确完全不顾将军们可不愿跟那些捉虱子的人同归一类,但[II.93]异乡人没有注意到,[统兵与捉虱子之间的]这种相似并非来自他自己的分别术带来的洞察,而是来自统兵术带来的洞察。人在战争中像害虫一样被杀死最明显地表现于敌对双方彼此称呼时所用的名称——"禽兽"、"老鼠"、"渣滓",诸如此类。战争术是一种猎取,但同样也是一种净化(《法义》735b1—e5),正如捉虱子既是猎取术的一部分,也同样是清除术的一部分。异乡人的方式管不了所找到的相似性究竟来源于何处。而若要不受迷惑,它必须既对一

―――――――――

① 故此,diakrinein 这个词在 226b6 处也许应该保留。

种技艺的自命不凡视而不见,同时又看透其自命不凡。这种技艺
所夸为何?它又如何与它的声称相符?然而,这种验伪的技艺正
是异乡人最终在这里为其下定义的技艺。异乡人必须采用苏格
拉底的方式。灵魂的净化离不开辩证术,辩证术也离不开灵魂的
净化。

　　跟我们从泰阿泰德与苏格拉底的对话中所知道的一致,泰阿
泰德同意把净化术分成身体净化术——不论有生命的身体还是
无生命的身体——和灵魂本身的净化术(227c7-10,《泰阿泰德》
185d7-e3)。他没有问,灵魂是否也应该区分为无身体的灵魂和
有身体的灵魂(参248a10),更不用说有生命的非身体和无生命的
非身体了。泰阿泰德没有注意到,异乡人既说到灵魂的净化,也
说到思想的净化(227c4,参229c6),而泰阿泰德想当然地认为"灵
魂"就是人的灵魂,尽管"身体"既可能是人的身体也同样可能是
猪的身体或指一件外衣的形状。异乡人从好几个方面暗示了他
把净化术区分为身体净化术和灵魂净化术的困难。分别术试图
看出所有技艺中什么是同源的什么是不同源的,因此它把医术、
健身术与沐浴者、漂洗工的技艺归到一块儿;但是,异乡人在试图
区分两种灵魂净化术时却求助于健身术和医术,把它们作为他的
模型,而这两种技艺都是在处理生命体内部的问题。那么灵魂也
有"内部"?还有另外一些技艺来洁净灵魂的外部?根据苏格拉
底,对灵魂而言,与身体美容术相对应的应是对健身术和医术的
模拟(《高尔吉亚》464b2-465c7),它的名字就叫"智术"或"修辞
术"。因此,异乡人要么是想给那些关乎皮肤之外的问题的技艺
一个位置——这位置在他们的方法中像清洁衣服的技艺一样必
不可少,要么就是他含蓄地区分了真与假,尽管他的方式既不可
能支持也不可能承认这种区分。因为泰阿泰德没有认识到经验
与技艺之间的差别——这跟他抛开有灵魂的身体而承认灵魂异
曲同工,所以,智术师现在露面的话,他必须要么拥有一种假的技

艺,要么更糟,拥有一种真正的作伪技艺。

　　我们应该进一步追问:把健身术描述成一种净化术是否充分? 美就是洁净吗? 健身术所追求的美,单纯通过清除[Ⅱ.94]身体里面的坏东西就能得到吗? 仅仅一次减肥计划,并不能带来肌肉的结实。锻炼似乎更加类似于正确地分开相似与相似(匀称),或更加类似于体质的增强(综合)。

　　最后还有个更一般的问题。分别术把灵魂跟有灵魂的身体分开,这只是标志着一个业已存在的区分吗? 灵魂跟有灵魂的身体的最彻底的分离,还是根据苏格拉底的说法,不是别的而正是哲学本身——练习去死和在死。异乡人说分别术并不关心海绵浴术与喝药有什么不同。它不关心苏格拉底的沐浴与苏格拉底喝毒药之间的不同。异乡人没有给"宗教"或仪式性的洁净留下任何位置。

　　泰阿泰德不明白灵魂里的两种恶行或两种邪恶如何与身体的病和丑相对应。"也许你并不认为疾病和紊乱是一回事?"异乡人认为泰阿泰德理解灵魂之丑与身体之丑的相似,但还不理解灵魂之病与身体之病的相似,于是为了解释这一相似,他在身体疾病与灵魂疾病之间插入了城邦的紊乱。这个连去市场的路在哪里都不知道的泰阿泰德,他要是能看出紊乱与疾病之间的同,也就能看出身体之病在灵魂中的相似物。对话在这里第二次提到了同(tauton)(224b2)。异乡人为什么不是说疾病和紊乱"相似"呢? 假如疾病跟紊乱仅仅是相似,那么,关于二者之相似性的逻各斯就会同时适用于两者,但同时又不是其中任何一个的逻各斯;但是,如果疾病与紊乱之间的关系是"同",那么,紊乱的逻各斯就会同等地适用于疾病(《游叙弗伦》5d1-5)。但二者若要相同就必须不同,不然的话两者就为一了。但它们的不同必须是非本质的,它们的存在或者说自然必须相同。自然尾随着"同"闯了进来——对话在此第一次提到自然。紊乱就是"自然上同类的东西由于某种败坏而引起的变异或破碎"。泰阿泰德承认,共在城邦之物都有着自然的类似。他没有考虑到,紊乱也许是城邦中的事物由于不自然聚集所带来的必然结果,从而跟身体上的败坏并无可比性。

紊乱与疾病之"同"站不站得住脚在乎城邦的自然性。城邦究竟是一个无生命的身体,还是一个有灵魂的身体,还是一个灵魂?如果城邦是有灵魂的身体,我们应该就能像苏格拉底那样谈论一个健康的城邦了(《王制》372e7)。[以此视角观之,]政治上的派系之争(紊乱)是不健康的,是城邦各部分的离散。它是一种惰性。不仅是动的缺席,还是错误之动的在场,即背离了正确目的的动(《泰阿泰德》153c3-4;《克拉底鲁》415b3-d6)。在紊乱中,正确目的得不到承认,因为这个目的不可能靠任何一个[II.95]部分单独达到,只能靠各部分共同合作才能达到;而所有这些部分此时都同等地抗拒被套在一个轭上,去达成自身之外的某个目的。紊乱和疾病就产生于各部分坚决不肯让自己屈就于共同的整全。各部分之所以都这样从自己的立场出发而拒绝让步,并非由于不能,而是由于难以克服的无知;因为无知,所以它们就愿意这样。紊乱显示出当部分不再承认自己是部分时其自然倾向如何,那就是牺牲其他部分而无限地自我扩张。紊乱就是对异的视而不见。"同"因此而首先显露于没有任何异或他者的环境中。"同"不仅带来了自然,还带来了抽象——最明显的例子就是内战与疾病之间众所周知的同。辩证法的任务,也许就是区分抽象之同与自然之同。

异乡人的假设是对的,泰阿泰德的确不需要任何中介就能理解丑,无论是身体的丑还是灵魂的丑。我们不知道他是否想否认一个人可以谈论美的城邦(《王制》527c2)。丑就是"比例不均"当中的"畸形"一类。"丑"这个类是丑的,正如丑的事物是丑的一样。自然同源之物之间的一致就其本身而言并不美,因为一致不是匀称。疾病要么是不足要么是过度,但它不可以按某个内嵌于疾病自身的标准来衡量,比如发烧就是过热,但就发烧而言它就该那么热。疾病是一个无向量。但说到丑,它却在其自身内部已经携带着美的尺度;它是一个带有其内在目标的向量。它知道自己要往何处去。丑来自这样一种动:这个动为自身设定了目标并试图击中目标,但没有中的,结果证明它偏离了轨道或游离了目标。

丑之于疾病,正如动之于静。丑是一个差错或一次失误,疾病则是一个冲突(《泰阿泰德》190a3),或一个未得到解决的疑惑。比如,泰阿泰德一旦把异(正确意见)误当作同(知识),而把同(正确意见和带逻各斯的正确意见)误当成异(知识),他的美就显现了出来;而他只要还困在普罗塔戈拉式的自相矛盾中,就是有疾病的。无法自圆其说或自我圆满本身就显为丑,而有病的身体或灵魂却跟它的反面一样完整(《蒂迈欧》89b4-c1),它所需要的只是一个得到各部分服从的统治者。在《泰阿泰德》中,苏格拉底开始给泰阿泰德治病,他使泰阿泰德不得不服从于精确言辞的不自由。疾病之混乱在于紊乱了的"多",丑之失败则在于没达到标准。健康的戒律是:凡事不可过度;美的座右铭则是:没有'够了'这回事。健康看上去是可得到的,因为一切都是现成的,只待[II.96]重组即可;美看上去则好像永远难以企及,不是人不愿意拥有向美的冲动,而是这种冲动很微弱。

异乡人把灵魂的疾病或紊乱称为恶(wickedness)或道德之恶(vice),而把灵魂的丑称作无知。恶(wickness)由"必然"同类的东西当中的差别所导致(228b6)——异乡人没有说它们是"自然地"同类。意见、欲望、愤怒、快乐、逻各斯、痛苦这些东西似乎仅仅通过共存于灵魂之中就成了同类。道德之恶似乎接近紊乱甚于接近疾病,紊乱与疾病之间的同,似乎只是一种相似。异乡人没有解释灵魂中这六个要素彼此如何相关,他和泰阿泰德只是认识到了它们在彼此冲突。异乡人也没有暗示灵魂有两个、三个或更多的部分,因为在描述灵魂的失序时,他谈起灵魂,仍然仿佛认为自己所说的是整个的灵魂。道德是灵魂的健康状态,真理是灵魂的美。道德是达到真理的条件,但灵魂又并非不自愿地对道德无知。恶的本质跟无知不相干。没有什么勇气、节制或正义的冲动，因为这些每一样都产生自六个要素中两个要素之间的恰当关联，而且那两个要素并不追求那一关联。

意见与欲望冲突而欲望赢，泰阿泰德似乎把这解释为怯懦；怒气与快乐冲突而快乐赢，解释为缺乏节制；逻各斯与痛苦冲突而痛苦赢，解释为不义。比如他暗示意见必须制服欲望，才会有勇敢；因此他又暗示，人因为相信应当坚守职责而坚守职责，同时却并没有活下去的欲望，这并不是勇敢。一只狗为了自己被咬而报复对方，这没有什么不义，正如一个人为了某个并未导致他痛苦的行为而惩罚他人也不可能是正义，前者的不正义跟后者的正义一样少。六个因素两两组合，可能的冲突共有十五种，异乡人仅提到三种，也许泰阿泰德觉得，用道德术语来解释所有冲突太难了。怒气被欲望胜过，跟怒气被痛苦胜过，其间分别何在（《王制》439e6–440a7）？而且，异乡人也没有排除复合式冲突的可能，在这种冲突中，每个要素同时跟其他所有要素冲突。这种复杂的情形，可以留给那些专事描写道德生活的诗人去处理；理智德性或理智之恶似乎很简单，因为没有各种不同因素的冲突。泰阿泰德和异乡人只知道，每个灵魂对每样事情的无知都不是自愿的；我们也许会立马由此断定说每个灵魂都是丑的。但是，这一结论只有在全知从人性角度而言不可能时才能成立，而异乡人关于灵魂健身术的提法，对泰阿泰德而言，也许意味着除了不道德再没有什么能妨碍灵魂与真理的相应。

异乡人说，惩戒术对付的是肆心、不[II.97]义和怯懦，因为所有技艺中就它与正义最接近。"至少，"泰阿泰德说，"按人的意见来说可能是这样。"似乎若用更精确的言辞，就不应该说是惩戒，因为药物只是治病，并不惩罚——尽管有病的灵魂必然把对它的医治视为惩罚。然而，医治不包含教导，它没有跟病或恶讲道理。

论证在这一点上变得含糊不清。跟许多人意见相反，异乡人和泰阿泰德已经一致认为无知是一种恶,即便这无知只存在于灵魂中,并未外发为行动。一切无知都是丑的。异乡人现在说,教导必然也有两种,既然无知有两种。一种无知是异乡人在小结时所称的 doxosophia,即以不知为知和貌似知其所不知。异乡人称这种无知为愚蠢;他没有说无知的另外一部分——同样地丑——该如何称呼。泰阿泰德说,手艺或生产技艺方面的传授是教导术的一部分,而教导术的另外一部分,雅典人则称之为"教育"。尽管很难把无知的形相之一"愚蠢"与无知的其他部分用名称分开,异乡人现在却说,教育是几乎全部希腊人共同接受的名称,用以指除去愚蠢。泰阿泰德曾经提出的第一个知识的定义,囊括了所有生产技艺以及苏格拉底曾经称之为教育的东西——即泰阿泰德正在从忒奥多洛斯那里学习的种种科学(《泰阿泰德》145a7–8,146c7–d2)。那么,苏格拉底的助产术该归在哪里呢?异乡人通过对教育作进一步区分为它找到了一席之地。他没有同时对愚蠢作区分。显然,不能由此推出,如果教导术有两种,则愚蠢也有两种。

所有教育都靠言辞:一种教育的道路比较粗糙,另一种教育的道路则比较平滑。一个是劝诫术,或更准确地说,是把理智放到某人里面的技艺。儿子犯错时父亲用的就是劝诫术。其言语也许会像这样:"你以为你有那么聪明?""你什么也不懂!""等你到了我现在的年龄,你就会明白我是对的。"劝诫术看起来是非技艺性的,并不是很有效。教育的另一个部分则是较晚近的发明,它通过思考如下事实而产生:愚蠢都是不自愿的,以及,自以为有智慧的人都不愿意学习任何东西。不愿无知并不就伴随着有意愿求知。异乡人陷入了自相矛盾。他一开始曾说并非自愿无知的灵魂——无论它所不知的是什么——是丑的;但是,假如泰阿泰德对两种教育的区分是正确的,那么,对制鞋技艺的无知也就使灵魂成了丑的了。然而现在,异乡人却把丑的无知仅限定于"愚蠢"一类,消除这种愚蠢人就变得无比纯净、无比美。[II.98]

泰阿泰德犯了一个影响深远的错误。教育的希腊文含义正是对愚蠢的教育；它的真实内涵是苏格拉底的助产术，其任务至少有一部分在于纠正希腊人的 paideia［教育］。

异乡人修改了泰阿泰德的区分，使生产技艺一类的教育现在也包括了科学的教育，所有这些教育都必然引诱人相信他知其所不知。然后，异乡人又把去蠢的技艺分成了不足道的劝诫术部分和苏格拉底式的教育即助产术部分。然而，他的修正又导致了新的困难。他不是把这种高贵的智术比拟为健身教练做的事，而是比拟为医生做的事：智术去除那些让人正确获取知识的障碍，使灵魂变得健康，而不是变得美。只是因为它给人带来自我惩罚，所以它才不同于惩戒术。它通过显示某人所持意见当中的矛盾，引发意见与逻各斯之间的冲突。这种冲突按照异乡人所言是一种疾病；按照泰阿泰德所言，消除这种疾病就会产生出最佳、最适度的情况。但是在此之前，"适度"要么是怯懦的反面，要么是肆心的反面（228e3，229a3）。

高贵的智术是驯服的技艺。这技艺对全知之美而言是一个不可或缺的条件，但它还不是那美。至少苏格拉底不知道如何提供它。异乡人说明中的混乱——这也导致泰阿泰德陷入了他自己的混乱——始于他试图让一切事物都接受净化；因为如果存在某些真正的知识待人去学习，那么这些知识本身就不可能是净化术。异乡人的净化行动始于他引入疾病来加以净化；这样引入之前，疾病看上去就像美，引入之后则被认出是假美或说真丑。对真丑（aiskhron）的认识确立起羞耻（aiskhynê），羞耻产生出自知之美，而自知之美则就体现于无知之中，因为人那时就真正知道了灵魂冲动与真理的不相应性。泰阿泰德已经忘了，再多的健身也不能使苏格拉底或他本人变成美的。异乡人小心地向泰阿泰德本人隐藏了他的丑，就像苏格拉底曾经做过的那样。

诸神有知，并且从未无知过；他们拥有某种与世隔绝的知识，从来不会经验到错误的意见。然而,这种对错误意见的经验不也会增进哲人的理解,就像医生自己的疾病会修正他从书本上得来的知识吗？哲人是否知道某些诸神无法知道的东西呢(《帕默尼德》134d1-8)？哲人不像自己从未犯过罪的法官。哲人不能惩罚无知之人,但神却可以惩罚哲人。苏格拉底曾经害怕[Ⅱ.99]异乡人是某个反驳神,特来惩罚他的肆心的,现在他已被显示出他没有恰当地净化泰阿泰德。泰阿泰德相信苏格拉底的技艺是希腊教育的一个版本。他在不到一天的时间内又回归到了他关于知识的第一个定义。按照该定义,苏格拉底将是另一个忒奥多洛斯。苏格拉底的助产术只是世系高贵的智术的低劣模仿。他并不比一个劝诫儿子的父亲更成功,因为他的辩证法不纯粹。异乡人控告了苏格拉底:苏格拉底是不正义的。他把自己的病引入别人里面想治好别人,却没有能力治好凡他所败坏的人。苏格拉底是个高尚的失败者。

苏格拉底的助产术与异乡人所模仿的苏格拉底的助产术之间的失调定了苏格拉底的罪。但异乡人自身的情况又如何？他发现,划分术的一个部分——即他本人的技艺——原来是苏格拉底技艺的型相化,但对苏格拉底技艺的发现有泰阿泰德的一份功劳(227d2)。泰阿泰德的参与应该包含了异乡人在与泰阿泰德联手发现苏格拉底技艺的过程中实践苏格拉底的技艺。然而,苏格拉底的技艺并未被发现,它被呈现为与这样一种东西同一:这东西自认它是知识的障碍。于是,分别术一旦跟不纯粹的净化术合作就变得不纯粹了。异乡人对苏格拉底的歪曲表现反倒为苏格拉底做了辩护——即苏格拉底完全没有破坏性。通过另一个人(泰阿泰德)的无知和异乡人的技巧,苏格拉底作为他自己的一个幻影——智术师显现。但是,这种歪曲表现也要归咎于异乡人所错误理解的分别术,异乡人未能让道德德性和理智德性始终保持分开。异乡人的错误对于他的技艺而言并非偶然。苏格拉底的净化术唯有那些自身经历过如此净化的人才能实践。如果说不可以无限倒退下去，那么，净化术必然应该在应用于他人的同时也应用于一个人自身。净化技艺因此不可能是一种完全了的技艺。与此相应，践行这一不完全技艺跟该技艺所朝向的目标也不可通约。这种践行是丑的。灵魂美化术本身并不美。它是比例不均一类中属"畸形"的那个种，就此而言它不是自己的形相。

七、显现（231b9–236c8）

完全苏格拉底式的助产术与智术之间的相似跟狗与狼之间的相似相同，即最驯服的动物与最野性的动物之间的相似。异乡人暗示，如果重新回顾和思考一下之前四/五个关于智术师的定义——它们都属于世系卑贱的智术师，可能哲学[Ⅱ.100]就会显露出来。可能智术就会显得是堕落的哲学。但如果智术师是野兽，那他就可能是哲人的原型，哲人通过服从于训练和惩戒，慢慢跟这样一个原型分道扬镳了。狗都有它的主人，未来的哲人会服从于什么样的立法者呢？狗对异乡人可不友好。异乡人的形象是一个警告，警告相似之物的危险，相似之物就因为是相似之物，所以总是可能被给予两种解读。对一个相似之物必须根据已识之物对其加以审视。假如已识之物明明可知，而不只是我们或对其习以为常的人才知道的东西，那么，我们分辨相似之物的视角就会是自然视角。

异乡人试图警示泰阿泰德，在不具备自然视角的情况下，相似性并不是区分诸种类的安全向导。异乡人设法在泰阿泰德里面引入一种困惑，即，让泰阿泰德面对异乡人引导他持有的许多关于智术师的互相矛盾的意见感到困惑不解。异乡人无论在其分别术还是其净化术方面都未能纯粹，但这一失败成功地带出了践行那种世系高贵的智术的第一步。泰阿泰德被智术师的多重显现（pephanthai）弄得困惑不安，他想知道，究竟什么样的言辞才

能真正说明智术师以其在而言(ontôs)究竟是什么。但他不知道
他正在寻求假之实在,或者说正在寻求假中之真。他没有把一个
显现的"多"跟某个非在的内核相联,而只是反过来,因为苏格拉
底也曾提出,哲人在其在(ontôs)中会给出多种显现。

　　智术师依次曾是:猎取富家子弟的牟利的猎人;灵魂知识的
行商,亦或小贩;出售自己的"发明"的自产自销者(这个定义是泰
阿泰德添上来的);职业诡辩手;也许还是一名净化者,专门净化
那些妨碍人获取知识的意见。异乡人的小结矢口不提德性。如
果我们删掉泰阿泰德添上的那条,而把第二、第三条合并(即把行
商和小贩合并),那么智术师一共有四个职业,他都必须就每个职
业来证明自己拥有一种不同的德性,至少拥有该德性的肖像:除
非表现勇敢,否则他甚至不会显得是猎人;除非能够自显为他的
货物中所含智慧的见证人,否则他不会显得是商贩;除非看上去
正义,否则他不会显得是辩家;最后,除非他自诩他本人是节制
的,否则他不会显得是假智慧的净化者。寻求智术师的统一性就
是探究德性的统一性。节制和勇敢位于对立的两极,智慧在中间
靠近勇气一端,正义在中间靠近节制一端。智术师的多重显现,
把德性显得具有的统一性分解成了显得互相冲突的部分。显现
并非整块的。德性在日常用语中似乎是个单一整全,一经反思便
分[II.101]裂成了一个一个的部分,各部分之间看上去还大有冲
突。智术师拥有同时呈现这两种似像(seemings)的技艺,①也因
此,他的技艺本身必须似乎是一,又似乎是多。他的知识复制了
知识的二重性。智术师的知识——它看起来像知识——与看上
去像是一又像是多的知识相同吗?也许真相要么是:知识其实是
一个"多",只是在智术中看上去是一;要么是:知识其实是一,只
是在智术中看上去是多。以上三种可能性如图 1 所示。

―――――――――

① ［译注］即作为整体的似象和作为部分的似象。

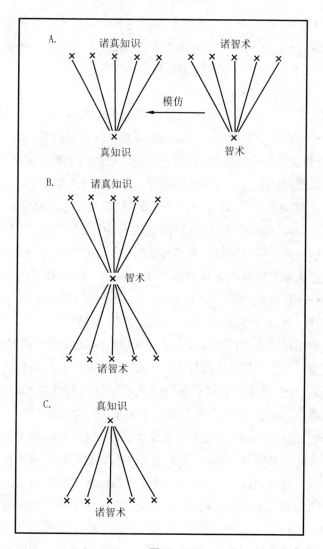

图 1

异乡人首先从第一种可能性的角度来呈现问题(可能性 A):

你有没有认识到,有人显得知道很多事情却被称以一种技艺之名,这种现象很不正常? 相反,凡是对某种技艺有此感觉的人，都不能看到所有[a5]这些学问指向的那种技艺的指归——因此他就用许多名称、而不是用一个名称去称呼他[拥有这些学问的人]，这不是很清楚吗？

异乡人承认，多只有一个显现可能是正常的，智术师可能在他的许多真知识上投以一个单一的显现，这就是我们的第二种可能性（可能性 B）。这让我们回想起帕默尼德关于帆布的例子，帕默尼德曾用这个例子向年轻的苏格拉底说明把"型相"分开的困难所在：帆布把"多"藏在它底下。此外，异乡人也表达了智术师技艺的问题，他暗示智术师的技艺正在为在的问题肩负双重责任。假如重新从在的角度来表达他的结论，就应该这样说："如果有许多现象但所有现象都被称为在（being），那么，我们还是没有找到这一切现象所指向的那个在。"这就是我们所列出的第三种可能性（即可能性 C）；它等同于帕默尼德的问题。

智术师可以就任何事驳斥任何人；既然他也教导学生做他所做的事——这正是技艺的标志——那么，他要么必须拥有他自称拥有的技艺，要么必须拥有说服学生相信他拥有该技艺的技艺。倘若事实是后者，那么智术师的学生由于相信自己曾受教于真技艺，就会远比智术师本人更善于说服，因为他们自己成为教师以后不可能是在假装。然而，有人或许会质疑智术师的两种技艺是否具有一致性：智术师说服那些可能成为他学生的人信服他的全知所用的伪装术，跟他教授学生伪装术时所必须的伪装术，这两种伪装术相同吗？智术师那显得具有的全知正是因为其结果是给他带来了金钱和学生，所以就貌似合理地被视为人所愿意拥有的，即别人不仅是由于无知才想拥有它，也是由于他们愿望拥有。智术师所卖的就是他所凭靠着来兜售其货物的东西。智术师驳倒那些可能成为他学生的人，后者则因此而开始意识到自己需要智术师所提供的东西；但智术师所提供的只是诱饵本身。因此，智术师给不了学生一样东西：[Ⅱ.102]把"诱饵"的虚假性袒露给学生。他无法教人；就算教他也不可能知道自己在做什么。既然缺乏自知，他就只可能拥有一种技艺而已。他不可能是全知的。

异乡人列出了智术师教导人的五类话题，泰阿泰德认为这些合起来几乎构成了全部知识：（1）所有为多数人所不见的神性事物（算术、[Ⅱ.103]几何学，以及一切游叙弗伦自称知道的东西）；（2）所有自明的神性事物，如地、天等等（天文学、生理学）；（3）生成和在（becoming and being）；（4）法律和一切政治事务；（5）种种技艺。在属神的与属人的事物之间——异乡人没有把最后两项称为属人的事物——是生成和在，这二者合起来囊括了属神和属人的事物，同时也是连接属神事物与属人事物之间的纽带。然而，如果属神事物和属人事物这两类事物最大程度上指示了生成和在，且宇宙学和政治的核心都是灵魂——如《蒂迈欧》和《王制》分别主张的那样，那么，灵魂学就应是智术师唯一的科学。但灵魂学不是别的而只是世系高贵的智术，而且按照异乡人所言，它即使比苏格拉底的接生术可靠些，仍不过是获取种种科学的预备。异乡人假定这些科学是现成的；但是，如果这些科学非人所能容纳，那么，智术师凭靠灵魂学的争论术，就成了抵制其他技艺自我标榜的唯一防卫，而苏格拉底也就是智术师了。另一方面，如果智术师乃是谎称自己拥有全知，且他的反驳术是凭靠某种伪灵魂学，那么，智术师就是伪智慧的代表，从而就是灵魂净化术的最大病人。

泰阿泰德毫不怀疑所有科学都是现成的，他相信要是有个人能够知道一切事，全人类就会因此蒙福（参230e3）。泰阿泰德知道人还没有蒙福；他不知道是否一个全知的人就足以使全人类幸福。他没有考虑到一个可能性，即一个由多人组成的共同体，其中所有人合起来会知道一切事。《王制》所描绘的最好城邦看上去就像是这样的一个共同体。但即便不是,现实中的城邦肯定也会宣称它知道最重要的事,就此而言它堪比智术师(《王制》492a5-e1)。然而,智术师更滑溜、更会玩花招,因为他已受启蒙,他不仅从城邦内部说话,也从城邦外部说话。他显得拥有关于一切事物的意见性知识。泰阿泰德相信他们无须再做什么了;他们已经找到智术师了。他没看出这样把"意见"和"知识"并置有何困难。"意见性知识"指关于假在的真知识呢,还是关于假在的假知识呢,还是关于真在的假知识? 智术若是第一种情况,那么它就是一种理性制作术——即关于如何向灵魂提供假意见的知识;若是第二种情况,那它就会看起来是第一种;若是第三个,那它纯粹就是假意见了。泰阿泰德尚未意识到,苏格拉底在《智术师》中提出的问题,跟他在《泰阿泰德》中的问题乃是同一问题。

[II.104]泰阿泰德不知道哪里出了问题。问题不在全知是否可能,而在是否可能借助一种科学来达到全知。异乡人已经暗示,属神事物的知识,无论是看得见的神性事物还是看不见的神性事物,并不会产生出关于属人事物的知识,反之亦然,但是,某种关于在和生成的科学似乎正是智术所必需的科学。证明一种关于在和生成的知识必然为假,就相当于宣告所有哲人皆为智术师,因为,倘若智慧不是一,那么爱智慧就是爱一个真实的多(参235a3)(《泰阿泰德》172c5),而且这个多显现出来的统一性就来自爱的幻像。异乡人每做一次区分都产生了同样的问题,因为所区分出来的任何一个部分的实在都跟被区分的那个整全的实在不一致。我们似乎不可能说,某事物由于拥有某个独独为它为真的要素,所以就是其所是;但我们可以说,某事物实实在在是某个更大整全的一部分。该事物不会因其独特性,而只会因其与其他事物的共性,才被纳入整全之中,而整全则可以用许多共同要素来加以描述,这些要素中没有任何一个是只属于整全本身的。然而,如果科学的整全不过是诸科学之和,那么,苏格

拉底对泰阿泰德第一个答案的反驳也就成立了。任何一门科学都不能确定有关另一门科学而言什么是非科学的，它只能凭靠它本身的裁定，或诉诸科学之外的某个判断标准。于是，科学的整全性首先是作为智术师技艺的一个单独的幻像显露的，种与种之间的差别通过智术师制造[相似]的能力被抹去，从智术师本人开始，每样事物都从一个种偷偷溜入另一个种(《斐德若》261d6-e4)。

智术师似乎是可以驳倒的，不过这需要付出代价。要重建[种与种之间的]差别，使这些差别抵御住模仿技艺的影响，就必须给诸差别之总和重新盖上一个印，而这个印就是统一性的幻像，因为不可能有关于种与种的差别的知识。如此，我们就面临着一个选择：要么让智术师的技艺变得具有实在的身份，这样的话帕默尼德就必须被驳倒；要么接受智术师的驳斥带来的结果，这样就得重新承认一个我们无法说明的幻像。无论是一个拥有表面上的多的真实的一，还是一个拥有表面上的一的真实的多，都是无法接受的。而一个拥有真实的多的真实的一(异乡人自己的二分法就是对它的戏仿)，似乎又必然是个幻像。

异乡人已经依次采用了三个范式，钓鱼者、一系列代表"分"这个动作的动词，还有绘画者。其中，第一个范式似乎强加给了智术师某种他不得不遵循的模式；第二个范式偏离了智术师而指向苏格拉底；第三个范式则按照它本身的能力似乎要把智术师带入在。如果有一种技艺能够在行事中制作一切，那么，泰阿泰[Ⅱ.105]德可以看出没有什么理由(可以解释)为什么不可以有一种技艺能在言辞中制作一切。这种行事与言辞的二分就足以让人联想到智术师的技艺。智术师的技艺是一种直截的演绎，并不要求任何行事与之相符；泰阿泰德同意了异乡人从它得出的结论，不过他承认自己没什么经验，不能让这份同意更有分量些。泰阿泰德一开始甚至没有理解异乡人讲话的开端。"假如有人说,不是说他知道如何言说或争论,而是说,他知道如何凭借一门技艺制作所有东西或者做到所有的事"——"你说的'一切'是什么意思?"泰阿泰德打断异乡人的话头说,毕竟异乡人曾告诉他要小心跟上谈话。"所有"指所有的个别事物:泰阿泰德、异乡人、别的动物和树木。泰阿泰德现在不知道"制作"是什么意思,他把农夫视为制作者,正如异乡人曾经这样看,但他不把接生婆看作可跟农夫相比较的东西,尽管苏格拉底曾经征引农夫耕作来为他自己技艺的统一性作辩护(《泰阿泰德》149e1-5)。

然而,如果说苏格拉底的助产术作为一种技艺可清除灵魂中幻像的生长,从而为知识的健康种子预备好灵魂土壤,那么制作所有事物的技艺,就其有助于把所有事物带到光中并使其可知、可获得而言,就是分别术当中那健身性的净化术了。直到异乡人又加上海、地、天、诸神以及"其他所有一切",并提到各样事物被制作时的速度之快、被卖出时的价格之低后,泰阿泰德才终于明白异乡人原来说的是某种搞笑或玩笑。因此他不但现在没有问,是否存在某种制作一切事物的属神的制作,而且后来当异乡人提出一位神制作了一切时,他也没有问神的知识是否就是某种宇宙性的耕作。这样的知识不是知道如何创造,而是一种薅去有疾病的事物并培育健全事物的技艺。如果说有些原因使泰阿泰德犹豫着要不要去设想行事中会有这种事,那他还是本该追问言辞中是否有这样一种知识的(《泰阿泰德》176d5-6)。泰阿泰德并未足够紧地跟上对话。异乡人总是在泰阿泰德的头顶上方对苏格拉底讲话。

行事中的全知与言辞中的全知,两者之间并非完全对应。异乡人用"知道一切"代替了"言说"一切,并把制作各样事物的速度与教导他人一切事物时所需的短暂时间加以对比。这里的"一切"不可能指所有个体,否则的话,"关于最遥远的异乡人的知识"

指什么呢？这里的"一切"，指的是异乡人之前归到争论者的全知之中的那种种事物。如此，异乡人就呈现了两幅图画(图2)。

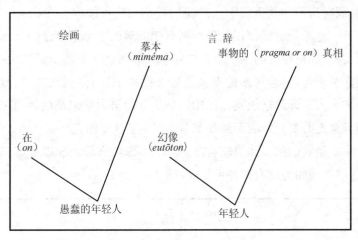

图 2

异乡人把人的天真比作观察事物时视角带来的距离，把绘画者对现实的模仿比作智术师对实在的置换。画家用形象来表现智术师制作的在。年轻人在毫无经验时听从了这些言辞幻像，随着时间的流逝，他们中的许多人会被迫更切近地面对身边的在，逐渐领会它们全部的生动和鲜活，从而抛弃他们早先的意见，"以至于大事显小了、易事显难了，所有言辞中的幻象也被发生在他们行动中的实事完全推翻了"。如我们所说，诸在就是生命中那些粗粝或丑陋的事实，它们逼得我们抛开我们的"理想"，但是正如异乡人所表明的，这一颠转并不必然伴随着理解的加强，因为我们面对的是诸在，而非诸在的真相。我们后来的理解由我们的经验所决定，而我们的经验不过迫使我们把言辞幻像(apparition)替换成了事实表象(appearance)而已。异乡人提出了一个两难的困境：要么是天真产生的距离(无他而只有言辞)，要么是经验产生的切近(无他而只有苦难)。在数学家忒奥多洛斯身上，我们看到了距离产生的谬误;而在诗歌中,我们得知了经验带来的谬误。异乡人主动提出,他要设法帮泰阿泰德远离天真的幻像并接近事物,同时又不在他里面引入经验的迷惑。这可能吗? 在《泰阿泰德》中,苏格拉底曾试图带领泰阿泰德面对面看见他自己的无知;事实上,苏格拉底的助产术意味着泰阿泰德这一方要受极其尖锐的痛苦。但是,泰阿泰德直到最后都保持了处女一般的单纯;现在异乡人告诉苏格拉底,[II.107]他从前的努力不但是白费功夫,而且毫无必要。泰阿泰德并非不得不为了认知而先接受败坏。

　　如果我们把丑和美联系在、显像、幻像性言辞来加以考虑,那么,就经验而言就有四种可能性(图3)。

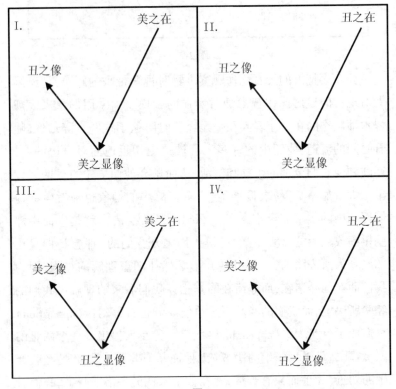

图 3

假如以上第一或第四种可能性为真,那么,经验就跟人年轻时的信念相反,而与真理相符;假如第二或第三种可能性为真,那么,人年轻时的信念就是真的,但日后会被经验损毁。异乡人说,多数人会渐渐地变得只相信第四种可能性,而我们可以忽略第一种可能性,因它还从未在任何城邦得到证明(色诺芬《居鲁士的教育》[*Cyropaedeia*]I.6.31-33)。但是,我们还不清楚异乡人是不是想要操控泰阿泰德——就好像第三种可能性为真的似的——好直接推动他绕过经验的虚妄,从天真达至知识。还有第五种可能性:[II.108]在是中性的,既不丑也不美,但是它有多么美,也就有多么丑,有多么丑,也就有多么美。异乡人不愿泰阿泰德错误地把在经验为丑陋的,因为泰阿泰德的天真使他已经非常接近在,一旦丧掉天真,他将永远无法折回来走向中道的真理。异乡人随后的言辞很抽象,使那些言辞看上去就像一个美丽故事的某个中性的版本。

异乡人现在必须对泰阿泰德讲话了,他不能再对苏格拉底讲话;他们必须共同承担起诱捕智术师的任务(235a10,b7-8,d4),因为后者现在已经被赶入造像术或者说模仿术的类别之网。他们一旦捉住智术师,就要献俘告捷,把他交给那有君尊的言辞,或者说交给王者的言辞,因为它们只是猎人,不知该如何处置这猎物(《欧蒂德谟》290b1-d8)。异乡人以此暗示《智术师》是为《治邦者》效力的,而且,就在他和泰阿泰德结成二人共同体的那一刻,他就暗示了这一点。他们是警察,遵照某种技艺的指令办事,而这技艺至少泰阿泰德是不知晓的。柏拉图作品中最"形而上学"的一篇讨论——唯有《王制》最核心的几卷能与匹敌——在政治的保护下发生了。政治从两个方面决定了这篇讨论:一个是实践的方面,一个是"理论"的方面。实践方面,苏格拉底即将在王-执政官面前受人控告,别人要指控他是制造诸神的人(《游叙弗伦》3a8-b4);理论方面,随着智术师倒台成为一名获取者——其获取受他本人关于这些获取物之用途的知识指引,异乡人的追猎也不再独立进行。泰阿泰德和异乡人将使用他们未曾试验过其有效性的各种划分工具,而智术师从一类溜进另一类,使人禁不住怀疑起这些工具的有效性。他们的辩证法跟苏格拉底的辩证法一样不纯。异乡人带着泰阿泰德摆脱了这一困境,他把智术师跟他们自己区别开来,他宣告,他们自己可是服从那有君尊的言辞的。智术师是一头食肉的野兽(《王制》559d9),而他们则温驯、守法(参216b3,246c9,d6)。

如果智术师是诸在的制作者,尤其是最大的诸在(即诸神)的制作者,那么,异乡人和泰阿泰德就不得不去证明诸神要么在要么不在,而且,无论在还是不在,都不是智术师所说的那种样子。但他们没有去做这种证明。他们没有对无论什么在作第一手的考察,因为异乡人说,他不会让泰阿泰德经验任何在。这样,他们就必须设法对在作出某种说明而又不卷入在,但这样一种说明似乎不可能。如果他们的说明并没有自明的证据,那他们自己的地基又有什么确实的保障呢?他们的保障不是知识,而是《治邦者》这篇对话的权威。《治邦者》的权威就在于它是《哲人》的替身,那是一篇异乡人安排在第三位而柏拉图并未写下来的对话。异乡人很快就会告诉泰阿泰德,智术师向来让他迷惑;这就无异于告诉泰阿泰德,他们二人联手将解决他们的[II.109]问题。他们不用知道在是什么,就确立了非在之在;他们在证明哲学的可能性之先就证明了智术的可能性,即使作为模仿者的智术师必须寄生在哲人身上。《智术师》这篇对话尽管缺乏彻底的明晰性,那它的确把在的问题带到了明处。正是通过非在问题,在的问题才变得为人所知。

异乡人显然窥见了两种模仿术;但他们所寻找的那个idea[型相]即智术师的型相,同时也是两种模仿术中智术师所属的那个型相,却从他手下溜走了。异乡人看到,一种模仿术是肖像术,它根据范型的比例合适地安排各样事物。泰阿泰德相信所有模仿者都试图这样做。异乡人引用了那些雕刻或描画大件东西的人的做法：

> 如果他们还原美的事物的真实比例，你知道，上部就会显得比应有的小，而下部则会显得比应有的大，因为我们看上面时离得远，看下面时离得近。所以，他们就罔顾真实的情形——他们在物象中造出的不是实际的在的比例，而是看似美的[比例]。

显像看起来像美的东西，因为它是从不正当的视角被观看。但是，如果人有能力得以充分观看显像，那么它看起来甚至根本不像人说它像的那东西，因此，显像是一个幻像或者说 phantasma，而制作它的技艺就叫幻像术。肖像术不涉及美的问题，因为范型要么丑，要么美，肖像术仅仅再现范型。幻像术却必然涉及美，因为，倘若不纠正视觉带来的扭曲，摹本的各部分看起来就会比例失调；而如果范型本身已经比例失调，那么摹本要么会再现它的丑，要么会违背艺术家的意图，不巧把丑的呈现为美的。无论肖像术还是幻像术都没有哪怕一丝一毫的伪造痕迹。肖像术假定了对感觉之物的知识，幻像术则不仅假定了对感觉之物的知识，也假定了对感觉者的知识。

异乡人的二分法已经辜负了他：智术既不可能是言辞上的肖像术，也不可能是言辞上的幻像术。因为无论是两种情况中的哪一种，智术都将是关于在者的知识，区别只在于：幻像术性质的智术将展现出实际上比肖像术性质的智术更深刻的知识，因为那样的智术将包含灵魂知识。异乡人已经谈到天真之人的视角，年轻人凭着它囫囵吞下那些与在并不相符的言辞，因为他们后来会凭经验理解在。制造这种言辞的技艺是一种拙劣的幻像术，因为它不能预先防止随经验而来的幻灭。唯有用精巧的手法提防住经验,甚至于连经验的种种"像"都逐出去了的城邦,[II.110]才能在这种幻像术面前高枕无忧。然而,呈现一系列的言辞之像让每组像各自对应于经验的不同阶段,这恰恰正是初等教育尤其是道德教育的目标。其种种"像"的幻觉,乃是这种教育不可或缺的一个部分,而且,如果这就是智术,那么每个城邦、每个为人父者就只能祈祷智术存在了。

当异乡人在对话结尾重新提到模仿术时,他假定了智术已经确定是一种幻像术(参 239c9);由此,他就避开了举例来说明言辞中的肖像术。绘制精确的正方形或立方体,或许例证了实际中的肖像术,但是,沙堆上一个画得歪歪扭扭的几何图形,反而可能更好地帮助学生想到几何学说的并不是老师在沙上画的那个东西。事实上一个绘制精确的图形实在恰恰证明了幻像术,因为它会迷惑住学生,让学生直接把画中图形当成本来所指的图形,而且,它因考虑到学生需要清晰明了,就竭力抵消感觉中的直线与观念中的直线的不同。像越接近原物,结果就越是虚幻。

这可能只是个微不足道的小难题,但是,《泰阿泰德》中泰阿泰德的造像活动属于造像术中的哪一类呢?不可能是肖像术,因为他给了所有并无维度的数以两个维度(立方形)。那么它是幻像术吗?为了论证的缘故,我们不妨假定数字 9 和 6 的肖像分别是一个正方形和一个长方形。那么,边长为√6 的正方形就是该长方形的幻像,因为它尽管比例上不像长方形,但跟长方形一样看起来像数字 6。然而,如果我们说没有什么技艺在掌管泰阿泰德的造像活动,那或许更稳妥。那么,到底什么是言辞上的肖像术?言辞上的肖像术真的可能吗?假如我们说作为猎人的智术师就是这样一个肖像,那么可能我们又回到了异乡人的方法起初带给我们的困惑中。智术师以猎人的样子露面(221d13),异乡人没有正确识别出这是智术师造像术的一个记号,却把它看成智术师诱捕富家子弟这种技艺的像。异乡人以为自己正在实践言辞上的肖像术，其实他看到的只是智术师诸多伪装中的一种伪装。异乡人没有考虑，他自己对智术师的猎取会如何影响他对智术师的理解，遑论去考虑苏格拉底的爱欲术与智术之间的相似了。

　　如果要为一个美的东西造像，而且这个东西本身并不大，而要造的像必须比实物大，那么，幻像术就会歪曲这个像，以便使像显得真实。但是，假如某个东西很大也很美，而要为它造一个肖像，那么肖像术就会弄出一个真实但错误的图像来，因为肖像术不会为了视角问题而修正它的像。[II.111]因此，异乡人指出了如下原则兼难题：大靠自身绝不会显为美的。几乎所有优秀的诗人都是造像者，而不是造 phantasmata［幻像］者，因为他们呈现近在手边的东西，即灵魂的种种经验，仿佛它们就在近旁；但是，灵魂的经验由此也在整全中被放大，超过了它们应有的程度。一个最明显的标记能够说明这种歪曲，那就是在悲剧中智慧的代表都不在场，毕竟，没人会说索福克勒斯《俄狄浦斯王》中的歌队是智慧的。

　　诸神若大而美，肖像术会把他们呈现得大而丑；诸神若大且丑，肖像术兴许无意中把他们呈现得大而美。而如果采用幻像术，那么它所造的 phantasma［幻像］可能有两种：诸神若像人形，那么，幻像术所造的像就像菲迪阿斯（Phidias）所造帕特农神庙的雅典娜像那样，近距离观看会显得很丑，但若远远站在帕特农神庙的广场上看去，则会显得如其所是地那样美。但是，诸神若并非人形而且很美，那么幻像术在把他们造成人形的像时，的确也会使他们看上去如其所是地那样美，尽管这些 phantasmata［幻像］的种种比例不是诸神的比例。苏格拉底曾经甚至宣告说，没有任何生灵就其自身而言就美，唯有几何图形不是跟别的东西相对而言才美，而总是就其自身而言且天生就美（《斐勒布》51c1-7）。

所以,假如神好像是一个半径无限长的圆,那么,其肖像或许可以是一座巨大的美丽的动物雕像,而且该动物的 phantasma[幻像]应带有一种陌生地真实着的美。

　　这让我们不得不把上述暗示套用到《智术师》这篇对话本身上来。我们正在读的是一个模仿作品。柏拉图用的是肖像术呢,还是幻像术?如果他用的是肖像术而且我们正在读的是两位智慧的人之间的对话,那么除非我们也是智慧之人,否则我们就不会正确地阅读它。然而对话并非发生在两个智慧人之间——异乡人不知道答案,泰阿泰德则根本不明白问题。而且,异乡人刚才告诉泰阿泰德,现在他要从泰阿泰德作为天真青年的视角对泰阿泰德说话——就像一开始他并非如此似的——因为,如果他不从泰阿泰德所立之处开始,泰阿泰德就不可能加入他的追猎行动。柏拉图所有的对话作品都是 phantasmata[幻像]。它们是在和最大的在的像,它们就其本身而言造得比例失当,但那是为了让它们显得比例完美。那么,它们向谁显得比例完美呢?柏拉图花在钓鱼者身上的时间,跟钓鱼者本身的重要性完全不成比例,然而,倘若要让泰阿泰德对问题有所理解,那么这花的时间既不可更少,亦不可更多。异乡人实行的乃是幻像术。假如柏拉图照着实际发生的那样记下对话,那么,我们读到的就是肖像性言辞?在我们思考我们正在说的话之前,从外面来看它是这么一个像;但是,一旦我们把这样记下的对话看作一个[II.112]前帕默尼德派跟一个青年数学家之间的谈话,它就立刻变成了一个 phantasma[幻像]——即我们自己的出发点与他们的出发点之间的不同。当我们校正他们的出发点时,我们也就校正了自己的出发点,从而开始按照对话的真实比例来重写对话。那么,怎样才是对话各部分之间的真实比例?

　　《智术师》这篇对话讨论的是智术师,但根据苏格拉底的说法,智术师是哲人的一个 phantasma[幻像]。当《智术师》的明显的美发射出哲学的真美时,我们似乎站在离它远近适当的地方。但是,哲学美吗(《情敌》132b6-c3)？如果哲学并不是智慧,而是永远不完全的,那么,不管制作出来的哲学显得有多美,它不也必定且必然是丑的吗？这只是困惑之一。还有另一个困惑。异乡人在柏拉图似乎拥有的一种技艺——幻像术面前感到困惑,但是,柏拉图不可能故意地造一个在的歪曲的像,以便让在显现为在——除非他认识在。《智术师》是个谜,柏拉图若是知道谜题的答案,他就可以把这答案包装起来,想包得多难解就包得多难解。但是,如果《智术师》是个谜,而且柏拉图跟异乡人一样都不知道这谜的答案,那么柏拉图还可能拥有一种建立在别人的天真之上的技艺吗？柏拉图的幻像术是一种让思想显明、因而也不再显明的技艺,但是思想是灵魂与自身之间你问我答的无声对话,因此,知道幻像术如何可能,就是知道思想如何可能。在思想中,灵魂与自身相异时则与自身相同,与自身相同时则与自身相异。

八、说谎(236c9-239a12)

这个真正制造惊奇的智术师逃入了一个无迹可寻的类里面,因为甚至在有肖像术和幻像术的问题之先就有了造像问题。有两种非在:像的非在,和 phantasma[幻像]的非在,幻像的非在属于像的非在。智术师可以从两个方向上自我辩护:如果"像"无法与其原物区分开来,那要么因为在就意味着相似,要么因为 phantasma[幻像]是在,就如《泰阿泰德》中苏格拉底使得泰阿泰德得出的结论。就算这两条辩护都瓦解了,智术师也不是处在无望之境。对手要么得允许非在存在,要么跟随帕默尼德,根本不允许非在存在。若是前一种情况,智术师就会说:既然他们已经证明对在的模仿跟其他在都同等地是在,那么他必定是一个认识在的人;若是第二种情况,那么他的模仿物就不在,模仿的技艺也不在,如此一来他也必定认识诸在,因为他若对诸在一无所知,就不可能骗(教导)到任何人了。

异乡人也许正想着类似上述这些问题,因为他此时[Ⅱ.113]重申了他的困惑。泰阿泰德说,"看似如此"(eoiken)。异乡人就抓住了这个 eoiken(参 222a4):

> 你是因为真的认识到这一点才同意的呢,还是因为被逻各斯的惯性[带来]的某种冲力拉着你,使你一下就同意了呢?

泰阿泰德和异乡人其实都在困惑中,而假如泰阿泰德意识到了这一点,他就不会说"看似如此"了。从他与苏格拉底的第一次对话中,泰阿泰德认识到了假意见是个困惑,但现在他并没认识到"像"也是个困惑。而他的不能认识这一困惑,则使他成了"像"这一困惑的"像"。他的"看似如此"这种表达是个非技艺性的"像"。就好像别人打呵欠,泰阿泰德也打呵欠:异乡人说他自己也感到困惑,但泰阿泰德不像异乡人,他并非真的因这困惑(aporia)而灰心(apeirēkenai)(《卡尔米德》169c3-6)。他的天真使他蒙福。

帕默尼德早就阻断了异乡人和泰阿泰德已经走上的那条路。从异乡人还是个孩子的时候,帕默尼德就反复告诉他非在不可能在。但异乡人又说,除非非在在,否则假永远不可能成为一个在。异乡人陷在两难之境:他会公开同意帕默尼德的观点,即彻底的非在跟彻底的假一样是不可能的;但他不会同样明确地表示,即使非在部分地在,假也不会自动成为可能的。如果谎言宣告在不在,以及不在在,那么这个谎言本身是个真谎言。由此,非在的不在将意味着假是不可能的,而另一方面,非在的在则将意味着假

具有真实性。很显然,确立非在的在,并不能确立假的真实性
(《欧蒂德谟》283e7-284a8;《帕默尼德》161e4-162a1)。

正如我们不能把"假"理解成真与假的简单并置,同样关于非
在的在也不能作原子论式的理解,仿佛在和非在只是简单地凑在
一块似的——因为一个全然不在的非在可能就存在于其复合体
中的某处。因此,在向非在中的渗透必定是全盘式的;非在的每
个小块都必定沾染了在,反之亦然。然而,这么解释在和非在看
起来不仅排除了任何言辞全然地真或全然地假的可能性,同时也
摧毁了划分这一方法的可能性本身,到目前为止,异乡人一直在
实践这一方法。原来要捉住智术师的代价只能是失掉捕捉智术
师的方法。在阿那克萨戈拉关于在和非在的聚合之说中,展示非
在之在就不可能与展示智术师同时发生。智术师的在使智术师
变得不可知。帕默尼德似乎说的是真的。

如异乡人所述,帕默尼德反驳非在之在时,其论证分为三部
分,最后一部分比第二部分更具杀伤力,第二部分又比第一部分
更具杀伤力。三个部分的主题依次是一、数、逻各斯。帕默尼德
似乎要以[II.114]在与人类理解之间的区分开始。由一个自明的
事实,即否定只能属于人——人会说,不是这里、不是现在、不是
这个,他得出结论说,在里面不可能有部分:这是一位女神教给帕
默尼德的。在和非在的不同,从异乡人的第一个问题及其答案中
显露出来。人会用"非在"这个名称来指什么呢? 不可能指在
(being)或在者(what is)。"不在"在言辞中就立刻显得是个名
称,一个必须为之寻找到一个"实在"来对应的名称,而"在"在言
辞中则显然不被理解为只属于言辞:"在"是唯一不可能单独作为
名称的名称。"无"不可能在。在在言辞中总是以某某而不是以
在出现:

我们每次都是针对"在"而说到这个"某某"的,因为单

　　说"某某"［它］——仿佛赤条条地脱离了一切在——是不可能的。

　　为了让"非在"这个名称进入言辞中,首先必须为它找到一个"某某"。但"在"则已经作为一个"某某"在言辞中了。"在"总是身披"某某",在从不丢下"某某"孤零零地自己在那儿。正如苏格拉底曾暗示不去知即是赤身露体(《泰阿泰德》197b9 – 10),异乡人也暗示,言辞绝不能不带着在。并没有什么"赤裸的言辞"。

　　说某某也就是说某个有实际意义的东西,必然至少是说某个"一"。异乡人随后解释了泰阿泰德对这个说法所表的赞同:

　　　　你会认为,至少"某某"是指一个,"一对某某"是指两个,"诸某某"是指多个吧。

　　异乡人没有把"一"跟"在"和"某某"置于同一层面;他没有问,是否"一"总在诸在中(《泰阿泰德》188e7 – 9),从而"某某"是否总是必须指"一"。"某某"的含义是一,但其所指是在。"某某"并不等同于"一",但是,无论"某某"是别的什么的符号,它必须至少是"一"的一个符号。这就给非在留下了开阔的地盘。如果借着"某某","一"变得为人所知,那么,有没有可能,借着无,在也变得为人所知呢?《王制》中最好的城邦存在于言辞而非实际中,然而,正是借着其非在且仅仅借着其非在,政治事务才变得为人所知。与之相应,也正是借着且仅仅借着雅典娜的巨型雕像,那美的幻像,雅典娜的美才变得为人所知。因此,我们可以问:即使神不在,可是,难道不是借着他,且仅仅借着他,人才能成为被知的吗?苏格拉底对忒奥多洛斯提出的问题,即他是否在不知不觉中向他们的聚会引入了一位神,无非也是这个问题。

　　如果非在,那就必然意味着,当一个人说"无有"或说胡话

（legein ouden）时，他仍然是在说，尽[Ⅱ.115]管"说"总是必须在说某个事物。这并未完全解答关于非在的逻各斯这一困惑。首要的也是最大的困惑，涉及非在本身的逻各斯的原则。非在不可能进入一般的言辞是一回事，但非在不能拥有自己的逻各斯则完全是另一回事。异乡人区分了一个言辞的最小意义（即"一"）和最小结构（即"数"）。诸在的任何一个都可加于在，却不可加于非在。原则上每个在都是可数的：它必须可能是某个可数之多中的一个。这是在的最一般的条件。反过来也同样为真：如果有一个可数的多，那么此多中的每一个都是一个在。由此，"非在在"这一言辞是不可能的，因为异乡人表示，说话绝不可能脱离计数，而一个逻各斯其数至少是二。所以，每次我们说话时，我们若非正在计数，就是正在假定此时可以计数。"诸非在"这话不可说，除非不在可数，而只有诸在才是可数的。"非在在"怎样不可能，"非在是一"也怎样不可能。"非在是一"看上去是分析性的，这是把非在的形式（form）的这个一指示为一。然而异乡人说，唯当我们也能说"在和非在是二"这样的话时，"非在是一"才能成立，但数又总是属于在的。

我们也许可以说，异乡人混淆了两件事。我们或许可以承认，0 + 1 = 1 表示这里不能进行和运算，但我们不能就此得出"0"+"1" = 2 错，因为这里的引号表示概念。然而，非在不是一个概念，一个概念是没有复数的。此外，我们可能也会否认异乡人和泰阿泰德设定的前提："所有的数都属于诸在。"如果把前提改一改，读成"所有在都是可数的，但并非每个可数的东西都是在"，困惑必定就消失了。只有诸在才可数，这一原则是泰阿泰德根深蒂固的信念，以至于异乡人可以用同样的方式打败帕默尼德：如果除了"一"再无其他，那么"在"和"一"就不可能是两个名称（244c8-10）。异乡人假定逻各斯是原子性的，它无外乎由它的各部分组成，彼此之间没有任何纽带相连。异乡人把 pros 跟好几个动词组合,用来表示"加于"或"附加于"之意——prosgignesthai (238a5,7),prospherein(238b3),prostithenai(238cl,239b9),pro-sarmottein(238c6),prosaptein(238e8,239a3),这个 pros 的确切含义现在并未得到澄清。就对话已开启"逻各斯是什么"这一问题而言,对话开始走向以 syn 代替 pro:逻各斯毋宁说是一种编织(symplokê),而非诸部分的某种并置。

异乡人现在最终扭转了论证的方向。说"非在是不合理的",就意味着:(1)自相矛盾地宣称非在是一,不但就其自身而言是一,也借着单数系词"在"(is)是一;(2)把"在"(is)附加了非在上;[II.116](3)在非在面前(pros)制作言辞,就像它是一似的。因此,关于非在不可能说出任何逻各斯。非在似乎是帕默尼德派谈论赫拉克利特派的途径,因为,异乡人的结论跟苏格拉底反驳完全的动具有相同的特质。然而,一旦苏格拉底区分两种动,动就得以确立;那么,以同样的方式,不在也会变得不再是不合理的吗?肖像术和幻像术似乎要么本身就是那区分,要么就指向应有的区分。如此一来,在就属于不在,正如逻各斯属于像和幻像。

任何关于像的言辞,都具有双重性,"这是一张画像"和"这是泰阿泰德"两个言辞,可在"这是泰阿泰德的画像"中统一起来。这表明,关于非在的言辞可能也有类似的双重性:其中一个言辞说,非在是不合理的,这相应于像前面那样把画像认作画像;另一个言辞指示非在之在,这相应于从画像中认出了泰阿泰德。因此,异乡人可能出于误解,正在强行把非在归入"一"的 eidos[形相],而其实非在仅仅看似属于这形相(参 239a10)。然而,不在若不是一,就不可能借着成为双重的而是二且同时不是多。二既不可是一,也不可是多。要说服一个数学家接受这一点并不容易。

异乡人说他撒谎了,因为他说第二个而不是第三个论证才是最大的困惑。异乡人收回的是非在的逻各斯,而非他撒谎了这一事实。他说得就好像非在欺骗了他，非在导致了他的撒谎。他三次把非在"拟人化"：(1)"非在让反驳它的人陷入困惑"；(2)"我们把'在'(is)加在'非在'上，不就是在把它作为'一'来与它交谈吗？"(3)"说它不可言(alogon)、不可说(arreton)、不可讲(aph-thenkton)，我说这些话时，就好像是在'一'面前(pro)制作我的言辞似的。"异乡人现在没有说非在不可思(adianoêton, 238c10, 比较238b7)。他表示，非在抗拒言辞并不必然意味着它有能力消灭思想，否则的话它甚至都不会作为困惑而显现了。非在使作为思想的无声对话与出声地说之间的差别变得被人所知。异乡人与作为一的非在对话，不同于他深入地思想(dianoeisthai)非在。思想就是发问；发问就是处在困惑中。非在给拥护它的人或纠弹它的人带来困惑，但由于它既不容许拥护，也不容许纠弹，这就使人产生了怀疑，或让人站在双重立场上(distazein)，两个方面(am-phignoein)都承认。非在的原则必定成为导致人困惑的原因。某种意义上，它也是思想本身的地基。

九、造像(239b1–241b3)

[117]异乡人错误地把关于不在的较大困惑当成了最大的困惑，但泰阿泰德不明白这话，他让异乡人说清楚些。"就我而言，已经不必去寻找你所谓更明白的[说法]啦"，异乡人说。因为，最大的困惑就是，不在不可能无需靠困惑而呈现得叫人困惑。因此，即便在更直白地说出这困惑之后，异乡人还是承认他自己在这困惑面前永远都是吃败仗。他还鼓励泰阿泰德竭尽年轻人所有的力气，来就不在说些正确的话(比较239d5)。泰阿泰德回答说："如果看到你的这等遭遇，我还要亲自去尝试，那我也热心得过于稀奇了吧。"泰阿泰德没有听从异乡人；他无需凭靠经验而被带到了离诸在更切近之处(参234e5, 239c9)。他的困惑跟异乡人

的困惑既相同又不同:相同是因为,假如他们有话来表达这困惑,那么他们的话不会有什么不同;不同是因为,泰阿泰德没有足够重视"从受苦中学习"那句格言,把异乡人的经验当成了他自己的权威。他的困惑只是一个"呵欠性质的困惑",是异乡人的困惑的像。它是一种"自然的"模仿,我们可以从中读出从其原型中所能读出的一切东西,但却完全理解错误,因为我们不会认识其在(236d9)。

泰阿泰德本人身上既呈现出像的问题,也呈现出非在之在的活生生的证据。我们必须记得,泰阿泰德是苏格拉底的貌似者。苏格拉底以提问的方式,使得异乡人不可能说出心中背下来的言辞。而如果异乡人说和苏格拉底说的都是真的,那么,就必须把智术师的 genos[种]与真哲人的智术师 phantasma[幻像]区分开来;必须把哲人的这一非技艺性的 phantasma[幻像],跟智术师的 phantasmata[幻像]区别开来,因为智术师将凭着他的技艺,让自己看起来就像是哲人的智术师幻像。智术师复制哲人的 phantasma[幻像]就好像制造了一个呵欠,这个呵欠从现象上看与真呵欠难分彼此。不可能不凭靠经验而引导泰阿泰德接近诸在。因此,当泰阿泰德想要坚持肖像的存在时,他说它真地(ontôs)是一个肖像。"真地"表达了某种关于在的感觉,它是经验的记号而非知识的记号。

当异乡人问到泰阿泰德什么是像时,泰阿泰德回答说:"很清楚啊,我们会说水中和镜中的像,还有画像或雕像,以及余下诸如此类的(toiauta hetera)别的东西。"泰阿泰德回答的方式让我们联想到他以前所说的关于何为知识的话。他的两次回答都是以不完全列举[II. 118]充当一个单独的逻各斯,不仅如此,他的两次列举还都分成两部分。水体和镜子里自然形成的像,是否对应于诸理论科学如几何学、天文学、逻辑学,正如绘画、雕塑这些人造的像似乎对应于诸制作术呢?泰阿泰德本人也曾经借助形像来理解无理数的无限性,不管这些形像由什么技艺造成,总归不是由绘画术造成的,因为,泰阿泰德赞同地认为忒奥多洛斯既然是几何学家,就不是画家,尽管他曾经说到忒奥多洛斯的一个作为画图或绘画(egraphe)的证据(《泰阿泰德》147d3)。异乡人现在试图提醒泰阿泰德想到那些主要存在于言辞中的像:"泰阿泰德啊,显然你还不曾见过智术师。"可见到目前为止,异乡人向泰阿泰德展现出来的智术师其本身就是某种言辞幻像的实例,这种言辞幻像的造成要归功于智术师自己的本事。

关于智术师拥有对许多人而言并非显而易见的一切神性事物的知识,泰阿泰德曾经说到他本人关于智术师的道听途说的知识:"至少关于他们的确是这么说的。"智术师声称他可不知道视觉啊、镜子啊、水啊之类的东西,因为他想要一个不诉诸言辞之外的任何东西的答案。假如像仅仅视觉可见,那么智术师就是个询问颜色之事的盲人(亚里士多德,《物理学》193a3–9),但泰阿泰德忘了,在事实中的造像者的范型乃是在言辞中的造像者的某种范型,后者并非一个普罗塔戈拉那样的自吹自擂的智术师,而是异乡人自己的逻各斯的一个发现(参 234d1)。泰阿泰德从未见过的那个智术师,那个似乎闭着眼睛甚或压根就没有眼睛的智术师,永远都既不会被看见也不会去看。他是一个建构。他的在就像关于好城邦的言辞中的范型一样让人迷惑难解。"你认为,"苏格拉底问格劳孔说,"一个画家若画出了最美的人可能有的范型,而且,他虽然充分赋予了这绘画一切东西,却不能够证明可能存在这种样子的人,那么,他就不那么是个好画家了吗?"(《王制》472d4–7)全然在撒谎的智术师是最丑之人的一个范型,因着智术成为一种技艺的必然要求,它在对话中生成。泰阿泰德还以为他们正在追捕的智术师是"真的"呢;他有一种有福的无知,不知道异乡人是在让他追踪他们自身。

泰阿泰德承认,他的第二个关于像的描述,意味着在与非在非常奇怪地相互纠缠起来。真地是一个像,意味着这存在着的像乃是另一个东西的像;真地在,则意味着这在着的像是一个在,而且在任何意义上都不是另一个东西的属性(《法义》668c7)。一个像之为像的原物若尚未被知,这个像就不可能被知为像,但对于真地在的东西,似乎我们倒无须知道它是否完全是其自身。[II.119]诸在不会直接引出什么问题,像却会:是什么使得诸像之为像的诸在不也是像呢?"什么是在"这个问题,答案应该就藏在在与像的非共同之处中。然而,泰阿泰德两次使用了"另一个这种东西"说法,一次用来表达属于"像"这一形相的那种东西,一次用来表达"像"的特质本身。如果说,相似性使得镜中之像有资格归入"像"一类,且像与某个在之间的相似性正是同一种相似性,那么就可得出:(1)每个类都由各成员身上共有的一个要素组成,且这个要素是非在;(2)像跟它所为之像的东西同属一个类(class);(3)完全真实之物的在,不是它成为类中成员的资格所在。同样,倘若"另一个这种东西"意义明确无误,那么,是什么使 X 成为 Y 的像,也就是什么使 Y 跟 Z 属于同一类型(type);而倘若类型或 eidê[形相]就是这些原因,那么,除非有 eidê[形相],否则就没有像,反过来,除非有像,否则也没有 eidê[形相]。

　　显而易见,一个事实中的像,把它之所为之像的东西的"质料"跟"形式"(form)分开。倘若这种分开跟我们把几个事物合起来归入一类时所发生的分开相同,那么,"类"就成了完美的像,而"在"(to be)便意味着"相似"。因此,作为像的"另一个这种东西"跟作为类的填充物的"另一个这种东西"不可能相同。也许有人会说,其间的差别在于,事实上在类的填充物中,"别的这种东西"并非天然地在后于(posterior)它所为其异但仍属于"这种"东西的东西,而范型在时间上的先在则似乎把它与它的像区别开来。但是,如果一个类中的每个成员都是通过类才获得与其他成员的相似性,而"通过类"不过指某种通过相似性而来的关联,那么,类中的每个成员就都是类的一个像,而且,各成员的像的特质就会再次同于像的存在。在的类就将完全由一个个非在构成。

实际中的像把"质料"与"形式"分离,结果却是用另一种质料代替了范型的质料;甚至言辞中的像也自有其质料,那就是口中发出的声流,逻各斯在这声流中作为思想的像显现(《泰阿泰德》208c5)。关于像的逻各斯本身就是一个思想的像,这思想是对诸像的诸形相的思想。这个逻各斯若是真的,那么它就是思想的"另一个这种东西",这思想尽管也是个像,却是真的。这如何可能呢?那被言辞以声音所代替的思想质料又是什么呢?还是说,思想并无质料,逻各斯只是独断式地拥有了一种可听成分?但是,如果思想没有质料,那么言辞就总是神秘难解。它只能是思想的遮体之衣,而绝不可能是真理,因为就声音在原则上总是伴随着逻各斯而言,逻各斯中非声音的东西不能象征思想。即便思想好像几何学家的[II.120]无宽度的线,思想的"运动"可比作在两点之间建构一条一直线,思想仍然需要一个能够使它的两个"点"保持分开的地基。这两个点或这两个时刻的形式就是问题和答案,二者合起来正是思想。看起来,智术师似乎已经溜入了这么一个地方:它毫无偏袒地既效力于造像,也效力于发现诸种(kinds)。

泰阿泰德关于像的定义必然意味着不在在某种程度上在;异乡人关于假意见的定义必然意味着那些根本不在的事物(ta mêdamôs onta)在某种程度上在。从这两个定义分别产生的论证呈现出平行关系,这一平行甚至延伸到二人彼此问答的回合数。然而泰阿泰德犯了个错误:他不是说人必须认为诸非在在某种程度上在,而是说,诸非在必定在某种程度上在。由此,他模糊了肖像(eikôn)与幻像(phantasma)之间的区别。这里真正的困惑是:真实的意见根据它用以认出一个像的非在的同一标准,设立了在的某个种类,而一个实有之像的非在,看起来则跟假——假即不

在的东西——无异。而泰阿泰德却以为,困惑在于我们不可能关
于——不是关于在,而是关于非在说出任何东西来。这两个困惑
并不是相同的困惑。

我们并不能由此得出,他们若是能证明人可以谈论非在,那
就把像的在与假意见分开了。不凭靠矛盾而去谈论非在,就是不
去区分以下二者:真地不在的非在,和仅仅在意见或言辞上而言
在着的非在。说"泰阿泰德在飞"是一句假言辞,与说"泰阿泰德
在飞"是前苏格拉底哲学在言辞中的一个像,二者是在不同意义
上说的。泰阿泰德没有看到这一差别,而异乡人在《智术师》整个
余下的部分都在利用这一点。

十、在(241b4-250d4)

如果智术师隐蔽在几乎层出不穷的困惑背后,而异乡人和泰
阿泰德只检查了其中一小部分,那么智术师就跟哲人相伴相生,
《智术师》这部文本的完整性就是表面上的。然而,尽管异乡人能
够确定智术师一定会逃过他们的追捕,泰阿泰德还是同意,哪怕
只能再多掌握智术师一点点情况他们也不该放弃(参 240e4),弄
清某个部分的局部情况现在也能让泰阿泰德心满意足。这是异
乡人要求泰阿泰德的第一件事;第二件事是,异乡人要求泰阿泰
德别把他看成在弑父。泰阿泰德若没有良心上的不安,异乡人就
可以杀了帕默尼德,或者杀了[Ⅱ.121]祖宗的逻各斯而又不犯
罪——只要唯一的证人不告发,一件罪行就不再成其为罪行。异
乡人要求泰阿泰德的第三件事是,如果泰阿泰德看到异乡人不顾
自己已经疲于应对智术师问题,而向这问题发动新一轮进攻,可
不要以为他疯狂了。异乡人暗示,就算驳倒帕默尼德,再加上他
自己的自相矛盾,顶多也只是有助于解决部分问题。

泰阿泰德的三次同意,正好与异乡人反驳非在之在的论证所

包含的三个主题对应,即一、数和逻各斯。要给出无逻各斯之物的逻各斯,这是一个矛盾,对应于异乡人疯狂地与自己作对,即自相矛盾;在即可数、可数即在的断言,对应于对帕默尼德的否定,因为后者的存在理解似乎排除了如此主张;如果非在既不代表一,也不是某某,它就不可能在,这对应于如下悖论:某某所属的整体若不可知,它就可以部分被知。三种情况中的对应并非同一类型。异乡人的第一、第三个要求反驳了他的第一、第三个有关帕默尼德的论证,而第二个要求却赞同在与可数之间的可转换性。泰阿泰德不可能也像异乡人那样,感到杀帕默尼德情非所愿,因为泰阿泰德作为数学家不可能认帕默尼德作祖宗。他自己那门科学的前提就已否弃了在的单一性(oneness)。而这一前提不容怀疑,因此如异乡人所说,这就意味着他们将不得不迫使不在在某方面在、在以某种方式不在。攻击帕默尼德,某种意义上就是攻击在的内核。

泰阿泰德对异乡人第一个要求的妥协使我们得以更准确地描述关于在和非在的困惑。把一个种连缀起来就要求把整全连缀起来,一个单独的部分仅仅部分可知。因此,严格而言,你无法把它表现为部分,而只能把它表现为脱离了整全的部分。只有剥离出部分之为部分的本质性要素,部分才变得局部地可理解。然而,如果在即意味着是一个部分,那就只有把某物与其在剥离,人才能局部地理解该物。一个部分的分离性就是作为非在的部分。关于帕默尼德的那一小段话,在数里面找到了在之与非在相反的共通之处。数告诉我们什么东西是合在一起且不分开的,因此,数无法适用于任何游离的部分。关于非在的言辞不可能是算术式的,因为,倘若非在的单一性和可数性是它在言辞中存在且让其反驳者陷入矛盾的两个条件,那么,这两个[II.122]条件一旦同时满足,就会使非在变得不可反驳,因为这两个条件是诸在、且唯独是诸在现在所满足的标准。

　　泰阿泰德在苏格拉底展示他的疯狂之前，看上去就像节制的化身，现在他却鼓动异乡人去进行一场后者明知注定失败的努力。在《泰阿泰德》中，苏格拉底曾试图惩戒泰阿泰德隐藏的狂妄，异乡人却没有这样做，他利用了泰阿泰德的狂妄。猎取的像现在发挥作用了，它引出泰阿泰德潜在的疯狂，同时又保持了他外表的冷静。苏格拉底与忒奥多罗斯二人曾对泰阿泰德的性情做出彼此相反的解释，异乡人正好选了一条介于之间的中道；沿着这条中道，泰阿泰德可以继续接近诸在，而又丝毫不丧失他的天真（参243c6）。然而，异乡人自己经历过跟多数人的幻灭相类似的哲人的去幻。帕默尼德的话，包括他曾以为父之心劝诫异乡人要远远避开非在，曾给年少的异乡人一种幻觉，让他以为他明白自己所指的东西，但随着时间过去，他发现自己并不明白，因为还有其他人说存在二、三或更多。异乡人直面在和非在问题，陷入了某种经久不去的困惑状态。

　　异乡人的情况是庸俗犬儒主义在哲学上的对应，但异乡人将抛开他的经验来适应泰阿泰德的天真作为给泰阿泰德的恩惠（参218a5）。天真的视角加上天真所产生的幻像，二者结合起来要产生出一个部分解决问题的办法。异乡人俯就泰阿泰德表明他的前后不一恰恰是他的节制，如此俯就似乎构成了与苏格拉底的助产术相对的另一选择。苏格拉底的做法要求泰阿泰德受苦，以变得跟苏格拉底一样不生育。但那位什么也不知的苏格拉底原来是在反讽：泰阿泰德不会承认他的知识叫知识。那么异乡人与苏格拉底差别何在呢？异乡人对泰阿泰德的数学方法做出妥协就比苏格拉底发现泰阿泰德的美更强吗？无论前者还是后者都不是通过某个逻各斯奠基的。泰阿泰德残缺的灵魂理解，跟他信赖在与数之间的可转换性如出一辙。我们可以斗胆猜想，泰阿泰德跟异乡人在一起，与跟苏格拉底在一起一样，丝毫不会获得对诸整全的更多理解；但异乡人与苏格拉底的不同在于，异乡人要为泰阿泰德提供一个似乎可以整个取代诸整全的东西。

异乡人分两部分来呈现在的问题。第一部分,他转述并反驳了制作神话的哲人们的观点,他把帕默尼德、赫拉克利特以及恩培多克勒诸君都算在其中。第二部分,他亲自讲述了一场虚构的巨人与神之间的大战。他没说到是神还是巨人们[II.123]讲述了这些神话;他暗示,第一组人的失败在于他们没有参与自己所编的神话。他们让自己高高凌驾于多数人之上,就那样,完全不在意多数人是不是能明白他们的话。这样一来,多数人由于无知,在理解他们的话时就带上了某种视觉上的扭曲。异乡人暗示,他们的话也许总归还是真理的肖像。但是,由于他们不为"我们"[对肖像]作出校正,就在不经意中呈现给我们的是 phantasmata[幻像],而我们永远都无法知道自己是否正确解读了这个 phantasmata[幻像](参 243b7)(《泰阿泰德》184a1-3)。所有哲人都要面对泰勒斯的婢女所发出的那种奚落,因为最结结实实在他们脚下踩着的东西就是在。他们不管最终从地球之外的哪个位置说话,都不得不从我们尚在之处起行。"他们"和"我们"有着共同的出发点,他们所用的语言已透露出这一点,这些语言在暗中被刻意地改造过了,但表面上看还是一样。他们说到婚姻、儿女及教养、友爱、仇恨、战争,这些词语都是指我们自以为明白的那些属人事物,或更确切地说是政治事务。但他们说,这些事情的施动者或受动者是诸在,而不是人——到这里,我们甚至再也无法仍以为自己理解这些事物了。

那些哲人们是非技艺性的智术师。他们对我们说话时,仿佛他们是立法者-诗人,期望我们把他们本人作为知识所拥有的东西接受为我们的意见。异乡人说到"爱利亚一族"(chez nous[para hêmin]),仿佛每个城邦从其邦民年幼时,就会向他们灌输异乡人所受的那种哲学教育(参 229d1-4)。异乡人在此不动声色地把自己跟苏格拉底作对比,因为对于苏格拉底,就不能说他属于"雅典一族"的哲人(《法义》626d3-5),有他将受审判为证。异乡人,就因为他现在是个异乡人,则可以弑父而逍遥法外。他在特意迁就泰阿泰德的天真的同时,把自己从教条中解放了出来。他的幻像术比任何肖像术都更接近哲学的真正开端。

异乡人一开始对待帕默尼德很不公平,他声称,帕默尼德关于在并没有比克塞诺芬尼(Xenophanes)多说任何东西,事实上他也并非第一个提出在的问题的人。帕默尼德第一个认识到,他的前人并没有在说他们自以为在说的东西。"水在"(water is)这句话断言了水在(water is),但没有说出什么使得水是水。泰勒斯确定了主词而没有确定述谓词,假如他这么做的话,那么他也许不得不说:因为"在"(is)就是水,所以水在。在所有关于诸在的说法中,在都对诸在保持中立,绝不卷入诸在。热的在既不影响热,也不受热影响。实存(existence)既不可加热,也不可使之变冷。如果万物皆由原子构成,且原子独自存在,且原子有 n 个,那么,万物就是 n 个存在;但如果原子 p 在且就是在(on),原子 q 也在且[II.124]就是在,那么原子 p 和原子 q 就是一;然而,如果原子 p 是这么多的在(即它是 on[在]的第 n 部分),那么 on[在]就不是 p 原子之所是,on[在]就又成了一。比如说,帕默尼德之前的哲人们不是说,土和水是使诸在成为诸在的东西,他们说土和水是诸在。但这样一来,在就既非土亦非水,亦非土加水。然而,如果说土和水是诸在之因,那它们的存在方式就不同于诸在的存在方式,诸在之因的在,还有诸在本身的在,无论就哪一个而言都将是不可理解的。因此,帕默尼德的在作为纯理性的一与属于某个感性的多的诸在并非处在同一层面。异乡人后来承认了这一点,但他现在只是从泰阿泰德的立场出发,对后者而言,首先的问题永远都是"多少";而且,依序数数时也不可能得到原初被数的那个数,要么多了一,要么少了一,这一点足以毁掉对整体的任何理解。

异乡人提到的五个神话中，前面三个神话不由灵感来。这些神话说的问题就是诸在是三、二还是一。这让我们想起，苏格拉底的问题也跟数有关：智术师、治邦者、哲人是一、二，还是三？这两个问题是同一个问题吗？起初提出在的问题就是因为必须把智术师的五六个显像归入一门技艺，智术师就是靠着这门技艺知道——或似乎知道——五样不同的事：对多数人而言并不显明的神性的事，神性且显明的事，在和生成，政治事务，所有各类技艺。说在是二的人会指出湿与干、热与冷这些明显成对的事物，说话人自己安排它们彼此联姻和结合成为一对。而主张一切所谓事物皆为一的埃利亚一族，我们已经指出，则不得不谈在和生成。至于另外两个由灵感而来的神话则都走了更为稳妥的路线，主张在既是一又是多。在赫拉克利特派那里，这个张力的弦绷得紧些，他们主张混乱和秩序同时在，"战争是一切的君王"；而恩培多克勒的缪斯们的弦则要松些，他们让混乱和秩序交替存在，显得与《会饮》中厄利希马库斯（Eryximachus）言辞中说到的诸技艺颇有亲缘，那里同时颂赞爱神和医神。

异乡人把五个迥异的神话归为一类；这些神话同属一类，仅仅因为它们都在谈数，而并非因为赫拉克利特和帕默尼德彼此赞同对方关于一和多的说法。然而，异乡人似乎暗示，智术师借用了每个哲学神话各自特有的语言，重新应用到这种语言似乎在说的事物上。哲人们因为藐视我们而疏忽了澄清自己他们本来的意思；智术师却因为急欲牟利就把哲人说的话当了真，所以看上去一幅无所不知的样子。哲人们让自己受到如此[II.125]糟蹋，是因为他们的言辞——无论他们愿不愿意——乃是 phantasmata[幻像]。哲人优于智术师只在意图上，所以他们看上去并非无所不知，或者说他们看起来好像有缺陷的智术师。而智术师，除了他们私下说的一些关于在和生成的话，他们的话听起来就好像他们拥有政治技艺一样。这不仅因为他们若不宣称自已拥有这种技艺,就没人付他们钱,还因为哲人们用来传达思想的语言也是彻头彻尾地政治性的:存在(being, ousia)首先指财产,是一个原因(to be a cause)则首先指有罪(to be guilty)(《泰阿泰德》144d2,169a4-5)。

当普罗塔戈拉称人是万物(khrêmata)的尺度时,无论有意无意,他说的是法律用语,因为人是衡量一切钱财和货物(khrêmata)的尺度。异乡人相继把智术师网在了不同的技艺中,而在前四(或五)门技艺中,有一门单一的技艺贯穿其中,那就是赚钱的技艺。智术师的统一性在于一种知道如何变一切为金钱的技艺,但是,那种钱和赚钱之事若没它就不可能存在的科学则是数的科学。因此,数的科学看来好像是一种普遍科学,它会把异乡人所说的哲学神话——其中每个神话都说着精确的数的语言——这一类别转化成实在的知识类别。可是,这种数的科学一旦跟神话中的政治性语言结盟,就作为赚钱术出现了。智术师的赚钱术用一个怪物一般的巨大 phantasma[幻像]把哲学神话之所由构成的政治性要素和理论性要素联合起来。普罗塔戈拉的那句话就是智术师技艺的范型。

异乡人七次扮成直接对制作神话的哲人们说话,泰阿泰德有几次扮作这些哲人回答异乡人的提问,有几次则做回自己。异乡人向那些主张在是二的哲人提出三问,又向那些主张在只是一的哲人提出三问。其中的核心问题"'在'是什么意思",虽是针对二元论者提出,但同样适用于问一元论者。异乡人提出了解释二元论者的三种可能方式,他与二元论者的辩驳到此就告结束;与一元论者的辩驳多花了许多唇舌,却似乎远不如与二元论者的辩驳那么令人信服。由于在的问题因非在而起,所以异乡人似乎暗示,非在倘若只能在某种意义上在,就会使在的问题变得可解。异乡人首先问二元论者的问题是,当他们说"两个都"和"每一个"在时,他们是什么意思?[二元中的]每一个分别都是它们共同之所是,且每一个都分别以其各自的方式是其共同之所是,就此而言他们未必是共为一体的。它们中任何一个都不是部分。由此就可以得出,如果每一个(each)是在,那么整全就是某个第三者;但如果其中一个(either)是在,那么两者合在一起(both)就不是以同一种方式在,于是在就只有一;又或者两者合在一起是在,那就又成了一。摆脱这种困境的最明显的出路是原子论者的方式:存在的唯有形体,而非在则是另一个原则。原子论者最早[II.126]区分了诸在与诸原则,因为形体也必须不再是在才能成为一个原则。因此,两个原则中任何一个都不是一个在,而是两个原则结合起来产生诸在。但这样必然得出一元论的结果,因为,如果字母 O 代表非在或空无,字母 N 和 Z 代表两种不同的原子(亚里士多德,《形而上学》985b7-19),那么,一个用公式表达为 NONON 的在,跟另一个用公式表达为 ZOZ 的在,就会被空无隔开,且两个在合起来就会成为一个在,其公式表达为 NONONO-ZOZ。

帕默尼德的在可以用两条不同的路线来论证。第一条路线,对应于异乡人上面刚提出的关于两个在[即在是二]的问题:是否两个在中只有一个在。第二条路线谈论整全但这整全指的是和,这条路线对应于另外一个问题:两个在是否仅仅作为两个一起(both)才在。异乡人已经证明了两个在必然化解为一,现在他继续穷究这个一的含义。他问:在是不是一个述谓,就像一那样?如果是,那就有了针对某某(ti)的两个述谓;但这样一来似乎连这一都不能有了,因为,假如在或一中的任何一个是 ti 的述谓从而不同于 ti,那就又有了二。而如果在和一都不是 ti 的述谓,则其中必有一个跟 ti 相同,而且 ti 要么是无(nothing),要么也是一个述谓,这样就有了述谓的述谓。这个述谓的可能范围必须证明与 ti 完全重叠;但二者范围的叠合又使得述谓不再是述谓,至多只是一个专有名词。

　　说在是一，无异于说雅典娜就是密涅瓦（Minarva），该名称就是指女神。在或一单独都不能说出任何东西，但帕默尼德一派若想证明在或一能揭示什么而不只是一个名称，就有必要引入复数。例如，他们无法区分句子"某某在"（something is）中的"在"与句子"某某是一"（something is one）中的"是"：如果说头一句说的是，某某实存着，第二句说的是，一是这某某的属性，那么，实存就没有被在所穷尽，因为要不然"一"就不是某某的属性了——除非"实存"必然意味着有个"一"。但必然要求有"一"的是某某，而不是实存：某某即便不在，仍然是一。因此，帕默尼德派必须如此：要么在承认他们所做的任何区分的同时承认非在，要么承认他们关于在的言辞谈论的却是非在（亚里士多德《物理学》185b23-25）。

　　正如不少人说过的那样，帕默尼德诗歌残篇并未强调，在就意味着是一：帕默尼德请求女神告诉他诸多关于在的事情，"一"仅仅是其中的一件事（《帕默尼德残篇》8, 1-6）。帕默尼德从一个先于异乡人的论证的时间点出发，因此某种程度上他始终不受异乡人的论证所影响。人们相信——或至少从他们的说话看来他们似乎相信，"它不可能"不同于"它不在"，[II.127] 同样地，"它在"不外乎就是"它可能"的最后实现。帕默尼德却看到，假如在意味着可能，那就必然得出非在在，不然的话每个可能的在就可以逐一被否定掉，直到除了无一无所剩。然而，既然无来自无是不可能的，在就必定意味着必然；而再一次，既然没有必然在的感性之在，必然之在就是理性的（noetic）。这个在就是无矛盾原则所指向的在（亚里士多德，《形而上学》985b7-19）。然而这里有一个困难。这种假定的对每个偶然性之在的否定也假定了偶然性之在的在，且任何一个偶然性之在都不可能被那独一的必然性之在带入在。若要发现理智的在，则感性的东西必须在。因此，甚至当帕默尼德即将上路时，他也不得不否定自己思想的运动,但他的诗又以他的旅程开始。我们没有弄懂帕默尼德。

异乡人首先让泰阿泰德看到诸在就其在而言不可胜数。如果热和冷各是一个在,那么,只有在无视它们的区别时它们才可数——好比一个苹果和一个橙子是两种水果;这样,在数数时,无论是在着的热东西的热还是在着的冷东西的冷都不能被数到。人在每个东西里面所数的是在。在因此是对热东西的"现实"所做的某种抽象,但是,把在看作从在中抽象出来的东西,这是很荒谬的。于是,异乡人转向了在任何意义上都不容被抽象的在。然而,由于这在只有"在"之名可收容,因此它遭遇了与抽象相反的问题,即它的"现实"太丰富了,难以为"在"之名所囊括。但是,把在看得多于在,这同样是很荒谬的。在与精确的言辞势不两立。这种不两立源于在的双重功用,不靠着模棱两可的言辞之在就无法施展这双重功用:既不能作为计数的单位,也不能作为被计数的对象。

从这个观点来看,帕默尼德的动几乎是不可避免的,因为如果在是一,那就必然使用精确言辞。但这样一来,不仅精确言辞跟武断命名无法相区别,而且在也将无法是一个整全了——除非以不精确的言辞来谈论。异乡人没有对此发表看法,但在异乡人所引帕默尼德的几行诗中,在之所以是整全,是因为它"像"一个球。因此,如果以不精确的方式去理解,在可以是一个整全,因为受那个整全的一影响,意味着只在某种意义上是一。然而,整全不可能既在而又脱离在,因为那样的话,在就不完全是它本身了;但若整体不在,在连形成都不能,遑论在了,因为已经形成的东西(to genomenon)乃是完全形成(genonen)一个作为整全的东西,而且任何确定的多也都是一个整全。在最后这个论证中,异乡人很随意地引入了两个泰阿泰德从未[II.128]提出质疑的原则。第一个原则是总和跟整全相同,这要归因于苏格拉底在《泰阿泰德》中的论证;第二个原则是,生成(gignomemon 或 genesis)与形成

(genomenon)相同,这个原则影响了对话整个其余部分的进程
(《帕默尼德》141d7-e7;《斐勒布》27a1-2)。

　　用神话说话的哲人能说出诸在有多少种,但说不出在究竟是
什么;而那些不用神话说话的人能说出在是什么,但不能说得精
确,他们不能数算诸在。关于这组人,异乡人自己用神话的方式
谈论他们,因为他数得出他们有两种。由此异乡人暗示,在的问
题就在于看起来关于在的综合性说明与关于在的精确言说不可
能结合起来。①为在计数就是以神话的方式言说,给出关于在的说
明则是以非精确的方式言说。异乡人自己的神话把关于在的两
种不可转化地对立着的说明综合起来;因此,看起来,将有一场诸
神与巨人们之间的和解——双方各自作出某些让步,此时将有一
个兼具综合性和精确性的关于在的逻各斯代替神话。然而这种
现象并没有发生,倒是异乡人解决了非在问题,这就是《智术师》
之谜。异乡人不仅表明在跟非在一样让人困惑,还明确表示在跟
非在[问题]是同一类型的困惑,因为他说,它们当中若有一个无
论在何种程度上显露,则另一个也将显露。但他也说,如果智术
师难以认出是因为他逃到了非在的幽暗之中,哲人不容易见到则
是因为他住在那光辉灿烂令人目眩的在的王国(253e8-254b2),
那么,对待我们因在之光导致的盲目就必须像对待我们在非在面
前的盲目一样。

　　尽管原因有别,最后导致的黑暗却相同,因此,异乡人提出,
可以把光的缺席等同于我们与光的不可相通。那借着充溢我们
而从我们这里溜走的(即在),实质上就是那借助被我们充溢而从
我们溜走的(非在)。异乡人和泰阿泰德必须尽可能体面地沿着
在和非在这一对孪生困惑来推进逻各斯,而这个逻各斯似乎就是

———————————

① 精确与综合之间的这种张力在亚里士多德那里亦有对应表现,其一是《物理学》
　卷一数算自然本源(principles)时数目变动不居;其二是卷二中对自然的"辩证
　式"发现。

他们最近的发现与他们将来的发现之间的一种不可能的妥协：最近的发现是，在若要被计数它就"包含"非在；将来的发现是，在若要被知非在就"包含"在。一方面，非在使在的问题显露出来：非在把数显明出来，诸在只有借助于非在才能被计数；另一方面，处在形体与"型相"的张力中的在必使灵魂显明出来（参250b7）。数是肖像术所能够采纳的最高形式，灵魂则是幻像术的自留地。而《智术师》则是肖像术与[Ⅱ.129]幻像术、天真与经验的混合体，这本身就再现了在之谜。

在《泰阿泰德》中，苏格拉底把哲学战争呈现为赫拉克利特与帕默尼德麾下两军的交战，忒奥多洛斯和他本人身陷两军之间。异乡人描述的战争作战双方则不同：一方是那些主张在意味着是可感的形体的人，另一方则是那些主张在意味着是理智的"型相"的人。直到异乡人把两方都驳倒以后，问题才转化成"动"与"静"的统一问题。就《智术师》在《泰阿泰德》的基础上作了继续推进而言，问题发生如此转化，无疑要怪异乡人引入了"型相的朋友们"和巨人们，前者苏格拉底不曾提到过，后者泰阿泰德则极为排斥，甚至不愿去考虑。初看之下，我们会觉得这场巨人大战并未涉及像"动"与"静"那样突出的对立，因为"在意味着是形体"——无论是有灵魂的形体还是无灵魂的形体，其对立面应是"在意味着是灵魂"。至少，灵魂与身体的对立是异乡人自己划分净化术的类别时提出的对立，也是苏格拉底前一天在《泰阿泰德》中迫使泰阿泰德所接受的对立。相应地，巨人们就其本身而言即是他们所说——即是他们所说那唯一在的东西，也就是形体；可是，型相的朋友们却未确定是什么，显然他们不可能是他们所说的那唯一在的东西——异乡人的神话若要成立，那他们就是那些诸神了。

诸神意在指型相的朋友们，这不仅一般地符合人们对型相的第一印象——爱若斯是爱欲的、正义之神是正义的，也特别符合

《智术师》在柏拉图七连剧中所处的位置(排在《智术师》前面《游
叙弗伦》刚刚提出了型相与诸神的关系问题),同时,还把苏格拉
底起初问讯奥多洛斯的问题从秘密进展中再次带到台面上来。
苏格拉底曾经质疑讯奥多洛斯对异乡人身份的判定,并提出对待
哲人当如对待荷马笔下的诸神。哲人也是与其表象殊异的在,绝
不会显出其在中的样子。哲人在表象之上。异乡人刚刚批评了
一组哲人,因为他们让我们没法理解。因此,异乡人就不得不使
他们中的一些人以某种方式显现,这种显现方式对我们、尤其是
对泰阿泰德而言可理解,但仍在某种程度上与他们的在相符。然
而,他若不采用幻像术,即他想要归在智术师头上的那种技艺,就
不可能做到这一点。事实上,既然异乡人自己表现得酷似他正在
搜寻的智术师,从而已经证明了苏格拉底关于哲人的主张,那么
他不可避免会以制作一个属于自己的神话告终。他也必须停止
显得是一个猎人,而成为一个制作者。

　　异乡人制作的神话,不同于使用精确语言的[II.130]哲人们
的肖像性神话。那些哲人的神话,若用神话的方式说,是凭着他
们超越于我们之上的在于不经意间产生的;异乡人的神话则是有
意识所为,他还把泰阿泰德拉进了整个画面之中。他把泰阿泰德
拉入画面中,为的是把两组本来分开的哲人结合到一起。这样就
把两组哲人变成了一个包含他们各自在内的整体。这一综合性
整体似乎不可分析,因为只要一抽掉因泰阿泰德的在场而加上的
视角扭曲,它就消失了。泰阿泰德的在场只是灵魂在整全当中的
一个特殊例证。如果不把灵魂纳入考虑,整全就会消失;但如果
对灵魂加以解释,整全又变得难以捉摸。这就是在的问题。

　　巨人大战的情形有些模糊,因为,巨人们是把一切事物从天
上、从不可见之物那里拽到地上,其对手则是从上面某个地方以
不可见之物为有利据点作战。巨人们似乎误解了自己在跟谁打
仗,因为型相的朋友甚至放弃了建立某种宇宙论的尝试,他们并

没有用某种关于灵魂的解释来为天界辩护。一个是想要成为宇宙论的"地质学",一个是无意于成为"星象术"的"意识形态",二者之间不可能有战争。为了让双方正当地加入战斗,异乡人不得不找到一块交战双方都宣称归自己所有的领地。但是,巨人们不承认生成(《泰阿泰德》155e5-6),而其对手型相论者尽管用"生成"来称呼形体,却忽视这生成,看似谈到了无形体的种类,却从不看那些他们自己称之为生成的、禀有形体的种类一眼。不管这些种类是什么别的东西,反正它们不是诸原因。一支以蛮力为唯一武器的军队跟另外一支由言辞制作者组成而不晓得自己是在大地上且属于大地的军队,两军处于对垒之中。苏格拉底自然没有做过如此缺乏自知的军队中的将官,但泰阿泰德和忒奥多洛斯尚在队伍之中。

泰阿泰德遇到过不少巨人,却甚至问都没有问过巨人的对手是谁,也没问过他们所谓的那些理智的种类指什么。他大概以为他们指的是在和非在、似和不似、同和异、一和数、美和丑、好和坏之类——总之一句话,就是他自己说与苏格拉底的、灵魂不依靠任何工具而单独探究的诸对立之物。然后,异乡人让泰阿泰德面对他自身。苏格拉底前一天曾诉诸对精确言辞的需要迫使泰阿泰德自己说出了一句美的言辞,异乡人则迫使泰阿泰德起来面对这句美的言辞的不精确性。泰阿泰德再一次被拽到了地上,但不是整个被拽下来。泰阿泰德失去了他的"高地",但只是到了巨人们不再害怕他的程度。靠着异乡人的帮助,泰阿泰德以言辞驯服了巨人,他们变得守法了。[Ⅱ.131]《智术师》的妥协方案——借助这种妥协可以让智术师安守其本位——涉及法律。而泰阿泰德曾经以为,苏格拉底的净化术仅仅是一种更有效的雅典式教育。

泰阿泰德代表巨人也代表诸神说话,做他们的诠释者(246e2-4,248a4-6)。他转达了双方的几句言辞,结果双方休战了。他首

先代表巨人同意有死的动物是某种东西,再代表巨人同意有死的
动物是禀有灵魂的形体。如果形容词必须对应形容词、名词必须
对应名词,那么在这里,有死的就是指有灵魂的,是动物就是指是
形体;但是,既然动物意味着一个活的存在(zôion),那么有死的便
意味着是一个形体,而且是一个动物便意味着禀有灵魂。要么形
体使动物成了有死的,要么灵魂使形体成了有死的。同意有死的
动物在,至多也就意味着"一个形体活着"——这句话中所承认的
身体的有死性并不意味着有死性本身是一个在——因此,泰阿泰
德本该至多代表巨人们同意灵魂在,正如生命或有死性在一样。
无论如何,泰阿泰德现在把灵魂作为诸在中的一个加到了数上面
(参238a10-b1)。灵魂与有死性有可能等同,暗示了灵魂跟数一
样指向非在。然而,对于一个最终要在"可数"之外另提出一个存
在含义的论证而言,灵魂之在仅仅标志着论证中的一个阶段。灵
魂之在是异乡人让"生成"偷偷潜入回来的一个借口。

在泰阿泰德完全没有意识到的情况下,异乡人从正义的和不
义的、审慎的和不审慎的灵魂——它们各自都不同——之在转向
了这些灵魂各自的生成,这种生成乃是凭借"对正义[或审慎之
类]的拥有或正义[或审慎之类]的在场"。于是,某事物存在的
最低条件成了:它可能变得对某物在场,也可以变得对某物不在
场。异乡人暗示,正义如果不能变得对灵魂在场,那么它就不在
(《王制》472b7-c3);但他悬置了一个问题:正义是与各种可能的
生成分离呢,还是说,正义只有当在灵魂里生成时才在? 无论如
何,巨人们已经很快变得更好了。如果可以有正义的行为,那么
正义不就在吗? 巨人们在承认行动的在之先就同意灵魂的在,在
承认好坏的在之先,就同意德性和邪恶的在。

接下来,异乡人迫使巨人们区分形体与可见,因为,如果他们
说灵魂拥有某种形体,那他们不可能说这形体是可见的。空气有
形体,但空气并不可见。然而,泰阿泰德认为,巨人们会耻于断言

说,审慎要么是一个形体,要么就不是诸在中的一个;但异乡人提醒他说,那些地里自长的苗裔是没有任何羞耻之心的,凡不能用手攥住的东西,他们一样也不会承认的。鉴于连白也过不了这一关,异乡人就说,巨人们为了变好而不得不作出的妥协性回答,仅限于一切无形体的东西。甚至数也足以说明问题。一旦巨人们同意了无形之物存在,异乡人就问:形体和非形体究竟拥有什么东西,这个东西作为与二者同源之物,使得巨人们可以说两者都在? 异乡人推荐了如下答案:

> 我说,凡是天然拥有某种能力的东西——不管是能对另外的东西做些什么,还是能承受哪怕极微末的东西对它所做极细微的事,也哪怕此事只发生一次——所有这样的东西都是真实存在的。我来下一个定义:"诸在"非他,能力而已。

我们不由得想到,在《泰阿泰德》中,苏格拉底改进普罗塔戈拉的说法时,也在于把在定义为能力。这也是异乡人从未明确反驳的唯一一个在的定义。

异乡人的上述在之定义带来如下直接后果:(1)诸在只在程度上有别,而在种类上无异;(2)把形体与非形体区别开来的东西与形体的在毫无关系,因为事物的自然与作为在的事物彻底分离了;(3)诸在的最小数目成了二;(4)在只在能力关系中显露;(5)"最低的"在将是某个只一次受他物作用而从未作用于任何他物的东西;(6)"最高的"在将是某个作用于其他一切,但自身从不曾受他物作用的东西;(7)一切在都成了可度量的。作为能力的在,用在的可度量性代替了可数性。连续性比分离性更为根本。泰阿泰德的能力即每个数的平方根现在拥有了某种"存在论",它们能够度量一切在,哪怕该在再怎么不可理喻。然而,异乡人没有说用什么尺度度量。他以有死动物的在开始:什么使得有死动物在？不再因为有死动物是形体，而是因为灵魂作用于有死的动物上，所以我们才能说有死的动物在。灵魂成了作为动力因的在的范型（在就是用另一个东西造成某物），身体则成了作为质料因的在的范型（在就是由另一个东西造成某物）。但我们无法断定，它们中的任何一个没有了另一个就不能在，因为，两个形体之间的相互作用也会确立它们的在（尽管不是确立它们的作为形体的在），而且，正义大概也可以不靠身体而对灵魂产生作用。但是，即便身体从来没有做过什么事，也从来没有什么东西作用于灵魂，身体和灵魂还是在——只要、且只要身体和灵魂彼此处在某种因果关系中。那么，我们还能分得开身体跟灵魂吗？它们将只是两个约定俗成的名称，用来指动物这个真实的在。但是，由于动物除非跟另一个东西处在某种关系中，否则就不在，因此，整个在将既是二或更多，同时也是一。

这个难题跟泰阿泰德前一天面临的难题是一回事，[Ⅱ.133]那时苏格拉底引导泰阿泰德得出了知识等于感觉的结论。在就是能力这一定义，即便否定潜能，看起来也像在说潜能。这是一个如此有力的定义，因为它把我们拽离了通常的理解——根据这样的理解，岩石、树木、动物及其他事物都在，但同时似乎又守护了我们通常的理解。这绝妙地证明，我们是多么容易遗忘了自己在哪里。异乡人向我们显示了幻像术何为。普罗塔戈拉是一个被驯服的巨人（《泰阿泰德》171d1-3）。

泰阿泰德在诠释型相的朋友们的意思时，不像刚才在普罗塔戈拉派面前表现得那般确信（参 247c8，248b7-8）。他变得更加依赖异乡人，尽管他还是握有最后的发言权。他们从区分在与生成开始。这一区分与"有死的-动物"这一连接相对立，后者是巨人们最先被问到的问题。如果说"有死的"属于生成类，那么也许"动物"就属于存在类。巨人的对手已陷入麻烦，异乡人用他下一个问题把这麻烦展现无遗：

我们一方面以身体、通过感觉分有生成，另一方面以灵魂、通过思考分有真正在着的在，而且你们认为，这在在所有方面永远一样，而生成则时时刻刻都在改变？

根据巨人们把有死的动物等同于有灵魂的形体，异乡人把在与灵魂相连，并把生成与身体相连，但身体在这里必须指有灵魂的形体，而不是尚未启蒙的巨人曾经所说的形体。异乡人的区分不可能成立。不仅巨人大战中的诸神说身体是生成，以至于我们必须凭借生成（身体）、通过感觉来分有生成（身体），而且，即便我们只是些岩石，我们仍会分有生成。此外，异乡人使用了"通过感觉"这一表达，似乎那并不要求

我们的感觉隶属于一个单一整体，它或叫灵魂，或者随便叫作什么；借助这个整体，我们仿佛通过眼耳等工具感觉一切可感之物。（《泰阿泰德》184d2-5）

灵魂已经暗含在感觉中，异乡人的问题，"何为生成和在所共有的东西？"不过是以一种更为精致的方式问：何为感觉和认识所共有的东西？问题的答案现在应该是"灵魂"，灵魂既不能是一个形体，也不能是一个"型相"；由于泰阿泰德把认识与感觉等同，因此他的答案是 phantasia［幻像性的］（《泰阿泰德》152c1）。只要认识与感觉被等同起来，灵魂就总是倾向于显现为一个 phantasma［幻像］。但是，即便在认识和感觉被区别开来之后，灵魂仍然不会变得更容易了解些。思想的双重性仍然没有摆脱像的双重性。

［II.134］在与生成彼此分离了。假如二者在信念中跟在实际上一样总是分离的，诸神就不必区分二者；但既然诸神不承认这一点，异乡人就默许了他们，并转而询问他们自己是否承认在与生成。即便在与生成之间没有别的什么共通之处，我们对这二者

的认知也可以确立它们之间的相通。其共通之处随灵魂而显露，因为原则上没有什么比认知更可共享。由此我们便面临一个悖论，即，除了理解"灵魂某种程度上就是一切"，没有什么能同时理解在和生成。灵魂因此并非一切。灵魂不可能既是[在与生成]共享的"场所"，同时又是整全，要不然在与生成就不是分开的了。甚至在异乡人询问诸神关于灵魂的事之前，我们也不得不考虑灵魂如何跟神和巨人们所说的话相合。异乡人说，施作用的能力或受作用的能力已足以用来描述在——如果这能力对某事物而言在场。之前他曾说，凡物若能在场和缺席，则表明它在。那么，灵魂有能力对在在场吗，或，灵魂有能力来到在面前而不作用于在吗？灵魂的能力可能是这样吗：它能契合于在，然而又并不是一种施动或受动的能力？

既然异乡人提出了问题，诸神就必须说，灵魂要么是一种施动的能力，要么是一种被动的能力；在前一种情况下，在在被知之时并非如其所是的在本身；在后一种情况下，若说灵魂对一个在的经验即是该在本身的知识，那只能说是神迹了。如果说该在原原本本地在灵魂中复制了它自己，那无异于再次否认在与生成之间有任何差别。泰阿泰德跟异乡人之间的对话存在着特殊的困难：泰阿泰德没有关于诸在的直接经验，只有靠着一个接一个的像来谈论；异乡人对诸在的经验，则妨碍了他往下走。这种特殊的困难也证明了某种一般性的困难：灵魂与在的共通必须要么是主动的，要么是被动的，但另一方面，这种互通既不可能是被动的，也不可能是主动的。异乡人曾以自己迁就泰阿泰德的无知解决了他们的对话所面临的特殊困难。如果幻像术也能解决上述一般性困难，那将很是奇怪。

有两件事，一件是，另外两个最普通的动词（eidenai 和 epistashthai）也表示认识之意，但它们不能体现"认识"（gignôskein）与"被认识"（gignôskesthai）的区别，另一件是，异乡人问，认识有

没有可能既是被动的,又是主动的——这两件事表明,语法形式
并非决定性的问题。不过异乡人只把"认识"思考为主动的而非
被动的;他用一句誓言阻断了这一思考:

> 以宙斯的名义!难道我们会轻易地被说服,动、生命、灵
> 魂、理智这些东西实际上对完美的在而言并不在场,完美的
> 在既不活着也不思考,它神圣可畏但没有理智,完全静止不
> 动?(伊索克拉底,《布西里斯》[11]25)

异乡人刚把[II.135]型相呈现出来,就又为了支持诸神而将
它们撤回。他诉诸型相的朋友来反对型相,前者的在受到其所爱
之型相的威胁,后者本身的自然就是对生命、灵魂、心灵的在场或
不在场无动于衷。我们想起,苏格拉底前一天还跟游叙弗伦争论
过这个问题,那是在他与泰阿泰德和忒奥多洛斯交谈后不久。那
时,苏格拉底区分了某事物的在与该事物的作用——就现在的情
况而言,则是区别神圣本身之所是与神圣被诸神所爱[这一作
用]。尚未留意到恋爱者所事之猎取的泰阿泰德接受了异乡人的
主张,即灵魂在其认知行动中必须启动型相。但是,某物不会仅
仅因为被爱就改变,就算爱者再怎么认为被爱者有义务改变。同
样,型相被认识这一事实跟型相的改变无关,正如受严格而言是
一的那个一影响,并不表示一本身就变成了多。

异乡人避免让泰阿泰德去面临分离的诸型相所固有的难题,
也就是帕默尼德展示给青年苏格拉底的那些难题;相反,异乡人
只是唤起泰阿泰德对这样一种逻各斯的畏惧之心。泰阿泰德作
为巨人的诠释者,把他自己的耻于承认理智是形体强加给巨人;
作为诸神的诠释者,又把自己的害怕承认诸在可能是无生命、无
思想的种类强加给诸神。他的害怕感和羞耻感联手拯救了他;这
种害怕感和羞耻感,他在苏格拉底面前不曾有过,但苏格拉底在

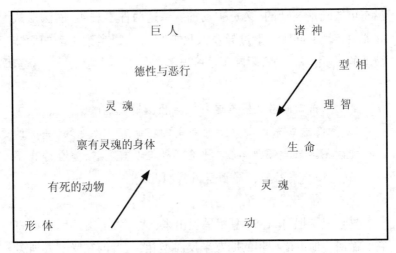

图 4

帕默尼德面前则有过。完美的在拥有理智、生命和灵魂;而且,说有灵魂的在是不动和静止的并不合理,因此,完美的在还必须拥有动。动被证明是在的,因为灵魂在;灵魂被证明是在的,因为生命在;生命被证明是在的,因为完美的在拥有理智。在这里,生命和灵魂夹在理智与动之间,理智和动本身则夹在型相与形体之间。泰阿泰德没有问动是否需要形体。他没有请异乡人确定他们推演出来的动物究竟是什么。

巨人上升的运动和诸神下降的运动可以用图4大致勾勒出来。对巨人们来说,在现在意味着能力;对诸神来说,完全地在意味着在思考(noein)。如果思考是最高级别的制作能力,而形体是最小级别的受作用的能力,那么,关于在的综合性说明与精确性说明之间的冲突似乎就得到了解决。在处在一个移动的等级序列上。高的在也需要低的在;最低的在由于全然被动,则需要至少一个施动的能力。但是,这样一个在即能力的综合性定义不容许任何在是某东西;因此,要想多种多样的诸在存在就必须有型相,每个型相都是一个某东西。然而,这"某东西"中唯——类[II.

136]顶住了异乡人对型相的批评仍然得以幸存的乃是有灵魂且拥有理智的在。理解这个动物至少有两种方式:要么是,每个禀有灵魂的在本身都算是一个 eidos[形相]——智术师的类(class)就是智术师(218c5,7,d4),且异乡人的一系列二分严格来讲就是一个谱系;要么是,禀有灵魂的诸在使 eidê[诸形相]成了不变、可畏而神圣的,eidê[诸形相]之于其制作者就如诸神的像之于诸神本身。eidê[诸形相]将是不被驱动的东西或者说是神性的东西。作为运动着的诸理智在言辞中所成的像或幻像,它们就是神圣的礼法,诸在本身或假先知们(智术师们)都曾宣扬它们(《治邦者》290c3-291c6)。而异乡人已经暗示要认出假先知相当困难。

异乡人差点就确认了完美的在究竟是什么。如果一个人说,完美的在就是神(God),那么他不过是在说:正如神性之物(the sacred)指示着型相之在的方式(静),同样,神则指示着理智之在的在之方式(动)。由此,无论是神还是神性之物都不为人所知。苏格拉底曾经责备忒奥多洛斯不加考虑地把异乡人称为神性的(divine)(216c2),因为只要我们还不知道异乡人的所是,这个形容词的意义就是不确定的。"异乡人"也是一个形态词,从文法上看与"实质"这个词相似。所以,关于完美之在,异乡人不会说出更多的东西。倘若他已经知道了什么是在,那么他绝不可能表示在跟不在一样让人困惑。完美的在是一个被激发出来的手段,目的是证明动和静一样必须在。它也许指向对话最后的结论,在那里,泰阿泰德承认[II.137]:某个神性理智创造了万物;但是,在此并无必要确立动的在。只要像诸神所做的那样,承认灵魂只通过思虑和思考分有在,对那个结论来说就已经足够了。但异乡人的论证方法的确表明:虽然非在和在同等地令人困惑,但它们令人困惑的方面并不相同。非在最初让人困惑的是,它必须在;而在的困惑绝不可能是关于该在之在的困惑。帕默尼德命题中的底线真理是:不管在是什么,它必定在。非在之在与在之非在,二者形式上的相似性很有迷惑性,并掩盖了一个事实:在之非在就是非在之在,而在本身从不改变。

既然理智不可能属于任何不动之物,而万物整体的动则同等地排除了知识、明智或理智,哲人也就不得不否认以下这点:整全或总和要么就是动要么就是静。这一否认仅仅意味着,并非所有在都会经历每种改变,并且每时每刻、在每个方面都作位置上的移动(《泰阿泰德》181d8-e2)。动和静都必须在。然而,我们无法从动和静的必然之在中对以下诸问题得出任何结论:有没有什么存在,我们不可能拥有关于它的任何知识呢——例如蒂迈欧的"空间"或亚里士多德的基本质料?有没有什么存在,由于它全然静止,所以我们可以拥有关于它的完全知识呢?这样的在是只有一个呢,还是有很多呢?一切在,要么在动中,要么在静中。动和静是在的对立形态,就在意味着是某某东西而言,它们并没有告诉我们任何关于在的事。因此,一个关于在的逻各斯,如果它把在理解成仿佛它是种种对立形态中最具综合性的形态,是不可能穷尽在的。如泰阿泰德所言,

　　　每当我们说动和静在着时,我们怕是真把"在"预言为第三个什么东西了。

然而异乡人反驳了这一预言,因为他推理说,既然在是某个第三者,那么根据它自己的本性它就既不静、也不动,

　　　某个东西既然不动,怎么又不静呢?或者,反过来,那绝非静的,又怎么不动呢?

由此,异乡人迫使综合式说明转而求助于数,并因此迫使这

种综合式说明遭遇了跟精确神话的制作者们同样的难题。但异乡人假定,当人计数时,比如当人把动物、灵魂、正义数成三时,他就数了三个在,因为动物、灵魂和正义都在。他假定,在的"那"(the that)与在的"什么"总是相同。正义之所以在,就我们所知,仅仅是因为正义能够作为一个条件变得对灵魂而言在场或缺席,但泰阿泰德不承认[II.138]正义的在跟灵魂的在有任何差别。在与可数可以互换;任何一个"它",不管它是某事物的状态或就是该事物,作为一个"那"都是一个在。在泰阿泰德看来,"一个在有动"(a being has motion)跟"动有在"(motion has being)是两个相等的命题(249b2)。算术使泰阿泰德成了自然而然的"型相"的信徒,正如算术摧毁了有任何型相的可能。真正在类与类之间跳来跳去的,并非泰阿泰德的拙劣模仿者——牟利的智术师,而是作为理论数学家的泰阿泰德,其技艺在其他各种技艺中以变化多样的形式在场,决定了每种技艺的认知状态,而他本人则脱离该技艺的所有应用来操练自己的技艺。泰阿泰德的技艺使在变得跟非在一样令人困惑。只有证明诸在的可数性就包含了诸在的非在,异乡人才能一举解决两件相伴而生的不可能之事:一方面是,不可能把动、静和在数作三,另一方面是,不可能关于非在说任何话(241b3,250d4)。

十一、非在(250d5-259d8)

异乡人首先表明,如果把在定义为能力,形体与非形体就可以[为在]所共有,但他没有指出,这样一个定义也把形体及非形体的不可被共有的方面都留在了在之域以外。而异乡人现在已经表明,动和静尽管都在,却不能彼此共有。因此,在的问题要把不可共有的在即动或静与可共有的在即能力结合起来。在的问题是结合与分离之间的冲突,如果从语法上说,就是"和"与"或"

之间的张力。"和"与"或"是理解"二"的两种可能方式,这个"二"可从一跟一相加得来,也可由一分裂得来,无关紧要。二分法开始于相同的东西最后却发现了异;计数开始于相异的东西最后却发现了同。二分法是同中之异,计数是异中之同。在接下来的对话中,异乡人的论证某种意义上正是沿着这些思路进行的,不过,在转向他的论证之前,我们得问一问:异乡人现在是否正确地提出了问题?

　　动和静严格地构成了不可共有的在之问题吗?动和静是在描述两类在,而不是在定义两类在中的任何一类。神圣的律法全然在静中,跟型相人——倘若真有某种这样的在的话——全然在静中,静的方式是不同的。看是一种动,跟太阳在[II.139]动,其动的方式也未必相同,因为"是一种动"跟"在动"显而易见是不同的。动和静同时指向多样分离的在和多样相连的在,异乡人以辅音字母一类为例说明前者,同时以诸音节一类为例说明后者。真正的在的问题是如何理解作为动着的东西的 IT 这个声音,与不动且沉默的 T 之间的联系。那在声音 IT 中动着的,是那作为字母 T 静着的东西吗?如果 T 也是一个在,IT 怎能是一个在呢?异乡人没有提出这些问题。从那些起初主张动和静中只能有一个在的人的观点出发,动和静逐渐被承认同等地都在——正因为如此,动和静,就它们各自存在而言,现在被理解成了全然分离的东西。这是只顾跟着某个论证走而不审视这样跟随该论证有什么问题所带来的结果。

　　这就引得泰阿泰德相信,动和静分别就像辅音字母 M 和 R,通过存在 O 彼此共有。因此,MO 意为"动在",RO 意为"静在"。异乡人接下来问这个 O 可能是什么,并推导出三个互相矛盾的公式:MO→O,RO→O,M + R→O。但是,这一不可能的运算仅仅象征了真实的问题,在真实中,MO 必须被一个表达替换——比如被 IT 替换,该表达会把一个仅仅因其所是而在的在,跟一个尽管不只是其所是却仍然在的在组合起来。MO 代表这样一个在的种类:它借助于形相性的(eidetic)在(RO)而是某个东西,但它自己似乎凭自己就在。因为异乡人遗漏了这个"似乎在",所以在的问题看上去仿佛是一个算术问题。自明的肖像术掩盖了幻像术中的困惑。

异乡人一开始曾联系我们自身提出共有的问题:我们人是通过思考和感觉,既共有在也共有生成之在。现在,异乡人又选取我们人这种在为例,来说明我们怎样以多个名称来称呼同一个"这"。认知在与认知生成在我们这里相伴相随,这一点最明显地反映在我们的说话中。我们说一个人是"好的",或什么什么的,同样,我们也这样说其他东西,尽管(或者说,正因为)事实上我们把它们各自算为一。倘若人只是人而再不是其他,好也只是好而再不是其他,那么,好就不能修饰人,人也不能修饰好;但是,既然被称为好的那个人只是假设意义上的一,所以我们称他为好,似乎就承认了他事实上不是一。我们的话校正了我们的假设之假,而没有这个假设我们就无法说话。

因此,异乡人向年老晚学的人——[Ⅱ.140]苏格拉底也许就是其中的一个——承认,我们的说话有悖于说话本身的基础。所假设的是单数的在,但事实上该在的述谓词却是复数,两者对不上;但"它的述谓词"这个表达本身又要求该假设为真,不然任何述谓词都不可能用得上了。这个问题在特征上——可能在实质上亦如是——跟异乡人所说非在带来的最大困惑相同。怎么可能说非在不能被说呢,既然我们刚才就说到了它?非在只有在我们把它假设为一,这与它是非在相矛盾,从而把它归为在时,才能进入言辞。言辞中的那些假设性的一似乎就是些非在。

异乡人向所有谈论过在的哲人们提出一个有三个可能答案的问题。他暗示,既然正确答案只有一个,那么该答案就设定了关于在之言说的最低条件。这预先排除了某些极端立场,但异乡人没有承诺他会解决另一个问题,即这个最低条件是否也必然要求一个独一且充分的条件。异乡人实际讨论到的三个所谓最大的种(kinds),不过是一次抽样(254c1-d2)。这个所有哲人都必须回答的问题如下:

> 在我们的言辞中,我们是不是既不应把在加于动和静之上,也不应把任何其他东西加于任何其他东西之上,而是应该基于它们不可混合、也不能彼此分有,就这样来安置它们?或者,我们应把一切结合成同一个东西,因为它们能够彼此共有?又或者,有些可以,有些不可以?

这里又回到了能力的问题上,但问题出现的方式已然不同。能力在此之前是在的记号,现在则意味着某种可能性:某物可能分有别物这一事实,并不意味着它就分有了别物。可能的言辞未必是被说出过的言辞,但是,某物若从未展现过作用于他者或受他者作用的能力,那么它就不在。此外,这样延伸能力的范围有一个直接好处:假言辞变得可能了。泰阿泰德绝不需要为了让我们可以说"泰阿泰德在飞"就得去飞。

两种意义上的能力之间的差别,让我们想到苏格拉底与格劳孔二人问题之间的差别:苏格拉底的问题是:女性的人性能不能在一切行为上共有男人的人性,还是说,一种行为上也不能共有,还是说,有些行为上能共有,另外一些行为上则不能共有;格劳孔的问题是:最佳城邦是否能够生成(《王制》453a1-3,471c1-7)。公有化的城邦可能形成并不证明这样的公有化就符合人的自然;同样,可以说"泰阿泰德在[II.141]飞"这话并不证明飞就符合泰阿泰德的自然。毕竟,最好的城邦是建立在一个美丽的谎言之上。

异乡人在证明不可能任何混合都不在的过程中列出了另一

张哲人的名单。他仍然给哲人分了组,但几乎每个哲人的位置都经过了重新安排。

第一张哲人名单	第二张哲人名单
1. 诸在是三	1. 万事万物皆在动中
2. 诸在是二	2. 在是一,且在静中
3. 诸在是一	3. 在按形相而言是多,在静中
4. 赫拉克利特	4. 一和某个不确定的多交替在着
5. 恩培多克勒	5. 一和某个确定的多交替在着
6. 巨人们	6. 一和某个不确定的多总是在
7. 诸神	7. 一和某个确定的多总是在

异乡人仿佛把哲人去神话化了。他不再谈到战争、婚媾或阿芙洛狄忒;诸神与巨人之间的交战不见了。这样已经是净收益了吗?综合与精确之间的紧张关系也消失了,而且随着这种紧张关系的消失,身体、灵魂、生成、理智之物及感性之物都不再显而易见。不错,帕默尼德的学说现在拥有了更大的内涵,其理智的特性也从中得到了暗示;但赫拉克利特的学说被一分为二,诸神的学说也被一分为三/四,他们不仅得说,有限数目的形相性之在在静中,还得说,无限多的感性之在以某种方式持续地在动中。这里的列举达到了更高的清晰性,却牺牲了哲人的思想深度(《泰阿泰德》184a1)。去神话化的结果是把讨论从意图层面降低到了言辞层面。否认任何事物有能力共有任何事物看上去就等于否认任何事物可以因被动地共有另一事物而被称作另一事物。要使在的言辞保持前后连贯的最低条件导致了在的问题被遮蔽。"现实中"(ontôs, in reality)不再与"表象中"(in appearance, 252a9-10)对立。当异乡人谈到言辞内部这否定言辞本身的自相矛盾,并把它比作腹语者欧律克勒斯(Eurycles)时,泰阿泰德说,"你说的[比喻]绝对相似且又真"。泰阿泰德忘了,恰恰是似与真之别

最先提出了在的问题。

异乡人用来表达一物与他物［II.142］结合(synaptein)的字眼,引人注目地多变而不精确。视乎不同的场合,他分别把结合说成"共有"(koinônein)、"分有"(metekhein)、"结合"(metalambanein)、"混合"(symmeignysthai)、"接纳"(dekhesthai)、"配合"(synarmottein)以及这些字眼的不同变体。这让我们想起,他说到"分"时也用了一系列动词,并把它们统统归为一类,即分别术,然后他又把分别术划分成两类:分别好坏的净化术,以及某种分别相似与相似的技艺。异乡人的二分法,就是对这一未命名的技艺的理论性实践;而他对五大类(classes)的分析似乎依次展示了综合技艺(syncritical art)的作用。综合技艺不关心相连的各种类之间的差别——动和静反正都在(252a11),就此而言它跟分别相似与相似的技艺正相对应。那么,有没有另一种综合可以把好和坏结合起来呢? 就目前而言,这样的综合只是一种可能性,但是,就统治活动必然涉及好与坏的结合而言(《法义》627d11 – 628a3),它似乎跟治邦者的技艺相关。

异乡人把整个综合和分别的技艺统称为辩证术,其中每种技艺各包括两个部分。这种辩证术的统一性跟四种美德的统一性一样,就像个谜;它显然是智术师技艺的表面上的统一性和多样性在哲学上的对应。异乡人表示,他们是终归不可能完全清晰地说明在和非在的,因为,他们现在的探究方式,阻止了他们在哲学的光中来看待智术。他们从事探究时如此大胆,得归因于他们面对衍生物时仿佛它并非衍生物,或者更准确地说,仿佛只需知道它是衍生物,而不必完全认识它所自衍生的原物就够了似的。《智术师》乃是它所声称是的东西的一个像。

关于部分共有有其必然性的证明确立了在及在的科学的第一原则,但是,由于该证明唯当我们愿意谈论在时才成其为证明,所以,不如说这第一原则更像是一个自明公理。它跟自明公理一样,完全不提部分共有如何发生;它也没有确定——比如它没有确定在静中或在动中的诸在是什么。它甚至没有说到共有是多大程度上的部分共有。仿佛只要有一个点拒绝完全共有化,该原则就得到了满足。异乡人把这种还是初步科学的东西跟文法和音乐技艺相比较,但他也说,他们将在其他技艺和非技艺中发现其他诸如此类的事。部分共有原则是一切科学的原则,而不仅仅是在之科学的原则。那么,这些"其他诸如此类的事"是什么呢?如果文法学家知道,没有元音作纽带任何字母都不能与其他字母相组合,那么,辩证法家必定知道连接万事万物的纽带是什么、不是什么;[II.143]如果文法学家知道,单独的元音字母并非纽带(因为它们单独可以发声),那么,辩证法家必定也知道某些东西,它们可以起连接作用,但绝不能单独起连接作用;如果说,文法学家清楚知道,辅音字母在与任何元音结合并发出声音之前就已存在,那么,辩证法家也必定会区分一个元素的自然与一个元素的在(255e5)。然而,这样的区分只有按如下两种方式之一才是可理解的:要么,在指感性之在,自然指理智之在;要么,自然指本质,而在指实存(existence)。异乡人似乎是指后面这一区分,并由此指向诸技艺、诸科学的某一特性。

每一门已确立的科学往往都会抹去其自身来源的痕迹,这一点最显著的表现莫过于在文法中。例如,操某种语言的人会说king[王]、milk[牛奶]、kiln[窑]等诸如此类的词语,但发明字母表的人会把这些词中的发音 k 单独分离出来,让它不再是一个声音但又并不停止存在。像这样把声音跟无声音素分开极不寻常,严格拼音化的书写远远不像其他种类的书写那般常见。音节介于字母与说出来的语言之间,是富有启发性的建到一半的房子。现在,我们所举的例子 K 有了一个名称,kappa,它看起来跟该语言中其他任何一个词无异,声音听起来也像任何一个带有发音 k 的词。字母 K 现在已经从它的来源中独立出来,几何学家甚至可以用它来表示直线上的点,算术学家也可以用它来表示某个数。在文法技艺的领域之内,K 是该字母的自然,kappa 是该字母的存在,无论就两方面中的哪方面言,字母 K 现在都优先于那些声音了,而它原本只是那些声音的类属特征的——就好像 king 这个词中的发音 K 不知怎么竟要归功于 kappa 似的。

　　异乡人从在之科学的字母表中给了泰阿泰德一个小小的样品。尽管在之科学只是一种可能-在的科学,异乡人呈现它的方式却跟呈现任何一门已确立的科学一样,从而扭曲或至少模糊了这门科学所要解释的对象。我们不妨这样说:K 是一切运动之物的类属特征,S 是一切静止之物的类属特征。除非 K 连接于某个别的东西,I,否则任何运动之物都不可能在。K 的发音是 KI 的在。既然苏格拉底曾经证明绝对的动不可能,且由于 KS 不可能在(即不能发出任何声音)——动和静彼此不能混合,所以一个运动之物最简单的表达式就是 KSI。但是,异乡人没有说到运动之物,而只说到动,K 就是这个动的自然,kappa 则是其在。这样,动就把自己给了人去言说,但其所指却已在我们的视线之外。于是,要想理解异乡人的字母,我们的目光就必须从字母移开,而转向他的字母使之沉默下来的东西。异乡人在给泰阿泰德语言之前,先给了他一些字母——在、动、静:现象丢了(参 253b8)。异乡人的论述很含糊,首先就是因为他假设一门并不实存(exist)的科学实存着(exist)。所以,他重犯了其二分法所犯的错误,二分法假定,就自然而言在先的东西对我们而言也是在先的。

　　希腊文法学家跟二十四个字母打交道,要想处理荷马的语言他就得在这些字母之外再加上字母 digamma;①而他若想成为所有语言的文法学家,还得再加上更多的字母。即便这些字母,也仅仅只会代表已知的声音,而不是可能出现的声音。比如,在字

---

① ［译注］希腊古风时期的字母,到阿提卡时期已废弃不用。

母 Γ 与 K 之间,也许还可以插入不止一个辅音字母。他也许可以在人耳再也无法分辨的那个点上止步(《王制》530e5-531b1),但是,人类说话的连贯的声音,又嵌入在各种声音的大合唱中——蛇的嘶嘶声,野猪的呼噜声,猫头鹰的嚎叫声。而这些声音又跟音乐音阶所由形成的种种噪音重叠。如此,声音一类分别落在两种技艺之下:文法和音乐,一个处理连贯的声音,另一个处理不连贯的声音,中间是一片双方都部分占据的真空地带。

在一门既定的语言里,可能说出的声音与实际说出的声音之间的关系——比如$BΔI$与$BΔE$之间的关系,对应于音乐中可能在的协和音与实际在的协和音之间的关系。乐师会进而把和谐的或美的声音与刺耳但可能在的声音组合分开,同样,文法家则会注意到,希腊文中以$BΔE$开头的单词通常指些可厌之物。这些可厌之物跟美的东西同样"在",而异乡人已经强调过,他们的二分法将忽视两者的差别。忽视这种差别就意味着,他将关注连接的纽带,甚于关注被连接之物。相对于$ΔEΛΥPON$[恶心的]的"丑陋",以及相对于$BEΛTION$[更好的]的"美",字母 E 则是中性的。我们可以推断,异乡人的字母表会更多说明其元音字母而非其辅音字母。中性的在似乎将是异乡人的共有科学的核心。

辩证术是关于结合和分离的科学,检查哪些类(class)跟哪些类可以和谐相处,哪些类不能彼此接受。辩证术尤其会检查是否有某些类(class)是贯穿一切事物的关联性要素,以及在众相分立的情况下,是否存在着另一些贯穿诸整全的划分之原因。异乡人提出,整全与非整全有别,然后他以一种得到泰阿泰德完全赞同的方式重新表述了这一差别。他说,既然哲人能够按类(class)分开事物,绝不会以同为[Ⅱ.145]异,也不会以异为同,那么哲人也就

　　充分感觉到,(A_1)有完全贯穿于各自分立的众相中的一

个型相，(A_2) 有彼此互异而被外部的一相所包含的众相；(B_1) 也有由多个整体联合为一的一个型相，以及 (B_2) 界限分明完全分立的众相——这就知道按种划分，[知道]各种怎样能共有、又怎样不能共有。

一有两个种，多也有两个种，正如异乡人别处的话似乎暗示的那样(《治邦者》285b1-6)，A_1 型中的每个型相都是作为一个型相显明在众多别的型相之中，而所有后者又被另一个属 A_2 类型的型相所包含。B_1 型中的每个型相显示在 B_2 型中的多个型相中，但这多个型相不被另一型相包含。异乡人提出的强取一类，就是 A_1 型的型相的一个例证：他在抢劫术、掳奴术、僭政术以及战争术中都看出了对人的强取，这些技艺各与其他技艺分立，但强取这个型相却是多个型相中的一个，后者都被它们"外部"的获取术所包含。获取术之所以在它们外部，因为它取消了多种获取之间的一切差别：猎人和坐商都获取东西，所以他们是一样的。

对比之下，第二个种类，即 B 类（B_1 和 B_2），在异乡人的诸多二分中则找不到现成的例子，但某种意义上，它出现在智术师所声称拥有的多重技艺中。智术师自己以多个分离的型相显现，因此，问题在于找到那贯穿多个整全而被连接为一的一个型相。然而，由于异乡人和泰阿泰德现在正试图给智术师贴上某种单一技艺的型相标签，使得智术师的多个分离的型相都成为这种单一技艺所产生的幻影，所以，智术师并不完全是 B 类的例子。我们可能会怀疑，是否真的存在任何属于 B_1 和 B_2 型的种类。然而，我们可以问这个问题：在属于 A 类还是 B 类呢？倘若在只属于 A 类，那么它就是包含性的，但这样一来就没有多个真正相分离、且不丧失在某个更大的类中的在或"型相"了。又，倘若在仅属于 B 类，它就会现身为多种"型相"，但不会是包含性的。

异乡人已经表明了在很成问题，因为它不能满足任何一类的要求,无法归入任何一类。作为 B 类的在,是把精确的神话制作者统一起来的东西;作为 A 类的在,则是神与巨人之间争议的话题。精确的神话制作者面临的困难是,一变成了二,二又变成了三或一;神和巨人们则面临着不可能说明灵魂的难题。在的问题[II.146]于是引出了数与灵魂之间的张力。一个数是最明显的例子,证明了一个单一的型相如何贯穿于各自分立的众集之中——5 在五个苹果中、五头奶牛中、五把椅子中等等,同时又跟其他所有的数一起被“数”本身所包含。灵魂则是另一个最明显的例子,证明了一个种既自显为一个整全,也显为多个不同类型的整全,而且后者中的每一个都完全拒绝被纳入更具包含性的整全中。泰阿泰德不是忒奥多洛斯;泰阿泰德与忒奥多洛斯合起来什么也不是;他们是不可相加的整体。他们各是一个独特的类型,并有其众多的代表(《斐德若》271c10-d7)。“多头的智术师”既代表 A 类在,也同样地代表 B 类在,因为,假如不是他声称可以把两类结合,也就不会如此尖锐地提出在的问题了(《王制》588c7)。

异乡人警告泰阿泰德,非在之域昏暗不明,智术师靠某种伎俩而不是靠技艺盘踞其中,所以他们必须提防,无论把什么光打在他身上时,可别使他的品质走了样。非在之域具有很大程度的主观任意性,人不应该企图找出些模式来涵盖在那里发现的一切事物。A、B 两类的划分注定失败,智术师在不同形相之间跳来跳去,与其说是因为他自身乖僻任性,不如说是因为在非在之域,每样事物都必然滑入另外一切事物。因此,要让异乡人刚才提到的两种类型的一和两种类型的多始终保持分开,这根本不可能。面对在与不在之别,五个种必须保持中立:同和异、动和静既适用于影子,也同等适用于投下影子的原物。数与灵魂之间的差异,以及像与像之为像的原物之间的差异,都不会由异乡人得到充分澄清。类(classes)有五,而不是四,因为异和在并非一个类(class)的两个名称;但这些自立自存、并非与其他在相关联而被说的存在,它们究竟是什么,并没有得到解释。这一加在异上的限制,似乎悖乎异乡人的论证方向,而我们只有理解了这一限制,才会在某种程度上理解部分分有原则。

异乡人以三个类(classes)开始:在本身、动、静。动和静不能彼此混入,但在既能与动混合,也能与静混合。因此,这三个形相通过两个原则彼此关联:可相混原则和不可相混原则。不可相混原则统摄了动与静的关系,可相混原则统摄了动、静二者与在的关系。异乡人后来说,动和静都分有在;因此它们不分有彼此。可相混是分有原则,不可相混则是不分有原则。但是,分有意味着某东西的分有者并不完全是那东西,[II.147]因此,分有就意味着部分共有。动和静部分共有在,但两者互相都不共有另一个。不共有彼此就意味着彼此全然相异。因此,不共有原则就是异,或异的自然,而异乡人说,这些类(classes)中的每一个都异于其他,是因为每一个都分有异的型相,而不是因为其自身的自然。如此,动和静就只是部分地共有不共有原则。既然不共有原则并不排除动和静对这一原则的部分共有,那它就必定是部分共有原则。异的自然就是分有原则。倘若不是这样,异乡人就不能够说,动同于它自身是因为它分有同,因为,动之所以同于自身,同样也因为它仅仅分有异且它本身不是异。分有不但意味着相同,也意味着相异。部分共有的科学就是关于异的自然的科学。

在、静、动是三。异乡人结论说,这三者中的每一个都异于另外两个而同于自身,否则,它们就无法被数。同和异是可数性的两个原则,异乡人的第一个问题是:可数性的诸原则是否同于在、动和静的诸原则。动和静可数,并非因为它们共有在,而是因为它们共有同和异。它们是二,是因着它们之间的相互关联——相同和相异,这一关联不依赖于它们与第三者即在的关联。在(to be)和可数不再被视为可转换的。异乡人的第三个问题,在与同是否为一,等于在问:是否并不存在任何的分有;他的第四个问题,在和异是否为一,则等于在问,是否存在完全分有这回事。

在某种意义上,以上诸问题都是同一个问题。一方面,没有分有,将意味着不能用任何事物说另一事物,因此也就不能用在说动和静,除非动与静相同;另一方面,完全分有则必然导致一切事物都可以用来说另一事物。"如果'在'与'异'不是截然有别,"异乡人说——这也就是说,如果二者相同,"而是'异'同时分有那两类在(非关系性的在和关系性的在)的话,那么,诸异之中就会有某些异并非相关于别的事物而存在。"异不可能同时分有那两类在,因为异是部分共有的原则,而假如有完全分有的话,就没有部分共有了。然而,说在的确同时分有那两类在[非关系性的在和关系性的在],就等于说,在分为两种类型的在。因此,分有就是划分。但是,分有是异的自然。异的自然必定是[II.148]单一原则,既掌管分有,也掌管划分。分别和综合属于同一种技艺。

异乡人关于五个类(classes)的讨论很容易误导我们。它似乎暗示,同和异的关系跟动和静的关系完全一样,但异乡人从来没有说,同分有异,或异分有同。异乡人利用字母模型模糊了这两对型相之间的差别,元音与辅音之间的差别,因着它们同为字母形式这一同受到了抑制。一个元音和一个辅音一旦都以字母来代表,就无法相区别了。我们可以给各个元音字母的声音命名,该名称的声音就是该元音字母的声音;我们也给辅音字母的声音命名,但这些名称不可能是该辅音字母的声音。① 辅音需要"像",元音则不需要;辅音总是作为另一个东西出现,元音则以原样出现。如果"静"是辅音性的,那么它将总是跟某个元音一起出现。元音字母带有异的性质,它跟属于静的辅音字母相连,就把辅音字母显现为另一个东西,即音节。那么,"异"独立于它与另

---

① [译注]比如,我们把元音 I 的声音命名为/ai/,此名称本身就是字母 I 的声音。我们也给辅音 P 的声音命名,即送气音/p/,但字母 P 本身的声音却是/pi:/。

一个的连接吗？异乡人曾否认异的分离性，但这里不得不作出一个区分："异"特有的纽带功能与其虚幻的独立二者必须区分开来。根据苏格拉底，诸数学科学是假设出来的，但对专事数学的人而言则显得并非如此。尽管诸数学科学是想在思想王国内充当感性事物与理智之物间的纽带，但它们似乎仍是自足的。

此外，异也可能在另一个方面迷惑人。在异乡人的划分中，"另一类"[即异]首次出现是他把陆上走的动物跟水里游的动物分开时。这似乎是个偶然出现的"另一类"，仅仅取决于异乡人要把鱼——异乡人直到一系列区分的末尾才提到"鱼"这个名称（220e9）——单独分离出来这一旨趣。鱼和鸟都包含在这个"另一类"中，它们之所以是异，并非因为自身不被分有的自然，而仅仅因为陆上动物与它们相异。作为另一类动物，鱼和鸟既与陆上动物区分开来，又与陆上动物联合：相区分，因为作为其位移中介物的流体（水或大气）不同于固体；相联合，因为它们和陆上动物都是动物。然而，"异"这一标签没有指出同在何种程度上在一切异者中成立。亚里士多德在批评二分法这种分类方法时说道：

> 值得问的是，人们为何没有用同一个名来称呼[水和有翅的动物]，并把二者包含在一个更高的类中，因为即便这两样东西也有某些共同特征。然而，现在的命名法是正确的。一些类仅仅在程度上有别或在多少上相异，就被[II.149]归到一个类下；而那些按类比来说拥有某些共同之处的类，就被分开。例如，鸟与鸟不同是在程度上（这种鸟羽毛长，那种鸟羽毛短），而鱼与鸟不同则是按类比说的，因为鸟身上是羽毛，鱼身上则是鳞片。（《动物志》[*De Partibus animalium*]644a12-22）

一个是按类比分开，一个是按程度结合，但异乡人含蓄地质疑了亚里士多德的这种区分。也许鸟和鱼的确同属一类,这样一来,"漂浮或游动的动物"就成了表示鸟和鱼的一个辅音(T),鸟和鱼的不同只是"元音的"不同(OT 和 ET)。在感性层面上,鱼和鸟有区别,但在理智层面上,鱼和鸟则相同。然而在亚里士多德看来,指示鸟和鱼的词有多么不同,鸟和鱼就有多么不同;字母 i〔指 bird 和 fish 里面的 i〕离开了它所在的个别的单词将变得毫无意义。因此,亚里士多德必须把最低一级的形相也接受为在,随之而来的困难则是如何解释它与其中的个体之间的关联;而异乡人则暗示了一个在数量上少得多的在的种类,据此,鸟和鱼就其本身而言都不是在——与表像相反,它们只是在与另一个的关联中被说到的在。

是同而又不是同,也就相当于非异而又是异。一旦异乡人确立了这一点,他就丢开同不再去提它,而提出不在就等于异。异的自然是一种施动能力;它作用于每个形相,使各个形相变得不在。因此,不在(not to be)意味着是一种受动能力,但既然每个形相都既是施动者也是受动者,每个形相也就既在又不在。异把每个在双重化了,因为除非异分开一切,否则它也不能连结一切。CAT 里面的 A 除非把 C 与 T 分开,否则就不能把 C 与 T 相连,因为 CAT 里面的 C 和 T 并非自立自存时的 C 和 T。单独的 C 和 T 彼此分离,但不是作为两个部分的分离,但 A 使 C 和 T 成了两个分开的部分。异是"部分"的创造者。成为一个部分即意味着成为双重的。异乡人所举的第一个例子是"不大","不大"指小和相等。大的否定形式把相等——看起来就像一片自控区——插进一个部分之中,这就打破了大与小的两极对立。相等也没有因为属于另一个东西而就不再是它自己。

异的自然,异乡人说,跟知识一样是破碎的。知识虽为一,知识的各部分所特有的领地却与知识分离,并有自己特定的名称(参 236b1)。制鞋技艺既是制鞋的技艺本身,又是技艺的一个部分。若要表达这种双重性,"技艺"就会出现两次:制鞋是一门技艺而又异于技艺。相应地,制鞋的技艺要依靠鞋匠作为技艺本身,在鞋匠眼里,制鞋术不[Ⅱ.150]需要另一个技艺来完成它,因为它就是技艺所是之范例(《王制》341d10—342b8)。每种技艺都倾向于某种带有同化性质的扩张,这种扩张要么是"主观的"——如在鞋匠的例子中,要么是"客观的"——如在数学这样更具综合性的技艺中,数学的进步被描述为把看似不可数学化的东西数学化,其象征就是"毕达哥拉斯主义"(《治邦者》284e11—285a7)。从来没有一种技艺或科学在其部分性中考虑自身,这乃是从自身之外观看自身,任何技艺和科学都不可能做到这一点,除非它在它的诸原则可适用的领地之外运用这些原则。然而,既然它不可能从科学的意义上——即在自身乃是一门科学的意义上——承认其领地的局限性,那么,每当它声称要自我检查时,都必然是进一步扩张其领地。

　　异乡人在此为泰阿泰德提供了一条出路,使泰阿泰德可以为他针对苏格拉底的"什么是知识"这一问题给出的第一个答案辩护。苏格拉底曾批评泰阿泰德提出的关于诸技艺和诸科学的列表,因为他认为,人若不知道何为知识,也就不会理解何为"鞋子的知识"(《泰阿泰德》147b4—5)。异乡人回答说,假如知识的各部分是知识的某种演绎式表达的结果,那么这话就成立,但由于我们本来就生活在派生之物中,所以我们看不到派生之物是派生的,部分也并不是作为部分显露的。

　　部分作为部分唯有以否定的方式向我们显现。每个部分并非由其自身的自然受到限定,而是通过其他部分加给它的限制被限定;而事实上,所有其他部分反过来也受到限制,倘若不是这样,它们就会无限度地自我扩张。因此,诸部分看上去就像是互相敌对的能力,其事实上的地方化对抗其固有的普遍性。我们之所以选用了这种政治语言,不仅因为它跟异乡人的观点很搭调——异乡人否定每个类(class)就其自然而言有其自加的限制，还因为这种政治用语指向异作为非在的一些再明显不过的例证。异乡人没有向泰阿泰德点出那些最明显的例子，这也符合他的部分分有科学的中立性质。直到在《治邦者》中，当小苏格拉底错误地把照料人与照料兽(thêria)分开时，异乡人才暗示异自身的自然亦有其模糊性。小苏格拉底的错误说法如下：

> 有人把人类分成二，就像这里不少人的分法那样：他们把希腊人作为一个，从所有人中除开并分离出去，至于所有其他的人种——数量无限、无法相混也彼此不和的——他们则用一个名称来称呼，即"蛮族"；又因着这名称，以为它也是一个种。(《治邦者》262c10-d6)

"蛮族"就是指非希腊人，但因为"蛮族"是一个名称，这就掩盖了其否定内涵，使它并没有显得单单由异组成。此外，这一否定内涵还反过来作用于[II.151]实施否定的希腊人，使他们觉得自己并非一个部分，而是一个种(修昔底德I.3.3)。

异乡人说，每个种都是一个部分，但并非每个部分都是一个种。然而，异的自然能够沟通在之王国和非在王国，因为说这二者是部分皆为真。非在之域即"诸那"(thats)之域，在之域则是"诸什么"(whats)之域。两个领域通过异的自然勾连起来，因为凡在之物都是一个部分，不管它是因为领地在此处而非别处所以在，还是因为它始终都是它在任何地方的所是而所以在。异渗透一切在，不管这个东西存在是靠着自然、技艺、偶然还是礼法。当苏格拉底问忒奥多洛斯，他是在不经意间带来了一位神还是什么异乡人时，他是在问，"异乡人"指一个部分，还是指一个种。"异乡人"是表示异的最常用的一个字眼(217e6)，斯巴达人就把蛮族统称为"异乡人"(希罗多德IX.11)。这个异乡人若是神，他就是一个种;若是人,他就是一个部分。作为一个人,异乡人不是"我们",这个"我们"仅以一个单独的名称,就把苏格拉底、忒奥多洛斯、泰阿泰德、小苏格拉底这些迥然不同的人全都包括在其中。

异乡人决定去说明,异的自然如何会经历跟知识一样的破碎,他用与美或美的自然相对立的那个异的部分作为例子。这个部分在着,并且有一个名称,曰"不美"。"不美"是在与在的某种对立(ontos pros on)。如此表达,似乎"不美"就位于某个在旁边并与该在相关联,而之所以如此表达,是由于"不美"中蕴含的双重性及暗藏的丰富性(参 258e2-3)。"不美",就它是非在的一部分而言,它不是在;就它是"美"的对立面而言,它则是"不美"。它是凡因不美而不在的东西。因此,"不美"具有跟每种技艺和科学一样的双重性:它既是它自身,又是一个部分。作为一个部分,它并非在,乃是与美相对而言;作为它自身,它又是某种绝不比美更少的东西。那么,它作为本身究竟是什么呢?

异乡人曾经区分过灵魂的美与灵魂的健康。灵魂的健康就是道德德性或正义,灵魂的美则是无所不知;反过来,灵魂的丑就是灵魂不能击中其自设的目标,灵魂的疾病就是浑然不知有任何共同目标的同源事物之间的冲突。美表现为某个动作与动作目标的相称,健康表现为诸对立面被迫达成一致。因此,健康是不美的一个部分:道德或政治德性是德性第一个部分,看起来却像是德性整体。这个部分不知道它是一个只能与别物关联起来被说的存在,正如城邦也不知道这一点。如果道德德性得到恰当的理解,即被理解为一个部分,[II.152]那么它就是无知与全知之间的纽带;但既然达到全知事实上不可能,局部知识看起来就好像属于道德德性并成全了道德德性,尽管就其自身标准而言它是一个恶。正因为如此,苏格拉底的净化术起初被呈现为灵魂健身术,后来却证明是一种医药术,因为它所能做的,似乎不过是清除灵魂中虚假的智慧,预备灵魂去领受净化术本身无法提供的完全的知识。苏格拉底的净化术带来一种节制状态,这种节制就自制及没有傲慢而言似乎跟道德德性上的节制无法相区别。型相的朋友们都安分守法。

尽管泰阿泰德以"再明显不过了"(258b4)回应异乡人对在和非在的表述,但我们还是可以断定,泰阿泰德并没有明白异乡人的意图,因为美的双重性正是《治邦者》临近终结时的主题(306a8-c9)。泰阿泰德肯定没明白,异乡人此时为何单挑出大、美和正义来谈。这三个类(classes)指向灵魂、哲学、城邦三者间所具有的复杂联系。视角的扭曲显出大与美的不可兼容,灵魂净化术品质上的前后转变则显出区分正义与美的困难(《法义》859d3-860c3)。而美和不美就是这两个问题之间的链接。在《泰阿泰德》中,苏格拉底一开始就质疑忒奥多洛斯是否能胜任传达泰阿泰德的丑,预示出这一链接的双重角色。泰阿泰德前一天用漂亮话回答苏格拉底说,灵魂通过自身来探究在和非在,那时他在何种程度上理解自己的话,现在他也只是在差不多相同的程度上理解异乡人的论证。

异乡人首先从动与静的对立性谈起,据此,在成了某个第三者。然后,他以异性取代了对立性,其关键例证就是"不美"的在。"不美"把灵魂的健康与灵魂的美关联到一起,从而使灵魂有了整全性;动和静两种对立情态则否定了整全性,因为异乡人本来已经从动和静(或骚乱[sedition])的角度区分了灵魂中的两种恶。情态diaeresis[划分]预先排除了把灵魂理解为一个整全的可能性,克服灵魂中的"静"就是灵魂的健康,但这并不必然意味着灵魂的美;事实上,一旦灵魂向着全知这一目标运动的障碍开始得到克服,灵魂的丑反而充分显出来,苏格拉底把自己酷爱无所遮盖地练习言辞叫作病,就已经暗示了这一点(《泰阿泰德》169b5-c3)。按照异的自然来diaeresis[划分]的确使灵魂恢复了完整性,然而伴随的结果是灵魂的各部分丧失了其特性;因为,就像[II.

153]知识的各部分一样,灵魂的各部分也只有在整体已被认识的情况下,才能充分地被认识为部分。每一个部分,就其不能在充分意义上被确定为一个种(kind)而言,都是一个混杂的种(kind),因为每个部分都会跟另一个部分共享其边界,此时它总是与另一个部分发生争夺,并互相侵入对方的领地(参231a6-b1)。异乡人把去除坏的、留下"异"称为净化术已经暗示出这一点,因为"异"这个词的一般用法乃是坏的委婉说法(227d6)。我们记得苏格拉底曾经说过,事物永远反对善乃是一种必然。哲学也始终是不纯的(参253e5)。

在和异贯穿一切之中,也彼此贯穿,但由于二者的相互渗透是因着分有,所以它们在交换各自的品质时,每一个都始终也是另一个。每一个在者都并非在本身,而正因为它异于在本身,所以它也是一个非在,或者说一个部分。无论就"不美"还是"美"而言,这一点都一样真,因为"美"就包含在"不丑"中,而异乡人没有说明,为何不该对"畸形"也加上否定。真理(alêtheia[无蔽])归根结底是一个否定性术语。但如果每一个规定都使在成为非在,那么看起来,充分地规限非在就会使在消失不见。那样一来还可能剩下什么呢?然而,如果非在在范围上是无限的(256e6),且因此并非完全可确定的,那么,在就只是那逃离规定的东西。

在是用来表示我们所不知之物的名称(亚里士多德,《形而上学》1028b2-4;柏拉图,《克拉底鲁》421a7-b1)。在最严格的意义上,在是那总在被追寻的东西;但它不可能被找到,除非它以某种方式跟我们面对面,并已然向我们显露自身。而一个部分显露的在,其名称就是"陌生者/异乡人"。① 异乡人对苏格拉底要求的顺从,证明他既不是陌生者(axenos)又是陌生者(217e6)。因此,

———————————

① [译注]英文作 stranger,跟译作"异乡人"的是同一个词,因此这是作者的双关手法。

在是一个看起来又像答案的问题。回答"在是某东西"并没有给出彻底的答案,而是进一步提出了"某东西是什么"的问题。问的形式"什么是"始终都没变,然而,最先发现这个问题的帕默尼德似乎把这种形式上的同误当成了答案,对这个答案再说什么已不可能。假如有完全共有,帕默尼德就是对的;但那样一来也就不可能有问问题,更不必说回答了。部分共有说——它要求多种多样的在——已经内含于我们的问题本身中。因此,《泰阿泰德》和《智术师》中的在的问题都跟灵魂问题连在一起,且与灵魂问题一同显露,提出在的问题即是提出关于问问题的问题:那使问问题成为可能的是什么?

在异乡人考察的五个类(class)中,他只对其中一个有所发现,那就是异的自然。这一发现本身乃是对他发现了什么的发现。[II.154]异的自然是这一发现的主要工具,这一工具的辩证功能,就是向每一样对我们显为完全就是它所显为的东西发动进攻。正因为如此,一旦异乡人试图去确立非在与异的相等,"同"就消失了。智术师从一个类滑入另一个类,表明可以采取何种途径,把看似独立之物逼进其真实的依赖性关联之中。智术师是发现分离性的局部性的向导。于是,智术师看起来像哲人,因为他就是哲人自己的工具。他的在就是哲人走向诸在的途径。

十二、言说(259d9–264d9)

之前的论证让我们几乎不可避免地得出一个印象,那就是,"异"不过是言辞中表示否定的名称。然而,异乡人的做法却与此印象相反,他把言辞作为存在字母表中的第六类,言辞所展示出来的这种织体,不同于他的前面五个类[在]所经历的分有(260a5–6),也就是他刚刚说明的那种分有。他说:

言辞对我们而言生成了,是因为诸种被编织在一起。

这里"言辞"前面的冠词可以是泛指,也可以是特指;如果是特指,那么那由不同的种编织在一起而生成的言辞必定是指他们两人自己的言辞,且再显然不过地指他们已经完成的种种不同的划分。我们不妨从他的典型划分中归纳出一个模式(图5)。其中,B 和 C 被分为一类是由于 A,而不是由于 B 和 C 本身,B 和 C 本身恰恰使彼此分开;同理,D 和 E 分在一起是由于 B,F 和 G 分在一起是由于 D。关于 F 的言辞在于 D 和 E 的分离以及它们通过 B 的彼此联合,还在于 B 和 C 的分离以及它们通过[Ⅱ.155]A 的彼此联合。因此,关于 F 的言说并不是只有分,也并不是只有合,而是既有分又有合。这就是对不同的种的编织(参 268c6)。显然,这样的言辞分有非在(但未必分有假),因为,鉴于 C、E、G 各都是某个异的异,关于 F 的言说就有一半由非在构成。由此,针对 F 的言辞网络乃是非算数式的。假如是算数式的,那么 F 便等于 D 减 G,D 便等于 B 减 E,B 便等于 A 减 C 了;用代入法计算,就得出 F =F,因为 D 等于 F 加 G。这样一来,后来的学者就成正确的了。

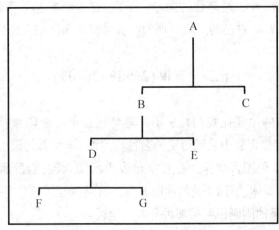

图 5

非在的诸部分,在我们针对它们说什么之先就"在"(are)了,其中许多都是披戴着种种掩盖其真实特质的形式进入言辞的。举一个简单的例子,可以让 eidê[形相]这个部分和 logos[逻各斯]这个部分的差异变得一目了然。异乡人到目前既没有考虑"野蛮人来了"(The barbarians are coming!)这句话,也没有关注其同义语"非希腊人来了"(The non-Greeks are coming!),更不必说去考虑这话的真假;他考虑的问题是,"希腊性"(Greekness)是否真的是一个种,以及是否可以有关于这个种的知识而不只是意见。因此,到目前为止,异乡人所给出的任何言辞都并非真是对不同的种的编织,因为他让泰阿泰德远离对诸在的经验,从而始终让泰阿泰德跟所有属于他的天真烂漫的非在同在。意见就是(is)意见,不是(is not)知识,因为部分并不是作为部分显现,而是作为自立自存的整体显现。洞穴中男人女人的差别看上去跟多利安人(Dorians)与爱奥尼亚人(Ionians)之间的差别完全一样(修昔底德 VI.79.2)。异乡人犯了明显的欺骗罪,因为他让泰阿泰德相信,虚假和欺骗仅仅在述谓性言辞的层面上运作,而并不就是立于我们面前的诸在的品质。

> 在我们各人看来可知的、首先的事物,往往几乎不可知,而且很少有或者完全没有存在。(亚里士多德,《形而上学》1029b8–10)

异乡人的欺骗就是采纳智术师的骗术,智术师除了说假的言辞之外,还会拒绝承认有虚假存在。比如,当泰阿泰德举出几个再显然不过的像的实例时,智术师却装作根本没有眼睛,不知镜子为何物。现在不再是异乡人感到沮丧,而是泰阿泰德感到沮丧了,因为智术师似乎有无限的防御可以随时利用。泰阿泰德相信,言辞的问题不仅比他们已经推倒的"城墙"更难对付,而且除它之外还有别的他不知道的障碍。泰阿泰德被他不知道的东西弄得灰心丧气,他害怕未知。泰阿泰德相信他只知道他所知道的,这是他的节制,这样的节制并未伴随着哪怕一点点意识到他所不知。异乡人跟苏格拉底一样,除了向泰阿泰德里面灌输一个勇气的肖像,再也无法输入什么。泰阿泰德不想像[II.156]异乡人那样,异乡人称自己从前一直感到困惑,泰阿泰德可不想一直困惑。他天性属于那种总是想要找到理解捷径的人。他更愿自己是美的,而不喜欢受苦。在剩下的对话中异乡人完全满足了泰阿泰德的这一喜好。

异乡人提议,他们可以考虑一下,词语(words)是不是也像字母和诸种一样:所有词语全都能彼此配搭呢,还是全都不能彼此配搭,又或者有的能相配、有的不能相配呢?泰阿泰德回答说,有些能相配,有些则不能相配。异乡人则问他:他的意思是不是说,一些连续说出且能表达某种意思的词语就是能配搭的,而那些连起来后不表示任何意义的词语就是不能配搭的?但泰阿泰德不明白异乡人这话的意思,于是异乡人又说,“就是我以为的当你同意我的时候所理解的意思。”那么,泰阿泰德那时心里所想的是什么呢?异乡人又区分了名词和动词,并说,无论名词还是动词,单凭自身,被连续说出时也绝不能构成一句话。可就算这样,泰阿泰德仍然不明白。于是异乡人说,当泰阿泰德同意他的话时,他显然必定是在看着什么别的东西。

泰阿泰德无疑很有理由感到茫然。一开始,他可能以为“相配”指真实,“不相配”指虚假,因为正是基于这一假定他才会相信非在即便不是完全不可能分有言辞,至少也很困难——如此,非在就是非言辞(nonspeech)的面具,而对于智术师就只能批评他说,他说着看似言辞的声音。但后来异乡人把名词确定为行动者或行为者,并把动词确定为行动者的行动,并说“狮子(是)动物”或“看是感觉”这种所谓的名词句并不是一个言辞。泰阿泰德听到这里禁不住更加迷惑。"狮子不(是)鹿也不(是)马"这一事实难道不是言辞吗？但是，异乡人不可能是想让泰阿泰德否定如此荒谬的事，因此我们必须考虑，异乡人这样对言辞加以限定究竟是何意图。

如果词语好像字母表中的字母，那么，安排"是"(is)和"成为"(become)担当元音的角色看上去就很有道理，它们一方面使某些担当辅音角色的存在得以结合，一方面也禁止另一些存在相连接。我们可以说"孩子成为一个男人"和"神是宙斯"，但我们不能说"宙斯成为一只天鹅"和"男人们是猪"。然而异乡人表示，这些言辞绝不简单，尽管很简短；他还表示，系词"是"跟在的问题完全不相干，因为在希腊文中系词总是可以省略不用。然而，如果名词和动词是言辞的要素，或者说言辞的"字母"，那么，它们哪个相当于元音字母，哪个相当于辅音字母呢？既然"狮子"和"马"不能结合，"走"和"睡"也不能结合，那么名词和动词必定都是辅音字母，那言辞中就没有什么元音性的要素了。动词是行动的显示者，名词则是那些行动[II.157]之人的标记，每一个单独存在都显示某种意义，但如果是两个名词或两个动词并置，就不再能显示在。并置两个词，就取消了它们各自的显示能力。

比较之下，言辞则可以把名词和动词交织，以便给某个行动者或某个行动的未限定的意义划定界限。言辞本身的意义全在于名词和动词的交集，它借助名词和动词的连接来显示在。言辞作为言辞所表示的意义不同于言辞诸部分的意义。"人学习"这句话本身已经包含着两个独立的宣称，即"有人"和"有学习"；但严格地作为言辞而言，"人学习"这句话的真假取决于言辞此时单独所指向的那个在，该在没有这句言辞就不会显露。因此，像"人是理性的动物"这样看起来如此简单的一句话也是由两个独立的简单句复合而成，即"人活着"和"人说话"，后者或者也可以说成"人计数"。由此，异乡人告诫我们，如果要像泰阿泰德所做的那样通过禀有灵魂的身体,从有死动物的在达到灵魂的在,必须付出比泰阿泰德多得多的思考。异乡人也赞同亚里士多德的观点,即"人"和"是人"同一,至少,他赞同把这作为一个可靠的开端(亚里士多德,《形而上学》1003b27)。最后,异乡人指出,命名与计算之间的联系,跟灵魂与动物之间的联系一样,并不简单。异乡人说"狮子鹿马"不成一句话,这意味着——就像苏格拉底说"智术师治邦者哲人"的情形一样——除非我们先知道狮子、鹿、马是一、二还是三,否则就不能说它们是三种动物;因为,我们若直接说它们是三,那么我们就不能肯定自己是在数算存在而不是在数算名称(《帕默尼德》143a4-b8)。鱼和鸟也许只有作为一才是真正可数的。

　　说"泰阿泰德坐着"或"泰阿泰德在飞",这是在说泰阿泰德的事,不是在说坐或飞。如果我们想象名词是一条长度不定的直线,动词则是另一条横截线,借助它可在名词线上标出一个点,那么两条线的交叉点就是言辞。这个言辞点可能为真,也可能为假。"泰阿泰德在飞"为假,仅仅因为这话说的是与实际存在的情况"泰阿泰德坐着"相异的内容。它不是因为泰阿泰德不可能飞,所以才是假的:如果泰阿泰德梦见他在飞,那么讲述此事的言辞就是真的了。正如异乡人这话所表明的:"跟我说话的泰阿泰德在飞。""泰阿泰德在飞"可能只是无限多的同等假的假言辞中的一个,因为它们都说到泰阿泰德在作位置上的移动。"泰阿泰德在飞"之假并不甚于"泰阿泰德在走"或"泰阿泰德在跑"。"泰阿泰德坐着"比"泰阿泰德从位置的角度而言是静止的"更为精确,这没有问题。"泰阿泰德在动"和"泰阿泰德在[II.158]静着"都是真的,因为泰阿泰德倘若完全静止,就不可能还活着,若完全在动,就不可能仍是泰阿泰德。

　　"泰阿泰德坐着"这句话所限定的那种静,确定了用来说泰阿泰德时将为假的那种动。因此,"泰阿泰德睡着了"这句话之假,不在它不同于"泰阿泰德坐着"——这两句话可能同时为真——而在于它不同于"泰阿泰德醒着"。异乡人没有举这个例子，因为这样一来将再次引出如下问题：如何辨别作为泰阿泰德梦境的虚构产品的异乡人，与忒奥多洛斯认为真是异乡人的异乡人。无论如何，异乡人现在所给的关于思想和意见的定义，泰阿泰德前一天已从苏格拉底那里听过，只是异乡人丝毫也没有表现出苏格拉底那样的犹豫：苏格拉底不是作为一名知者，而只是作为像的转述者在说话（《泰阿泰德》189e6-190a7）。

一旦异乡人证明了意见和 phantasia[幻像]与言辞同源，"假"跟意见和 phantasia[幻像]也就必然不可混合，异乡人反驳智术师的论据也就完成了。但我们只能惊奇于异乡人如此轻易地就解决了表象（appearance）问题。显然，异乡人因为急于把害怕智术师的防御手段还没有完的泰阿泰德从害怕中解脱出来，就对幻像术引出的问题进行了简化，以至于问题不再是同一个问题。校正视觉扭曲的、作为技艺的幻像术消失了，被某种根本就不是什么技艺的东西取代了。异乡人念了什么咒把真正的问题给赶走了？他先主张思想（dianoia）和逻各斯同一，后又说思想是一种发生在内部的、灵魂在自己面前（pros）的无声（phônê）或无响的（phthongos）对话。因此，言辞身兼二职：既是有声的思想，即对话（dialegesthai）；也是有声的意见，即说话（legein）。然而，异乡人从来没有说，等同于意见的、非沉默的东西是什么。他似乎在暗示那是某种显现，因为一句被听见的、表示肯定或否定某事的话，必定是把意见跟感觉相结合了。"泰阿泰德坐着"通过感觉呈现给泰阿泰德；它是一个携带着意见的影响，因为意见就是思想的结论。

异乡人迟迟才指出，"泰阿泰德坐着"这句话未必表示意见，它也可能是发问。异乡人若无声地问自己这个问题，那就是在思想，若肯定这一点——也是无声地——那就是在形成意见；但是，异乡人若问泰阿泰德这个问题，那就是在对话，若在泰阿泰德面前肯定地说出这一点,那就是在说话。那么此时泰阿泰德会做什么呢? 在第一种情况下,如果泰阿泰德回答说"是的",或"泰阿泰德坐着",那么他既在谈话,也在说话。在第[Ⅱ.159]二种情况下,他也许不说话,从而似乎是在形成意见;但是,由于异乡人的意见通过听觉呈现给了他,所以他所得到的就只是一个 phantasma[幻像]。只有当泰阿泰德从所听到的话里擦掉他听到了此话这一事实,并且自己问自己这个问题,phantasma[幻像]才不再是 phantasma[幻像],而成了他自己的意见。反之,如果他接受这 phantasma[幻像],仿佛它并非一个 phantasma[幻像],那么当他出声地说出"是的"或"泰阿泰德坐着"时,他就只是在重复异乡人的话,把它当成自己的话。这跟作为他自己的思想之结论的意见将无法区分。异乡人现在解释了一个问题,即对于异乡人所说的辩证法学家所做的事,泰阿泰德何以能如此断然地表示赞同(253d1-e3):泰阿泰德的赞同只是异乡人本人意见的回声,即幻像性的确认。因此,与其说异乡人解决了表象问题,不如说,他对表象的高度凝练的说明暗示出了表象问题。柏拉图的对话作品充满了这种回声,它们看起来跟真正思想的表达完全一个模样。

　　泰阿泰德一开始很难跟上异乡人关于言辞的解释,不仅是因为字母与词语之间并没有太多相似,也是因为异乡人之前描述言辞时曾说过,言辞就是对不同的种的编织。种的织体与他们一直以来在做的事相符,但名词和动词的织体则不然。异乡人又加深了问题的难度,因为他进而又把言辞描述成对话,并说言辞与思想相同。如此,言辞不但是对不同种的编织,也是名词和动词的编织,还是交谈。苏格拉底在《泰阿泰德》中也对言辞提出了三重描述:言辞是用声音表示的思想之像;言辞是贯穿诸元素的道路;言辞是一个在的区别性标记。如果说,苏格拉底对言辞的第一个描述多少对应于异乡的第三种描述,第二、第三个描述对应于异乡人的第一个描述,那么,异乡人对言辞的语法式定义似乎就是对言辞的第四个描述,它既不符合苏格拉底的那些描述,也不符合异乡人自己对言辞的其他描述。然而,该定义在异乡人的言辞解说中所处的位置表明异乡人是想利用它把种的织体与对话勾连起来。由此它就可以做连接两个定义的纽带:"泰阿泰德——此刻与我谈话的——在飞。"对话需要两个施动者,对种的编织也是一个行动。异乡人说,没有施动者和行动就不可能有言辞。没有分别术(diacritics),就不可能有对话;没有对话,也就不可能有分别术。异乡人起初曾说,"猎取术如果不分成两种将是 alogon[不可言说或非理性的]",泰阿泰德则回答说,"那你说说怎么分"。因此,分别术与对话的结合就是言辞,《智术师》便是其例证。

异乡人对 phantasia[幻像]的说明是错误的,因为它没有考虑到感觉本身可能是错误的。非在可以与言辞、意见和 phantasia[幻像]结合,但它显然不能与感觉[II.160]结合。异乡人无视这样一件事实:真言辞"泰阿泰德坐着"应归于感觉,而假言辞"泰阿泰德在飞"则是在泰阿泰德正跟异乡人彼此交谈时任何感觉正常的人都不会说的胡话。当人能肯定自己的感觉无误时,通常不会把"感觉"这个词形诸言辞,所以异乡人说"泰阿泰德坐着",而不说"我看见泰阿泰德坐着"。然而,若我们对自己的感觉不那么确定,我们就会说"泰阿泰德似乎坐着"。"似乎"意味着泰阿泰德也可能不是坐着。这个"似乎"把异插入任何一个肯定的陈述中。它不是不偏不倚地容纳两句相反的言辞——以公式表达即"泰阿泰德要么坐着,要么没有坐着",而是带着有倾向性的感觉容纳两个相反的言辞,即倾向于所猜想为真的那种可能。如此,幻像术就是把这个"似乎"从它所属之处除掉的技艺;是使异消失不见的技艺。它将以答案代替问题。但是,如果异已经消失了,那么幻像术必然重新把异带来。此时幻像术则又是使异作为异显露的技艺。

这种在柏拉图每一页对话作品都在明显操练的技艺并未进

入异乡人的讨论,相反,异乡人在回到他们的出发点(肖像术和幻像术)时,让泰阿泰德的天性承担起了压制异的自然的任务。就在异乡人开始检查哲人怀着对我们常人的藐视所讲的关于在的神话之前,泰阿泰德最后一次说了这个"显得"(241d8),但他从未停止说"似乎可能"(It seems likely)或"可能"(It is likely)这些字眼(236d4,250c5,254a7,256e7,268a8),尽管异乡人有一次在他说"似乎可能"时当场揪住了他。泰阿泰德这个"似乎可能"所表达的无他仅仅是哈欠式困惑①。

十三、制作(264d10-268d5)

　　二分法可以剥去智术师身上一切与别的种所共有的东西,直到他赤条条地显露出他自己的自然来。出于某种异乡人未予说明的原因,智术师将要在其中露面的那个部分始终在右边;也许异乡人的意思不过是不可以把智术师留在后面另一个部分,即左边的那个部分(参 226a7)。无论如何,异乡人暗示智术师很容易被人误当作其亲族中的一员,就是他起初与之难解难分的亲族;异乡人还暗示,甚至在智术师与这个亲族脱离关系以后,他也必须按照他的部分性来定义,就像按着他的分离性来定义一样。智术师展现出跟其他一切事物同样的双重性,某种意义上智术师的意义仅仅在于,他比其他任何事物都更清晰地展现了这一双重性。[II.161]也许我们甚至应该说,智术师不过就是一个事实——每个事物都是一个部分,智术师的自然跟异的自然一样,不过就是要成为其他某事物的一个部分。异的自然就是:没有什么专属的自然。这样一来,智术师最后的也是最大的幻像就是,他拥有一种有别于异的自然,因为一个像的在就是它是另一个这

————————

① 译注:就像别人打哈欠引得他也打哈欠一样。

种东西。但是,由于像与幻像之间的区别没有得到最终的解释,所以智术师被捉住,仅仅是因为肖像术不再成为一个问题。异乡人向制作术中引入一层新的区分,从而回避了像的问题,属神的制作术与属人的制作术的区别代替了尚未得到解决的肖像术与幻像术的区别,因为属神的制作术一举解决了在的问题。现在只有制作者及其所作之物了。

苏格拉底曾向忒奥多洛斯表示,他怀疑异乡人是一位反驳神,现在异乡人则提出有一个制作神。惩罚之神与制作之神的关联由动力因的观念来提供。惩罚之神乔装改扮而来,不显出其庐山真面目;制作之神同样不显出真面目,而是依靠其作为向我们显示他之所是。苏格拉底的需要被反驳,有没有可能是基于他没有从制作之神的作品中认出制作之神?若是,那么就是说,能够看透异乡人伪装的苏格拉底,却不能透过人类看到人类背后的制作之神。

异乡人区分了像与那些有像的个体事物(auta hekasta);泰阿泰德没有问,异乡人也没有费口舌去解释应在何种意义上来理解"个体事物"(auta hekasta)。如果一位神创造了一切动物,那么,他是在每次有动物出生的时候都运用他的技艺呢,还是说,他只是每种动物各造两只?雌雄结合所生的后代也称得上是人工制品?既然异乡人起初的划分中完全没有非技艺性制作的任何位置,有性生产就似乎是一切幻像中最根深蒂固的幻像。更令人吃惊的是,异乡人没有说,神造火跟造水时所用的技艺是否为同一技艺,以及如果二者是同一种技艺,那么这种技艺是否也足以造人。如果造人和造火不是同一种技艺,那么在奥林匹亚神族中,也许有多少位神就有多少种技艺;但如果造人和造火是同一种技艺,那么,身体与灵魂的差异也许就不像泰阿泰德似乎认为的那样大了。但泰阿泰德也许以为,就像《蒂迈欧》暗示的那样,身体与灵魂的差异并不比算数与几何之间的差异更大。然而,即便只有一种单一的属神制作术,拥有这种技艺的神就会知道所有事情吗?

异乡人之前区分过 [II.162] 两种人:声称知道如何制作一切的人,与声称知道一切的人。而泰阿泰德同意,无所不知——无论实际上的还是言辞上的——只是一个玩笑话。"世界"是神的玩物吗?(《法义》804b3)。但人又根据什么标准来判断神的知识有多渊深呢? 既然异乡人已经排除了从无造有的可能性,那么神造火所需要的知识就跟鞋匠制鞋所需的知识一样多——对于这么一位神,就不能说他的知是最完全意义上的知。假如整全的美是神的全知的充分指针,那么我们将很想知道,神是否运用幻像术创造了整全。他若并非用的幻像术,那么我们仰观整全时,必然觉得它因诸部分比例失当而丑陋;然而,神若确实用了幻像术,并且整全因此而在我们眼中看为美丽,那么我们将无法分辨这美是否仅仅是个幻觉,因为,可见的整全若并非某个可理解的整全的肖像,那它就是某个计划的 phantasma[幻像],而且这计划本身不能通过任何地方显露。这样一来,造访群星就只能揭示群星的丑陋,而不是揭示神出于什么意图把它们造得丑陋。假如神就是隐藏了他所不理解的东西,那么我们也不会丝毫比神多些智慧。属神的制作术引来的问题似乎数不胜数(265e2)。泰阿泰德担心智术师最终难以抓住,这对,也不对,因为虽然智术师的第一道防线是根本没有什么属神的制作术,第二道防线就是我们刚才提出的那些问题,但是,泰阿泰德的天性一举突破了两道防线。他甚至意识不到智术师还有第二道防线。

异乡人给泰阿泰德的选择并不明确。一边是作为偶因的天性,一边是作为万物的理性制作者的神,二者之间显然不止有一种可能性,但异乡人太了解泰阿泰德的天性了,他知道泰阿泰德只会从这两种可能性来考虑问题。

> 我呢,也许由于年轻的缘故,常常摇摆于这两种意见之间。但现在看着你,我猜想你会认为它们至少是依据神生成的,于是我自己也这么认为了。

泰阿泰德心想,异乡人不至于像苏格拉底那样也生就一张扑克脸,因为他从来无法凭察言观色来判断苏格拉底是在陈述己见,还是仅仅在试探他。

泰阿泰德的犹豫是一个例证,说明了"显得"这一表达的含义,因为他的"也许由于我年轻的缘故"这句话,暗示出他已经倾向于同意那个他认为异乡人所持有的观点。进而,泰阿泰德瞟了一眼异乡人,由此就产生出一种混合物,即感觉——泰阿泰德看到的异乡人的面部表情——与泰阿泰德自己所形成的意见的混合物。异乡人也许不是靠技艺但肯定不是靠言辞,使得泰阿泰德的[II.163]双重意见消失了,取而代之的是我们自己无法弄清其真假的 phantasma[幻像]。

如果异乡人的表情是凭技艺摆出来的,它就是一个反讽性模拟的实例——声称知其所不知;而如果这表情是非技艺性地,那它就是自然而然的,然而这样它又跟那种怀疑自我的无知无法区分。异乡人称赞泰阿泰德的选择,正如苏格拉底听到泰阿泰德说,灵魂是通过它本身、而不依靠任何工具去探究某些事物时就称赞他一样(《泰阿泰德》185d7-186a1)。苏格拉底利用精确言辞的不容分说的说服力,使泰阿泰德表达了这么一个意见,异乡人则以表情对泰阿泰德施加力量,前一种力量与后一种力量相对。两种力量让苏格拉底和异乡人都省下了大量时间。异乡人说,不用他说,也不同别的人说什么话,泰阿泰德的天性就会自动地使他向前走,一直走到接受异乡人现在所陈述的主张的地步;该主张即,那些凭自然就作为存在被说的东西乃由神圣技艺所造成。那么,是一位神创造了泰阿泰德的天性吗?还是说,泰阿泰

德的天性,那处在自发的、非理性的运动中的天性,就是所谓的自
然的真理？如果是一位神创造了泰阿泰德的天性,那么他也创造
了许多人的天性,这些人的天性认为自然是非理性的;泰阿泰德
的天性属于那种从来不需要言辞的天性,而那许多人的天性则要
么需要言辞,要么需要某种非理性的惩罚来反驳他们的论证。然
而,如果并非某个神创造了人类形形色色的天性,无论是泰阿泰
德的还是任何别人的天性,那么,属神的制作术就仅限于创造无
生命及有灵魂的形体,并且只具有形体的最一般性的特质
(266b2),而异乡人称为泰阿泰德的天性的东西,则将是属人设计
的产物。异乡人[在问到神的创造时]提到动植物、大地上的一切
东西以及水和火;他没有列举天或任何属天之物(232c4-5,234a3-
4)。

　　异乡人现在向泰阿泰德下了一道命令,这表明他多么透彻地
认识泰阿泰德的天性。他让泰阿泰德把所有制作术作横向切分,
正如他自己之前把制作术作纵向切分一样。泰阿泰德说,切分已
毕,并同意现在属于"我们这边"的有两个部分,属于神那边的也
有两个部分。泰阿泰德不知道命令的含义就执行了命令,直到后
来才问,他对制作术的切分产生了哪些部分(参266d5)。看起
来,由于异乡人以更为几何学的方式说话,泰阿泰德就自动顺从
了异乡人。他的天性跟他的知识相结合推动论证不依靠论证而
向前推进。我们禁不住回想起,苏格拉底如何使得泰阿泰德同
意,[从语法上来讲]前置短语相较于工具与格更为精确,因为异
乡人同样也是用科学化的术语取代了不那么精确的表达,即用
"纵向""横向"取代了"右边的"这一表达。异乡人把某种属于平
面图形的二维模式加到类的划分上,这就使我们注意到一个事
实:没有[II.164]三维的神像,因此也就必然不可能有属神的肖像
术,因为肖像术造像时不会扭曲范型在长、宽、高上的比例(235d6-
e2)。异乡人把影子和镜子里的像都称为 phantasmata[幻像]

（266b9）。他说，这些都是凭借某种魔幻般的设计，随神的造物之后出现的。然而，既然异乡人不说是神创造了每个影子或梦境，那就暗示，这些东西都是多数人所说的自然存在了：自然之在是神性之在的不经意的、偶然的伴随物。泰阿泰德的"自然"就像是梦。我们想起，苏格拉底之前能够解释泰阿泰德最后一个知识定义，是因为泰阿泰德分享了他的梦。

倘若我们感知到的个别形体是自然的——既不是技艺的产物也不是思想的产物——那么，人造的东西，无论是形体还是对形体的模仿，就将依赖更高层次的合理性了。人造的东西是智性的产物，你很难将其归入非在，因为它们虽然有失"现实性"，却用智性作了更多的补偿。自然之在不能根据逻各斯得到解释，但自然之在的模仿物，无论是实际上的模仿还是言辞上的模仿则应完全归功于逻各斯。智术师所造的像之所以假，就在于其合理性：智术师灌输给人的幻像具有自然的合理性。智术师由此就代表了哲人，因为哲学或立得住或立不住，就在于逻各斯的可能性。真是赫拉克利特的，假则是柏拉图的。智术师的技艺将有两个不同的根源，即人的理性和无思想的自然，而智术师的任务就是为无思想的自然造一个像，使这个像符合人的理性。这个像将掩盖自然的真相，同时声称自己是真理的启示。然而，异乡人已保证说，任何模仿都不可能拥有比模仿对象更大程度的合理性。

但如果有属神的制作术，那么属人的智慧又是什么呢？是关于如何复制属神制作术的成品的知识吗？还是说，人类是有限的，只能发现神制作事物的计划，而不能发现神制作事物的基本原理（rationale）？那样的话，我们就可能认识事物的模式，但不会知道该模式是如何达成的。天文学将只是一种预言科学；真正的物理学也不会有了，因为假如真正的物理学原则上是可能的，那么这种物理学制造出来的产品就无法与属神制作术制作的形体区别开来。智术也将只能制作最终并不成功的幻像，而且智术将与哲学相同——只要哲学不是智慧。因此,我们可能想要引出如下显然苏格拉底式的道德教训:属神的制作术并不适宜人类追求,人类应当仅限于研究属人的设计。但是,既然有些人宣称他还了解人事之外的事,那我们只好要么[II.165]用法律将他驱逐,要么就提出证据来证明有属神的制作术。至于如何获得这样的证据而不逾越人加给自身的界限,异乡人没有解释,也没必要解释,不但因为泰阿泰德已把异乡人的脸色当作异乡人的证据,还因为异乡人已经消除了原初那个问题,该问题并非与实际的模仿相关而是与言辞中的模仿相关(参266c5)。异乡人转向幻像术后只讨论了有声的言辞,而并未讨论逻各斯,因为属神的制作术只生产形体以及形体的像。属神的制作术,如果从"在就意味着是形体"这一原则出发,似乎是人所能走到的最远之处。

梦不受人的技艺影响;技艺不参与我们梦的形成。埃斯库罗斯笔下的普罗米修斯把技艺引入人类之前说,人的生活"好像梦中的阴影"(埃斯库罗斯,《被缚的普罗米修斯》448-450)。与梦相对应的属人的东西则有技艺的模仿品,这些模仿品是我们醒时的梦。它们最接近于是在模仿属神的技艺,一幅好画中的房子跟实际房子在镜子里所成的像可能难分彼此。到目前为止,假和真都不属于属神的和属人的造像术。它们是图画,带着它们的"异性"(otherness),而非"同性"(sameness)。画中的房子现在是"某个异的"(some other)房子,而不再是"另一个这种东西"(another of the same sort)。事实上,一旦异乡人提到属神的制作术(265a8),toiouton[这样]这个词就没再出现。如果诸在是形体,就没人会把无形体的东西当成一个在。神是何种在呢?泰阿泰德没有问。也许可以说,他自然而然地接受了苏格拉底的"神学",根据这种神学,神从来不欺骗。

异乡人重新提到了他先前关于肖像术和幻像术的区分。没有给出任何论证,他又对幻像术加以划分,就像属神的造像术已解决了智术师当归属于何种技艺这个问题似的。① 因此，幻像术现在有了不同的含义，而这同时也暗示肖像术有了不同的含义。一个肖像不是幻像，是因为与肖像伴随的言辞宣告它是肖像；幻像是假的也只是因为它被贴上了假的标签。异乡人抛开了借助工具所造的幻像，在这种幻像中，制作者本身不是欺骗的工具。一切不是靠着说话者假装他就是他所说来达成效果的言辞幻像——无论是不是写下来的言辞——也都被摒弃而不加考虑。柏拉图就是借着这样的幻像脱身的。结果，泰阿泰德未能认出言辞是灵魂的工具，现在却成了解决原初问题的障碍。异乡人甚至没有给依靠工具的幻像术取个名称，他劝泰阿泰德放轻松些，就让别人去把这些综合成一类，并给它取个合适的名称好了。

至于异乡人所检查的部分，他称之为模仿术（希腊文mimêtikon），即让自己的形体或声音显得是另一个人的形体或声音。他[II.166]进而又把模仿术分成两类：模仿者认识他所模仿的对象，模仿者不认识他所模仿的对象。异乡人把一个非技艺性的类别引入了技艺中（参225b12-c6）。更令人不解的是，刚刚被他用来描述整个模仿术的例子，现在又被他用作例证来说明模仿术的一个部分：一个人不可能模仿泰阿泰德，除非他认识泰阿泰德。这一混淆带出了所有模仿的有形品质。"正义以及作为整体的德性的像"与其说是灵魂的像，不如说是形体的像，它通过习惯而不是通过知识形成。苏格拉底称其为民众德性或政治德性（《王制》430c3，500d8，518d9-e2）。意见模仿者试图在其所有言行中体现他所持关于正义的意见，但他关于正义的意见是共同意见，否则他就无法让自己成功地冒充正义。政治德性假定了它在某个个体中实现的可能性；它对行动的不精确性一无所知，更不知道有一种德性从来不会被整合进行动，因为它从不生成（《王

_____

① ［译注］即，智术师的技艺当归属于属人的造像术。

制》472b7–473a4）。

　　古人没有区分对政治德性的模仿与对"有知的"（informed）或"纪事的"（historic）的模仿，因为他们没有区分意见与知识。有知的模仿者由此处在某种夹缝中。如果他知道何为正义，那么他对正义的模仿就不能显得正义在他里面，否则正义反而会显得不在他里面；可是，如果他想要显得正义，那么，他就不得不掩饰他对真正义的有技艺的模仿，而采用非技艺性的方式去模仿假正义。如果他成功地凭技艺假装在做别人实际所做的事，那么他必是在反讽。然而，他的反讽将不像智术师那样是基于怀疑，而是基于知识。无论如何，苏格拉底的自我伪装也并非完全成功，他即将接受审判。他想要以实际去模仿的事突破了表像表露出来；不过，他仍然没有显出他的真貌，因为莫勒图斯将会把他误认作阿那克萨戈拉（Anaxogoras）（《苏格拉底的申辩》26d1–e2）。

　　异乡人进而把有知与无知的区分所引起的混淆搞得更加复杂，他使得泰阿泰德同意，智术师属于模仿者而不是有知者之列，似乎"模仿"就是指模仿真实的德性而非政治德性。这就暗示意见是知识的像；它将显得跟他从前所说的灵魂的健康相同。公共的或私底下的智术师都怀疑道德是双重的且属于"另一个"，但是，既然他不认识道德与之相异的那个异是什么，所以他不能模仿它，他在模仿时必须借助那以意见冒充知识的东西。智术师简直就是个诗人，诗人比安提戈涅和伊丝墨涅（Ismene）更高，表现在他能同时刻画两个角色，但诗人不能指出哪一种抉择对。智术师之不同于诗人，仅仅因为智术师是通过自［II.167］己展示自己，而不通过别人。他虽然也怀疑自己是无知的，却有一种知者的架势或姿态，因为他会迫使对话者自相矛盾；然而苏格拉底也做同样的事，即迫使对话者自相矛盾，所以也使得别人怀疑他其实有知。尽管苏格拉底与智术师私底下的意见有别，在表象上却无法相区别。

　　泰阿泰德拒绝加入异乡人来给反讽的模仿者分类，但他对一件事很肯定：公开的反讽者不是治邦者或政治家，而是dêmologikos[演说家]。做一个富有经验的公共演说家就是搞反讽。由于泰阿泰德不可能是说治邦者的经验不够丰富，所以，他选用这个特定的词dêmologikos[演说家]必定是因为该词更容易传达它的含义，而不是因为治邦者是另一类人——比如不是因为治邦者是天真单纯的德性模仿者。无论如何，假如泰阿泰德像异乡人现在所做的那样，也是在暗示智慧之于智术，就像治邦术（statesmanship）之于煽动术（demagogery），那未免太让人震惊了。当泰阿泰德说智术师模仿的是智慧者时，他肯定是非常疲惫了，因为这话也同等地适用于dêmologikos[演说家]。他本不该让异乡人随随便便把"有智慧的"这个词带进来，因为在当时的语境中，这个词只可能指有智慧的制作者或有智慧的模仿者。如果泰阿泰德还依稀记得，他们在讨论的早期部分曾经说到，智术师会说服其门徒相信他有完全的智慧，那么他也应该会记得，他们当时就认为全知是不可能的。莫非泰阿泰德相信智术师模仿的是有福的诸神？异乡人在总结中强调智术师不过是人，他还引了《伊利亚特》中的一行诗句，这行诗句是格劳科斯（Glaucos）介绍自己家谱时一段长篇讲辞的结束语，而那段讲辞就是旨在让狄奥墨得斯（Diomedes）确信，他并不是什么神（《伊利亚特》VI.211）。

《治邦者》疏解

一、苏格拉底（257a1–258a10）

[III.68]《智术师》的结构正好与其教诲重合：讨论在和非在的部分作为纽带，连接起作为获取者的智术师与作为模仿者的智术师；同样，《治邦者》中讨论范式和度量的部分也构成一个段落，连接起作为牧人的治邦者与作为编织者的治邦者。结合的事实，以及结合的本性，即异乡人在《智术师》中所发现的东西，在《治邦者》中被用上，而且尤其作为治邦者的典型特质被用上，这使得《治邦者》看起来就像是"理论性"的《智术师》的实际应用。以这样的方式来理解《治邦者》，我们可称之为忒奥多洛斯式的理解。苏格拉底对忒奥多洛斯说，自己欠他很多感谢，因为通过忒奥多洛斯他结识了泰阿泰德和异乡人。泰阿泰德跟异乡人的交谈显得比他一天前跟苏格拉底交谈更能使他获益，尽管他犯错不少且误解频出。忒奥多洛斯马上领会到，苏格拉底对他的感谢在于——虽然并非完全等同于——泰阿泰德和异乡人联手展现了智术师。忒奥多洛斯倒没有偏狭地理解苏格拉底的话，仿佛"结识"意味着更多熟悉某个人的身体特征："过不了多久，苏格拉底啊，你还要欠我三倍感谢呢——只要他们为你制作出治邦者和哲

人。"然而忒奥多洛斯料错了,因为泰阿泰德将不再做异乡人的对话伙伴,苏格拉底表示,应当换由异乡人和小苏格拉底来完成后面的系列对话。这是忒奥多洛斯第二次料错事:就在前一天,他还自负地断定苏格拉底将与泰阿泰德讨论帕默尼德。那时他全然不知道苏格拉底的所畏和[III.69]所耻,此时他又全然不知道泰阿泰德的局限。

　　忒奥多洛斯还犯了另一个错误:他错会了苏格拉底的话,否则他就不会说苏格拉底还将欠他"许多感谢"乘以三倍的感谢了。整个《斐勒布》都包含在"多"这个词里面,苏格拉底其实以这个词指向异乡人的非数学性度量。忒奥多洛斯可能认为任何"多"都是一个[可数的]"多",原则上是可数的。但苏格拉底既没有揪住忒奥多洛斯的错误预言不放,也不挑明他误解了自己的话,反倒表示是他们误解了忒奥多洛斯的话,因为后者在算数和几何上出类拔萃[的造诣]跟他刚才所说的话绝不相称。苏格拉底对忒奥多洛斯的错误佯作吃惊,底下并没有任何讽刺之意——这只是一个数学家难免会犯的错。数学上出类拔萃意味着深知数学的限度,意味着深知智术师、治邦者和哲人的不同价值不可能按任何数学比例来计算。假如忒奥多洛斯说苏格拉底还将给他多二十倍的感谢,苏格拉底照样会提出反对;但是,假如他说苏格拉底还将欠他多得多的感谢,苏格拉底倒有可能放过他(《泰阿泰德》155d9-e2;参《普罗塔戈拉》310a5-7)。苏格拉底似乎有些吹毛求疵。关于感谢、价值、尊荣等的科学,就其是非精确的而言,似乎的确很像异乡人的言辞所揭示出来的非技艺性的争论一类;但考虑到尊荣对城邦而言具有至关重要的作用,这种科学又大有可能属于治邦者的知识。

　　苏格拉底似乎假定,他为三种人得到展现心怀几分感谢,与这三种人各自的价值直接成正比。对各人的言说(logos)就是他们各自的尊荣。关于某个假在的完美言说不可能比该假在本身更高级。苏格拉底跟异乡人不同,他拒绝把理解方式与被理解之物分开,因此,"它是什么"的问题总是伴随着"它有什么好"这一问题(《卡尔米德》169a7–b5)。智术师具有一定的价值,但他的价值在某种意义上并非他本身的价值,而是哲人的价值,因为他在某种程度上乃是哲人并非故意为之的幻象。苏格拉底感谢忒奥多洛斯,部分也是由于"哲人是什么"的问题得到了部分揭示。假如我们确切知道苏格拉底所说的"很多"究竟是多多,或许就可以确切知道哲人伪装成智术师时是在何种程度上被伪装——不用说,我们也会确切知道哲学在何种程度上必然是智术式的。然而忒奥多洛斯相信智术师已被完全呈现;他认为异乡人已经完成了三个任务中的一个,而且三个任务中的每一个都跟另外两个不相干。但苏格拉底以一个更复杂的提法回击了忒奥多洛斯(见图1)。

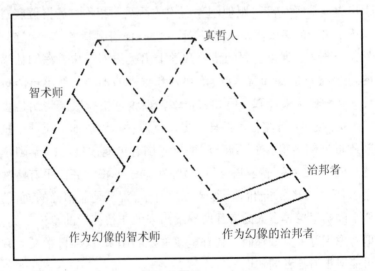

图 1

智术师和治邦者分别是哲人的变形的投影。泰阿泰德和异乡人已经超越[III.70]了作为幻像的智术师,而看到某种较少变形的投影;它距离真哲人必然还有一段无从度量的距离。如果作为幻像的治邦者等级上高于作为幻像的智术师,那么,哪怕只是离开该幻像较小一步,比起在讨论智术师问题上取得的貌似较大的进展,仍然值得更多感谢,因为真哲人在较大价值的在中会以较少变形的方式显露。忒奥多洛斯当然承认哲人比智术师配得更多的尊荣:他把哲人称为神性的(divine)。但他把治邦者看得多高呢? 他曾希望普罗塔戈拉救他脱离城邦对他的讥笑;他从未指望城邦来尊荣他。不过治邦者并非城邦,忒奥多洛斯也许会同意苏格拉底的看法,即仅仅身在城邦的哲人确实也探究君王之道和人的幸福(《泰阿泰德》175c5)。

　　忒奥多洛斯接受了苏格拉底对他的纠正,虽然不那么情愿。他把这次纠正看作一次打击,有机会他必回击苏格拉底。①他对苏格拉底的纠正怀恨在心;他也相信学生无权纠正老师,因此回击苏格拉底是他的权利。可能正因为如此,他呼唤“我们的神”宙斯阿蒙(Zeus Ammon)。他和苏格拉底就像两个城邦,彼此之间唯一可能的联系就是互相报复。他曾代表朋友普罗塔戈拉跟苏格拉底辩论,仿佛是在屈从于命运的决定(《泰阿泰德》169c5);他曾[III.71]荐来异乡人,原因是后者至少不搞讨厌的强词夺理的诡辩之术。可现在他发现自己刚说出一句礼貌话,苏格拉底就反弹回来,给他冷不防的一击。在《智术师》中,由于苏格拉底猜想异乡人是一位乔装改扮的神,忒奥多洛斯自己也纠正过苏格拉底;无论如何,异乡人并非为苏格拉底言辞的贫乏而来惩罚他。

　　忒奥多洛斯不仰仗异乡人、而是仰仗宙斯阿蒙神来对付苏格拉底的吹毛求疵。他否定异乡人是神,因此他不可能去求助于一位不大可能支持他这一否定的神。阿蒙是个埃及神,过去和现在都认为此名称的意思是“遮掩的”或“隐藏的”,该神曾以公羊的

---

① 《王制》529c4-5。Metienai 表示以牙还牙之意,在悲剧诗歌中并不少见。

模样向赫拉克勒斯显现。①希腊外乡人忒奥多洛斯以外乡未开化
之地的神的名义起誓,这个神显现时的样子暗示,苏格拉底据荷
马的权威认为神只可能幻化成人的模样,是过于偏狭了。如果说
智术师是狼一样的野兽,而苏格拉底式的哲人是无比温顺的
狗——苏格拉底最爱以狗的名义起誓,那么,也许诸神也像智术
师或哲人一样形态万千。宙斯若想在神不知鬼不觉中统治羊群,
最恰当的方法莫过于伪装成一只公羊或一条狗。我们不禁想起,
苏格拉底在《智术师》开篇引用荷马的诗句时曾把忒奥多洛斯比
作奥德修斯,后者为了逃离囚禁他的山洞,曾以独眼巨人最喜爱
的那只公羊的毛来伪装自己。

　　如果说,《智术师》某种意义上是异乡人代表至尊言辞对苏格
拉底施行的惩罚,那么,《治邦者》则似乎构成了苏格拉底的复仇。
苏格拉底一来就抨击忒奥多洛斯,因为后者相信万事万物都可
以数学化。此前苏格拉底曾通过暗示异乡人是个神引出《智术
师》的问题,而忒奥多洛斯未经思考地把"神"和"神性的"区分
开,从而避开了苏格拉底的暗示。那时,苏格拉底并未承认忒奥
多洛斯的区分正确,而是把问题从神的类转向哲人的类,后者的
种种幻像几乎跟荷马笔下神的伪装一样难以解释。然而现在,苏
格拉底使忒奥多洛斯勉强承认,他自身的能力难以胜任讨论尊荣
和等级这类问题。因此我们可以问:苏格拉底给数学比例所加的
限制是否划出了一个分界线,分界线的另一边是幻像术(phantas-
tics)——作为比例失真的科学——的家园? 不但数学无能于确
定一个幻像(phantasma)中虚幻性的程度——正如它不能确定智
术师、哲人及[III.72]治邦者间的尊荣之别——而且,大与美之间

---

①　希罗多德《原史》2.42.3~4;Jacoby on Hecataeus of Abdera,fr.4,页 45,见 *Die Frag-mente der griechischen Historiker*(Leiden,1964),Dritter Teil a,Kommentar zu Nr. 262-291。

的张力，跟尊荣在面对任何一种数学化时所表现出的抗拒似乎也要么相同、要么至少是相似，因为对话认为尊荣不是由于别的，而正是由于那显然统一了大和美的东西。

因此，忒奥多洛斯看不出他自身技艺的局限，就等于他没有资格宣称异乡人是神还是哲人。苏格拉底初次暗示忒奥多洛斯不具备这一资格，表现在他质疑忒奥多洛斯是否有资格断言泰阿泰德尽管长得丑、却兼有谦和与勇敢。在《泰阿泰德》、《智术师》和《治邦者》三部对话的开篇，苏格拉底分别向忒奥多洛斯的技艺发动了三次进攻，苏格拉底如何评价忒奥多洛斯，很明显莫过于此。泰阿泰德的美、异乡人的神性以及苏格拉底[对忒奥多洛斯]的感谢，共同确定了数学的限度。不过，鉴于苏格拉底直到现在才挑明问题始终在数学上，他似乎想暗示，《治邦者》在重要性方面胜过——无论只是多么轻微地胜过——《智术师》。

忒奥多洛斯丢开跟他针锋相对的苏格拉底，转而请异乡人继续给他们恩惠，并让异乡人作一个选择：接下去要么谈论治邦者，要么谈论哲人。但异乡人认为这谈不上什么选择不选择的，既然他打算一路走到底，那么思考完智术师必然接着思考治邦者。如果异乡人的意思不是说谈完治邦者他的计划也就完成了——那样的话哲人的在就要按照他的两种幻像去推论——那么，忒奥多洛斯便是刚认完一错又犯一错。两错是同一个错吗？忒奥多洛斯认为治邦者与哲人的先后顺序可以互换，跟他认为苏格拉底应该为智术师、治邦者或哲人的解说付出同等的感谢，依据的是同一前提吗？上述两个假设将汇聚在忒奥多洛斯的那个唯一错误上，即异乡人已判定忒奥多洛斯犯下的错：忒奥多洛斯以为接下来两篇对话的主人公都将是泰阿泰德。忒奥多洛斯身上有点波洛涅斯（Polonius）①的味道（比较《泰阿泰德》146b4-6），他同意应

---

① 莎士比亚的喜剧《哈姆雷特》中的角色，女主人公奥菲利亚的父亲。

该让泰阿泰德休息休息,而由小苏格拉底来挑起谈话的重任。正如他完全不关心按怎样的先后次序来谈论治邦者和哲人,照样,他也认为泰阿泰德与小苏格拉底可以彼此互换,两件事似乎如出一辙。

苏格拉底则是出于不同的理由肯定应该选择小苏格拉底。他表示,他之所以为结识泰阿泰德而心存感谢,不但因为他从中获得了自我知识,还因为他从中了解了异乡人关于智术师的想法。也许,智术师在何种程度上代表着苏格拉底,泰阿泰德也在同样的程度上代表着苏格拉底。总之,苏格拉底把他的自我知识与对智术师、治邦者和哲人的知识配合起来。他提醒异乡人,此次对话主要是为了使他得益。他回想[Ⅲ.73]《泰阿泰德》开篇,在那里,对泰阿泰德的认识由认识其身体和知道其名字构成。苏格拉底说他听闻泰阿泰德的面貌与他相似,此面貌的自然——若结合泰阿泰德的数学家朋友与苏格拉底本人同名这件事来想——会产生出如今即将受审判的苏格拉底的一个年轻的翻版。泰阿泰德和小苏格拉底与我们这位苏格拉底的不同的相似关系,似乎反映出《智术师》与《治邦者》在重要性上的不同:自然之于名称,正如在之于法。但是,泰阿泰德是美的。他先是无须言辞就承认了灵魂单凭自身探究诸在,然后仍是无须言辞就承认是神创造了诸在。因此,苏格拉底通过认识泰阿泰德而获得自我知识这一结果唯在如下条件才能发生:即泰阿泰德的两个洞见之美,在苏格拉底和异乡人未给出的言辞中,严格说来是有折损的。倘若这种折损正是《治邦者》的行动,那么《治邦者》本身同样是有缺陷的,因为它尚需《泰阿泰德》和《智术师》来弥补它对泰阿泰德未经证实的洞见的过度反驳。更何况,柏拉图自己也认为,借助一篇单独对话让我们弄清小苏格拉底与苏格拉底之间的相似关系乃是恰当之举。但两个苏格拉底之间的交谈缺失了——在一篇写下来的对话中,两个人将无法区别开来,就跟在苏格拉底与自己的无声交谈中一样。

在异乡人拽着泰阿泰德一起去猎取智术师之前,他跟泰阿泰德曾经交谈过(《智术师》218a2),接受苏格拉底的这一推荐谈不上是冒险,仿佛他也许会太晚才发现泰阿泰德并非合适的谈话伙伴。但对于小苏格拉底他几乎一无所知;我们起码还知道,小苏格拉底曾跟泰阿泰德协作,发现了定义不尽根的恰当方式。异乡人可以带着上路的全部所有,就是泰阿泰德的一句荐言——他是"跟我一起锻炼的人"。异乡人可能由此推测,让小苏格拉底就范比让泰阿泰德就范还要遭遇更多抵抗(《智术师》218b1-4)。灵魂的力量——或者随便怎么称呼那种抵抗,是发现政治科学的先决条件吗?《治邦者》需要我们这一方作出特别努力才不至于变得精疲力竭吗?泰阿泰德举旗欲降时,异乡人向他保证说智术师几乎已经就擒(《智术师》267e4-6,268b11-12),但经泰阿泰德观察异乡人脸上的表情,对话戛然而止。相反,《治邦者》中似乎却没有任何捷径,异乡人似乎总是尽可能选最长的路走(参 258c3)。事实的确如此;更有甚者,异乡人还会岔开正路,在已经过分冗长的讨论上再加一道防线,使讨论变得更为冗长。而小苏格拉底毫无怨言地接过了异乡人端出的每一道菜。苏格拉底曾经担心异乡人加在[III.74]他身上的惩罚,现在似乎轮到了他的同名者身上。那么,教育性惩罚也许正是《治邦者》的准政治性的(quasi-political)行动,难道不是吗?

二、理论(258b1-261d2)

小苏格拉底对异乡人第三个问题的回答,似乎表明他没跟上之前关于智术师的讨论。他同意应该把治邦者归入有某种知识的人中,然而异乡人之前已在征得泰阿泰德同意后得出结论:就智术师是模仿者而言,他并不是一个有知识的人(《智术师》267e4-

6,268b1—12）。然而,小苏格拉底可能在想着,即便结果最终表明治邦者并不比智术师更有资格声称是有知识的人,还是得先把他设定成一个有知识的人。此外,由于苏格拉底曾暗示治邦者在等级上高于智术师,所以小苏格拉底兴许以为,只有更大的知识才能使拥有这知识的人够资格享有更大的尊荣和价值。不管怎么说,小苏格拉底没有不经思考就回答异乡人的问题,他不像异乡人那样肯定,后者认定现在需要再次对科学进行二分,尽管这样做完全是在走他探究智术师时走过的老路。小苏格拉底有些犹豫要不要再次二分知识,暗示着治邦者也许已经潜藏在《智术师》中某个被丢开的类中。惩罚技艺——它在发现出生高贵的智术师的过程中显示出来——甚或“纪事模仿术”（historic mimetics）的某个部分,二者之一或许可以作为《治邦者》的出发点。

如果他们要再次从头开始,对知识作不同的一级切分,那么,要么是智术已经使制作与获取的划分染上了它自己的虚假性,要么——按异乡人自己的教诲——异（the other）对所有的类的必然入侵,要求对技艺和科学作交叉分类。智术师曾如何逐渐逸出获取术一类指向第一种可能性;现在,异乡人自己则似乎在强调第二种可能性,因为他只说到“异的”（different）而不说“另一个”（other）。他告诉小苏格拉底,他们必须直接把政治与所有不同的类分开,并在上面盖上一个单独的型相为印记,然后也在其余不同的事物上盖上一个单独的不同种类为印记,从而使他们的灵魂把所有科学理解为两个类。

异乡人把通往政治科学的道路跟政治科学等同起来。[换言之,]《治邦者》就是治邦者。其他种种科学属同一种类,政治科学则单归一类,它没有别的与它同类者（congeners）。这样,那入侵的“异”就似乎是所有科学的特质,而唯独政治科学除外;政治科学的边界完全固定,不容任何外来成分侵入。异乡人口中的政治科学仿佛［III.75］从城邦借来了城邦的排他性;《默涅克塞诺斯》(*Menexenus*)是柏拉图对话中唯一没有出现"异"这一字眼的作品(参 245c6-d6)。政治科学正当地把其他各种科学都视作"异乡人"。但也许,治邦者是出于某种偏狭的狂妄自大,错误地把自己孤立起来,而他的自欺诱使异乡人要去给他找到他并不配得的一方之地。异乡人一开始把治邦者的技艺归入理论知识一类(参 284c2,289d1),但随着对话展开,该技艺却逸出了理论知识这一类别。因此,治邦者技艺显示出跟智术师技艺同样的、在类(class)上的不定性,在异乡人看来,这种类上的不定性标志着智术的虚假性。那么,治邦术也有它自身类似于智术的那种二重性吗? 异乡人至少表明,只有在所有其他科学的统一性被同时性地把握到的条件下,这种二重性才能显明出来。由此,知识的形相二元性便成了《治邦者》和政治科学最深和最广的主题。

小苏格拉底认为,异乡人提出的任务并非他的任务,而是异乡人自己的任务,但他也同意,只要该任务变得明显起来,那也应该是他的任务。但现在它并不明显。异乡人区分了"认知的"与"实践的"［知识］:算术以及与算术类似的技艺不涉及行动,只提供知识,木工和各种手工技艺则"拥有它们的科学,该科学似乎天然内在于它们(各自的)行动之中,并与行动共同完成那些通过他们产生、之前并不存在的物体"。于是小苏格拉底宣告,异乡人现在已经有了知识的单一整体的两个种类。他仓促地认为异乡人现在已使他们的共同任务变得明显起来。由于他几乎不可能认为算术是政治科学的一个分支,所以他必须假定——并非无理性地——政治科学乃一切实践技艺的女王,同时,正如木工活一旦放弃使用工具——那些工具不过是几何学家的尺子圆规等的有形版本——基本就成了臆想之作(《斐勒布》56b4-c3),同样,政治科学也只有在它是数学性的这一意义上而言才是科学的。假如不是这样,小苏格拉底就不能说——尤其是在他前一天已经听了《泰阿泰德》中苏格拉底的谈话以后——知识是个单一整体。
实践知识必须指望于它,就好像应用数学那样。小苏格拉底不可
能猜到异乡人是想把政治科学和算术放在一起,从而猜到这一初
步划分并不能满足异乡人的要求,因后者要在政治科学与其他各
类科学的区别中来揭示政治科学。

　　初看之下,异乡人的论据似乎难以令人心服。作为知识的木
工术跟木工活动不可分离;它通过它制造的事物表明它之所是,
且与它所能做的事共存。它并不包含什么[Ⅲ.76]未解决的问
题,从而跟费马大定理并没有什么可比性。这一切特征于政治科
学而言似乎同样真实,因为,倘若政治科学并非跟木匠术一样是
完整的,而是像数学一样常在根基上被修正,那么可能的最佳政
制就只是一个假设了。又,如果政治科学从不显明于行动,那么
一名经验丰富的政治家就总是可能被人错认为有技艺的治邦者,
而且这样错认也是正当的。还有,如果"行动"这个词在这里也是
它在《智术师》中的意思,即由诸动词所显明之意(262a3-4),那
么,异乡人从数学那里剥夺了动词,就是在否认数学建构亦是数
学的一部分。然而——虽然这听起来可笑——数学家说话却不
得不"仿佛他们每次制造言辞都是一次行动、且是为了行动的缘
故"似的(《王制》527a1-b2)。事实上,小苏格拉底之所以能跟泰
阿泰德联手发现不尽根的普遍定义,就完全依赖于造像和把数转
化成正方形这两样活动。假如数学构建和建模并不属于政治科
学,那么异乡人在这里大可以正当地不予理会数学行动提出的问
题;但这样一来,他就不得不论证言辞中的最佳城邦、即苏格拉底
在《王制》中呈现出来的城邦并不是一个建构。

　　也因此,异乡人没有说数是否在而不生成,因为如果认知术
(gnostics)只跟不变的在打交道,那么政治科学就不可能属于认知
术了。也许异乡人想要否认城邦也是一种身体,且否认政治科学
可以在城邦的生成中(即在城邦的建立中)显示自身? 有没有这

样的可能呢？政治科学与数学的唯一交接点似乎正在于此。不管有没有数学，数是有的；不管有没有政治科学，城邦是有的，因为城邦是"某种天然强大的东西"，其在不依赖于知识（参302a3）。因此，正如数学独立于数，政治科学也不算是政治的一个部分。然而，我们可以数点事物，即便我们不知道奇偶数之别，城邦是否也一样，即便不知道某种基本的东西也可以去统治它呢？

异乡人没有直接把政治科学划归认知术，而是另外提出一个问题：治邦者、君王、奴隶主、管家可不可以说成是一种人？不过他也并没有让小苏格拉底回答该问题，而是转去考虑第三件事。这一令人困惑的程序让我们预感（foretaste）到异乡人在整篇对话中所采用的方式，该程序决定于异乡人的如下需要：他需要纠正小苏格拉底未明言的假设，即治邦者的技艺是实践性技艺。然而异乡人此刻提出的类比更添困惑，他问：如果某个私下从事医术的人能够向一位公共医生提供建言，那么，我们是否必须以接受建言之人所拥有的同一技艺之名来称呼建言者呢？［III.77］然而，医药术是与行动剥离的技艺吗，它只是一个知识供应者吗（《会饮》186c5-d5）？木匠不是也能自立为其他木匠的顾问而从不接触木工工具吗？在异乡人所举的例子中，非职业医生向另一个医生提供建言。但一个君王未必是名副其实的君王——即未必拥有王者技艺，所以，私下［提供建言］的治邦者岂不还需要一种技艺，来说服这国家的名义上的君王采纳其谏言吗？而且，他不是还必须有意愿谏言吗？这些限定条件异乡人一个字也没有提到，真正的王者没有这些限定条件，他拥有一种真正独特的技艺。鉴于他从来无须通过政治事务来证明自己的才干，他可能过了一辈子，都从来没人知道他是个治邦者。苏格拉底看起来像个智术师乃是必然；他没有看起来像个治邦者（《高尔吉亚》521d6-8）。那么，苏格拉底又怎能说，治邦者有时乃是真哲人的幻像呢？

称职的君王顾问就算没有实际统治、也没有提供建言,还是要称他为具有王者技艺的人——说小苏格拉底肯定这样做的正确性,不如说他肯定这样做的正义性(参 259a2,260a1);但他不加质疑地同意了异乡人把政治科学等同于王者的科学。一个君王也许并不像王。不称职的城邦统治者并不是治邦者(politikos),而是公民(politês)吗?异乡人所说的君王指一个国家或一片土地的君王,他拥有那片土地;但伯利克勒斯并不拥有雅典。异乡人表示,凡人可以正确使用的东西,就是属他自己的(《吕西斯》210a9-c5),由此他便可以把君王和私人放在一起,因为管家和奴隶主首先也都是拥有者:一个是房子和家产的拥有者,另一个是奴隶的拥有者。财产把苏格拉底与伟大的君王统一起来,苏格拉底的妻儿已足以指教他统治波斯帝国的技艺(色诺芬,《会饮》卷二9-10)。统治奴隶——无论是几个奴隶还是整个部族的奴隶——有别于统治自己的老婆孩子,也有别于统治城邦中各自都有家庭和奴隶的自由人,这一点在小苏格拉底看来必定不重要(亚里士多德《政治学》1252a6-16);或者不如说,异乡人使小苏格拉底忘掉了这些差别。异乡人使小苏格拉底从家政的角度看待政治科学,而这是该科学中最数学化的、或者说最可数学化的部分。家和国仅在于大小之别,或者如异乡人更为几何化的表达:"一个大家庭的(平面的)规模,和一个小城邦的(三维的)体积,就统治而言完全不会有任何区别。"城邦只是家庭的二次方。

由于异乡人从政治生活中抽象出了把它与别种共同生活严格区别开来的一切要素,所以,苏格拉底开始认识到政治科学的认知性。抽象是理论的似是而非的对等物。这里的抽象导[III.78]致小苏格拉底犯了忒奥多洛斯曾经犯过的错误,后者曾认为单靠数学比例就足以充分表达出苏格拉底将来欠他感谢的程度。然而,小苏格拉底的错误比较情有可原一些:他绝不会知道最佳政制要求废除家庭,因此也绝不会知道家庭与城邦的差别必定大

过 2^2 和 2^3 的差别。此外,如果说有技艺的管家拥有王者技艺的话,说君王的得力顾问是真正的王——即便他从未进过什么谏言——岂不就多余,因为事实上他必定正在自己家里实践王者技艺。私与公的等同要归因于某种不正当的抽象活动,但对小苏格拉底而言,公与私的等同却确立了把拥有政治事务知识的人——即便他过着私人生活——与真君王等同的有效性。他仍然不知道是什么使政治科学成为认知性技艺、并成为哲学的一个部分。

算术的工作是计数,即,算术是在事物可数的意义上认识事物。因此,政治科学也只有在事物可被政治化的意义上才能认识事物,它并不关心事物以何种具体方式被政治化。由此,统治活动应该也是下面这许多事物中的一件:即便它们在某个给定环境中并不在场,也不会剥夺了该环境的政治品质。异乡人没有论证这一方面,但苏格拉底有:他在《王制》中呈现了一个没有统治者的城邦,他把这个城邦称为真正的、健康的城邦。然而,对异乡人而言,统治是首要的人–人关系,统治在城邦、家庭或王国中的在场——尽管这一在场还有别的种种区别——才指明该环境是政治性的。有见于异乡人提到的表示统治者的词汇中,政治色彩最弱的词汇似乎是"奴隶主",我们也许不得不说,政治的基本构成要素是主奴关系。那么,这就是跟奇偶数同样基本的、所有非技艺的统治者都没有意识到的事实吗? 如果是,那么,也许僭主政制似乎才最直截了当地揭示了政治本身。但异乡人说到了统治技艺,而且,僭主需要无休无止地动用强力可能也表明他违背了政治生活的自然。也许可以假定,政治科学才最能解释、并最能考虑到这一自然。

在对话过程中,异乡人的确会解释他开始对话的奇特方法,即他提出的问题多于被回答的问题;但即便现在,他采用这样的程序也是情有可原的,尽管理由很弱。跟异乡人自己关于命名无甚重要的主张相反,politikos[治邦者]这个词,就像它的一般英译

名一样,必然指向统治活动,而考虑到苏格拉底给异乡人设下的
难题,异乡人别无选择,只能根据这个词去探究政治科学。毕竟,
把政治科学等同于统治的科学,只会在一开始就提出苏格拉底到
最后才提出的结论:[III.79]终止一切政治灾难的必要条件乃是
哲人-王 [的统治]。

　　比起手工技艺和实践技艺,君王"更为精通"认知术,因为他
灵魂中的智性和力量比他本人的身体力量更能维持他的统治,二
者几乎不能相提并论。就连僭主也无法靠强力支配自己的侍从
人员。第一次,异乡人在明确表明一个观点后又毁坏了他的论
据。在野的政治家既然没有任何统治需要去维持,又何须灵魂力
量呢? 只是以防要给某个君王提供建议,所以才需要这种灵魂力
量吗? 君王或许需要具备足够的聪慧以明白建言者之言,需要灵
魂的力量以抵制那些诱人但有欠明智的决策,但建言者的品
格——比如数学家的品格——却影响不了建言者自身的技艺。
在科学中,似乎没有与灵魂力量对应的东西(参 297a4 - 5)。由
此,异乡人刚把认知技艺与实践技艺分开,就又开始把二者重新
结合。他由此承认,那入侵的"异"也在政治科学中在场。政治科
学怎样不同于木工知识,也怎样不同于算术,这一点在异乡人接
下来的划分中变得更为明显。他针对认知技艺所举的例子现在
是算数学(logistics):"一旦算数学认识了数与数之间的区别,难
道我们还要给它一项比判定已知事物更大的任务吗?"判定已知
事物似乎跟认识数与数之间的区别完全是一回事,因为异乡人否
认建筑师对他的任务作出判定之后就算恰当完成了工作。如此,
分辨(krisis)就是认知(gnôsis),异乡人提出的把认知的知识二分
成分辨的(critics)和命令的(epitactics),便已站不住脚。至少,异
乡人后来回想他的第一次划分时(292b9 - 11)没有再提到认知的
知识。按照这一解读,政治命令术乃是补充了政治认知术,而不
是更严格地限定了政治认知术的范围。

然而,当异乡人开始要把君王归入恰当的类别时,他说,倘若君王拥有的是判断的技艺,那么他就好像是一个观看者了。算术家知道数与数之间的区别并静观他所知道的,治邦者却大概不必静观也知道不同政制之间的区别。①这样并不能完全自圆其说,因为异乡人已经让建筑师也显得有点像某种法官(参 260c5)。那么,这样说会更确切吗:治邦者对政治事物的知识与他对政治事物的判断不可分离,二者统一起来就是统治的科学,这种科学知道该把怎样的尊荣和价值赋予家庭、城邦以及王国中的各样事物及各个人? 如果异乡人心里是如此想的,那他肯定没有向小苏格拉底说明白,因为后者[III.80]在他的引领下将从一个例子来看政治科学,而这个例子跟算术一样掩盖了政治科学的独特性。我们现在必须转过来看这个例子。

建筑师并不亲手做工,而是统治做工的人。他的统治权利直接来自他的全面知识,他下面的每个工人除了分配给他们的那部分工作以外不需要知道更多。建筑师的这种全面知识使他有权在认知技艺中获得一席之地,但现在再也不能说,他的知识是不带行动的知识;也不能说,即便他只是绘制些宏伟建筑的蓝图,他仍是建筑师,更不必提绘图行动本身也是有难度的。异乡人放宽了"认知"的含义,他似乎已全然忘掉了那个从不提供建言的高明顾问了。他说,建筑师不能在作出判断之后就丢手不管,他还应当监督每个工人完成他们所领受的命令——异乡人是想到了为臣民立法而后便离去的治邦者吗? 无论如何,倘若命令术(epitactics)不是指知道如何下达所要执行的命令,简而言之,不是指诱人服从的技艺,那么,区别判断的技艺和命令的技艺便毫无用处。

---

① 在一段不无相似的文本即《王制》546c6–7 中,思考(thea)与分辨(krisis)是互相关联的。

值此关头,异乡人本该区分两种技艺:一种是像建筑师那样的,其中每个人,从砖瓦工一直往上都接受属于自己的位置;而另一种技艺中,这样或那样的从属关系对于服从者则没有明显的必要性。但异乡人却转而诉诸一个事实,即建筑师应当从头到尾监督工作的进行。由此,把政治事物的知识转化成一套既定命令看起来就相对容易了:只要瞥一眼最佳政制的典范,就会让真正的王者明白在他的时代应当颁布些什么政令。古典政治哲学的要旨之一便是否定这种可转换性,这也是异乡人教育小苏格拉底计划中的重要部分。对于小苏格拉底要以数学方式解释政治事物的冲动,异乡人明智地既放任、又约束。

当异乡人问小苏格拉底,把所有认知术划分成判断的部分和下命令的部分是否适宜时,小苏格拉底回答说,"是的,至少我这么认为"。异乡人又说,共同行动的人必须满足于他们自己达成的共识,而只要他们站在共同的基础之上,就可以对旁人的置喙不予理会——政治科学的两个潜在的知者现在形成了一个共同体,倘若这个共同体一直存在到二人成了政治科学家,那么这两个人将是任何政治共同体的真正统治者,不论别的成员可能怎么想。小苏格拉底没有意识到异乡人正指向服从问题,正如他也没有意识到[III.81]异乡人此时已暗暗带入了他们自己现在的共同行为,因为,如果发现治邦者的道路恰恰是通过治邦者——如异乡人曾经暗示的那样,那么,他们自己的行动跟政治科学的认知特质就不可能不是一致的。然而,就在他们一致同意真正的王者并不像观看者后,异乡人却问道,他们应该从哪里寻找对分辨技艺的切分。就在异乡人强调他们自己的行动的这一时刻,他和小苏格拉底却偏离了治邦者自己的道路,而这似乎把他们与治邦者更切近地连结起来,因为通过建筑师的例子,治邦者原来作为一种认知术的资格也已丧失大半。不实践其技艺的治邦者固然很接近于观看者的超脱,但这种超脱跟统治行动的参与毕竟无法调和。在异乡人的神话中,神在不统治的时候也静观,在静观的时候也统治(参 272e5)。

异乡人在《智术师》的第三轮划分中找到了他在这里作第三次划分的指引,但他没有提醒小苏格拉底,泰阿泰德曾自作主张并违背异乡人本人的说法,把零售商与自产自销者之间的区别当作了智术师的两个不同定义的根据(《智术师》231d9-10)。小苏格拉底倘若记起这事,也许就会认识到现在这种二分乃是不可能的(参 292b9-10)。把传别人命令的一类跟王者一类分开是一回事,把它们各自作为认知术的一个分支则是另一回事,因为传令官的技艺既不需要机智和灵魂力量,也不涉及对他所受命令的理由的知识。①假如传令官和统治者两方源出同一个类,传令官将不可能从统治者那里接收命令。统治者下达的命令都是他自己的想法,而不是从任何别人那里接收了这些命令。真正的治邦术排除了启示。有命令之神,政治科学就不能成立;没有命令之神,政治科学才得以立住。预言和解释的技艺跟统治技艺并非同类。异乡人在此并不只是在预示后面神话的教诲,他是在暗示,传令的一类在传达王者的想法时很可能造成不可挽回的歪曲和曲解——除非王者自己就是自己的传令官。王者不能有任何代言人;他必须既制定、又传达命令。缺席者的王权是不可能的。由于试图把王者技艺分离出来,异乡人现在已经把立法者和诸神一同抛开,可是,通过人为的划分,王者技艺的冒充者们却溜入了与该技艺同级别的位置。二分法在这里不再可能,正如它在《智术师》中也处理不了模仿问题一样。

第四次划分——或者,若我们的论证是可靠的,那么应是第三次划分——异乡人命令小苏格拉底跟他一起来进行切分。诸

---

① 这也许解释了在 260c7 和 261a3,异乡人为何使用了 diestêken[分开]和 aphestêken[独立于],《智术师》中则从来没有使用这两个词来表示划分。

神已经从政治科学中被排除,而且政治科学也已经跟数学区别开来,异乡人认为小苏格拉底[III.82]现在已清楚了他们的任务所在。一开始小苏格拉底似乎误解了异乡人的意思,因为他坦白说他不知道王者的科学是命令有生命之物;但这怪不得小苏格拉底,是异乡人自己没说清楚。所有的统治者都是为了某个类型的genesis[生成]而发布命令,所有生成之物则被轻易地分成了无生命之物和有生命之物。即便 genesis[生成]跟 praxis[行动]是一个意思,无生命和有生命也不足以用来划分所有的行动。将军可说是关心战争中胜利的 genesis[生成],治邦者可说是关心城邦中德性的 genesis[生成],但无论胜利还是德性都不能说是"有生命的",除非以诗的方式言说(《会饮》197c3-6;《王制》395c1);同时,说它们是"无生命的"也同样难以想象。把所有生成区分为无生命的和有生命的两类或许在理论上是准确的——自然事物或许可以如此归类——但这似乎跟命令的技艺不相干。异乡人现在给小苏格拉底的命令,意在产生出一个无生命的抑或有生命的种类吗(参 266a5)?如果说建筑师统治工人为的是生产无生命的建筑物,那么,牧人统治羊群不也是为了生产无生命的羊毛吗?治邦者统治邦民,不也至少有一部分是为了让他们生产无生命的流通货物吗?只是借助"就动物而言、并涉及动物"这一模糊的表达,异乡人才使得小苏格拉底同意,王者的科学之所以高贵,在于它关心动物的 genesis[生成]。

　　好吧,就算我们承认让动物多多繁殖是牧羊的全部,而不只是其中一个部分。牧人统治他的羊群,便意味着他是命令公羊跟母羊交配吗?如果政治科学不过是一种优生学——老苏格拉底母亲的秘术——统治术很快就会自显为多余,因为既然其治下的臣民可以成为下命令的,那他们就可以成为自制的了。为何政治科学应该勉强接受理性不足的人呢?难道政治科学只是关于"婚姻的数"的科学的一种可怜的替代品吗?异乡人把小苏格拉底引向如此夸张的提法自有他的理由：他想要以最抗拒统治的东西，即格劳孔所谓的"并非几何的必然性、乃是爱欲的必然性"（《王制》458d5），来定义统治的科学。苏格拉底的 erôs［爱欲］知识根本处在政治科学的界限的另一边。但是，异乡人的划分不但预先指出城邦的各种属人结合以及治邦者必须鼓励的那种通婚，还服务于一个更直接的目的——即让小苏格拉底以牧人为范型来思考治邦者。小苏格拉底很可能忘了人并非唯一被统治的在者。他之前没有反对异乡人把家庭、城邦和帝国等同；他现在则没有怀疑异乡人还把这些等同于家禽饲养场、鱼缸以及猪圈。

　　［《治邦者》中，］异乡人开始的几次划分比《智术师》中的任何一次划分都要费力［III.83］。［在《智术师》中，］直到异乡人在区分肖像术与幻像术之前陈明自己的困惑为止，他每次切分的意图多多少少都可以明白猜出来。而在这里，异乡人似乎把整个《治邦者》都囊括进了最开始的三/四次划分中。在《智术师》中一个类似的节点上，泰阿泰德犹豫着要不要承认有追猎无生命之物一类，但即便这无生命之物就是指无生命的"型相"——异乡人后来对此表示怀疑——读者也不可能在当时就明白整个《智术师》的论证。相反，《治邦者》的论证却在这个节点就已经完成，我们现在已经有了异乡人不得不对小苏格拉底详细展开的内容总纲。甚至连双重度量的问题也已经暗示出来：传令官一类在这里被说成与王者一类很大程度上是独立的（261a3；参260b5）。

　　《智术师》本身无疑有助于异乡人如此迅速地勾勒出政治科学的概貌，因为小苏格拉底无须先在钓鱼者问题上习跑。然而，就算我们抛开整个钓鱼者那一段，从猎人-智术师跟钓鱼者分道扬镳那里起步，泰阿泰德还是会接受私下说服与公开说服技艺的区分，而小苏格拉底则似乎从一开始就否定了私下与公开之间的任何区分。在《智术师》中,泰阿泰德大多数时候只被要求迈一小步,而且,除了少数几处例外,那些二分都是在理清他和异乡人共同接受过的分类;异乡人的方法似乎也很能奏效,不过代价有些琐碎。然而在《治邦者》中这一切都改变了。二分法的每一次转折现在都触犯到小苏格拉底和异乡人已达成的共识,虽然收获了新东西,却难以弥补丧失掉的可信性。事实上,我们甚至可以批评异乡人颠倒了走向每个话题的恰当进路。他驯服智术师,却使政治科学成了某种难以捉摸的东西。《王制》以正义检验政治事物,《法义》以立法检验政治事物,《治邦者》以知识检验政治事物。必定是知识把政治事物放在了如此奇怪的视角中。如异乡人所呈现的,知识似乎不得不扭曲政治事物以便把握政治事物,如此也就更承认了自身无能把握政治事物。政治科学跟苏格拉底的爱欲科学一样,显得像是一个矛盾修辞。

三、部分和种（261d3-263b11）

一旦转向下一级切分,异乡人就不再把政治科学局限于优生学。他先在生成之上加上养育,接着更是不经心地说到动物的养育。他不该[84]从一开始就区分养育治下之民的统治技艺与建筑师那样不养育治下之民的统治技艺吗？工匠只要不干活不上工,对工头就没有任何意义,养育和统治似乎某种程度上互相冲突。一个针对被统治者,另一个针对被统治者所服务的目的,被统治者本身可能分享、也可能不分享这目的。牧人养育他的羊群,完全是为了羊群对他本人的益处,以此为治邦者的模型,那么其臣民不过是坐等被剪毛而已(《王制》343b1-c1)。

生成所表示的统治技艺指向那种带着统治目的的养育技艺,但是,养育和统治在目的上的貌似统一,在异乡人区分了对畜群的共同养育与对单个动物的养育后,再也不能成立。无论多,还是一,①都不会考虑交配之二。即便城邦或城邦的某个部分可以称为牧群,但这样一个术语难道能适用于家庭吗?(《王制》451c8)牧人可以把一只只羊单独领进他的羊群,不让任何两只羊有什么先在的关系,而且,假如他拥有足够的牧羊犬和无限广阔的牧场,他的羊群原则上就可以容纳世上所有的羊。通过牧群的范型,异乡人提出了普世国家问题,这种国家的凝聚力完全在其统治者;但这样做也就是承认可能有那么一种非政治的、认知的、命令的技艺,它为了在个体的人里面生成某一类事物而发出它自己的命令。我们往往倾向于把这种技艺归在异乡人之前所发现的那种出生高贵的智术附近。也许我们甚至应该把二者等同起来。

[养育一群动物的]牧马人、牧牛人,与养育单个动物的养马人(hippophorbos)和养牛人(bouphorbos),这两组术语的区别意味着,养育个别动物与统治任何集体相反,不只是缓解该动物的饥饿而已。因此,城邦的存续乃是唯一目的,所有治邦者的政令设计都是为了实现这一目的。小苏格拉底没有从 politikos[治邦术]与养马人和养牛人的类比中得出这一结论,更不用说,他也没有注意到真实的治邦者可以沉默地用鞭打来统治他的牧群——治邦术的合理性并不要求治邦者必须下达合理的命令。由此,治邦术跟异乡人最初对智术的如下描述不啻已有天壤之别:智术只知道人是驯服的动物,就此而言他们容易受到言辞的说服。假如小苏格拉底留心异乡人的类比,他就会好奇异乡人现在怎能要求进一步的二分。严格来讲,接下来唯一可作的区分,不是像小苏格拉底所提的那样去区分被统治者,而是去区分统治者——简而言之,就是区分统治人群的两种统治者:一种是属人的统治者,一种

----

① [译注]这里的"多"和"一"分别指养育多个动物组成的畜群的养育只动物。

是[III.85]高于人的统治者;或者,尽可能一般地来表达,就是区分与牧群同属一个形相(species)的统治者与那些跟牧群不属同一形相的统治者。在后一种情况下,统治者之于被统治者具有显然的优越性,完全不需要区别命令与让该命令得到执行的技艺。这种统治中就仿佛有无需下令(epitaxis)的命令(taxis),[被统治者的]不服从也不会引起什么大的麻烦(参261b13)。小苏格拉底不正确地划分共同养育(common tendance)的技艺,这并不奇怪,需要解释的是异乡人用来纠正他时的迂回路线,因为后面的农场(barnyard)部分和神话部分原本是可以绕开的。对话的行动乃是对话的论证的一个重要部分。

异乡人跟小苏格拉底玩着公平游戏。就在小苏格拉底宣告对人的养育是一回事(hetera)、对兽的养育则是不同的(allê)之前,异乡人鼓励他还是不要那么在意命名问题。小苏格拉底被一个名称给欺骗了,他不知道,"兽"就是、或者可能就是对"人"的隐含的否定,其意义不明,正如包含小和相等的"不大"一样。支配《智术师》整篇对话的形象本该让小苏格拉底受到警示的:智术师就是一只兽。终究[对名称的]使用保证了把真实的王等同于牧人是正当的。最起码小苏格拉底需要用论证来证明,人的非兽性会影响到统治人的技艺。

忒奥多洛斯不经意间提出来的问题,现在穿过《智术师》的地下通道浮现出来,只不过以另外一种形式出现。那时,忒奥多洛斯曾纠正苏格拉底的说法,他把异乡人称为"神圣的",而不是说他是个神;现在,问题则成了"人"(human being)与"人性的"(human)之间的差别(参263c6)。异乡人甚至在挑明这个问题时也在强调这个问题的复杂性。他称小苏格拉底无比男子气,因为他以区分人的养育和兽的养育预言了他们论证的目标。据异乡人自己所言,这个说法是一种夸奖,然而他却责备小苏格拉底过于急切。小苏格拉底的男子气是人性中最像兽类身上某种东西的成分;这东西要么有悖于、要么限定了小苏格拉底自己的人兽之分。小苏格拉底不曾明白异乡人何以把他们通向治邦者的道路等同于治邦者本身:他们的进路必须显出治邦者那样的谨慎。

异乡人承认,最漂亮的做法当然是直接把要找的东西跟其他东西分开,但原则上来讲,还是从中间切分更稳妥些。的确异乡人早已警示过小苏格拉底,假如要在一半之中找到[III.86]现在还在两个一半中的东西,就必须证明照料牧群的技艺包含两面。这种数学式的表达非但没有弄晕小苏格拉底,更令人惊奇的是,它也没有影响到小苏格拉底所作的区分。既然异乡人作为纠正设计的一套划分方案可以用 $\sqrt{2}$ 和 2^2 来区分人与猪,小苏格拉底以两足动物指人而以四足动物指牛马之类,似乎也不会受到责备。(鉴于他阅历有限,考虑不到帖撒利的鸟笼或埃及的鱼缸也算情有可原。)在农场部分,我们就亲眼见到数学被可笑地用作节制的工具。而现在,年轻数学家一时竟忘掉了他的数学,而靠在做人的骄傲上;因此异乡人暂时岔开话题,要贬他一下(也通过贬他来贬抑人类),以表示他多么体贴这位数学家的天性。

《治邦者》与《智术师》之间的差别最明显莫过于此处。[在《智术师》中,]泰阿泰德不完全肯定是一个神创造了万事万物,但异乡人决意不作任何这方面的论证,因为他料定泰阿泰德的天性会自动引导他走向这一信念,无需什么论证。现在,神性知识-非理性的自然这一宇宙论问题,在人的理性-兽的非理性这一自明的对立中找到了它的对应,此时异乡人却站在不会说话的动物一方出面干预,要遏制小苏格拉底天性所驱的倾向。异乡人不能信赖小苏格拉底的天性带他走向自己所要于他的那种理解。人的卑下比真正的宇宙哲学更迫切地要求一个证明——我们记得在《泰阿泰德》中,苏格拉底曾在同一段讲辞中既宣告神是什么,又留下了人是什么这样一个问题。

在《智术师》中,异乡人为他没有完全澄清在和非在的问题开脱,同样,现在他也托辞说,目前的情形使他无法对部分(part)与种(kind)的关系作出完美的说明(《智术师》254c7-8)。我们已经说过何以把这两个问题联系起来的理由,但我们那时未能指出政治科学的悖谬。政治科学更直截了当地显明了"异"(the other),因此它必须比其他任何科学在更大程度上考虑这个"异"。然而,政治科学本身的完全性并不依赖于对部分与种问题的彻底解决;毋宁说,它本身的完全性似乎恰恰跟我们无法达到对这问题的任何部分性的解决方案相关联。异乡人第一次把部分与种的问题跟政治科学联系起来,是在他提出如下建议之时:他提出,他们的任务是把所有的科学分成两类,一类是政治科学,另一类则应包括所有其他的科学。这样的划分看起来实在很像小苏格拉底的人兽之分,也很像把人分成希腊人与野[Ⅲ.87]蛮人这样一种通俗的希腊式分法,因为在这三个划分中,似乎都是一个部分把某种人为的统一性强加给另一个部分。如果不彻底澄清部分与种的区别,那么政治科学本身甚至无法成立,如此,异乡人怎能回避而不澄清此事呢?若不彻底澄清此事,政治科学岂不必然继续显得像是一种人为制造出来的东西?苏格拉底曾说,真哲人有时就是幻像性的治邦者,难道他指的就是这个意思?

　　我们可以换个方式来表达这里的难题。异乡人刚才把动物的养育分成单个动物的养育和成群动物的养育。但一个群不就只是一个部分吗?假如异乡人是在划分动物的种而不是技艺的种,他不是该区分天生群居的动物和天生独居的动物,进而追问人属哪一种吗?我们可以说马是天生群居的动物,尽管你也可以从马群中挑出一匹来单独驯养;同样,人也许是天生独居的呢,人只是由于被统治才成群居住。我们忘了亚里士多德的话:他说人是天生的政治动物,不需要城邦的人非兽即神。但是,如果像异乡人所断言的,城邦、家庭或群仆皆由同一种技艺来施行统治,那事实要么是人并非天生群居,要么是政治科学可以根本不管人是不是天生群居这个问题。它也许只关注人聚族而居这一事实，其关注点在于人事（human things），而不在人的自然（human nature）。

异乡人指出，比起把人划分成希腊人和野蛮人，把人分成男人和女人更具形相性（eidetic），虽然如此，他现在却没有把这个区分引入统治技艺中；事实上，他绕过了这一区分，因为他突然把统治的真正目的从生成转向了养育和照料。此外，异乡人还承认，部分和诸种主宰着政治生活。每个城邦、国族或部落都是一个部分，与人类的其他部分分离。"我们"、"他们"早已深嵌在一个民族所赋予自己的名称中。所有的非吕底亚人都是外邦人。统治人类群落的普遍技艺本身，实际上将始终表现为统治这个或那个特殊人类群落的技艺。必须教小苏格拉底明白"部分"的含义甚于明白"种"的含义。与其说他错在把所有非人类的群归成一群，不如说他错在从政治科学的普遍性（这种普遍性是任何一种技艺所特有的，它使得技艺区别于经验）推导出该知识所统治的群的无所不包性。小苏格拉底迄今为止对最好城邦尚一无所知：最好城邦只能是有限规模的，而且不能把其中的所有成员理解为一个牧群。小苏格拉底不经意间把政治科学定义成了［III.88］克洛诺斯时代由神操持的那种技艺，那时还没有城邦，甚至连兽都不算外邦人。

之后，关于农场的部分不是在纠正小苏格拉底的错误，而是在为后面的神话作预备，让小苏格拉底看到他的错误划分怎样才可能成立。贬低人类地位的最终目的，是为了确立诸神的统治。只有诸神才可能把所有人看作单独的一个群，并根据异乡人所采用的标准把人与别的动物分开。但这一属神的视角——异乡人劝小苏格拉底从这个视角来俯瞰人类（《智术师》216c6）——对于揭示政治科学必不可少。统治技艺发现把人看作兽比把人看作非兽要安全些。人们不过潜在地是人性的。

　　小苏格拉底还是不满意异乡人所举的关于部分和种的例子，他问异乡人，怎样才能更生动地明白部分和种并非一回事，而是不同的东西。假如不是出于对小苏格拉底的天性的体贴，异乡人甚至不会岔到现在这里来。他们偏离主题已远远超过了所需程度。被小苏格拉底的天性岔开话题，也就是迷失掉论证的正常轨道。那样一来，照异乡人所说，对话的行动与论证就将没有任何联系，而教育小苏格拉底并不在发现治邦者这一任务之列。异乡人明确坚持这一看法，直到他向小苏格拉底揭示出两种度量法的在。那时他撤回了这看法，而支持对"需要"的一种不同理解；这一理解倒过来又使他之前的所有离题皆成了论证中不可或缺的要素。不过，直到引入非数学性度量为止，论证看起来一直不过是在用众多步骤去证明一个定理。

　　因此，异乡人的伪数学问题——即在由两个部分构成的群牧技艺中找出政治科学所在的那一半——乃是部分与种这一问题的先导（参 264e12）。小苏格拉底在试图解决这个伪数学问题的过程中被一个真问题绊倒，该问题并不总是容易用数学方式来处理。异乡人在后文也将批评普罗塔戈拉派把男女问题跟奇偶数的问题扯到一块儿。然而，现在他打击了小苏格拉底还想进一步接受启蒙的自然欲求。他把那欲求理解为一种控制（command）（263a5, 8）。小苏格拉底充分地参与论证，结果把论证导向难以驾驭的局面。异乡人照料小苏格拉底与异乡人统治小苏格拉底无法兼容。[对话中]行动与论证之间的紧张关系，看起来似乎正是政治科学中照料与统治之间的紧张关系在对话中的对应。无论如何，异乡人在扼要陈述了部分[III.89]与种的差别后，立即重新宣告他对小苏格拉底的权柄：他给了小苏格拉底一个命令（263c1；参 261e7-8）。

四、农场（263c1–267c4）

异乡人起初曾抽象出奴隶与自由人、妻子与儿女、城邦与家庭、城邦与帝国之间的不同，现在他开始想方设法让小苏格拉底去抽象人与其他动物之间的区别。人的骄傲——人类把它解释为人类理性的结果——仅仅是由于在性上的排他性。纯种（non-miscegenation）在人世间被看作代表优等的称号。但人类忘了，有些动物在性上同样是排他的，它们可能会抗议人类把它们［与别的动物］统统归并在一起，正如所有被希腊人称为野蛮人——尽管它们是不可混同的——的人类种族都会做的那样（希罗多德《原史》II.181）。希腊人听不懂自己方言以外的任何方言，并不比动物的聒噪对人而言不可理解这件事意义更为重大。但骄傲，尤其是错误的骄傲，乃是不服从的原动力，是横亘在统治面前的最大障碍。此外，人的骄傲跟男子气也是分不开的，但我们通常却不把男子气跟理性和审慎联系在一起；正相反，我们相信审慎与节制之间、节制与顺从之间某种程度上是同一的（修昔底德《伯罗奔半岛战争志》I.84.3）。

因此，异乡人说，在我们看来天性审慎的（phronimon）鹤类，也许会反过来把人类与所有其他动物一起归为兽类。这话不仅仅是要批评小苏格拉底有人类中心主义的毛病，也是要指出一个公认的人类的卓越之处，那就是人适合于被统治。帖撒利人对鹤施行统治的事实并不使异乡人的论证失效，反而巩固了他的论证。鹤以其审慎明智地（sensibly）承认了某种人的优越地位。但异乡人也由此削弱了他论证的另一部分，因为帖撒利人并非以智慧著称，统治的事实与统治的权利［在此］并不相干。由此，异乡人开始在政治科学问题的另一脉络上开始了他的编织。如果唯有有知识的王才是真正的王，而节制、理性和顺服三者又不可分离，那么，难道我们只应该服从真王的统治，一旦真王缺席，我们的节制和顺服——虽然不包括理性本身——就应打折扣了吗？政治科学不可能建议在这样的情况下采取无政府状态，同时空想着有朝一日一个苏格拉底那样的人横空出世，用他的知识来为城邦效力。

在《智术师》中，异乡人回避了对所有陆生动物进行二分式归类的困难所在；他把所有陆地动物划分成[III.90]野生的和驯养的，当泰阿泰德问他是否有对驯养动物的追猎时，他则让泰阿泰德把驯养的动物等同于人类。泰阿泰德说，"相信，我们人是一种驯养的动物"。这是对技艺的第六次切分。然而在《治邦者》中，异乡人的划分程序却不一样。他承认，在小苏格拉底犯错之前，他本人也犯了个错误，对诸科学的第六次切分不该是单个-共同之分，而应是野生-驯养之分，"那些具有家养天性的动物称为驯养的，那些不具有家养天性的动物则称为野生的"。异乡人把这一纠正看得极其重要，以至于几乎随后每一个分出来的部分，他都给加上一个限定词"驯养的"（264c2，265b8，266a1）。然而，他在小结时却又漏掉了这一纠正，以此暗示政治科学作为一种命令动物的技艺，"驯养的"这个限定词已内含于对它的描述中。

异乡人似乎不会把统治技艺归给狼群的首领。因为如果动物被统治，那么它们根据定义就是驯养的。然而，荷马不是说，每个独眼巨人（Cyclops）都统治着他自己的家庭吗？那么，异乡人必定是指统治者与被统治者具有不同的形相，因为只有这样，被统治者才会必然是驯养的。也许统治者拥有统治技艺就足以使他与被统治者不同。无论如何，异乡人说到他们自己对技艺的捕猎：驯养牧群的统治者本身不必是驯养的。此外，异乡人还使自己面临着被批评的危险，因为他自己也掉进了小苏格拉底刚才所犯的那种错误中——驯养与野生之分与人兽之分不同样是人类中心主义的吗，只不过比希腊人与野蛮人之分略少了一点地方色彩而已。"野"似乎意味着凡是人无法征服的东西;人类能力的限度从否定一面规定了野生事物的野蛮性(savagery)。但异乡人说到具有家养天性的动物,从而暗中回答了这一批评:驯养的也意味着可驯服的,而可驯服不单单是个技艺问题;技艺会成全驯养动物的天性。如果这是异乡人的回答,那么,驯兽技艺要么是统治技艺的先决条件,要么总是伴随着统治技艺——无论哪种情况,统治技艺的任务都是使被统治者习惯于被统治,并且它将离不开立法。独眼巨人就没有法律(themista)。因此,"驯养的"这个术语作为"守法的"替身掩盖了法的问题,使异乡人得以尽可能久地拖延这个问题的出现。事实上,这个术语的迟迟插入已经预示着立法者与治邦者之间的张力。

同样,异乡人也想尽一切办法来延迟人类在他的二分中的露面。他需要两次切分才把鸟类从陆生动物中分出来,而在《智术师》中他用一次切分就做到了。鸟类和鱼类[III.91]在《智术师》中被干脆地并入一类,而在这里,鸟类首先因为在干地上行走而跟陆行动物归在一起,然后又因为有羽毛而从陆行动物中分出来[成为其中一部分]。这一区分实在太别扭,以至于异乡人不但在后来的小结中、也在他那条较近的路上(那时"陆行"动物变成了指陆生动物)略去了这一区分,尽管他先前曾经如此大费周章地引入这一区分。你可以为这种别扭的区分开脱——至少是部分地开脱:你可以说,鹅和鹤都是在地上被喂食,你还可以说,尽管鸟类似乎不受某种非鸟的东西统治,但只要控制它们的食源,便足以彻底地统治它们。亚里士多德曾讲到埃及祭司们曾通过向鳄鱼供应足够的食物而驯服鳄鱼(《动物志》608b29-609a2)。我们不由得也想到了欧埃尔庇得斯(Euelpides)和佩斯特泰罗斯(Pithetairos)。①

----

① [译注]阿里斯托芬喜剧《鸟》里面的两个雅典人。

然而,异乡人心里所想的不只是为后面的神话以及完美牧人的范例作铺垫。他知道小苏格拉底没见过埃及人或波斯人的鱼场,但也许他见过人在较小的池塘里养鱼,而且也听说过另外那些事;还有,就算他没有在帖撒利逛过,但他至少听说过、也相信那里有专门饲养鹅或鹤的围圈。小苏格拉底上了一节更深刻的关于谦虚节制的课。他变得开始听从道听途说的证据,他本人的判断则被看得没那么重要了。人类将以一种谁也无法提出质疑的方式[在分类中]被发现。普遍共识将取代小苏格拉底与异乡人结成的排斥其他任何外人的二人联盟。此前,当小苏格拉底同意把认知术划分成分辨的和命令的部分时,异乡人曾经不予理会其他每个人的意见;但现在,他们却不必亲自设法搞清政治科学到底属于水中动物的养育还是陆生动物的养育(因为"人人都明白"),也不用在政治科学究竟跟飞行动物相关还是跟足行动物相关这个问题上踌躇不决了(因为"除了最蠢的人,所有人"都有[关于这方面]的正确看法)。

异乡人似乎在说,就连鹅类也无法对这些划分步骤、或者对随后那些划分步骤提出异议,因为每次划分中王者属于哪个部分都是显而易见的(参 265d3-5,e9)。统治者不能作出任何哪怕智力最低劣的臣民所理解不了的区分。部分与种之间的差别必须被统治者给模糊掉,尽管不是完全抹杀。他在表现自己的聪明时必须由无知作掩护。无知的权利——异乡人对统治和养育的等同已经暗示出这一权利——是异乡人教给小苏格拉底的首要的、也是最终的政治事实。在此可以最明白不过地看到,通向政治科学的道路就是政治科学。

异乡人现在给出两条路让小苏格拉底选择,一条路长,一条路短。较短那条路将违背从中间切分的原则,较长那条路则更接近这原则。小苏格拉底已经深切认识到仓促选择需要付出的代价,因此他选择把两条路挨个都走一走。[III.92]他已经学得太乖了,以至于没有去问两种选择对政治科学而言各意味着什么。也许有人忍不住要说,较长那条路是一次"理论"练习,要把部分和种始终归在一起;较短那条路则是"对一切实际的目的而言"都已足够好的路。有此为证:较长那条路的最终划分中包含三个荒谬之处,较短那条路则使异乡人得以给治邦者披上一个高贵的世系(266e9-10)。就像苏格拉底曾尽力要向试奥多洛斯说明的那样,理论跟可笑且必然丑陋的东西是分不开的。但是,如果政治科学是理论性的,那么较长那条路必定比较短那条路更接近它,因为政治科学在所有科学中最易陷入自夸的危险。人类的统治者必须能免于沾染人的骄傲。小苏格拉底正确地把较短的路看作为较长的路所付的利息,但他本应更正确一些的,即把较短的路称作一剂安慰,因为较长的路打击了政治科学的尊严。把人类看作无毛的鸡,或把人看作两足的猪,这个并不比那个更少些下贱;但唯当养猪人和王者同时出现时,才使王者看上去跟他的臣民一样卑污如猪。较长那条路产生的效果,是使统治者显得跟被统治者属于同一形相。

"有羽的"和"足行的"(pezon)是两个具有迷惑性的名称,因为这么区分[陆养的动物]就意味着鸟类要么无足,要么[就算有足也]不在陆地上行走。pezon的意思只是无羽,正如"野蛮人"的意思只是非希腊人(参276a4)。在这里,人所属其中的类以否定的方式被定义;人是一种无羽、无角、不能从自己的类之外产生的动物;就连他的两足,也是从某个无理(alogon)数开平方得来的。异乡人的一对对术语不像男性–女性、奇数–偶数那样具有互补性,而是从人所并不具备的动物属性的角度来看待人。人群是有缺陷的群(265d4;参265e4,266e7),它既无依无靠,也没有思想。它肯定需要什么人来照料它,甚至比别的任何群居动物更需要照料。然而,这些划分仍然没有把统治人与统治别的类型的群区别开来。并非单单因为陆行动物一类中有两个部分,就可以把管理陆行动物的技艺分成两个部分(265c2-8),正如并不存在一种关于偶数的科学和另一种关于奇数的科学。假如说统治技艺在这方面跟算术不一样,那么,统治分蹄的群居动物的技艺就会不同于统治纯种的群居动物的技艺了。统治技艺是否问这问题呢:为何所有纯种、无角、无羽、陆生的群居动物都分蹄?假如这样的动物也有不分蹄的,难道就有另外一种技艺来统治它们吗?

异乡人过后也向苏格拉底承认,[III.93]他们在这里划分了动物,却没能划分统治的技艺;但异乡人对两类动物———一边是马和驴、一边是人和猪———在性上的区分,跟发现政治科学并非完全不相干。首先,这种性上的区分在克洛诺斯时代就不成立,那时所有动物都是从地里生出来的,也还没有骡子。诸神完全不知道什么统治骡子的技艺,就像他们不知道什么优生术一样。神的统治技艺跟动物的genesis[生成]不可能有任何相干,爱欲术并非一种属神的科学。第二,养马人必须知道骡子产生的可能性,否则到最后他也许会发现自己成了一群杂种的统治者,群中部分成员与马有着不同的天性。如果考虑到一个作家的话———这个作家头脑里没有什么《治邦者》,更不必说《泰阿泰德》和《智术师》了———那么我们提到骡子可能就已经看出了论证的结论。这位作家说,骡子"既有驴子的冷静、隐忍、耐力和沉稳,又有马的强健、力量和勇猛"。①第三,既然骡子不生育,一群骡子就不可能靠自己永远存在;因此,如果骡子暗示出节制与勇气的统一,那么治邦术的最终目的不可能是统治这样的一个群。异乡人同样没有把犬类算在群居动物中。这样把犬类排除在群居动物之外是何意味呢?要明白这一点,并不需要去想苏格拉底的最好城邦中那些像狗的城邦卫士,我们只需记得,异乡人曾把苏格拉底这个世系高贵的智术师比作一只驯服的狗,而成群的狗则是野蛮的。

---

① *Encyclopedia Britannica*(第11版),art. Mule,页959。

　　治邦者治下的有生命的臣民从七个方面得到描述：他们是驯服的（被驯服的，或是可驯服的）；群居的；陆地上生活的；无羽；无角；纯种的；两足的。七个方面中的最后一方面以极其可笑的方式被发现，但更可笑的是小苏格拉底本人，他直接接受了这个描述。就算是异乡人的最迟钝的听众，此刻也必定已意识到，如果小苏格拉底竟然相信借助几何学来区分人猪的做法"正义"，那么必须让小苏格拉底清醒过来了。小苏格拉底看不到人的位移的自然跟两条腿的平方根之间的区别：不但两足跟两足的平方是一回事，这一个的不尽根的值还成了另一个的自然。异乡人似乎曾经在《泰阿泰德》中出现过，那时，苏格拉底使这种数学运算成了某种普罗塔戈拉式生理学的根据。的确，苏格拉底当时难道不好奇普罗塔戈拉为何不说猪——而不是人——是万物的尺度吗？苏格拉底的装样子似乎才是政治科学的真正起点。异乡人以他自己的方式指出猪的城邦就是真实的城邦，但［Ⅲ.94］对小苏格拉底而言——不像对格劳孔而言那样——这并不激起他的愤慨，毕竟，"几何的必然性"（geometrical necessities）也有某种政治的用途。

五、神话（267c5-277a2）

　　尽管小苏格拉底性情急躁，异乡人毫无条理的长篇大论却没有耗尽他的耐心；他可以等待异乡人把话说完，因为他假定、而且在某种程度上肯定，一旦他们在群居动物中发现人，他们发掘政治科学的过程也就完成了。小苏格拉底实在太像忒奥多洛斯那样的哲人了——这种人仅仅身在城邦，思想却以几何的方式在天上地下到处飞——以至于尽管城邦和城邦事物在他们关于城邦科学的解说中都缺席，他还是没有产生什么怀疑。城邦，无论是城邦内还是外，乃是一个充满敌对、争论和冲突之地。治邦者不同于别的牧人,因为别的牧人在治邦者的资格上与治邦者有意见分歧。商人、农夫、面包师、体育教练、医生都拥有同属于一个技艺的名称,他们都可能跟治邦者竞争,说他们才照管着人的养育,"不但照管对成群的人的养育,而且照管着对统治者本身的养育"。治邦者的竞争者们愿意在他们自己中间划分养育的不同方面,却不给治邦者留什么位置。政治科学与其他技艺之间的联系,似乎跟哲学与种种科学之间似乎具有的关联是一样的。二者中的任何一个至多只是一个集合名词,用以表示一组明确定义的专门行为。治邦者看起来跟城邦的智术师一样(《智术师》268b7-9)。

　　然而, 异乡人没有马上站在治邦者一方代他辩护,反倒突然把治邦者移出城邦,并把他塑造成一个无可争议的人物。异乡人消除争议的方式就是去除一切可能造成争议的因素。他从牧牛人开始谈起,牧牛人生活在城邦之外,无人质疑他的能力,尽管他的牧牛工作具有多面性。异乡人提到这项工作的五个方面:牧牛人是养育者,是医生,是媒人,是助产士,还是乐师;他视情况允许担任着所有这些不同角色,但又从未停止是一个牧牛人。泰阿泰德和异乡人曾经徒劳地寻找过智术师作为猎人、零售商、行商、坐商、舌争者以及灵魂净化者的统一性,最后他们只能总结说,智术只有某种幻像性的(apparitional)统一性,它是由作为一种技艺的智术制造出来的。现在看来他们忽略了牧人,牧人本可以为他们提供一个范例来说明一个真实的一如何被折射成了一个真实的多。《治邦者》开始越来越多地与《智术师》发生重叠。一个单纯的考虑表明了这一点。[III.95]治邦者的五位竞争者与牧牛人的五种角色之间显著地缺乏对应关系:这两个列表中唯一重叠的东西是医药术,仅对人群成立的是体育教练,仅对牛群成立的是优生学(做媒和助产技艺)和音乐。异乡人曾把惩罚技艺比作医药术;把世系高贵的智术[师]比作体育教练;在《泰阿泰德》中,苏格拉底本人把他母亲的技艺跟他本人的技艺相提并论。倘若我们补上一点，即异乡人后来将把治邦术比作医药术、并把立法［者］比作体育教练，就会看到，苏格拉底的音乐跟政治科学难解难分地交织在一起，其状正如音乐与智术的交织（比较268b1-5与《会饮》215b8-d1）。

异乡人和小苏格拉底已大致勾勒出王者的轮廓或形象，但并未确切说出什么是治邦者。王者的特征是概括性，不同于以精确性为特征的治邦者。前者的范例是产羊毛的牲畜的牧养者，后者的范例则是织羊毛者。若认为王者剔去他所牧之畜群的天然遮盖，只是为了重新给它们穿上他自己制作的东西，似乎很荒唐。因此，这两个范例彼此独立，至少相当于智术师-猎人与智术师-模仿者之间的彼此独立。总之，异乡人断言二者之间的不同是类上的不同：神是牧者，人则是织羊毛者。异乡人讲述的神话显示出：尽管牧者作为范例显得还算切题，但他过于概括，以至于它无法适用于任何一个类——除了可见整全的创造者。这让我们不由得想起对在的综合性解释与精确解释之间的张力。

这个张力现在以另一种形式再现。异乡人曾经批评拥有精确论述的哲人却给我们讲神话故事，就像我们是孩子似的；但是，他现在却命令小苏格拉底像孩子那样来听一个神话，而这个神话似乎正是对政治科学的综合性说明。莫非神话有碍于对在的理解，却有助于对政治科学的理解？我们已经评论过关于在的神话如何带有政治的色彩——这些神话之所以无法理解，莫非是因为制作神话的人缺乏政治科学？假如他们从异乡人的神话开始，也许就无需再加以神话式的描述了。异乡人的综合性神话铺平了以全然非神话的方式精确解说政治科学的道路。在《智术师》中，异乡人一直无法解决智术师的问题，直到他使泰阿泰德相信是诸神创造了万事万物；然而政治科学却不可能存在、或者说不可能得到理解——除非它完全论定诸神并不统治任何事物。根据异乡人的法,神话学乃是政治科学的一个下级分支。

神话[III.96]是之前的二分所搭起来的框架中难以控制的一块。异乡人启动一系列的二分,似乎是为了让小苏格拉底能看见它们在空间和时间中的作用——空间就是宇宙,时间就是克洛诺斯时代。异乡人的神话由三个神话事件构成,这三个神话事件源初的统一性已被遗忘了,因为任何一个神话都没有讲到三个神话独一的共同起因。其中两个事件我们仍然知道它们是同属一类的,另一个事件则被转移到时间中,并重新解释成了关于有死王者之合法性的一个神秘记号。小苏格拉底猜测异乡人是暗指阿特柔斯羊群中的金羊,其实异乡人指的是太阳及其他星体的升落在陡然间出现的反转,神是以这事为阿特柔斯作证。然而,在异乡人的神话中,反转是个必然性问题,只要神在统治,就会一直发生反转,它会整个改变我们所熟知的生命条件。通过这种解释,异乡人可以使几个支离破碎的事件成为一个整体,一个揭示了政治科学的必然性的整体,因为它呈现了若政治科学并非必然存在就必须满足什么条件。结果证明,这些条件既非人想要的,也非对人而言可行的。由此,神话本身揭穿了神话,因为它解除了黄金过去对我们的魔力,使我们摆脱了渴望再次看见神在地上施行统治的迷狂。无论在哪里,神的照管并不曾变得更少些照管,乐园也并不曾变得更丑些。跟异乡人的神话比较起来,弥尔顿(Milton)关于人类犯了罪反而更好的说法——如果这就是他的说法——简直就不值一提。如果说异乡人的神话是玩笑,那么这个玩笑绝对不适合小孩子听。

在异乡人点出所讲神话的要旨之前——他有四次声称说要谈到神话的要旨(272d5,273e4,274b1,274e1)——该神话分七个部分讲述:(1)神在统治与不统治之间交替(269c4-d3);(2)为何有如此交替(269d5-270a8);(3)地上的变化与天上的变化有何不同(270b3-d4);(4)从现在向从前时代的转换(270d6-271a1);

（5）克洛诺斯时代生命的创生（271a4-c2）；（6）克洛诺斯时代的
生活（271c8-272b4）；（7）对幸福的判定（272b8-d4）。每个部分
都提出了自己的问题，但这些问题都超出了政治科学的范围和回
答能力。这段神话所占篇幅极长，但它还是太简略了。例如，我
们不知道在异乡人的二分法体系中，宇宙可以恰当地归在何处：
它是一个被赋予了理智的动物吗？若是，那么它是某个群中的一
个呢，还是单独的一个？蒂迈欧（Timaeus）假定宇宙也许有五个，
但五这个数或许还不足以使宇宙有资格称为群居动物。那么它
是哪一类动物呢？它像骡子一样不能生育，像人一样无羽无角，
但它还由一只脚支撑着围绕中轴运动（参 269c5，270a3,8）。假如
异乡人继续往下划分，那么，是否会像阿里斯托芬的分法那样，切
成两半，一半是宙斯所警告过的对人类肆心的惩罚，另一半则是
[III.97]宙斯？此外，关于神该安置在异乡人二分法的哪个位置，
我们也有同样的疑惑。既然神是工匠也是宇宙的王，那么他既拥
有认知技艺，也拥有实践技艺。二者是一回事吗？假如神从来不
曾创造宇宙，或者他一旦造好宇宙以后就再也没有掌过宇宙的
舵，那他还拥有统治技艺吗？神放手让宇宙自动运行时肯定并没
有丢掉宇宙。然而异乡人说，建筑师放手不管后面的工作是不合
宜的，他必须确保下面的人执行其命令（参 274a5）。但神却必须
放手；完美的统治是不可能的，而且，除非我们把完美的统治不可
能这个知识算作统治知识的一部分，否则王者技艺严格而言就不
是知识。

　　根据异乡人的说法，形体使神面临着一个他无法完美解决的
问题。神的解决方式完全缺乏明智，因为明智要求神持续纠正宇
宙固有的反复无常，而不是周期性地压制宇宙的自然。神除非完
全悖乎自然而行否则便无法统治。这正是对僭主统治的通常理
解。然而，有一个缓和[这种尖锐性]的情况。只有最神圣的事物
才永不改变，而神却交替性地统治与不统治，既然如此，神就分有

身体的自然,在这方面他跟所统治的动物或动物们无异。人类跟羊一样都有形体。于是我们可能去猜想神是否也需要停下统治去休息一下,就像宇宙需要由神反转回来一样;还有,神是否在违背自然时违背他自己。苏格拉底曾经提到,哲人只是出于被迫才去统治(《王制》499b5)。

异乡人假设了三个原则,并由此三原则推导出宇宙的运动始终在经历周期性的反转。然而,他给予每个原则以不同的地位。宇宙永远自转——不可能;所有运动的动力因以相反的方式运动——在宗教上不被承认;两个神的想法对立——人不该说这话。异乡人没有解释,两个神若导致相反的运动,就不可能是在一致行动。难道对神而言思想和运动是一回事?蒂迈欧的妥协方案——该妥协在于两个相反运动的统一,他称之为同的运动和异的运动——被预先排除了。神只从事物彼此对立的角度来思考问题;异乡人亲自发现的那个"异",那个打破了对立事物之对立性的"异",要么神根本不知道,要么不适用于对可见整全的治理。

"异"之所以不适用于对可见整全的治理,似乎应归因于整全与部分之间的张力。神不可能预防整全的哪怕最微小的紊乱,而不导致所有[III.98]地上动物的极大扰乱;换句话说,神或许可以保护人类免于几乎彻底的毁灭,但那不过是以损害天体为代价的。特殊照管与普遍照管不可兼容。"宇宙"(kosmos)这个词的含混性某种程度上掩盖了这种不兼容性。异乡人起初说到天时把它与"宇宙"等同(269d7-8),但后来他又说到"宇宙"的诸部分(271d5,272e8,274a6),而且至少有一次"宇宙"跟秩序指一个意思(273b6)(《斐勒布》28c6-e6)。这样一来,不管神是否在统治,整全与部分之间的张力似乎都将存在;因此可以猜想,对异乡人神话的厌恶——就其应用于人时而言——是否首先是为了尽可能鲜明地表现这种张力。不可能存在什么秩序井然的有形整全,除非该整全的某些部分是丑的。苏格拉底本人也许就是这一宇宙论定理的绝佳例证。无论如何,苏格拉底曾经告诉忒奥多洛斯必须有某种东西永恒地与至善相悖。

　　然而,若要以这一宇宙论定理去解释神话的所有细节,那它必须受到限定。克洛诺斯时代与宙斯时代对所有地上动物而言的不同所在,是神话中最具神话色彩的部分,即,在宇宙反转回来的那一刻,生命将发生时光倒流,而且只要神还在统治,这种反转就会一直发生。只有太阳每日显现要升起之时还被认为是傍晚,且时间上[日出]被认为在天明之后,才能自然地得出老年乃在少年之先,胚胎期则是在报告死之将临。不然,太阳方向上的变化是不可能影响到动物时间的次序的。此外,异乡人只字未提季节的倒转,他也不可能希望小苏格拉底推导出冬先于秋、夏先于春这样的结论,因为那样一来草木的死亡就会先于凋零——其实,倘若果子生来就熟、之后才有树木开花,将完全符合该神话的逻辑。夏-春-秋-冬这样的次序跟动物的年龄倒转一致,却无法跟年岁的简单反转一致。因此,神话必然缄口不谈太阳在黄道上的运动。克洛诺斯的时代由永恒的夏天掌管,没有季节之分,太阳不再是生命兴衰的原因。大地自发地产生出万物。天与地完全是分开的,仅仅通过它们的联合统治才有所联系,否则就会自顾自地各行其道。神的宇宙肯定不是混沌,但在某种重要的意义上,它并不是一个整全(参 272e4,274d6)。它之所以缺乏整全性,主要归因于神的统治方式——尽管不是由于神统治的事实。简而言之,神话证明了一个命题,即任何神圣照管说都无法与一种自然目的论并存。这一命题——它比我们的那个宇宙论[III.99]定理在范围上更受限制——构成了神话中最有助于理解政治科学的要素。

　　在克洛诺斯的时代,动物的生长模式就像蘑菇。每个动物都符合忒奥多洛斯对赫拉克利特派的描述:他们没有什么师生之说,都是自发地冒出来的(《泰阿泰德》180c1)。神话里地生的巨人就是某位神统治下的人类。莫非异乡人想要暗示:倘若那时的人从事哲学思考,则他们必然主张"在"就是"形体"(to be is to be body),而"型相的朋友们"则只在所谓的宙斯时代才可能?就苏格拉底的生成而言,其必要但非充分条件是有性生殖,没有费娜瑞特(Phaenarete)就没有苏格拉底。而且,既然神话还把有性生殖跟城邦的实存相连,那么,没有政治科学就不可能有苏格拉底这一点也同样被暗示了出来。神并不改变事物的自然,那时的男人女人外观上仍然有性别差异,但他们要么缺乏使自己不朽的欲望,要么被隔绝成了两个互不相交的群。那时的动物也都不吃别的动物,这并不意味着所有动物都是天生的草食动物:食肉动物仍是食肉动物,但是同样,要么他们各自的牧人强迫它们倒嚼,要么肉都长在树上。神话把凶猛和野蛮区分开来(274b7;参273c1):前者是自然的,后者是无政府状态和缺乏的结果。

克洛诺斯时代没有野兽。就像那时不可能区分驯养与野生,同样,那时也不可能区分独居与群居,因为[对那时而言,]"根据群"和"根据种"是相等的表达(参271d6)。神那时肯定不可能准许犬类在各牧群中自由逡巡。一般而言,耕作之于放牧,正如教育之于统治,而且在克洛诺斯时代,统治动物跟侍弄花草树木几无差别——尽管如此,异乡人却只在神停止统治的时候才提到教育(273b2,274c6);这样,即便某几种动物、或某些个人自然地需要以不同于群体统治的方式来对待,神和他的臣属也不会予以考虑。在这种情况下,人的幸福问题就被提上日程。按照异乡人的意思,即便神也不能命令哲学存在,假如神能这样做,那么他治下的臣民无疑比我们更幸福(参271c2)。人们在神的指引下除了吃吃睡睡,不用为自己做任何事;虽然他们由于不具备奢华的技艺而绝不可能成为饕餮者,但神不能防止他们懒惰和仅仅满足于伊索关于节制的教诲。神能够除去一切让人恐惧的情况,甚至到可以安排死亡在人最无知无识的时刻到来的地步,但神无法在人里面注入求知的欲望。如果诸神如第俄提玛所言并不从事哲学思考,那么他们的无所不能也许还有一个盲点:他们不在意[III.100]人幸福不幸福,因为他们无法体验属人的幸福。

乍一看,如下解释似乎不失为一种合理的解释,即神话意味着以神的统治指终极因,以神的不在场指动力因和质料因的支配作用。但是,异乡人说到宇宙"命定和天生的欲望",这欲望就是追求模仿神的统治,即便它把宇宙转向与神的统治相反的方向。模仿神的统治不在于做神所做的事但做得没那么好。至少在其运转之初,宇宙也是欲望和理智的和谐。宇宙不用发出命令就为自己成就了某种秩序,因为整全的自在自为要求整全的诸部分也自在自为,而在地上对应于宇宙的自在自为的动物性东西,就是有性生殖或说爱欲(erôs)。然而爱欲可能耗尽;当爱欲即将用尽时神就接管了,而且,既然神无需爱欲来施行统治,显然在神统治的这段期间爱欲又被充满了。克洛诺斯时代就是爱欲的休耕期。爱欲的逐渐充满与每个灵魂种子的逐渐耗尽相重叠。跟随亚里士多德称这样的灵魂为植物灵魂,大概是不会错的;这些灵魂能够萌生出比我们所知道的形体更完美的形体来。但是,植物灵魂是否足以支撑对智慧的追求,就不得不作为一个开放的问题而留下。

神只能担保没有兽性的生命得到兽性的满足;宇宙也不可能在使哲学生活成为可能的同时不置哲学生活于威胁之中。苏格拉底即将走上审判台。很长时间里他过着非政治的生活,不久前才刚刚出现在作为王者的执政官面前,后者身居雅典最古老最神圣的行政官之位。城邦现在已判决哲学必须服从它的统治。异乡人曾在捕猎智术师时却意外逮着了苏格拉底,现在他似乎要通过神话告诉苏格拉底,他自在自为的日子已经到头;因为,苏格拉底在某种程度上代表着欲望和理智的合作统一——若非如此,人类记忆将不会知道竟然还有这种统一——这种统一正是自我统治的宇宙的特征（《王制》496c3－5），苏格拉底称之为爱欲术（erotics）。既然苏格拉底曾怀疑异乡人是乔装改扮的宙斯，神话就向他宣告，宙斯并不存在。那么，若异乡人还是个神，那他必定是克洛诺斯，他来是要警告苏格拉底，他很快就要重新采取神的统治了。由此，苏格拉底爱欲的耗尽将与宇宙爱欲的耗尽重叠，而雅典人对他的刑罚也将完全附和异乡人所谋。某种意义上异乡人的神话就是一则伊索寓言，因为它里面也有某种道德寓意。

神话显示异乡人和小苏格拉底在划分中犯了错误。他们按照一个误导性的范例——即牧人范例——来塑造治邦者，而牧人对羊群的综合照料[III.101]朦胧地反映出神的统治。牧养是统治的一种非政治的类型，它只有在如下边缘性的人类社会中才能作为范例：这个社会中尚未产生基于技艺的劳动分工，因此社会成员完全仰赖其统治者供应一切所需。在这样一个父权式的君主政制中，个体臣民是没有能力去挑战其君王的，更不必说，他们也没有从能力孕育出来的自负去发出这样的挑战。他们不过是消费者，王者则不过是一个万事通，由于不存在什么竞争，他也无需放弃另一技艺而去精修某一技艺。我们不妨以牧人的口哨来概括性地代表他的能力水准好了。

神话由此勾勒出一种生活方式，它克服了苏格拉底那里健康城邦与最好城邦的对立：在健康城邦中，每个成员的公民权之所以有担保，完全是由于他谙熟一门技艺；在最好城邦中，同样这些艺匠之所以在城邦拥有其一席之地，则完全是由于他们构成了一个盈利阶层，而该盈利阶层就对应于灵魂中的欲望部分。邦民一旦为自顾自而免除了任何共同责任，便成了单纯嗷嗷待哺的身体，禀受了一切知识的统治者可以很容易地满足其需要。于是，牧人范例之所以不恰当，与其说是因为治邦者没有能力与牧人范例相符（因为治邦者毕竟也可以以满足所有身体需要为目标，无论这一目标如何不可实现)，不如说是因为城邦不可能与牧群范例相符。城邦是对游牧生活方式的弃绝：该隐的后裔建立了世上第一座城。城邦时代与铁器时代的边界是重叠的。

小苏格拉底不知道异乡人把克洛诺斯时代的生活安排在哪个纪元(271c4-5)——尽管这其实是很明显的——暴露出他在担心自己并非生活在神的统治之下。小苏格拉底的人兽之分所透露出的人的骄傲，只是部分源于人相信他在智力上的优越性，其实主要还是源于人认为自己高居于神的特殊照管下。异乡人对之前二分的纠正也暗示出这一点：他把人的统治与神的统治之分安排在人从其他动物中分出来之后——尽管神话已指示出神要么统治所有动物，要么不统治任何动物。一连串的二分达成了贬抑小苏格拉底的目的，但这种贬抑除了让小苏格拉底服从神的统治之外，原来还另有所图：它使小苏格拉底摆脱了把这种服从看作人独有的特权时必然伴随的自负。使小苏格拉底谦虚就是鼓励小苏格拉底去从事哲学思考，在这样做的过程中教他明白：政治哲学对于哲学自身而言乃是不可避免的情况。

异乡人在设计神话时有意表现出两个错误，它们都跟这一关于谦虚和勇气的功课直接[Ⅲ.102]相关，因为两个错误都以各自的方式取消了政治科学：一个是笼统方面的错误，错在把统治者夸大成一个神，因而过分压制了被统治者；一个是简单方面的错误，错在用治邦者的竞争者们压制治邦者，使他与面包师的区别并不丝毫多于人与猪的区别。因此异乡人问，我们怎样才能以某种方式来描绘政治科学，使得统治者必须拥有更高地位 [这一要求]，与他在天性、教育和养育上与被统治者属于同类的事实相调合。而且，如果像异乡人一开始所声明的，通向政治科学的道路就是政治科学本身，那他便已表明，这种调合乃是政治科学本身的题中之义。他现在提出的问题何等棘手到后面将一目了然：我们在后面得知，最佳政制跟其他政制之间正如"神与人之间"那样不啻天渊之别(303b4),而且,治邦者所利用的纽带之一乃是"神圣"的纽带(309c2)。因此,自此往后的论证行动,似乎在于为治邦者恢复他刚被剥夺掉的似神的地位。如果允许采用一个非柏拉图的表达,那么我们可以说,对话情节就代表着对否定的否定,而这就是哲学的节制的实现活动。"被'异'掉了的异"既可以描述《治邦者》本身,也可以描述《治邦者》与《智术师》的彼此关系。

异乡人向小苏格拉底建议,可以用两种方法来弥补他们在说明治邦者统治方式时的缺陷。第一个方法是改变所采用的术语:用照料人群的技艺代替养育技艺。小苏格拉底没有注意到,这一改变是区分属神的牧者与属人的照料者的前提;既然如此,从前与治邦者竞争的种种艺匠现在之所以不再与他竞争,就仅仅是因为他们不可能跟神争辩。他们只能接受自己无法提供神所能提供的完全照料(有性生殖已经排除了他们提供完全照料的可能性),至于为什么他们就该放弃联合攻击治邦者资格的行动,则不那么清楚。看起来,"王者技艺"这个响亮的名头似乎已足以吓到他们(参277b1-4),但实际上,改变术语的唯一作用,不过是预先防范了治邦者即将在他的竞争者手下遭遇的失败:因为竞争者们不可能否认"照料"这个术语囊括了统治技艺以及他们自己的技艺。治邦者现在至少显出一种假像:即他跟医生、体育教练是同一等级的人。

第二个变化则更为根本,它为余下的讨论打下了基础。既然僭主与王者必须区别开来,异乡人现在也就避开了他起初谈到的王者和奴隶主的身份问题。再一次,小苏格拉底没有[Ⅲ.103]注意到,对于神话迫使他们承认的事实而言,这一让步意味着什么。实际上它再次提出了驯服与法律问题:莫非王者的自然的顺民不过是被驯服了的人,而僭主的受强迫的臣民则是尚未被驯服的人?那么一来,僭政要么是王权的必然前导,要么就是暴政的储藏所——一旦王者治下的人群不服规矩,便可求助于它。但属神的统治则不必区分僭政和王权,因为被治理者的自愿直接伴随神的神性而来,在此意义上,强迫与自愿的区分只是在重复人统治与神统治的区分。反抗只可能对属人统治者带来麻烦,而神在自己的统治可能受到威胁之前就已走下王座。这就与苏格拉底所担心的事相反:并没有什么神的惩罚。

六、范例(277a3–278e11)

小苏格拉底两次把论证过程的暂停误当成了异乡人的论证结论——第一次是在回应异乡人对二分的小结时,现在再一次犯错则是在异乡人纠正那些二分之后。前一次,异乡人就小苏格拉底用到"完全如此"这个对话惯用语提出异议,并问小苏格拉底,他们是否已经"真地"做到了此事——即完全完美地进行论证(参295e1,3)。像这样坚持除了在最字面的意义上之外不可以使用任何表达——不论它如何已成为人们常用的习语——让人不禁想起异乡人曾经揪住泰阿泰德的无心之言"似乎有可能是这样"(eoiken)不放。然而,在这方面,异乡人对付每个数学家各有不同。他没有向泰阿泰德指出,他所用的 eoiken 其实是他自己关于在与非在这个困惑的核心。细想之下,eoiken 与肖像(eikôn)之间、以及像与实物之间的关系,原是一目了然的,但《智术师》的特质就在于其情节与论证之间的关系极具暗示性。这个关系从来不曾作为对话的一个主题部分出现,若我们单单依赖外在的陈述,那么钓鱼者——作为挑选出来用以展示异乡人的方式的例子——最后竟是理解智术师的第一个模型,似乎就只是个巧合了。

而在《治邦者》中,异乡人对他们自己所做的事却几乎着了魔似地唠唠叨叨;对话因此看起来就像是《泰阿泰德》的第二部分,在《泰阿泰德》中,苏格拉底和泰阿泰德成了知识对象的例子一再地出现。自我知识的必要性从未脱离《治邦者》的表层内容。异乡人告诉小苏格拉底,他的男子气使他作出人[Ⅲ.104]与兽的区分;他没有告诉泰阿泰德,他天性中的什么东西会引他相信是某个神创造了万事万物。自我知识对于治邦者而言不可或缺。治邦者自己的天性、教育和养育与他的臣民相似,但是臣民们的信念,因牧者与王者的可等同性,却不可能就是他本人的信念;这一点由神话得到承认。治邦者必不可像泰阿泰德和异乡人那样,被人为制造的范例所引诱。对范例的讨论早就过期了。难怪关于范例的讨论跟关于部分和种的讨论一样不充分。

　　异乡人不可能完全、完整地呈现政治科学,除非他离开政治科学去谈些不完全和不完整的离题话。《治邦者》中有四个题外话:(1)部分和种;(2)神话;(3)范例;(4)度量。前两个与作为牧者的治邦者相关,第三、第四个与作为编织者的治邦者相关。若用简单的行话来讲,它们分别提出的问题可用以下四个术语来表达:(1)存在论;(2)宇宙论;(3)方法论;(4)目的论。其中1、3两项跟2、4两项一样明显都应该成对来看,而反过来,这每一项又都是作为一个具有双重性的问题提出来的:(1)部分和种的问题;(2)神和自然的问题;(3)范例和所例证之物的问题;(4)数和恰当的问题。所有这四个对子以美的双重性达到最高潮,这种双重性通常被称为节制与勇气,异乡人关于它的讨论分成玩笑(离题的)部分和严肃(切题的)部分。由此,异乡人以一种尽可能最丑的方式达成了某种对美的解释。他创造了一个 kosmos(宇宙),即对话,这个宇宙与那个既在神的统治之下、又自立自存的可见整全相似。对话的离题部分就像事物的天性:神在他统治期间使得事物的自然完全不具效力,但就异乡人而言,他既不能压制、也不能完全释放这些自然。《治邦者》似乎身兼两职:既是它本身,又充当着那篇缺席的对话——《哲人》。因此,也许《治邦者》已几乎将柏拉图决定不诉诸文字的东西诉诸文字了。

异乡人承认，在纠正之前二分所犯的错时他又犯了一错；神话揭示了这个错，但并未使治邦者的面目变得更鲜明和清晰。治邦者的竞争者们会就他的统治权利与他争论（2791-5）；而事实上，神话加强了他们论证的力量，因为治邦者现在不可能用任何乌托邦式的许诺来回避那些论证。此外，神话给人一种异乡人错得很光荣的印象，就好像宇宙论是政治科学的不可或缺的背景似的；若果真如此，这就排除了异乡人最终完成他关于政治科学的论述的可能性。《治邦者》与《智术师》在这一点上截然不同。异乡人[III.105]曾以智术师的名义警告泰阿泰德不要只是举些像的例子，而应提出一个即便瞎眼的智术师也会承认的关于像的论述，他这样说的时候并不完全是在反讽。而现在异乡人却承认，我们不能不靠例子（参285d9-e4）。我们每个人关于一切事物都有某种像梦一样的知识，同时却不拥有对任何事物的所有清醒的知识。例子是助人清醒的药，而神话则是催眠药，因为神话可以解释成是叫我们放弃发现政治科学的尝试。

异乡人选择了一个例子来说明例子的特质，这个例子也有助于我们区别例子与神话。虽然我们一边还在听人给我们讲神话，一边也学着阅读，但是，写作只有在宙斯时代才有可能；那时诸技艺在城邦已经高度发展，因此学习阅读很有可能是我们对技艺本身的第一次经验，在此过程中，我们已经知道的东西，即我们所讲的语言，以一种我们所不认识的形式出现。知道如何说话之于阅读技艺，正如邦民对政治事物的知识之于政治科学。设计编织这个范例意在完成从第一种类型的知识向第二种类型的知识的转化，但有几个障碍必须先去除，然后该范例才能起到该起的作用。其中的一个主要障碍是：恰恰因为小苏格拉底还在做梦，所以他没有意识到，他拥有邦民类型的关于政治事物的知识。政治科学原来被算术同化，这实质上向小苏格拉底掩盖了他自己拥有的知识。《治邦者》现在已经来到了一个可与《智术师》的如下阶段相对应的阶段:那时,异乡人向泰阿泰德展示了种(kinds)字母表中的一部分。然而,两篇对话就在这个彼此交汇的点上再一次分道扬镳。异乡人从来不曾告诉泰阿泰德语言、现象这些东西,他就是从这些推导出在、动、静、同、异诸字母的;但现在,他却以字母为例,以提醒小苏格拉底,他在学习政治科学的诸元素之前必须知道些什么。《治邦者》的运动不合常情,它是向着洞穴的一次漫长的下降。

用来说明例子的例子多少有点引人误解。它描述了一个情形:一个孩童可以读出 MAT、HAT、ANT 里面的字母 A、H、M、N,但当这些字母出现在 MANHATTAN 里面时,他却不认得。因此有人可能错误地得出结论说,编织中的诸元素跟政治科学里的诸元素是同一些元素,不管这些元素的排列有多么不同。可是,倘若果真如此,编织者手下的经线就是治邦者手中的经线,而实际上不是勇气的一个像了。没人会说 HAT 在部分意义上是 MANHATTAN 的像。那么,为了[III.106]让例子的例子直接适合编织的例子,对编织的诸元素就不得不重新加以定义,让政治科学中露出来的别是纺锤或梳子,而是这样一个事实,即编织和统治这两种技艺都运用工具。那么,若我们用 T 来代表工具就能承认 T 在编织中较在政治科学中要更容易看出来。

然而,异乡人不止利用编织来清理出政治科学中的那些元素,他还求助于编织者的活动,把它作为治邦者的模型。两种技艺各自都是把一个事物跟另一个事物连结起来。但是,字母的一个特征,即有些是元音字母、有些是辅音字母,在《智术师》中虽然具有极其重要的意义,在这里却帮不了我们,因为,无论在两种技艺当中的哪一种里,都没有哪个元音字母显得把技艺中的经线和纬线连接了起来;倘若宣称纬线是某个元音字母、经线是某个辅音字母(或者反过来也行)则将太过独断。就连普罗塔戈拉派也不敢把元音和辅音列入他们的对立元素表里。此外,编织和政治科学确实有某种共同之处，但这种共同之处不可能在字母中找到其类比。两种技艺都是制作的技艺，文法学则不是制作的技艺。字母构成的整体乃是语言中的所有单词，而诸编织元素并不构造一个像这样在被构造之先就存在的"单词"。事实上，如果说工具是编织中的一个字母，那么这个字母绝不会在任何编织作品中出现。简而言之，文法学不再成其为所有知识都必须与之符合的独一范例。它被降级为例子的例子就证明了这一点。它的确证明了我们常常以同为异、以异为同的这种经验，也阐明了这两个并生的错误如何是可纠正的，但它并没有为知识确立任何进一步的条件。编织和政治科学是比文法学复杂得多的两种技艺。

编织者跟钓鱼者、或牧者不是同一类型的例子。钓鱼者和智术师展示出来的是发散结构，而编织者和治邦者从始至终都是平行结构。直到到某个点为止，钓鱼者和智术师各自都是从事动物的获取、征服和捕猎活动的样例；后来是通过添上一些不适合于智术师的修饰语，钓鱼者才变得跟智术师截然分开。要寻找一个综合性的类，让向上拉钓鱼线这种活动和智术师的某种活动同样地归属其中，那将是白费工夫。硬说智术师也钩他的猎物并不能说明任何问题，因为，说智术师用网捕获他的猎物，这在精确性上也毫不逊色。另一方面，编织者是从对技艺的十次分类中浮现出来的，而异乡人没有试图把治邦者归入这一分类中。编织者、鞋匠、帽子匠之间的相近并没有包括治邦者在内；毋宁说，这种相近意在暗示异乡人和小苏格拉底，他们可以把第一次划分中的那些技艺看作[III.107]政治科学可能与之相近的技艺（287b4－8），正如编织活动的诸协作技艺（synerga）引导他们发现了政治科学的诸协作技艺一样。

编织是一个音节整体，其发音使人进一步认识到政治科学的整体性。对编织的分析开始于钓鱼术分析的终结之处。钓鱼术是获取术的一部分，其表面上的整体性是由其原子性推导出来的;但是,个体性和整体性是不可互换的,因为当且仅当某物的诸部分都完整无缺时,此物才是一个整体。钓鱼并不是建筑术。诸获取技艺被异乡人整个归入一类,完全没有考虑它们在类中的等级高低;诸技艺中哪个也不在哪个之下。异乡人完全闭口不谈获取的最终目的,也不谈这些技艺各自获取的不同的善如何形成一个完全的善。但是,如他用神话所暗示的那样,政治科学离不开对属人幸福的综合性思考(参311c5)。捕猎生活跟牧人生活一样远离城邦肯定并非偶然。牧人最后做的事就是杀掉他所照料的羊,把它们吃掉。

七、编织(279a1-283a9)

异乡人选择以编织为例,因为编织跟政治科学从事同样的营生;但编织营生很容易有两种解释,异乡人只考虑了其中一种,而且是较不明显的那种解释。编织作为范例,不是因为它制造某种保护身体的东西,而是因为它照料的是袍子(279e6);这个表达已经把"照料"的一般含义拉宽到了不应该的程度,而当它作为确立某种科学的根据时就显得更不恰当了。我们应当首先考虑对编织营生的那种较明显、也是意象性(imagistic)的解释。

异乡人把编织术限定于编织冬天穿的羊毛袍子,这种袍子遮盖人身上从头到脚的部分;它不能这样保护人群,也不像一栋房子那样,意在让自己成为那种保护的例证(《斐勒布》62b5-9,61a7-b3)。人的基本需要有三,即食物、衣服和藏身处,牧人——就他是一个人而言——的范例不能充分对应第一种需要;而当异乡人以逻辑学家和建筑师为例来区别分辨的部分和命令的部分时,则仅仅暗示到第三种需要。编织的范例取自宙斯时代,此时的人类不再能赤身露体。这个赤身露体提醒我们,人对衣服的需要与[III.108]性别上的羞感分不开,而在没有有性生殖的黄金时代,这种需要并没有它的位置。异乡人在解释编织的同类工作时，令人困惑地遗漏了幕帐一类[的编织]——它是第四次二分的一个部分——反倒让人注意到衣服的另外这个目的，尤其是因为，在一个非共产主义的城邦里政治科学的属人纽带最终还是婚姻。穿衣是遮盖用语的一部分，正如编织是欺骗用语的一部分；这让我们不由得想起《泰阿泰德》中苏格拉底"对赤裸地操弄言辞的可怕爱好"，以及忒奥多洛斯对于剥光衣服受人嘲笑的羞耻感。助产士苏格拉底和真正的治邦者苏格拉底似乎拥有两种互为补充的技艺，仿佛苏格拉底除非首先知道怎样恰当地遮盖灵魂、否则就不能裸露灵魂似的。无论如何，政治科学必须更多地处理必要条件甚于充分条件，这一点不仅由神话、也由袍子的归类得到证实。

在我们制作或获取的所有事物中，袍子属于保护装置，其设计旨在遮挡痛苦，不是为了做什么事或制作什么东西。如果这一区分像异乡人声称的那样是真正全面的区分，那么我们就不得不相当宽大地去解释它：有些人工制品是为了改善生活质量，有些则是为了躲避死亡——个体的死亡（自我保护）或集体的死亡。因此，政治科学将更关注保存潜力而不是实现潜力，更关注我们的恐惧而不是我们的盼望。它首先是一种防卫性的技艺，就此而言，它必须从消极的方面加以界定。正如作为群居动物之一种的人类是基于他的无角来界定的，现在也一样，袍子被列于因无缝而被归为一类的遮盖物中。

对袍子的归类进一步表明，所有被排除掉的防御类技艺都更不适合作为政治科学的范例。无论神的药还是人的药——即无论是宗教还是药物——都不能说明什么问题：神的药不能说明问题，是因为异乡人区分了自我命令术与传令术；人的药不能说明问题，是由于医药术与惩罚术的相似性。政治科学必须从某种防御外在危险的手段中取例，但战争也不能作为这方面的例子，倒是防盗设施更接近于所想要的模型。然而,政治科学武装城邦似乎并非为了防止犯罪行为;城邦之敌于夏日的酷热和冬日的严寒倒是更有可比性,而这些只有在神话意义上才可称为不正义之举(参 273c1)。天气是季节规律性与每日随机性的混合产物,似乎倒可以作为恰当的模式来带出政治事物中秩序与偶然的混合,异乡人把这种混合表达为立法者与治邦者之间的张力。

[III.109]到现在为止我们已认识到,任何时候异乡人声称不同的命名法对于论证而言无关紧要,我们都不要信。现在他说,制袍术(himatiourgikê)与编织术(hyphantikê)没多大区别,正如城邦政治术(hê tês poliôs politikê)与王者技艺(basilikê)没多大区别一样。但我们若不曾听到这话,也许多半会认为制袍术比编织术更能囊括袍子制作中的所有活动,同时也指示出了该技艺制作的是什么。至于编织术,则仅仅指出了制袍术中最后一项活动,而且没有说出它制作的是哪种网。如果制袍术之于编织术如同政治术之于王者技艺,我们岂不是就能说,虽然王者技艺完全没有说出王者统治的是何种社会,并因而适用于神而非适用于任何人,但它其实还不够政治(参 268c5-8)? 我们甚至可以怀疑王者技艺是否丝毫涉及政治事物,或者怀疑它其实是诸科学中的女王即哲学的别名。无论如何,异乡人更愿用"编织术"这个术语。这样,他就让制袍术中的最后一项活动身兼两职:既指该技艺中的一部分,也指该技艺整体。它一方面把一门技艺与其同类技艺区别开来,一方面也把该技艺中的这一个协作技艺(coefficients)与其他所有协作技艺区别开来。

但小苏格拉底不明白同类技艺(congeners)与协作技艺(coefficients)之间的差别,既然异乡人不得不把二人刚做过的事从头到尾再回顾一遍,他力求简略的企图也就再次落空了。事实上他从来也没指望过逃避此事(286a8-b3),因为他已经在给出解说之前先作了总结。没有异乡人在解说中举出的例子,小苏格拉底就无法跟上异乡人的总结,正如泰阿泰德也跟不上苏格拉底所举有关真假意见的所有可能情况,直到他听到这些情况在苏格拉底、忒奥多洛斯以及他本人身上的例证为止。小苏格拉底则是另外被给予了一个例子,来说明什么是如梦一样的知识的例子。即便政治科学的例子也不是一开始就清楚知道的;小苏格拉底真是个初学者,他尚未明白作为模型的牧者与编织者二者之间的差别。此前《智术师》以及《治邦者》中的所有划分大概让他以为编织术目前已经得到了完美的界定,因为异乡人始终都仅止于呈现智术师的、或者人群统治者的同类人。用通常的话来讲,光是同和异已不再足够,还必须有部分和整体作为分析的工具来加以补充。诸部分现在被视为构成一门完整、完全的科学的各种协作技艺。

然而,在转向编织的各种协作技艺之前,我们应当像异乡人所做的那样重新检查一下其同类技艺。异乡人[III.110]再次从他的十次归类中的第六次——他称之为"最后一次"——划分开始(即展开之物/包裹之物的区分),然后跳到第九次划分(用纤维缝的/用毛发缝的),在其中加进了第十、第八次划分(有缝的/无缝的),然后暂停,以待小苏格拉底表示赞同。然后他又从第七次划分(整全的/拼合的)开始,并把它跟第五次划分(保护/遮盖)结合起来,用例子说明了第五、第三次划分(保护和盔甲)中被丢开的部分,最后以对第二次二分(保护性的药剂/防御)的片面描述结束。异乡人当然要通过这种方式炫耀二分的好处,表明经验的混乱与知识的整饬如何大有不同,但他的这套程序还有其更特别的目的。他把第六次划分称为"最后一次",也就强调了一个事实:最后四对划分不是在描述功能,而是在描述材料和制作方式——帽子、鞋子、袍子全都是保护性的包裹物,只有根据人体及其各部分来加以分析才能区分开它们的功能。我们怀疑,是否就连这样的分析也可以强行弄成一系列二分,无论如何,少不了要区分制作人体包裹物的方式和材料。因此我们不得不问这个问题:在政治科学之外,还有别的科学功能跟它一样、只是所用方式和材料不同吗? 异乡人现在把编织术从宗教中区分出来,但他再也不提医药。

　　虽然异乡人一直都是成对地列出编织的诸协作技艺,但他并没有设法把它们呈现为一个演绎体系。也许是小苏格拉底跟不上他的十次分类,因此阻碍了他这样做。对发现的系统化处理不如发现方式本身具有启发性,此处并非唯一一次(图 2)。

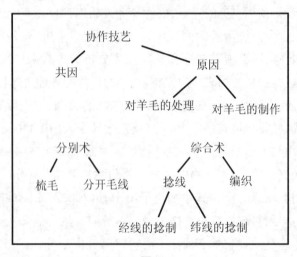

图 2

　　异乡人对编织的诸协作技艺给出了两次说明。第一次说明列出五种协作技艺,意在表明对编织过程的每个程序都贴上"编织"标签是不恰当的(280e6-281d4);第二次说明列出七种协作技艺,意在把编织过程的每个程序归入其最宽泛的类中(281d5-283a9),以便根据这些类、而不是从编织活动本身的角度来检查政治科学。通过第二次说明,编织仅仅成了范例性质的东西。然而,第一次说明则揭示出,需要用一些更精确的限定来代替大、美这些褒义词。梳毛工、漂洗工、梭工都不能称作编织者。而且,他们虽然承认照料羊毛这项工作中最大、最美的部分是编织者的那部分,却把这项工作中的几个大份归给自己。[Ⅲ.111]听异乡人之言,似乎编织的诸协作技艺都独立于编织本身,而且,编织必须首先取得它们的同意才能登上自己应有的位置。这些协作技艺的附属地位某种程度上与它们自己的能力冲突。这一点表明在"大"和"美"的含混性中,这些协作技艺绝不会允许这样的术语进入它们各自技艺的词汇表。第二次说明采纳了不同于第一次说明的角度。它是"理论地"看待编织的诸协作技艺(281d9),这个观察点更接近于编织者而不是梳毛工的位置。梳毛工仿佛自下而上仰视编织者,编织者仿佛自上而下俯视梳毛工;因此,只有编织者才能确切地说出他的协作者们为他本人的活计作出了何种类型的贡献。协作者们知道他们是必要但并非充分条件;但他们不知道,或者说他们很容易忘记,他们的存在全赖乎编织者。

两种类型的技艺构成了整个编织活动:一种称为共因(co-causes)(即制作工具),一种称为原因(causes)。原因中,有些是治疗性的(therapeutic,漂、洗、修补之类),有些是制造性的(demiurgic)且直接涉及袍子的制作。这三次阐述让人非常困扰,因为,异乡人在纠正牧人模型时,曾把"治疗术"用作政治科学所属的那个类的综合名称(275e5),现在他却又把"治疗术"从编织活动中作为政治科学的最佳例证的那个部分中分出来。小苏格拉底曾经觉得难以把政治科学等同于一种命令[Ⅲ.112]动物生成的技艺,这会儿他可又犯难了(参281b8,282a7)。政治科学似乎还在摇摆于"治疗的"与"制造的"之间:它既是纠正性的技艺,又是生产性的技艺。此外,治疗术本身也并非严严整整不可分割的一块,它包含多种技艺:除掉新剪羊毛上的油脂,清洗穿过的袍子,还有哪里开了线之后的修修补补。治疗术是整理术的一部分,就此而言它又是净化术——分开无生命及有生命形体中的好与坏的技艺——的一部分(《智术师》226e8-227e9)。我们记得医药和体育就属于净化术的这个部分;世系高贵的智术则属于净化术的另一部分。整个净化术还是分别术的一部分,异乡人现在求助于分离术及与它同类的综合术,要在羊毛相关的工作内作四重划分。于是,在分别术和综合术的共四个部分中,政治科学至少分有了三个部分:把相似之物与相似之物分开;把相似之物与相似之物结合;把好与坏分开。如果它最终还分有了把好与坏结合这个部分,并因而自显为辩证知识的最完全、可能也是唯一的范例,我们也不会感到惊讶。

对于异乡人用分别术和综合术来阐释羊毛相关的工作,小苏格拉底不费什么劲就跟上了,直到他错误地把捻线术等同于经线制作为止。他似乎忘掉了还有纬线(参 281a12),或者不如说,他似乎认为,既然纬线是不靠纺锤而用手做成的,那它跟梳毛工用手工做成的线也没什么区别(参 282c2, e4)。异乡人煞费苦心地要纠正他:他提议把经线与纬线精细地区分开来,并说这个工作尤其适合小苏格拉底来做(282e2,参 282c10)。异乡人在这里采用了一种半数学式的腔调。他定义纬线时就仿佛它是一个平面图形;定义经线时仿佛它是把一根线绕其垂直方向的中轴线旋转而产生的一个固体。与此相反,纬线则是一根具有展开的、或者说松软质地的线,其柔软程度与它跟经线的交织成严格比例。我们若是思考一下异乡人最终是如何利用编织范例的,那么现在就可以得出一些临时的结论。

始终绷在织机上的经线、或者说垂直线,它之于必须密密织在一起的纬线、或曰水平线,好比勇气之于节制。既然如此,异乡人似乎在暗示,节制必须去适应勇气而不是反过来。让小苏格拉底变得节制,比让泰阿泰德变得勇敢要容易些。以恰当为尺度是节制的特征,以算术为尺度则是勇气的特征。此外,异乡人说到经线时用单数,说到纬线时则用中性复数;他还把制作经线的技艺[III.113]称为指导或统治的技艺,而制作纬线的技艺却只是基于纬线[被称为制作纬线的技艺]。如此,节制将首先是贯彻命令带来的结果,勇气则是统治者自己里面的活动。节制某种意义上是勇气的幻像。纬线是牧群,经线是统治者,命令与服从如此交织,就构成了政治科学——作为照料整个城邦的技艺——的网。我们还可以再进一步。如果说坚固性描述经线,展开性描述纬线,那么这两个词也分别适合勇气和节制;但是,"固体"(stereon)用于品格时却指坚硬冷酷,"展开"或"松软"(khaunon)用于品格时却指自负(《泰阿泰德》175b3,《智术师》227b6;《吕西斯》210e4;《法义》728e4;《柏拉图书信集》7,341e5)。到目前为止,对话并没有让我们准备好接受后面一层含义,因为异乡人曾经把小苏格拉底的勇气跟人因理性而有的骄傲相连。异乡人责备小苏格拉底骄傲,这可能是在反讽? 我们不得不回头看《智术师》和《泰阿泰德》,看苏格拉底和异乡人联手对泰阿泰德的天性的揭示,如此方能看到虚荣自负如何伴随着非哲学的节制,正如它也一样伴随着非哲学的勇气。这是忒奥多洛斯尤其不会承认的一个洞见。

八、度量术(283b1-287b3)

异乡人讨论部分与种时太过简略,讲神话时则太过冗长。讨论范例时再一次太过简略,现在他问:他跟小苏格拉底两人为何要离题万里地来定义什么是编织,而不是直接说编织就是把经线和纬线编织在一起呢? 异乡人对过长比对过短态度要明确得多,他甚至把他们关于部分与种的讨论也说成"太长"——尽管他承认这段讨论并不充分(263a6)。与此相反,小苏格拉底从未对异乡人的离题提出异议,现在他表达自己的看法说:谈论编织并非徒劳无益。这是他第一次没有顺着异乡人的话说,但他的异议并未让异乡人感到惊讶(参 278d7)。每个例子都必然是两种作用之间的折中:一方面必须阐明那未知之物,另一方面必须启蒙那

尚在无知中的人(《智术师》237b4)。例子对于无知者来说越自
明,就越可能遮蔽歪曲未知之物。范例跟像一样必定残留着不适
用于所例证之物的东西(《克拉底鲁》432b1-d3)。不可能存在完
美的范例,即某种对所有人、所有情况而言都成为知识的催化工
具的东西(参277c3-6)。如果编织的例子对小苏格拉底正合适,
那么它就不可能对泰阿泰德也合适,更不用说对格劳孔和阿得曼
托斯(Adeimantus)了。异乡人还不承认这一点;的确[III.114],他
一开始讨论就给出了一个自相矛盾的提议:"让我们来看看过度
和不足这个整体,好叫我们可以视乎话说得比该说的长还是短,
而相应地或称赞、或批评每个涉及这种事的场合所说的话了。"如
果我们正当地称赞一篇言辞,它就不可能过长或过短,否则的话
我们也可以正当地责备一篇言辞长度适中了(参283ee8-11)。

作为政治科学的对象的人群,是通过三条路被找到的:(1)小
苏格拉底把人跟兽分开;(2)异乡人把人跟猪分开;(3)异乡人把
人跟鸟类分开。在异乡人批评小苏格拉底跑得太快之后,小苏格
拉底赞美异乡人既为他展现了较长的路,也为他展现了较短的
路。但是,如果说较短的路充分做到了较长的路曾经做到的事,
那么它就是适当的长度,而较长的路则是过长了;若不然,则较短
的路过短,若把它加到较长的路上又使讨论变得过长。异乡人曾
鼓励小苏格拉底要从正中间划分,其意思是"别走得太快";它本
来应该指"以合适的速度走"的。"从正中间"表达出两种度量术
的混合,因为它的结果证明是一个准数学性的中间值,它的一边
是小苏格拉底的回答,它的另一边是把人穷尽式地跟其他每样动
物依次成对分开。异乡人曾在神话中建议过这种配对:黄金时代
的人如果是幸福的,那他们便是从跟兽的交谈中获益,他们"探究
每种自然是否都借着各自特有的那种能力意识到自己跟其余所
有自然的某种差别,为的是收集和积累信息"(272c2-4)。小苏格
拉底答案的缺陷不在于其简短,而在于它假定,如果统治的模型

是神圣牧者,那么作为一种理性动物的人便与政治科学相关。异乡人所谓的较长的路一点儿也不长,因为他的意图乃是贬抑人类以及属人的统治者。但是他所谓的较短的路却太长,因为那条路几乎没有为论证或对话行动作出任何贡献。它在柏拉图笔下的所有段落中最近乎多余,然而正是在这一意义上,它又不再是多余的。

异乡人提醒小苏格拉底想到了他的弑父行为。异乡人在为这一弑父行为辩护时曾经主张,除非他和泰阿泰德迫使非在在某种意义上存在,否则,任何关于假言辞或者假意见,关于幻像、模仿品或这些东西的显像的言辞,还有操弄这些事物的种种技艺,都免不了陷入矛盾之中(《智术师》241d5-e5)。现在他则声明,这些东西还必须多少——无论在实际上还是在言辞中——变成可度量的,不但可以对照彼此来度量,还可以对照中道的生成来度量,[Ⅲ.115]不然的话,诸技艺本身及其作品、尤其是政治科学就会缺乏证据。非在之在之于非在正如中道的尺度之于算术度量。因此,"异"(the other)不足以用来理解所有技艺和科学,因为它没有包含行动及异乡人所谓的"生成之不可或缺的在"。大的异是小和相等,相等介于大和小之间,但相等未必是合适的尺度(参284e7)。尽管"分成二"这个短语并不就是指"分成相等的两块",但异乡人关于二分的所有言谈已暗示出那就是指相等的两块。他肯定没有向泰阿泰德或小苏格拉底提过要区分这两者;的确,他曾经说到过类的两块、两半(262a1-2)。他只有一次说到一个类已经恰当地(metriôs)与另一个类分开,但那一次,被丢开的类——它由传令者、占卜者和解释者组成——又并非他诸多二分中的一个部分(261a3)。

异乡人已让两个数学家把他的方法比作几何学家对一条线段或一个图形的对分,因为他让这两个数学家各自相信,他们所参与的对话不是一个行动,并不包含生成。就在异乡人说治邦者的知识属于行动的同时,小苏格拉底开始意识到这一点。非认知性的政治科学,非算术性度量的科学,以及划分的科学,这三者通过异乡人试图让小苏格拉底承认生成的部分可知性而联系到了一起。就中道的自然乃是度量生成中的过度和不足而言,它给予了生成以存在(283e5,参 e8)。然而数学性的多和少在行动和生成中则占次要角色,这在某种程度上类似于立法者之于治邦者的角色。治邦者可以决定醉酒行暴应比情杀罪受更重的刑罚,然后立法者就可以相应地规定前者下狱的时间应当增加一倍。

然而,像这样把一种度量方式转换成另一种度量方式并不总是可能的;即便可以转换,也并不总是能够保持住其主导性尺度的含义。治邦者拥有比智术师更高的地位这一点,表面上被《智术师》的篇幅长于《治邦者》的事实驳倒了(284c6-7)。然而,尽管异乡人在政治科学与经纬线的制作编织上所投入的对话回合论比例是 8:1,但谁也不会断言,这个比值正好对应于这两个东西之间的真实比例。为了评估两种度量术的相对比重,我们反倒应当思考一下小苏格拉底在捻线技艺中如何漏掉了纬线。坚硬的经线与[III.116]松弛的纬线与两种度量术之间的比例一样,编织之所以例证了政治科学,首先就是因为它使得对两种度量术的同时运用变得如此清晰。不过,小苏格拉底的犯错和异乡人对他的纠正比范例本身更有启发意义,那种行动才是政治科学的真正范例。

关于相对度量的科学有算数学(logistics)、平面、立体几何学以及尚未发现的关于运动体的科学——天文学就是这种科学的一种不完全的摹本(《王制》528a9-b5)。异乡人没有说,是否也有好几种科学来处理中道的自然。所有的制作性技艺,就其采用合适、恰当及必要作为标准而言,都预设了中道的自然;至于它们是否承认存在着关于中道的一般知识,则较为可疑(参 284b10,d4)。是不是有一种科学是关于"恰当"的,而另一种科学是关于

"必要"的呢？异乡人似乎暗示，那唯一关于中道的综合性科学将同时包含全部的数学科学，因为他说，眼下讨论中道对于"阐明‘精确’本身"将是必要的。"精确"本身看起来就像善的型相（idea）或者说善本身的别名，它给予每事每物以存在和可理解性。但是，中道的自然，虽说它确定我们自己中间的好和坏（283e5-6），却并未超出生成之域；甚至在生成内部，它见于制作性技艺，也比——比如说——见于异乡人起初与政治科学相等同的人类优生学要更为明显。

异乡人从有生命之物的范例转向无生命之物的范例（即从放牧转向编织），正标示出这一困难。此外，中道的自然是作为"异"的对应物在离题部分引入的，我们也注意到，政治科学必然比其他任何科学都更多地意识到异，或者说意识到部分与种之间的不同。那么，它同样更多意识到中道的自然吗？每种制作性技艺都为了其本身而利用中道，但谁也不根据中道来理解它本身跟所有其他制作技艺的关系。然而，既然政治科学乃是根据技艺对城邦的适当性来管理城邦所有技艺——比如它决定城邦中是否应当修习音乐——那么，中道度量法就不可能只应用于它自身却不同时应用于它与其他所有技艺的关系。中道度量法，就其最一般的形式而言，就是政治科学，但政治科学并不展示精确本身。也因此，它对这种展示而言只能是范例性的，这样的展示必须关注在而非生成。

种的（genetic）中道度量法在存在论上的对应物便是关于部分和整全的科学。这种科学将把［III.117］"异"的自然与中道的自然统一起来，并因而在二者的并存中显明可理解之整全的同类技艺和协作技艺。但这种科学不可获得，因为某种目的论的整全与某种形相分析下的整全明显相冲突（《斐多》99c6-d2）。把诸在分成不同的种（kinds），与把诸在合并成诸次级因（subordinate causes）和高级因（supraordinate causes）亦不相一致。一个是在诸同类技艺(一种理论知识)中显露出来的政治科学,一个是在对诸协作技艺(一种实践知识)的阐明中凸现出来的政治科学,把二者结合所遇到的尴尬,代表着对话第一次在某种程度上接近了真正的不一致性(inconsistency)。甚至对政治科学的两个基本分支的最后论述也没有指出有什么方式可以解决存在论问题。节制和勇敢越是区分开来,它们彼此之间协作的可能性也就越来越低;正如它们各自越是不趋向彼此摧毁的矛盾性,也就似乎越是作为其本身消融到明智或智慧里面去了。节制和勇敢皆是明智的幻像,但是,一个真实之"一"在幻象上的两重性乃是苏格拉底原初的问题,而非一个答案。

异乡人似乎认为,在他的所有二分中,把度量术划分成两种技艺最是重要。这一划分促使他批评普罗塔戈拉派把聪明当智慧,因为他们未能区分两种度量术,一个是度量好与坏,一个是度量奇偶数。他们不熟悉形相划分,这使他们从一个真命题(凡技艺可能处,度量也可能)得出一个错误的结论(数学是一种、且是唯一一种度量技艺)。这个错误结论证明了他们如何以异为同。相反的错误即以同为异他们同样也犯过,比如他们从好与坏的角度来区分左和右,尽管这一区分的证据并不比希腊人强行把人区分成天生的希腊人和天生的野蛮人更多(《法义》794d5-e4)。异乡人由此暗示出普罗塔戈拉派两个错误的两个主要根源:头一个错误是因不正当地应用算术度量法,第二个错误是因同样不恰当地应用了中道度量法,虽然是在不经意中应用的。

正如单独的算术度量法不可能不把每个表面上的异当作认知上的同,中道度量法也往往把每个表面上的异当作认知上的异接受。我们记得泰阿泰德在《泰阿泰德》中把知识等同于真实的意见,这本质上是个数学家式的错误,但是他不可能主张带有逻各斯的真实意见是知识而不同时坚称下面这个非数学命题是正确的:即"整全"和"全部"[III.118]不一样。命名方面的不同使事情也变得不同,此乃第二个错误最基本的表现形式,第一个错误则首先表现在它对术语问题漠不关心。《智术师》和《治邦者》充斥着两种错误的实例,并非所有这些错误都明确地得到了纠正。然而,如果两种度量法都必须援救另一种度量法摆脱掉侵入另一种度量法之域的自然倾向,那么,中道度量法必定是两种度量法的主导度量法,因为唯有它度量"过"且因此对它自身和另一种度量法加以限制。自我知识离不开中道度量法。

异乡人挑选编织技艺是要作为政治科学的例子;但是,他对编织技艺的论述变得如此冗长——至少在异乡人看来太过冗长,乃至转去讨论度量术内部的二重性,好为这些长篇大论辩护。这一辩护某种程度上令人沮丧。既然政治科学本身乃是辩证术的一个例子,编织术就不是小苏格拉底理解政治科学的最快、最便捷的道路。它是一个折中,介于最快、最便捷的范例与不靠政治科学就能示范辩证知识的范例之间。这个折中范例使编织技艺和政治科学双方都处在相当的紧张状态中,异乡人需要讨论关于编织的冗长言辞的恰当性,这一事实本身正说明了这种紧张状态。它也使得异乡人说,除了个别情况外,不应用中道度量术来确定某个讨论应当带给人多少愉悦。

《治邦者》的谋篇布局无疑是要给我们带来不悦,因为对话的各部分看起来不成比例。这种谋篇布局上的丑,源自异乡人拒绝利用幻像术,即让大显得美的技艺。相反,他把小苏格拉底直接领进他的工作间,在这里小苏格拉底可以贴近地仰视那座比例失当的治邦者的巨幅雕像,不作任何视角上的调整(参 277a4-b7)。异乡人说,没有哪个聪明人会为了编织本身而提出一套关于编织的论述,但他没有说,聪明人是否会为了政治科学本身而提出一套关于政治科学的论述。亚里士多德的《政治学》看起来或许是这样的论述,柏拉图的《治邦者》却不然;相反,它表明,政治科学若要充当辩证术的范例就必然显得丑陋,后者探究那些最大、最美的无形存在者。你无法制作任何幻像来表明这些在者，唯有言辞能将它们呈现出来。然而，异乡人曾经表示，治邦者就像任何别的生命一样可以通过绘画或雕像来显示，尽管不是充分地显示（277c3-6）。

　　一篇关于治邦者本身的言辞必须考虑到如下这点：治邦者既不是一个无形的在者，也不跟无形的在者们打交道；然而，给出一篇关于治邦者的言辞，就当他[Ⅲ.119]是辨证法家那样，又会扭曲治邦者的形象。《治邦者》把两种言辞并列地结合起来：说并列，比如从理论性的政治科学转向实践性的政治科学时；说结合，比如当异乡人讨论实践性的政治科学时，他问道，"如果我们让政治（技艺）消失了，那我们此后探寻王政术时岂不是会茫然不知所往？"（284b4-5）这个悖论性的问题，带我们直接面对《治邦者》的终极谜题。

　　异乡人承认，编织对于理解政治科学并非不可或缺，别的范例也可以起到同样的甚至更好的作用。但他没有说政治科学是否对于理解辨证术乃是不可或缺、或者说独一无二的范例。他在《智术师》开篇也曾承认有些范例是必要的（218c7-d2），但政治科学是他唯一分析到底而没有中途放弃的范例。那么，让我们假定这个范例是不可或缺的；苏格拉底以城邦开始而达到善的型相这一事实本身也支持这一假定。但是，政治科学的确如此完美地示范了所有可示范的辨证术，以至于任何其他范例都必不能对其做出补充吗？倘若真的如此，那么我们不得不认为，《智术师》要么是从《治邦者》衍生而来的，要么是为《治邦者》作预备，但绝非跟它毫不相干。事实的确如此，我们已经得到过几次暗示，不过真正的证据只能从异乡人设法阐明政治科学的协作技艺的过程中去找。非常奇怪的是整个证据让异乡人大为震惊。

九、城邦（287b4–292a4）

为了给编织在其同类技艺中找到一个恰当的位置，异乡人曾把我们制作或获取的事物分成十对。现在，为了界定政治科学的诸原因（causes）和诸共因（cocauses），他把自己局限于讨论城邦中的全部所有物，还说对这些东西进行二分很难、甚至不可能。关于两种度量术的讨论似乎产生了两方面的影响：一是最终把异乡人引向了城邦本身（因为城邦不再披着非技艺性的属人牧群作那误导人的伪装），二是迫使异乡人放弃了二分法的方法论专制。城邦中的事物尤其抗拒二分法，异乡人列出的七类事物所服务的几大目的，并不是以外延大小不同的对子出现。这七类事物某种程度上貌似都可以作为工具来归类，但这样的类不容许连续二分。七类事物满足多样需要，这让我们想起《智术师》中关于智术师的不同定义，[III.120]泰阿泰德最终无法把它们综合为一个定义。正如作为猎人的智术师并不是行商，同样，营养类的事物也不属支撑物一类。然而，这两个类在某种既定场合下也可能共同属于一个类，如果——比如——行商用船从一国往另一国运送食物的话。从二分法的角度来说，城邦所有物的七个类别既是一个不可分的一，也是一个不可结合的多。

故此，异乡人把这七类所有物比作一个祭牲：作为一个整体，它是取悦诸神的手段，而它的几个不同部分就其可从功能上定义而言并不形成一连串工具性的对子。七个类构成一个并非按等级高低排列的整体，而是像动物身体的各部分一样互利互靠。关于作为政治科学之对象的城邦，异乡人指出两件事：其一，城邦是有技艺之人的城邦，它完全自足，因而抵制统治技艺的侵入，因为它肯定不会承认自己像祭牲那样只是一个手段；其二，城邦中劳动分工已经高度发展，以至于工具制作者成了一个专门的类。这种专门化在两个条件下是必要的:一是需要制造大量同类东西,二是制造出来的东西必须达到非常高的标准(《王制》370c8-9)。因此,政治科学只有在城邦最不利于政治科学的统治之时才有可能,因为它必须证明,哪怕从饮食到娱乐的各样需要都已得到满足,它本身仍然是被需要的;它还要证明,它的知识跟制作木工标尺的技艺一样精确。然而,它无法用数学度量法来证明自己精确,尽管数学度量法是城邦所有技匠无保留地接纳的唯一度量法。无论是跟属神的牧者还是跟人间的技匠竞争,治邦者似乎都注定败下阵来。

异乡人一再问小苏格拉底同样的问题,即政治科学是否属于工具类、容器类、支撑物类、防卫物类、原材料类或养育类;但他没有问是否应在玩物类、即单单为了让人快乐而制作的东西中去寻找它。有人也许会说,这太明显不过了,政治科学不像智术,它不是一种娱乐(《智术师》234b1-2)。然而,柏拉图笔下的雅典异乡人曾对政治科学的地位大感疑惑(《法义》804b3-c1),爱利亚异乡人也认为花大力气讨论孩子气的神话是适当的(268d8-e6)。政治科学本身不会赞同异乡人的玩笑,但在这里,政治科学乃是作为辨证术的范例,因此它仅仅就其作为这样一种理解工具而言才具有严肃性。无论如何,目睹异乡人为适应这个目的而改造政治科学乃是一件痛苦的事。异乡人接下来提出一系列[Ⅲ.121]问题,似乎重复了他之前提出的要点——那时,他曾把全权的牧者与那些可能与治邦者竞争"人群照料者"这一名称权的技匠对照。异乡人现在超越了这一点吗? 既然据说牧人所做的所有事情恰好可归入两个类,即养育之物(nourishment)和玩物(play-things),那么增加进来的五类则改变了论证,这五个类是:工具类,容器类,承载物类,防卫物类以及原材料类。这五类把城邦跟任何一种牧群区别开来,并暗中批评了人是群居动物的定义,理由是,人在那时是以否定方式被定义的,而他本该根据弥补他身体缺陷的拥有物来加以定义。尽管他生来在陆地上行走,但他能凭借技艺在水上旅行(288a4)。凡他能够加手其上的一切东西,他都使其为己所用。人是获取性的存在,他的灵巧不承认任何限制。当异乡人否认——比如说——治邦者的工作是制造防御物时,尽管编织范例是此类活动的一部分,他的意思是,这些防御技艺丝毫不关心其制成品的政治适用性。就算城邦也许没有城墙更好,或者邦民也许裸身来去更好,这些技艺也绝不可能决定闲下来。因此,治邦者现在所面对的各种技匠与其说是他的竞争者,不如说是他的反对者;竞争者理直气壮地坚称他们能做治邦者所不能做的事,反对者则是要无限制地使用其不正自明的技巧拒绝治邦者的侵入。他们这种拒绝从他们联手要求尽其所能地多赚钱上表明出来。这一要求在政治上必然带来城邦的无限扩张,或者说帝国主义。技艺的城邦乃是处在战争中或战争边缘的城邦(《王制》373d4-e8)。然而,异乡人几乎没有暗示到这一结果,他仅仅说到金钱只能勉强归入他关于城邦所有物的清单中。

异乡人现在把城邦所有物分成了几个部分,城邦的偏见属于无生命的所有物部分;接下来,他又把六类有生命的所有物加给城邦:牧群、奴隶、行商-坐商、传令者-书记、预言师、祭司。事实上这六类可能只是五类,因为异乡人对奴隶是否应归入驯兽一类不置可否(289a7-8,b8),这就暗示作为一种牧养的政治科学不可能是针对自由人的,因而也就跟奴隶主的技艺是一回事。此外,异乡人没有说,奴隶是否也运用那些制造出城邦的七种无生命拥有物的工具性技艺;若是,技艺的城邦就将是奴隶的城邦,他们的主人则是这种城邦的多余部分了。至于很难在城邦中为群养动物一类安排一个恰当的位置,则使这一问题变得更为尖锐。

以功能而言,所有的群养动物要么属于[Ⅲ.122]原材料类,要么属于养育物一类(参 288d8-e1),此外再不能为城邦贡献什么。耕畜当然属于工具类,马则属于支撑物类,可它们都不是群养动物(261d8),而异乡人只字未提照料非群居动物的技艺。难道只有群居动物才是驯服的吗?看家狗应该属于防御物一类,但是看家的狗并不完全是驯服的。主人要是以为他的奴隶是驯服的,他就是个愚蠢的主人。异乡人只提到买来的奴隶,因为你无法把战争中掳获的人称作奴隶而不引起歧义(289d10-e2)(《智术师》222b6-c8)。由此,我们可以得出两点结论:首先,异乡人想要证明标准城邦几乎完全是人为的产物,其所有物中没有任何生命的足迹;其次,他想要以尽可能极端的方式提出自由问题。技艺的城邦也是自由人的城邦,这一点比看上去更像是一个悖论。

异乡人预言说,治邦者的首要竞争者属于奴隶和仆役一类。他发出如此清醒的预言,是为了指出照料与统治的差别。仆役处在两种潜在相矛盾的约束下:他们应当照料主人最关心的事,同时又得顺服主人。但他们的顺服并非他们知识的产物,因为可想而知,他们的知识很可能吩咐他们不要顺服主人。苏格拉底曾经用忒拉绪马霍斯(Thrasymachus)提出这一难题,后者把正义定义为合法或者说强者的利益。通过对仆役的思考,异乡人同样开始勾勒出知识与守法之间的冲突。仆役有三个类型——经济上的、民事上的、宗教上的,但他们共属一大类,因为他们都涉及交换(exchange)或沟通(communication)。他们有一个社会角色,或者换个表达——这一表达方式显出他们与编织者-治邦者的竞争关系:他们确立并照料城邦的种种连结(参289c5)。

苏格拉底提出,政治科学一定程度上也许跟城邦的经济连结有关(《王制》371e12-372a4),但异乡人反驳说,商人和船主之类,就他们是受雇佣的而言,甚至无法声称拥有统治技艺。不是他们的技艺使他们不具备这一资格,而是他们本身。真正的统治者不可能是买来的;城邦并不给他写雇佣合同,因为城邦不是他的主顾。唯一一类似乎不会被城邦任意雇佣或炒掉的仆役,就是卜士和祭司,法律宣告他们是神和人的仆人。然而,异乡人刚一确立他们的统治资格便又将其推翻。他本来可以通过以下方式做到这一点：要么提醒小苏格拉底那个神话，该神话排除了存在真正祭司工作的可能性；要么提醒小苏格拉底传令术（epitactics）和自我命令术（autepitactics）的区分，那时他已把占卜归在传令者[III.123]和解释命令一类，因为他们并非亲自发出所传达的命令，治邦者则必须自己发出命令。但异乡人没有那样做，相反，他选择了求助于事实——埃及和雅典祭司目前的境况（参290e1）。

在埃及，不是祭司的人不可能做王，靠运气篡夺王位的人也必须登记进入祭司名册。在雅典，通过抽签选出来的执政王（king archon）负责最庄严古老的献祭活动。可见在远古时代，王和祭司是一回事。但是，除非城邦已经充分发展出诸技艺，否则政治科学便不可能，而技艺的发展是晚近才有的，至少在希腊是晚近才有。既然如此，那么古代的王就并没有王者技艺。雅典单凭运气决定由谁担任执政王，见证着雅典人自己不但承认祭司知识似是而非，而且显然对此毫不在意。技艺的城邦是去神圣化的城邦。雅典的执政王虽然名称尚存，但只是一个最不重要的职位；不过，他虽然只是远古时代的残留，倒也不是完全不重要，苏格拉底前一天还被带到他面前。异乡人之前把智术师苏格拉底拖到王庭辩论的面前，现在则把执政王拖到苏格拉底面前（参291b4）。执政王必须为其无知做出答复。

异乡人通过思考祭司行业，从技艺的城邦转向了法律的城邦。这使他想起了最为基本的政治事实——到目前为止，他的论证一直都在拦阻他承认这一政治事实：不是技匠、甚至不是牧人，而是那些幻像和自我期盼的大师才是治邦者最有力的竞争者。异乡人追踪政治科学的热切，使他忘掉了统治的所有非科学名称。他在知识的光芒里待得太久，以至于现在只能在洞穴的黑暗里眯起双眼。他的对手在他看来像是怪物，尽管他们不过是他的邻人。他本该马上认出他们的，因为他们是智术师中最大的智术师(303c4-5);他们本该是他与泰阿泰德交谈的主要话题,而不是带着演说家的名号被搁置一旁,或鬼鬼祟祟地在意见模仿术一类中出没。他们比"智术师们"还要智术,不单因为他们真的相信合法就是正义——他们每个人在努力体现正义时并不带反讽——还因为"智术师们"意欲显得智慧而同意了智慧乃最高的善。政治上的智术师们则否认智慧是最高的善,他们甚至认为不值得去拥有智慧的外表。然而,他们跟真实的王者在重要的一点上意见一致:都认为祭司-王没有统治的权利。祭司-王已被废黜,不是被哲学、而是被运气所废黜。

亚里士多德说,文官制是当某些王者在军事上过于软弱时而引入的制度(《雅典政制》3.2)。同样,一旦祭司阶层在城邦中的地位沦落(《拉克斯》198e2-199a5;亚里士多德,《政治学》1328b11-12),[III.124]祖传权威就被削弱(尽管不是完全废掉),而当由何种政制来取代它的竞争也旋即兴起(希罗多德《原史》III.79.3-80.1)。假如不是传统的王者自显无能,或者说,假如现实治邦者的资格能够获得承认,这样的竞争也就不可能发生。政治斗争在神与智慧这两级之间发生,也必将永远这样发生——只要城邦还夹在这二者之间;神是城邦对神明统治的朦胧记忆,而智慧则是城邦通过技艺同样朦胧意识到的东西(参290b1-2)。牧人和编织者在二者之间标出两条界限,所有政治家都在这两条界限之内移动。

异乡人用来区别人群与其他畜群的标准都很可笑,尤其是因为这些标准大大冒犯了人的尊严。而我们通常用来区分不同政制的单一标准也很可笑,因为这个标准貌似科学,实则如此粗陋。统治的三大类型是一人统治、少数人统治和多数人统治——这里犯了一个双重错误:这种三分法不仅没有把部分和种结合起来,而且不恰当地运用了相对大小度量法。假如一个城邦够幸运而同时有多个治邦者,它就不是寡头政制了(参293a2-4)。毕竟,雅典刚刚从三十僭主的统治中恢复元气。然而，数上的区别又被三对相反的统治所修正：暴力的/自愿的，富人统治/穷人统治，有法的统治/无法的统治。我们同样是不经充分辨别就使用这些区别，例如，我们往往给篡位者贴上僭主的标签，而不管他篡位以后是否依法统治（参 290d9-e3），甚至不管他的统治是否出于臣民所愿（《会饮》182c7-d2）。

异乡人自己没有考虑僭政和其他政制内部可能存在的多样性，倒是接受了通常的看法，除了一个例外。他提出的三对对立的统治事实上带出了六种政制，但只有五种被给予名称：王政，僭政、贤良政制、寡头政制和民主政制。没人认为多数人对富人的统治值得给予两个名称，即一个用来称呼那种暴力的、无法的统治，一个用来称呼那种多数人守护法律、少数人勉强同意的统治。也许你可以得出结论说：或者，富人从来不是自愿被多数人统治；或者，既然人们每天可以合法地改变基本法，那么有法与无法之间也就难以划清界线。不管什么原因，总之，未作形式区分的民主政制提供了理解城邦可能的最好方式（《王制》561e3-7）。比如，王政不大能说明关于城邦经济的事，寡头政制则在某种程度上模糊了强力统治与自愿统治、甚至有法的统治与无法的统治之间的对立。［Ⅲ.125］异乡人的论证要求我们把法理解为由人设计和写下的成文法，它不可能包含习俗或神圣法。只有成文法才容得对法的有意识修改，民主政制是唯一不靠成文法就无法存活的政制，没有成文法时，统治城邦的职责就被给那些据认为对法律记得最牢的人来代理。攻击成文法，就是攻击民主政制，虽然异乡人的论证某种程度上也适用于不成文法（或像异乡人那样称之为"古代习俗"），但并没有充分讨论不成文法，仿佛不成文法预先跟祭司-王一起被定有罪了（参 301d2）。

十、法律(292a5-302b4)

小苏格拉底毫无困难地接受了这一点,即不能用[统治者的]数量、富与穷、强力或自愿来衡量政治统治的正确性;但是,当异乡人把统治的合法性也抛开时,他则拒不容忍。小苏格拉底直到那时才清醒过来,而意识到了自己对政治事物的前科学知识,即对那必定存在于字母知识之先的语言的知识。小苏格拉底算不上是忒奥多洛斯式的哲人,根据苏格拉底的说法,后者年轻时都不知道往市场的路怎么走,也不看、不听(即服从)口头传达或文字写下的城邦法律和政令(《泰阿泰德》173c8-d4)。那种天真的不服从并非小苏格拉底的风格,也不是治邦者眼里可取的;后者必须特别认识到他所要的知识不可能是城邦的共同纽带。因此,小苏格拉底抗议异乡人未能把法与其他区分政制的标准区别开来,这是正确的。

当然,守法似乎有别于做君主制或民主制的偏袒者和拥护者。然而,异乡人也并非全错,因为法律不能与颁下具体法律内容的政制割裂开来。法律并非在政制之先,而是存在于政制之后,但法律的权力相当程度上在于明显地颠覆这一原则。一旦小苏格拉底贸然承认,知识,而不是[统治者的]数目、贫或富、强力或自愿,才是辨别正确政制的标准,那么他就已经承认法律算不了什么。他在这一点上的犹豫表明,他的勇气已经有所克制。然而矛盾的是,异乡人通过把小苏格拉底从法律中解放出来,反倒成全了小苏格拉底的节制。

为了证明常用[Ⅲ.126]政治标准的不切题或不足,异乡人又回到他们讨论的开端——那时小苏格拉底承认治邦者跟智术师一样,都是拥有某种知识的人。但是,异乡人或苏格拉底都没能准确回忆之前的论证,由此似乎给了成文法某种无意为之的称赞;因为,假如他们能从卷册上阅读之前的论证,这种不准确就不会被容忍,而且本身也不可能发生。那么,我们应当总结说,他们的不准确的回忆——这种不准确与行动不可分割(《王制》473a1-4)——为论证所做的贡献多于文字记录所能做的吗?苏格拉底没有对异乡人接下来的说法表示异议:"我想,我们已经说过王政统治是科学的一种。"我们当然可以解释说,这话对于哲学也完全为真,或者解释说这话扼要说明了真王者是用科学施行统治;然而乍看之下,这话把王者的行动与王者的知识结合起来——而异乡人之前是把政治科学归入认知术一类,因为它并非必然显现于行动(参293c3)。之后,异乡人再次犯了同样的错误:"然而,它并不属于所有这些科学,我们必定是从其余科学中把它挑了出来,作为一种批判性的、监督性的科学。"对此小苏格拉底又表示同意——然而,政治科学在认知性的科学中本来是被放在非判断的部分的。

可见,异乡人似乎在暗示政治知识必定是理论性的、或者至少具有理论的含义——即便当它是实践性的时候。政治智慧和政治科学并行而不悖。我们在对话本身之中对这一思想的某种像已屡见不鲜,因为那指引着《治邦者》的行动的也指引着《治邦者》的论证;但是,异乡人直到现在才开始让我看到,此话对治邦者而言亦为真。真正的治邦者知道什么能适宜任何情况,因为他知道精确本身——绝无仅有的正确政制——从不、或几乎不会适应任何情况。如果一个尺度找不到任何事物能达到它的标准,却又能确定各样事物所适宜的尺度不能达到自己的标准,而且在这样做的时候并不试图实现它自己的尺度,这怎么可能呢?这就是异乡人现在提出的问题,而法律显然就是这样一个尺度的对立面。

小苏格拉底自对话以来最长的这段讲辞肯定了异乡人的如下说法:即城邦里的多数人并不具备政治科学,而且一个千人城邦中找不出50个人具备这种知识。此处用语中所包含的寡头制的偏狭之见(《王制》556d7-e1)——把无法的民主跟合法的民主等同似乎就多少包含着这种成见——隐约反映出这样一个真理:只有极少数人才可能是真正的治邦者。寡头政制中的少数人其实还是太多(参300e8),君主政制中的那一个人则又过少,而民主政制的多数则是个全然错误的尺度。小苏格拉底举的例子很好地说明了这一点:"我们知道,对[Ⅲ.127]比剩下所有希腊人中顶尖跳棋手的数量来看,一千个人中绝不会有这么多[译注:即50个]顶尖的跳棋手。"(292e4)一个城邦总人口中拥有的合格统治者的数目,将比有实力挑战异邦最佳选手的选手数目更少。小苏格拉底认识到真正的治邦者也许会是一个异乡人,并因此永远不会有机会统治那个需要他的城邦(参301d8-e4)。在城邦中找到一个治邦者无异于从一千个人中找到一个卡帕布兰卡(Capablanca),①城邦起码是个跟这一千人同样武断的部分。

　　小苏格拉底所举的下跳棋的例子还有另外一种暗示意义,因为放跳棋子就好像立法(《王制》333a10-b10),跳棋棋盘上甚至也有一条线,称为圣线。这样就有了至少三种类型的统治。算术代表一种类型,其规则大概是不武断而一致的;国际象棋代表另一种类型,其规则是一致但武断的。立法者也设定规则,其中一些规则武断而一致,跟国际象棋的规则一样(交通规则就是这样);另外一些规则也许不一致,但不武断,像游叙弗伦发现的那两条无法相容的规则——"不可告发自己的父亲"和"要告发任何犯了不虔敬之罪的人"。我们也许会说,不武断、且不一致的规则可能要在神圣法律、或者城邦极其尊崇的那些法律中去找。异乡人现在要为政治科学确立一个原则,即无论什么规则都绝不可能

---

①　[译按]卡帕布兰卡是古巴的国际象棋大师,1921年成为第三位国际象棋世界冠军,曾经八年(1916-1924)保持不败纪录,直至1924年于纽约负于捷克棋手列维。

跟治邦术的非武断的目标完全相符,以此给所有立法行为来一个
釜底抽薪。这个原则绝非根据法律,正如它绝非根据技艺,但它
也许恰好与哲学相协调。无论如何,这个原则独一无二地描述了
治邦术在所有科学中的特质。

异乡人煞费心思地把医药术打造成治邦术的类似物,下表列
出二者间的类似之处。但我们从他对牧人-治邦者的评论中已经
认识到,这样做的危险在于很可能把治邦术又放在一个不同的角
度来检查。不过,说医药术跟牧养活动一样既有启发性又有误导
性,则不会有错。

293a9-c3	293d4-e5
A. 无论我们被治疗是出于自愿还是非自愿,	因此,唯一正确的政制必然是这样的:在这样政制中,人会发现其统治者是真正有知识的人,而不只是看似如此,
B. 无论医生用手术、烧灼,还是采用其他给我们带来痛苦的方法,都丝毫无损于我们把他们看作医生。	
C. 无论他们是根据书上写的,还是脱离书上写的[给我们治疗],	C'. 无论他们是根据法律来统治还是不靠法律来统治,
	A'. 无论臣民是自愿被统治,还是不自愿被统治,
D. 也无论他们是贫是富,我们都没有任何犹豫地把他们称作医生,	D'. 也无论他们是贫是富——所有这些事都不必去考虑……
E. 只要他们是凭技艺照管我们,	B'. 无论他们通过死刑还是流放
F. 清洁我们,	F'. 来净化城邦
G. 或使我们瘦下来,或使我们体重增加,	H'. 为了城邦的好处,
	G'. 无论他们通过往别处打发蜂群般的移民团来缩小城邦规模,还是从外面引入别的邦民来增加城邦人口,
H. 只要他们所做是为了我们身体的好处,	
I. 使我们的身体由坏转好,	E'. 只要他们运用科学和正义,
J. 从而各自保存了他们所照料的身体;	I'. 使城邦尽可能由坏变好,

K. 我相信,我们应该以这种方式而不是别的方式,为医药术及其他任何规则确立唯一正确的标准。	J'. 并使城邦得以保存, K'. 那么我们就必须宣告说,根据以上标准,这就是唯一正确的政制。

[III.128] 上面两栏的内容各自都在为自己辩护。异乡人暗示城邦也是一种身体,没有政治科学的帮助就不可能保持健康状态(《王制》341e2-6)。城邦的健康并没有什么自然的自我调节机制。按照科学来统治城邦就是治疗城邦,杀死城邦则不是治疗。病人死在外科医生的手术刀下,他的死未必是医生之错。治邦者可能以城邦已病入膏肓无可救药为由,而用技艺来消灭城邦吗(参 302a2-3)?然而,医生不能让病人一生都遭受疼痛,同样,治邦者对城邦的治疗也不能延续太久,尽管这必然导致没有任何治疗会永久有效。治邦者不可能像苏格拉底曾经提议的那样,把每个十岁以上的孩子都给流放到城邦之外去。

我们通常凭症状来了解自己身体状况是良好还是有恙(《高尔吉亚》464a3-b1)。那么,城邦也必须首先意识到自身状况欠佳,然后治邦者才能行动吗?倘若这样,城邦就会自发地去求问治邦者了,如果治邦者建议的药方使它感到太不舒服,它肯定想要得到另外的建议。城邦知道谁是真正的治邦者吗,就像我们知道哪些人是江湖医生那样?但是,有许多政治上的智术师。我们再怎么不情愿接受医生的手术,医生并不停止是医生。但医生不能强迫我们接受手术,甚至不能凭他的医术说服我们接受手术(《高尔吉亚》456b1-5),治邦者的技艺同样也可能无用武之地。真正的治邦者并非必须在位;他的建议可能跟实际情况所要求的一样无情,只要他无需确保他的建议得到贯彻。异乡人的类比大大混淆了认知知识与实践知识之间的区别,以至于那唯一正确的政制似乎既是言辞中的最好城邦,也是统治者在其中凭技艺行动的城邦。独臂的人就算身体健康也还是残疾,但是,他的状况肯定好过手臂因生疽而腐烂的那个时候。同样,治邦者为了拯救城邦,可能也不得不狠狠切入城邦的肌理深处,甚而不得不切除城邦的某个要素,这个要素在另一种情况下[III.129]本来可以促成城邦完善的。手术切除并不总是会伴随再生,而且移植也有它本身的问题。

真正的治邦者利用"科学和正义"。如果这个短语并不是在用重名法——即如果其意思是"科学的正义"——那么异乡人便承认了医药术与治邦术有区别。治邦者的手术看上去像是对城邦的惩罚,但是,若没有法律,城邦怎能分辨惩罚正义不正义呢?假设城邦下令处死某人的未婚妻,她的未婚夫能认识到城邦将因此受益吗?城邦跟单个的身体不一样,除非城邦成员具有某种大致相当的共同体意识;而他们若真有这种共同体意识,就会更多地从治邦者的技艺中感受到痛苦,有时候甚至宁与属己的东西一同灭亡,也不愿丧失它们而苟活。

小苏格拉底天真地、或者说相当勇敢地发现,异乡人关于杀死城邦公民的说法没有什么可反对的,但是,当听到治邦者未必是"按照书上写的"才这样做时,他却很是反感。他的抵触情绪部分是由于语言诱使他犯了一个理论错误:他把"无法"(lawless)理解成了"合法"(lawful)的对立面,事实上"无法"统治仅仅是"合法"统治的异者而已,既包括以科学施行的统治,也包括不正义的统治。"无法"这个表达的含混跟"非蛮族"无异,后者既指希腊人,也指经过文明教化的人。小苏格拉底的抵触心理进而还在于他没有意识到法律必然是意见——哪怕是真实的意见——而绝不是知识。异乡人把法跟知识对立起来,也就否定了知识公开出现的任何可能性(参 285e4-286a4)。如果数学家把一个定理书写下来,该定理就不再是知识了,这样的事在一个数学家看来必定古怪。政治科学的真理怎能永不体现在法律中呢?此外,数学家跟数学本身是分离的,他所做的只是对数学真理的发现和沉思;然而,倘若有个肥胖的医生建议我们节食,我们可能会发笑,倘若一个有钱的治邦者命令我们削减自己的收益,我们可能会愤慨。当苏格拉底告诉雅典人富足来自德性、而他自己的生活却万分贫穷时,他只会让人觉得好笑(《苏格拉底的申辩》30b3)。所以,治邦者必然是作为统治者可见、作为拥有知识的人则不可见。唯有神才可能不受这样的二重性制约;而在人身上,这二重性看着就像是两面性。

异乡人没有料到小苏格拉底会对无法的统治提出异议,尽管他猜到小苏格拉底会觉得这里面有些事情难以接受。小苏格拉底认为合法的杀人可以弥补杀人这件事本身,似乎苏格拉底之死将不完全符合雅典的法律。克勒尼阿斯(Clinias)肯定会认为法律是给城邦带来和谐的手段,而不是分裂城邦的手段(《法义》627d11-6285);格劳孔则会问,治邦者[III.130]净化城邦究竟是为了哪种善。小苏格拉底在对待正义之善的态度上比格劳孔多了几分肯定,而在接受无法统治的可能性上则比克勒尼阿斯少了几分不情愿。对法律的讨论是真正的中道,它介于《王制》与《法义》的主题之间;然而,某种意义上它跟之前的神话一样,也是一段离题话,因为只要不是在讨论某种科学的真正组成部分都应算作离题,而立法技艺只"在某种意义上"才是王者科学的一个部分。

从《治邦者》中的离题次数来判断,政治科学中最大的部分关乎对政治事物的伪造的解释;原因要么是,解释跟法律一样达不到对政治事物的真实理解,要么是解释跟编织的范例一样已经越出了政治科学的领域,向着哲学而去。就严格意义上的政治科学而言,两种解释都显得离题。如果一段关于法的讨论似乎比一段关于编织的冗长解说显得更为切题,那仅仅是因为对法的讨论是更常见的、即更政治性的错误。政治事物几乎完全由假意见构成。

至于我们谈到的所有其他政制,我们必须说它们都不是正宗的(即合法的)政制,按其存在而言不是,而是对这个(唯一正确的政制)的模仿,有些模仿得较美,我们就说它们是守法的(法度优良),其余的则是较丑的模仿。(293e2-5)

无法统治的观念让小苏格拉底心里过于混乱,搞得他一开始就没有注意到异乡人那个更为惊人的命题:政治科学的基础在于有关在的科学。由此,《智术师》真正的位置既在《治邦者》之前,也在《治邦者》之后。

异乡人向小苏格拉底承诺,他会证明法律虽不是最好,却必不可少。治邦者必须立法。这就是说,他必须拥有一门必然属于伪造性的技艺,因为任何倡导单一性的技艺都不可能是关于绝非单一之物的技艺。不同的人、不同的人类行为都不可等而视之,人事也几乎从无静止之时。政治事件并无先例可言,法律却宣告它本身是先在之物,无先例的应当按照它来接受判断。小苏格拉底没有注意到异乡人论证中的漏洞:就算法律不可能同时既全面又精确,异乡人可能仍然需要证明人与人之间具有重大差异,以及证明人类自身的易变也需要纳入政治的考虑。也许法律的确粗略评估了不能、也不应给以精确评估的事物,因此,法律的粗糙性跟事物的粗糙性相一致。"粗略的正义"是正义的。

然而,小苏格拉底出于两个根本不同的原因没有提出上述反驳。首先因为他是个数学家,尽管——或者说由于——异乡人曾经谈到过度量术的双重性,但[对他而言]精确[Ⅲ.131]仍是一切技艺的标准。其次因为尽管异乡人把牧群与城邦等同,但小苏格拉底意识到,其实每个人都把自身看作这种或那种统治中的一个例外(294c6)。在技艺组成的城邦里,个人的这种自大,跟每个邦民从本人技艺中所获得的关于何为精确的知识重叠。于是法律变得极其令人不快,因为比起各种技艺,法律肯定显得非常没有知识,简直就像是原始状态的遗骸。法律本身要求确定性,但这种确定性是不可能获得的,除非人更像完全顺着轨道运行的星体而不是现在的样子。

因此,法律显得非常任性,因为它把自己所要的当成了存在的。法律所要求的判断人事的模式乃是它自己的设计,但如果它的指令得到严格遵守,它又来证明自己的要求是有效的。然而,其实法律需要解释者;它在实践中终归不像在纸页上那么简单。法律本身似乎也已经充分认识到人与人之间、以及人的行动与行动之间的差异:犯罪行为按其严重程度被法律分为不同级别列成一表,犯罪的人按其有罪程度分为不同级别另列一表,但没有任何法律能够确立一个原则使两张表完美地匹配。由此,法律承认明智在法律限度之内的优越地位,但不承认明智有触犯法律而做出任何判决的可能。法律不能在自身内部纳入一个使自己失效的条款(希罗多德《原史》III.31)。立法者充分知道有些东西应留给未来的法官们自行处理,也知道他甚至不可能把他想象得到的每种情况都写入法律、同时又不让法律变得让将来遵守法律的人们难以实行和无法理解。但是,立法者不可能把明智的原则转写成法律,因为,就连一些具有伊索般单纯性的原则,往往也以互相矛盾的对子出现。比如:当断不断,反受其患;又有,三思而后行。这两句谚语分别说的是勇敢和节制,既然勇敢与节制之间的张力不可能在法律上得到表达,节制和勇敢就必定被法律曲解。法律没有能力培养真正的德性。

异乡人刚攻击完法律,转过来就为法律辩护。勇敢(boldness)与节制(sobriety)之间从来不曾转换得比现在更迅速,真正的中道从来不曾以比现在更简洁、或者更无声的方式传达出来。傻瓜才会以为,异乡人刚才贬低法律、现在力顶法律是以辩论术的方式(eristically)在说话。异乡人用来证明法律的必要性的例子,其作用非同一般地重要,因为健身术——实际上它出现在异乡人以医药术为例驳倒法律的统治地位之后——提醒我们想起,异乡人一方面曾经把苏格拉底的净化术与健身术类比,一方面又把政治上的惩罚与医药类比。[Ⅲ.132]健身术是要消除丑陋,医药术是要消除疾病,既然如此,异乡人现在以健康术语呈现正确的政制(正义),而以美的术语呈现尽管伪造但却合法的政制(知识),似乎就显得前后不一贯。异乡人由此暗示,城邦——若得到恰当理解的话——不能上升到比道德更高的程度,所有守法的城邦都会因为志向过于远大而铸错。

热衷于美的法律不可能费神去从事医治。它会助长不正义,因为它假装有最终知识。它过于笼统,以至于无法单独应付个别情况;同时又过于局部性,以至于无法区别部分与种(参262b5,294d10)。法律对个体一概而论是以同为异。法律力求达到的平衡看上去好像是作为尺度的中道,其实不过是平均值而已。平均值适用于每个人,但对谁也不合体。法律跟体育练习有许多共同点。二者都不会故意禁止任何对单个人有益、而对所有人无益的事。不过,体育教练把所有人集中在一起训练并非为了他们共同的益处,因为只有一人赢得赛跑,而法律却使所有人达成契约成为可能,在这个契约中,谁都不应牺牲他人以让自己获利。然而,也许,法律规定我们的行为,其目的正在于为我们打开一条在城邦内争得荣誉的道路。这样的话,法律这个社会纽带的作用,就在于发掘出那个、或那些最配得到城邦认可的个人。如此,这种通过法律实现的均等化,便成了确保奖赏不均等的迂回道路。尽管法律强行要求种种表面上的统一,但它最终是区分性的。异乡人把正确的政制比作单个的身体,而把合法的政制比作一同训练时所有身体的集合。

光是阅读训练手册不会使人合格,光是听法律也不等于遵行法律。一个人必须习惯于按法律所说的去做,因此异乡人现在提到祖传风俗和习惯,尽管严格而言这些东西绝不可能通过立法的

方式被确立为习惯(至于以恢复古道之名行改革之实的立法者,
我们可以排除不谈)。成文法所能要的最好结果莫过于最终被人
视为不成文法。① 就连民主政制也会杜撰出一个君主制的过去作
为其法律的权威依据。忒修斯就是一个古代例子;华盛顿,他所
缔造之国家的国父,则是一个现代例子。于是,我们现在可以把
七个原则分别匹配于受其支配的相应的七种政制:(1)僭主制:暴
力;(2)寡头制:财富;(3)无法的民主制:贫穷;(4)法律管理下的
民主制:自由;(5)贤良政制:成文法;(6)王政:不成文法;(7)正
确的政制:知识。治邦者的知识就其本身而言并不比新近通过的
法律更有效力,因此,他不能不对邦民进行习惯的驯化,但是,他
不可能把城邦驯化得习惯于服从一个命令、同时又不减弱城邦服
从另一相反命令的意愿。技艺的城邦[III.133]跟小孩子或羊群
不一样,要驯化它、使它习惯于简单服从而又不让它挡了自己的
道,这似乎不可能。没有偏见的城邦纯属幻像,就像一个运动员
妄想跑步训练和摔跤训练两不误一样。真正的治邦者往往不得
不明智地离开那最明智的道路。一次远征行动的统帅,可能正因
为他领导远征行动,而不得不违背自己更优良的判断与敌军交
战。看上去他就像在服从命令。因此,实际情况并非异乡人所说
的样子,即倘若某个人能够给每个人的一生以最恰当的指令,他
就不会用写下法律来妨碍自己的行动自由。真正的治邦者绝不
能运用这样一种作为统治者的能力,无论他作为建议者的能力有
多强。他跟诗人一样不可能总是站在臣民一边,而跟诗人不一样
的是,他也做他们的制作者。他必须淡化他所知道的。明智地淡
化明智,结果是有时可能就跟法律无从区分了。

　　异乡人让小苏格拉底想象下面的情形:一个医生或教练出国

---

① 参《米示拿》(*Mishnah*),"公会"(Sanhedrin)16.3(H. Danby 译,London,1933,页
400):"应当严格[遵守]经上的话,胜于遵守[成文的]法律。"

前把他的指示写在纸上留给病人,因为他认为如果不这样病人就记不住这些指示。如果这位医生或教练早于预料的时间回来,发现病人的情况变了——变好或变坏了,他就会毫不犹豫地废掉之前的处方而另开新方。然而,异乡人不能让这种情形完全充当治邦者-立法者的范例,因为治邦者-立法者若定立了不成文法,他就不会补充别的法,恐怕城邦会忘掉那些不成文法。如果说,医生不能在国外待到病人一生结束了才回来,那么,治邦者回来则没什么好处——倘若他的法律已然成了臣民的第二自然。假如第一位立法者与另一位同样能干的立法者之间隔了两三代人以上,那么第二位立法者所能改变的东西更是微乎其微。病人换一种食物疗法可能更舒服,也可能更不舒服,但改换法律无论多么有益,只可能显为冒渎之举。立法者的成功恰恰是治邦者成功的某种障碍;事实上,法律甚至可能毁了它本来打算去拯救的城邦,这不仅是因为法律也许堵住了城邦摆脱危机的唯一通道,还因为,连法律本身也必须承认明智不可能由法律教给人。恪守法律并不造就最好的治邦者。阿里斯蒂德斯(Aristides)就不是忒米斯托克利斯(Themsitocles)的对手。

> 谁想要虔敬
> 就让他离开王廷
> (Exeat aula
> qui volt esse pius)①

城邦有时候必须求助于某种与己道殊异的智慧。真正的治邦者即便生在城邦,长在城邦,也始终是个[III.134]异乡人。在城邦看来,法律所宣扬的善、正义、美看上去仿佛就是城邦所追求

---

① 出自罗马诗人卢坎(Lucan),《内战记》,卷八 493–494。

的永恒目标,但对治邦者-立法者而言,这些都只是他疗方中的成分,是可以改换的(参 309c5-8)。合法只是一个手段,尽管看起来是目的;但是,除非法律带给人这种幻觉,否则它就不会像现在这样有效力。异乡人说,禁止真正的治邦者颠覆既定法律"按真理而言"是可笑的;我们几乎不必补充说:也仅仅是在"按真理而言时",这样做才是可笑的。

治邦者回来改变他自己制定的法律,或是作为异乡人到来并改变另一个人制定的法律,这种可能性看起来微乎其微,以至于我们不得不猜想,异乡人此时所想的会不会是别的什么东西,而不是通常意义上的成文法。毕竟,他常常把成文法称作正义的文字。根据神话——按此神话宙斯不过是一个言辞幻像——异乡人提到病人出于宙斯的原因而出人意料地好起来(295c9-d2),表明异乡人脑海中所想的情况变好或变坏是指宗教上的根本改变,这就要求我们对《治邦者》的教导作出不同的解释(参 297d6)。柏拉图可能由此暗示,他要为人们理解他自己的作品划定一个限度,好让作品即便在这样的变动中幸存下来,也还是需要重新创作——或通过作品的翻译,或通过其他更符合时代要求的形式。如此,异乡人可能不单正在通过神话宣告苏格拉底的结局,而且正在通过他自己对法律的解释来宣告柏拉图作品的同样必然的结局。

异乡人证明法律的不足越是详细,法律存在的必要性就越是清晰,因为法律的缺陷也是守法者信念的一部分。多数人相信,假使一个人知道更优良的法律,他就应当说服自己的城邦加以采纳。多数人不可能想出有什么比现存法律更优良、而本身不是法律的东西。法律的殊荣就在于:多数人将不会容许某个法律不被另一个法律代替就直接被废除。多数人总想把例外制成常规。然而,异乡人把医生与治邦者类比时再次遇到麻烦,表面多数人的抗议也不完全虚有其表。毕竟,他们将不得不承受治邦者尽管有技艺、却是暴力的治疗。

异乡人没能区分两种医疗上的强力：一种是不理会病人的意愿而给病人带来疼痛，比如当医生把折断的骨头接上时；一种是让病人违背意愿做一些本身不会带来痛感的事（比如当病人不愿服药时）。那么，治邦者的暴力行动不可避免吗，还是说，只是在城邦犹豫不前时才需要用到暴力行动？异乡人想到前者可能跟想到后者一样多，因为［Ⅲ.135］即便多数人被说服而放弃以前的习惯，那种被强迫的感觉还是会伴随他们。因此，他们可能把更好的政制——更正义、更美的政制——跟痛苦联系起来。况且，多数人也不会体验到立法者的技艺本身，对他们而言，那是对善、正义和美的经验；因此，他们只会不由自主地觉得立法者所立的新法是坏的、不正义的和丑的，而不会想到把感受到的痛苦怪罪于立法者缺乏技巧。假如多数人承认了政治技艺存在的可能性，他们就绝不会根据贫或富、根据法度或自由来选择政制了，而政治智术本身也就会得到承认。然而，真正的治邦者一旦转向立法，他必须也变得智术化，因为法律几乎不可能越出贫或富、法度或自由这些原则之外，而另外找到什么别的原则。如果用法令规定只有正确使用财富的人才可保留其财富，那等于默许了永远革命，尽管人可能躲过告密者或成为诉讼当事这一对孪生的祸患。明智向来是偶然应急用的东西，法律则决不能如此。异乡人现在又把治邦者比作一艘船的船长。

治邦者说到了知识，即顺从的法律。治邦者说到了谬误，即违法和犯罪的法律。遇到谬误，治邦者纠正之；遇到罪行，法律惩罚之。不在位的真正的治邦者若在纠正谬误时触犯了法律，法律还是会对他处以死刑或别的极刑。法律必须装作知道死是绝对的恶；它不可能知道未经检审的生活不值得过。也许，法律的单一性根本上是由于它必然在同一根尺子上划分恶的级别。法律的单一性也使法律成为无辜的，因为它不知道自己无知。但这就

使无知之知在法律眼里成了犯罪。现在比起其他任何时候,攻击
法律的异乡人都更多是在代表老苏格拉底对小苏格拉底说话(参
299d2)。异乡人怎么可能说到所有政制都是对那唯一正确的政
制的模仿呢? 难道[人犯罪时]是原型在误导人,而犯罪只是对原
型的模仿吗? 我们可能会说,模仿是纯粹形式上的,即,僭主跟真
正的治邦者用的是同样的"线条":凡是最好的事,不违反成文法
便无法成就。真正的治邦者也不得不同意这一点;既然如此,他
就得说服——他不能教导——多数人相信僭主并非"真地"晓得
他在说什么。如果多数人发现不可能把僭主与真正的治邦者这
二者分开,那是情有可原的。然而,多数人怎能知道,真正的治邦
者从城邦上切除的那肿大的癌状物真的就是癌呢? 政治科学看
起来就像有任意性。因此,再也没有谁比真正的治邦者更容易被
人控以败坏城邦的罪名了。要治邦者证明[III.136]他并非因为
收受贿赂而处死一个公民,与要苏格拉底证明他从未引诱过卡尔
米德(Charmides)一样不可能。表象反驳真正的治邦者,也反驳苏
格拉底。想象如下情形并不困难:真正的治邦者如此如此行动,
结果他的朋友们在集市上制造了一次谋杀行动,然后他的敌人就
被除掉了。

　　还有一个方面,也存在着对唯一正确的政制的模仿,但这仅
仅适用于守法的政制。这种政制规定任何人不得触犯法律。禁
令试图在行为层面上维持不可变性,这正符合政治科学的一贯目
标。因此,模仿是对那个目标的模仿,因为在行为层面上真正的
治邦者总是在改变他的路线。然而,在城邦放弃其法律的时刻,
模仿则更为明显,因为那时城邦也必须说,存在着某种比法律更
好的东西。如果我们说,最具党派性的政治提议总会在某个时候
从真正治邦者的嘴唇发出,这绝非夸大其词(《法义》709e6)。

　　异乡人描述了严禁诸技艺自主发展以后随之而来的停滞状
态,这使小苏格拉底无比沮丧。他相信,到那时所有的技艺都将

彻底消失,永不再复兴,而现在就已经很艰难的"生活"到那时也将完全没法过了。小苏格拉底关于何时曾为黄金时代的疑惑现在得到了解释(271c4-5)。他无法想象各种技艺消失以后的生活。然而,法律必然是过时的。法律跟牧人的传统放牧方式一样是非革新性的,不过,牧人就属人的治邦者而言是错误范例,就属神的统治而言是正确范例。如此,法律就是属神统治的属人对应物,但神统治的时候没有城邦。法律不经意间想要取消城邦,因为法律无法保证那些条件,而唯有那些条件才能使法律完全堪用。在法律看来,城邦是黄金时代的一次沉沦;它并不在意哲学在黄金时代是否可能。然而,法律不能与具有进步特性的诸技艺一起进步,因而比诸技艺更接近政治科学。倘若政治科学跟诸技艺一样,那么它也将是进步的;但政治科学不可能是未完成性的,除非它不再胜任统治。其他技艺和科学目前不知道自己将发现什么;政治科学目前则不知道治邦者将面对什么。在其他技艺和科学的现有知识中,已经包含着不可预料的东西;政治科学所处理的不可预料的情况,则尚在它现有的完整性之外。然而,这两种偶然法律一并拒绝承认,它看不到技术上的革新总是带来政治上的变革。

[III.137]为了表明技艺与不同政制的联系,异乡人列出七对技艺,并问小苏格拉底,法律对这些技艺会有什么影响。每一对技艺中,第二个技艺都是综合性的类,第一个都是第二个的实例:(1)用兵术;猎取术;(2)绘画术;模仿术;(3)木工术;加工制造术;(4)农耕术;种植术;(5)养马术,放牧术;(6)预言术;侍神术;(7)跳棋术;数学(《法义》820d1-2)。第一对技艺,我们不必依靠《智术师》也能把它们跟僭政联系起来(222c5-8);我们也不难发现寡头政制对于培养模仿术颇有好感;无法的民主政制则是一种都市民主,各种加工制造技艺在其中兴旺发展;根据法律统治的民主政制则是农耕业的[天下];贤良政制,或者说守法之少数人

的统治,是骑士的政权;传统君主制,如异乡人说过的,乃是把君王跟祭司看作一体。然而,异乡人把正确的政制等同于数学——这也许会提醒我们想到《王制》——表明他对法律的蔑视在何种程度上需要纠正。他提到立体几何,还提到关于运动中的固体的科学,前者是一个较年长的泰阿泰德搞出来的,后者则仅仅是苏格拉底的梦。政治科学必须免受尚未发现的数学真理的影响,但中道的尺度必须充分向它揭示开来。

　　法律的缺陷在于不精确,法律的优点在于综合性。如果人人被禁止做违法的事,而且所有人——除极少数人之外——都不可能拥有政治科学,那么,法律自视其智慧无人可及,其错就不过是微乎其微。法律来自世世代代人的经验——尝试及错误——以及少数策士的远见卓识,几乎完全等于真王者的明智(参294a8)。异乡人不经意间指出了一个事实:最优良的法律就其起源而论,也触犯了它自身所定的关于它自身不可触犯的禁令。法律并不是熟透了以后从宙斯的脑袋里冒出来的。但是,法律既然不可能承认改变是维护其自身不变性的必要前提,也就完全缺乏自我知识。法律不知道它本身乃是一次"第二次起航"(300c2);法律看不到自己必然的丑。《治邦者》的主要目的就是要挑明这一必然性,因此,它只能身不由己地显得跟法律一样地丑。由此,对话便在自我知识这一要素方面模仿了法律。小苏格拉底被迫经验了最优良的法律所由形成的尝试和错误,但也通过尝试和错误学习了治邦术的科学。《治邦者》的论证即是《治邦者》的情节。

十一、诸政体(302b5-303d3)

　　[Ⅲ.138]不同类型的政体各有其通用名称——僭政、寡头政体、民主政体、贤良政制、王政,这些名称的数目正好等于《智术师》中智术师在异乡人的二分中现形时所披戴的伪装形式的数

目。还有进一步的对应关系:在这里,有一种政体的唯一名称(王政),乃是正确政体唯一可能的名称,正如[在那里]苏格拉底的净化术乃是唯一出身高贵的智术;不惟如此,"民主政体"这一名称后面隐藏着两种民主制形式,这也恰好对应于《智术师》中异乡人第三次划分时的两种形式——泰阿泰德把这两种形式误当成了第三次划分和第四次划分。泰阿泰德曾疑惑于智术师的多种表象如何可能统一,异乡人提议,或可认为所有这些表象都是模仿性智术本身的不同幻像。这一提议引出没完没了的难题,异乡人领着泰阿泰德摆脱了那些难题,自己却深陷其中无法自拔。泰阿泰德由异乡人领着尽可能地接近了诸在,同时仍然保留着他的无知;对小苏格拉底,异乡人则采取另一条路线。小苏格拉底被异乡人领着亲自体验了一次论证,其深度可说是柏拉图笔下其他任何人物都难以企及的。小苏格拉底通过这次体验最终发现,一切过去、现存和未来的政体都是那唯一正确的政体的智术性模仿(参302e6)。他认识到城邦乃是所有智术的天然活动场所。城邦就是智术师多重幻像的具体统一。智术师是反讽的;城邦却绝不可能是反讽的。《智术师》中的智术师比较起来并不是智术师。智术师是哲人,又不是哲人。至于治邦者,苏格拉底不是曾经暗示,就治邦者是哲人的一个暂时幻像而言,上面这话对他也同样为真吗?

然而,治邦者乃是哲人的范例。治邦者的技艺就其本身而言是实实在在的,它不像《智术师》中的智术,是一种非技艺性的技艺或一种没有自我知识的哲学;忒奥多洛斯比普罗塔戈拉更堪称智术师的代表。政治科学起源于哲人对哲学条件的反思,其根本在于区分意见与知识。因此,《治邦者》在知识和哲学的亮光中充分揭示了城邦,《智术师》则因遗忘城邦而在城邦的阴影中部分遮蔽了哲学。讨论非在问题是《智术师》中的一次离题;《治邦者》论证中所声明的一次离题则是讨论何种城邦中的生活最可忍受。

我们所有人大抵做每件事都是为了尽可能生活得舒适自在些(参286d6)——尽管这是事实,但苏格拉底和异乡人还不可能[III.139]去为他们眼里的一个学术问题大费周章。小苏格拉底没有丝毫政治野心(299a7-b1),并无意于在城邦事务中展示他一知半解的治邦术知识。异乡人已经看出了这一点。

向小苏格拉底教导他日后绝不会用到的政治智慧——这看起来像是一个巨大的悖论。但是,考虑到苏格拉底将在69岁那年被雅典处死,让小苏格拉底知道他在寡头政制的城邦中所遭遇的将会更惨,就并非毫无意义了。苏格拉底的死并不是什么了不得的灾祸(303a4-7)。小苏格拉底也知道现今时代(考虑到他从未去过别国,这里当是指雅典)的生活很艰难(参264c1,7),但他不知道,就从事哲学而言,所有可能的政制多多少少都会使生活显得艰难。此外他相信,唯有诸技艺自由发展才使生活成为可以忍受的。虽然小苏格拉底本人并不追求奢华生活,但他没有意识到,他之所以偏向那种[诸技艺自由发展的]生活,是因为他自己爱好数学,而数学在诸技艺高度精确的地方更可能兴盛。异乡人将各种政制排列出高下,一方面是要纠正小苏格拉底上述信念中暴露出来的私心,另一方面则是要承认,他这信念就从事哲学而言是正确的。异乡人的排列是明智的,他不会对每个人都这样说话。他把多数人的利益与少数人的利益加以权衡;对多数人而言,法律比技艺重要;至于少数人的兴趣,像雅典这样的城邦就在不经意间为其效力。由此,异乡人提供了一个最适合给非政治的小苏格拉底去听的、有关政治明智的典范。

十二、诸职事(303d4-305e7)

编织活动曾提示异乡人,应当区分政治科学的同类技艺与政治科学的协作技艺。异乡人也早已从政治科学的同类技艺转向协作技艺,或者说从原因转向共因(287b4-8)。但两个并生的障碍,法律和政治智术,转移了他的注意力,使他未能考察完所有共因。现在障碍似乎已经去除,但仍然在阻止他重启之前的论证。司法、用兵、宣传这些部门并未如我们以为的那样作为王政类的协作技艺,而是作为王政类的同类技艺出现。异乡人将会证明这三类技艺都从属于政治科学,但他无法证明它们中的两类技艺可以跟政治科学协作。异乡人用比喻传达出他们发现真正治邦者的经验,但他自己的这个比喻首先指出了困难所在。金矿石中混杂的土石[Ⅲ.140]是对假治邦者的精彩比拟。但是,如果铜、银、铁都像是治邦者的可尊敬的同类,那么一旦治邦者炼成了纯金,这些同类也就不再跟治邦者合作。也许,对它们加以离析甚至还会解除它们与治邦者的亲近关系;因为该比喻若真的成立,那就只能在未炼纯的状态中才会发现它们跟金同在。只有当小苏格拉底和异乡人不把治邦者分离出来,而继续让他与众侍仆混杂时,众侍仆才会听命于治邦者;然而,作为合金的一部分,治邦者的价值也许还抵不上那些跟它结合的其他金属。治邦者也许是个标准,尽管他可以不在城邦出现,但城邦中其他职事的重要性都要以他来衡量。异乡人冒着可能要从一种工作中去提炼治邦者的危险。

　　小苏格拉底欣然同意,任何一门科学都没有能力判断它本身该不该被人学;但他同意,有一种科学却有能力针对所有实践性科学作出这样的判断。他没有问、异乡人也没有告诉他的是:这种能力是不是也可以运用于该科学自身,以及治邦者是否知道自己何时不该担任治邦者。小苏格拉底进而同意,知道另一科学是否应该被人学的科学,与知道另一科学是否应该被人用的科学,乃是同一种科学。任何科学都始终处在受监管的状况下。修辞学家能说服人,却不能通过修辞术知道他该用说服,还是该用强力,还是该按兵不动。但是,如果只有治邦者才知道某种情形下需要修辞学家,那么修辞学家还能知道该情形下需要什么吗？治邦者的能力必须远远延伸到修辞学内部,至少要像苏格拉底在《王制》卷二和卷三所表明的那么远。还有一个问题异乡人没有提及:既然修辞家不能凭修辞术知道何时何地去说服,相反,他作为修辞学家必定认为修辞术的领地无远弗届,那么他就不可能凭修辞术知道他应当顺服治邦者。

治邦者用他自己编出来的神话说服修辞家的吗？因为,他肯定不可能让修辞家自己写出一篇神话来证明自己位不如人。治邦者当然也可以强迫修辞家服从他,但即便他知道应当何时使用强力,他自己的技艺中却没有强迫一说(参297a4-5)。倘若修辞家所要说服多数人去相信的正义乃是治邦者的正义,那他将不得不说服他们相信这样一种正义是正义的;该正义完全不关心它本身是否有说服力,也不在意是否合乎法律。但既然这是一个不可能完成的任务——因为这样他抛弃了法律——那么,修辞家就必须代表法律说话而反对治邦者。但这同样是不可能的。因此,修辞家——[III.141]若他要跟治邦者保持一致——必须知道怎样使治邦者的正义看起来就像是法律正义,即便两者实际彼此冲突。守法的修辞家无法完成如此微妙的任务;不守法的修辞家则不愿去完成这一任务。看起来治邦者需要那种演说家(the dêmologikos)即在公众面前装样子的智术师,这样的智术师会怀疑法律并非真知道它所声称知道的东西。我们很难说悲剧诗人和喜剧诗人哪个更能装样子,哪个更能服务于治邦者的利益。

治邦者处理城邦外交事务时,可能会表现得没那么依赖法律。法律在外交事务上可说的东西远远少于它在家门口的事物上可说的东西。实际上,法律自身有一个根深蒂固的、为治邦者服务的偏向:法律必须把邦民跟外邦人区分开,不给外邦人任何固定的权利,只给他们一些随时可以废止的特权。[至于将军,]本邦与外邦要战或要和并不是他考虑的事,他的技艺只是在[治邦者]决定开战以后才开始发挥作用。异乡人的意思是说,治邦者可能发动一场将军明知城邦会败的战争,同样也可能叫停一场急需振作士气再战一回合的战争。尽管一种修辞技艺是否存在同样是值得怀疑的,不过异乡人只是对军事能力的技艺性表示了怀疑;而小苏格拉底则相信事实上一切军事行动都需要技艺。也许有人认为战争恰好证明了相反的情况:即技艺在战争开始后已退居次要地位,服从于机遇。[如此,]战争技艺的领域必定非常狭窄,它被夹在中间,这一头是它无法控制的,那一头是它不应控制的。指挥作战的将军因此就被置于尴尬之境:敌人若在战斗前夜请降,那么将军必须等不在场的治邦者给他下达命令[然后才知道怎么办]吗?而且异乡人没有提醒小苏格拉底注意如下事实:将军统治着一支军队,因而他的工作比起法官或修辞家的工作与治邦者的工作更近于重合。将军——他若是个智术师——乃是僭主。他对治邦者造成最大的威胁,因为他必定赞同技艺跟强力并非不可兼容。毕竟,当城邦集结成一支一支的部队时也正是它最像牧群之时。荷马就把阿伽门农称为人民的牧者。

司法部门或治邦者政府中的第三个分支也不可能跟治邦者的统治相一致。司法部门单凭立法者-王者所定的法律来断案;而异乡人连提也没提到,司法技艺无法决定一个案件是否应当依据法律来审断。法官的德性只在守法(305b7-c3)。当然,法律可以把君王作为例外——"君王不可能错"——处理,但法律架构本身则不能[III.142]单单把真实的君王作为例外,却不对其他任何人法外施恩。真正的王者不做事,他统治,他甚至在不统治的时候也统治。

对于异乡人诸提议的可行性,小苏格拉底的表现漠然得不能再漠然,虽然某种意义上异乡人并不曾给出任何提议。城邦的构造没有谈,邦民的教育也没有提到,然而,治邦者智慧的性质本身已经排除了对它作任何描述的可能性(参306a5-7,d9-10)。治邦者的智慧只能显露于行动之中,但真正的王者又并不行动。
《治邦者》这篇对话从一开始就一直在这个悖论下艰难前行。最
具经验的政治家判断到底今天该做什么,只能以政治科学为根
据,但是,政治科学只能以对城邦及其政治家们来说全然异质
(alien)的方式,来成为治邦者判断事情的基础。政治科学属于城
邦但又不属于城邦;它的根源在别处。城邦是一个整体,治邦者
知道怎样把该整体的各部分编织在一起,但是,从来没有哪个编
织者是他亲手所编之网中的一个要素。

十三、德性(305e8–307d5)

　　《治邦者》比《智术师》深刻。表明这一点的莫过于两篇对话
各自对德性的分析。《智术师》中,诸道德之恶被比作身体的疾
病,疾病跟邦民的内讧或紊乱相同。尽管对话中完全没有说,但
该类比认为在一方面恢复健康不会干预到在另一方面恢复健康。
然而在《治邦者》中,异乡人却揭示了通俗意义上的勇气与节制间
彼此敌对分裂,而且他也只有这样做才能揭示出治邦者自己那不
可代替的工作。惩罚的技艺所带来的痊愈不过是一种改良过的
疾病。德性存在于美与美之间的兄弟相争中。小苏格拉底对此
不太理解,正如泰阿泰德不太理解灵魂的两类恶中一类像身体的
疾病,另一类像身体的丑陋。小苏格拉底当然没有注意到,美已
经跨过界限,取代健康而成了道德的标准。异乡人说,智术师,或
者说那些模仿德性时不能不靠某种双重性的人,发现大众所以为
的德性的单一性很容易受到攻击。德性的一个部分某种程度上
与德性的一个种并不一致。

　　不必奇怪,小苏格拉底没有注意到异乡人是在暗示他之前对
自己的责备,那时异乡人批评他错把各部分当成了种。甚至当异
乡人问他是否记得敏锐和迅速如何受到人们赞扬时,[III.143]他

还是没能领会异乡人的暗示——异乡人曾夸赞他把动物群划分成人群和畜群表现出了他非凡的勇敢。不过,小苏格拉底[听不出异乡人的暗示]也情有可原,因为那时异乡人的话听起来可不像是夸赞;假如是夸赞,那也是在夸赞属人的骄傲,小苏格拉底划分人群与畜群从根本上讲乃是基于这种属人的骄傲。然而,男子气若发展到极端将跟兽性难以区分,而且只有人类才有能力披上兽性。人类随己意把相对的"异"绝对化,从而开始意识到自身的存在。属人的骄傲是盲目也是洞见。属人的骄傲声称已经克服了兽性,由此承认兽性有必要被克服。而我们正是由于心照不宣地承认这一点,才得以断定异乡人责备小苏格拉底勇敢,其实是在反讽。

　　比较起来,《智术师》中异乡人称赞泰阿泰德直接承认了神性存在者的存在,口气则直接多了。泰阿泰德不需要先变得谦卑,然后才能把人放在人[该有]的位置上。勇敢发现人兽之别,节制则一眼就承认人神之别。这两种德性把人性卡在中间,成为某种不确定的东西。没有勇敢的节制必定流于妄自菲薄,因为猪和人都同等地是神的造物或神的臣民;没有节制的勇敢必定流于无神论,因为这样的勇敢眼里没有任何高于人的存在。于是,卓然独立的人便是异的代表,人同时既异于神也异于兽。因此,当[此前]异乡人被要求详细解释他对苏格拉底起初问题的回答时,他采纳了介于无耻和野蛮之间的中间立场,即,既不是发表长篇独白,也不是一言不发保持沉默(《智术师》217d8-218a3)。辩证术似乎就是练习解决节制与勇敢间的冲突。然而,为了把这种练习显明给别人看到,就必须有两篇对话,每篇对话各由其情节推动,沿着与另一篇对话相反的方向朝着另一篇对话运动,逐渐远离该对话本身所预设而另一篇对话起初所反对的关于人的界定。彼此交织的《智术师》和《治邦者》不过是一。两篇对话构成的逻各斯就是对诸种的编织。

　　异乡人的论证已把"合法"从正义的严格定义中完全排除,并通过这论证把正义还原成了智慧。可是当面对节制和勇敢时,他甚至没有尝试去证明,通常被誉为节制或勇敢的某个行动过程严格来讲应该称作智慧。很显然,由于几乎没人会认为这两种德性中的任何一种可单独成为德性的整体——这样归属在正义看来完全难以服人——所以,异乡人没有援引[Ⅲ.144]智慧之士的判断作为标准。然而,如果对某高贵行为的称赞是基于称赞者认识到了既定情况下真正要求什么,节制和勇敢必须共同作为中道的尺度。如此,中道尺度在实践上就必定是双重的,唯在言辞中才是单一的。任何一个既定情况,无论是在行动领域还是思想领域,必定都染上了异的自然,使我们不可能直接从中道出发、然后便实现了中道。自然本身或许是中立的,但她的诸幻像总是有所倾向,在两个作为部分的种中,她总是聚拢在要么这个种、要么那个种的周围。说明这种二元性的最明显的例子就是男性和女性,正如在一般观点看来,节制和勇敢——如后者的名称"男子气"本身所表明的——分别是男人和女人的完全状态。事实上,我们无法把任何一个运动、力量或重量——就算再大——视为与另外任何一个运动、力量或重量——就算再小——完全相独立;但尽管如此,无论什么价值,都没有一条实在的中线把值得称赞的迅速与值得称赞的迟缓、把值得称赞的紧张与值得称赞的松弛、把值得称赞的沉稳与值得称赞的轻灵截然分开。这条中线跟算术上的中间值有些共通之处,它是据以辨认节制和勇敢的否定性标准,缺失了这一标准,节制和勇敢不但两个都不会显得美,还会完全脱节,不再对彼此发生任何影响。

　　节制受称赞,这本身就违背了节制的自然,因为对稳当、谨慎的称赞本身就是不节制的,这样的称赞必然借助于那个与节制相对立的类的强烈和猛烈(sphodortês)——没有这两者,称赞就不再是称赞,而成了明褒实贬的恭维(修昔底德,《伯罗奔半岛战争志》

II.45.2)。异乡人问小苏格拉底,我们是否经常称赞逐渐生成这一类事,小苏格拉底的同意带有一丝男子气的猛劲(kai sphodrage)(《斐勒布》24b9-c6)。这表明孤立的节制是不够的,不用说,节制还需要受到勇敢的抑制,以免沦为过度软弱。因此,把勇敢和节制描绘成一条线段上的两个端点是一种误导,因为线段会向外延伸,越过两边的端点而进入恶的领域,每一种德性在这里才被另一德性所切断(图3)。然而这个图也有误导性,因为它没有表明,在两种德性中,一个受到称赞,另一个必然被吞没在它的"异"类中,尽管怯懦(anandreis)不是节制(《王制》560d3)、无节制(akolasia)也不是勇敢(图4)。

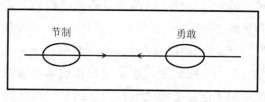

图3

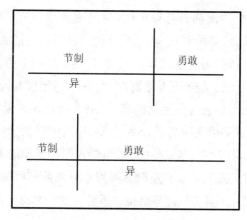

图4

节制与勇敢之间的纽带在于那条中立的连续线,二者都从这条线上出现。这些连线通过数学性的相对度量法变得为我们所知;[Ⅲ.145]从这种相对度量法的角度看,节制与勇敢之间似乎存在某种确定的比例关系。但既然每个德性都表现出不止一种属于运动体的属性,那么这些属性在一个种里面的相关性就存在于任何可由算术确定的领域之外。运动、力量、重量等就其本身而言都是独立变量,唯有在两德性中任意一个的类属特征原则上都并非算术性的情况下,它们才能成为依赖性的变量——无论给勇敢和节制的每次显示安上些并不总是假冒的毕达哥拉斯式的数值常常是多么容易。其实,中道度量法不可能不用到数学度量法;毕竟美与数学比例之间还是有些关系的。德性的"质料"提示我们,灵魂、即便是完全的灵魂也并非一切。节制和勇敢的分离指出了灵魂经验的片面性。这两者是衡量我们的无知的共同尺度。节制和勇敢的明显的[Ⅲ.146]二重性,预示着度量术中的真实的二重性,而度量术的统一——异乡人已经暗示——则在关于精确的科学本身中。如果我们正确地把精确本身等同于善的型相,那么,根本问题便是美的二重性与善的单一性之间这一未解决的张力。①

美在两个方面都具有双重性:对灵魂而言,是两种德性的对立;对知识而言,是两种度量术的对立。它们之间的关联再次被异的自然所决定,因为数学尺度对知识而言是两个种之一,对灵魂而言则既连结、又分开两种德性,而它本身则被排除在两种德性之外。因此,倘若套用字母的范例,那么就灵魂来说,数学乃是夹在两个辅音字母之间的元音字母,就知识而言,数学则是个辅音字母。由此,灵魂可以是完整的,知识对我们而言却绝不可能是完整的,因为哲人的辩证术实践把那言辞中分离的东西粘合在一起。德性是知识,又不是知识。苏格拉底所警告泰阿泰德倘若咬定知识

---

① 在《形而上学》卷 B 中,亚里士多德的第一个困惑就关系到智慧的统一性。首先由于美(静)与善(动)之间的张力,然后又由于善与在之间的张力,智慧的统一性显得不大可能(996a21-996b1;996b10-26;参 1078a31-b5)。

同于意见将会撞到的那个矛盾——人知同一物可能既猛又温——现在看来竟是德性内部的根本对立(《泰阿泰德》165d5)。

泰阿泰德和小苏格拉底在知识上统一,在天性上分离,而异乡人的实践就是设法用德性把二人统一起来。在《智术师》中,他对付了泰阿泰德的节制天性所产生的偏见——这天性让泰阿泰德想当然地以为人是驯服的动物——鼓励他一路追踪狡猾难捉的兽,即智术师。在《治邦者》中,他对付了小苏格拉底的勇敢天性带来的偏见——这天性让小苏格拉底想当然地相信人的理性——强迫他接受下到洞穴的折磨。泰阿泰德的节制必须靠怀疑主义赋予生气,小苏格拉底的勇敢必须靠权威加以约束。然而,异乡人采取顺势疗法所下的药并未取得绝对成功。泰阿泰德的天性到最后再次体现出来,因为他相信一位神性的创造者;小苏格拉底若在一堂课过后重回原形,我们也不必以为奇怪。也许我们还需要一篇叫作《哲人》的对话来确切知道后来的情况;不过,过度节制的后果当然比过度勇敢的后果更会吓到小苏格拉底(308a3,b1)。

十四、结合(307d6–311c8)

泰阿泰德和小苏格拉底之间的友爱没有打动异乡人。这倒不是说二人必须首先克服[147]不同天性自然引起的敌意,然后才能联手去解决某个几何问题。他们甚至都没有意识到冲突的可能性,异乡人明智地跟他们单独交谈,免得二人中的哪一个为了该赞美什么或该责备什么[与另一个]意见不合,从而分散注意力,错失了得到恰当教育的机会。① 他们只是在异乡人的调停下

---

① 苏格拉底可以同时跟格劳孔(Glaucon)和阿德曼托斯(Adeimantus)交谈,部分因为那两人是兄弟。从某种意义上讲,兄弟俩分别对应于小苏格拉底和泰阿泰德。

参与了同一场逻各斯。作为数学家,他们之间的差别问题不大,顶多不过导致他们斗斗嘴皮子;但若涉及政治,他们之间的差别就相当于主战派与主和派之间的差别了。一个由泰阿泰德这类人组成的城邦将只关心本邦事务,而且倾向于待别邦公民如同本邦公民。这样的城邦无视异邦人的陌异性,因为它容易忽略自己作为一个部分的片面性。这样一个城邦受适应精神驱动,终将受人奴役,它那无意识的、漫不经心的怯懦也将跟它的愚蠢几乎无法区分。相反,一个由小苏格拉底这类人组成的城邦则将视一切城邦为敌,它完全不知道潜在的敌人有别于实际的敌人。它的洞见太过犀利,异邦人的陌异性对它而言是如此绝对,以至于它必将不断卷入战争,直到为自己招来奴役或毁灭。异乡人没有考虑另外一种可能性,即这样的城邦也可能战无不胜,最终成就一个普世帝国。但它若到那时还不肯放弃自己的天性,那么它将不得不转过身来与自己作战;况且神话曾教导我们,唯有神才能施行普世统治,而就连神也不得不周期性地放手。由此看来,对城邦而言,过度节制是比过度勇敢更大的危险。事物的自然会更倾向于阻止部分对整全的僭政,甚于阻止一个部分对另一个部分的奴役。我们也许会认为,异乡人在这方面有点过于乐观了。

　　每种关于拼合的科学都必然是一种净化术,因为它总是尽可能去掉一切劣质无用的东西(《智术师》227d6-7)。异乡人刚把这一原则应用到“我们的真正自然的政治科学”,似乎就又违反了这一原则:由君王术整合起来的城邦的确会处决、放逐或贬黜那些不自禁地滑向不信神、肆心和不义的天性,但对于那些陷在过分无知和谦让中的天性,城邦则加以奴役。城邦容不下过度的勇气,却不能没有过度的节制。然而,奴隶并非治邦者所织袍子的一部分,尽管设计这袍子是用来遮蔽城邦中每个人的——无论是奴隶还是自由民(311c3-4)。城邦享受治邦者编织的结果,但它本身并非治邦者的织物。异乡人区分了节制者和勇敢者共享的生活与整个城邦的结合。唯有节制以服从的形式把城邦结合在一起，因此，严格而言，不能把作为整体的城邦说成是幸福的(《王制》420b4-8)。然而，就连城邦的统治部分，也并非一个全无接缝的整体，编织范例所暗示的节制与勇敢的自我结合不可能政治地达成。异乡人用两个纽带(desmos)——真实意见和婚姻，取代了自我结合。

对节制和勇敢的天性给予法律教育不会改变任意一种天性本身，就像所推荐的那类通婚并不能保证其后代一定会展现出节制与勇敢的恰当混合一样。城邦的统治部分总是需要一位统治者，缺了这位统治者，城邦中只能有对立家庭间的和谐。通婚和共同意见不能消除、只能缓解冲突利益之间的残忍的解决方式，而倘若有统治者在，这种残忍解决是不会发生的。异乡人的解决方案其实相当于这样：由真正的王者安排勇敢家庭的成员进入城邦军队，安排节制家庭的成员进入城邦法庭。① 军队已被充分驯服，不会倒戈攻击同胞；法官们受法律约束，仅限于处理城邦内部事务。但至于由怎样的家庭为城邦供应修辞学家，异乡人则连暗示也没有暗示。

连结城邦统治家庭的两条纽带，其源头在灵魂之中。异乡人称其中一条纽带为[灵魂中的]永恒部分，称另一条为灵魂中天生动物性的部分。我们可以把前者叫作纯粹心智，把后者叫作爱欲(erôs)。异乡人向小苏格拉底保证，一旦法律向两类家庭灌输进同样的关于美、善、正义之事的真实意见，属人的婚姻结合也就容易设想、且容易达成了。但异乡人解释通婚的障碍，比他解释治邦者如何克服这些障碍时清晰得多。既然他假定同者相吸而异

---

① 海卡努斯(Hyrcanus)对[犹太教中]撒都该派和法利赛派的利用，也许也可以看作如此安排的一个范例。关于单独的勇敢和单独的节制内在所固有的恶，参见塔西佗在《编年史》(Annals)卷一对德鲁苏(Drusus)和日耳曼尼库斯(Germanicus)这两个人物的呈现。

者相斥,那么他就认为,每一类人都会沿着最少可能遭到拒绝的路走,去寻求与自己性情相同的,而以厌恶之心排斥那类从长远看会救了他自己的性情——他自己的性情若是勇敢,就救他脱离疯狂,他自己的性情若是节制,则救他摆脱无能。治邦者当然可以安排无比登对的婚姻,但是他无法让婚姻中的两个伴侣彼此相爱,无论每对夫妇多么确信他们的婚姻不但有益于城邦而且有益于他们的家庭。就爱欲是对美的热爱、并不等同于性欲而言,这些最登对的婚姻实则违背了爱欲的本质。同样,既然连结城邦的神圣纽带在于关于美、正义和善的意见——这些意见对有智慧的治邦者而言不过是为城邦健康开出的处方——那么,通过法律,城邦很少能把满足纯粹理智之需整合进它的统治家庭,正如它很少能把满足爱欲之需整合进这些统治家庭一样。

异乡人曾说法像个愚蠢而任性之人,我们现在知道这话的意思了:法律把节制之恶与勇敢之恶结合起来,从而把自己假扮成完美的编织活动,即把美与美编织成那正义之网。但是,灵魂里心智与爱欲的真正结合,才是苏格拉底的混合辩证法,而苏格拉底即将走上审判台。

参考文献

BIBLIOGRAPHIES

Brisson, L. "Platon, 1958-75." *Lustrum* 20. Göttingen, 1977.

Cherniss, H. "Platon, 1950-57." *Lustrum* 4, 5. Göttingen, 1959-60.

McKirahan, R. D. *Plato and Socrates: A Comprehensive Bibliography, 1958-1973.* New York, 1978.

EDITIONS, TRANSLATIONS, COMMENTARIES

Allen, R. E. *Studies in Plato's Metaphysics.* New York, 1965.

Apelt, O. *Platonis Sophista.* Leipzig, 1897.

——. *Platons Dialog Politikos oder vom Staatsman*[2]. Leipzig, 1922.

Bluck, R. S. *Plato's Sophist: A Commentary*, ed. G. C. Neal. Manchester, 1975.

Burnet, J. *Platonis Opera I-V.* Oxford, 1901.

Campbell, L. *The Sophistes and Politicus of Plato*, with a revised text and English notes. Oxford, 1867.

——. *The Theaetetus of Plato*, with a revised text and English notes. Oxford, 1871.

Cornford, F. M. *Plato's Theory of Knowledge: The Theaetetus and the Sophist of Plato*, translated with a running commentary. London, 1935.

Diès, A. *Théétète.* Vol. 8, part 2 of *Platon oeuvres completes.* Paris, 1924.

——. *Le Sophiste*. Vol. 8, part 3 of *Platon oeuvres completes*. Paris, 1925.

——. *Le Politique*. Vol. 9 of *Platon oeuvres completes*. Paris, 1935.

Klein, J. *Plato's Trilogy*. Chicago, 1977.

McDowell, J. *Plato's Theaetetus*. Oxford, 1973.

Manasse, E. M. *Platons Sophistes und Politikos: Das Problem der Wahrheit*. Berlin, 1937.

Miller, M. H. *The Philosopher in Plato's Statesman*. The Hague, 1980.

Skemp, J. B. *Plato's Statesman*. New Haven, 1952.

Taylor, A. E. *The Sophist and the Statesman*, ed. R. Klibansky and E. Anscombe. Edinburgh, 1961.

Vlastos, G. *Plato: A Collection of Critical Essays*. Vol. I: *Metaphysics*. Notre Dame, 1971.

ARTICLES

The items are keyed to the sections of the *Theaetetus* and *Sophist* in the commentary.

Theaetetus

146c7–147c6

Bierman, A. K. "Socratic Humour: Understanding the Most Important Philosophical Argument." *Apeiron* 5 (1971): 23–42.

151d7–157a7

Bluck, R. S., "The Puzzles of Size and Number in Plato's *Theaetetus*," *Proceedings of the Cambridge Philological Society*, n.s. 7 (1961): 7–9.

162b8–171e9

Lee, E. M. "Hoist with His Own Petard: Ironic and Comic Elements in Plato's Critique of Protagoras (*Tht.* 161–171)." *Phronesis Supplement* 1 (1973): 225–61.

183c5–187c6

Bondeson, W. B. "Perception, True Opinion, and Knowledge in Plato's *Theaetetus*." *Phronesis* 14 (1969): 111–22.

Burnyeat, M. F. "Plato on the Grammar of Perceiving." *Classical Quarterly* 26 (1976): 29–51.

Cooper, J. M. "Plato on Sense-Perception and Knowledge (*Theaetetus* 184 – 186)." *Phronesis* 15 (1970): 123–46.

187c7–190e4

Ackrill, J. "Plato on False Belief (*Theaetetus* 187–200)." *Monist* 50 (1966): 383–402.

Fine, G. J. "False Belief in the *Theaetetus*." *Phronesis* 24 (1979): 70–80.

90e5–196c3

Deicke, W., "*Theaetetus* 192c10." *Phronesis* 9 (1964): 136–42.

196c4–210c7

Lee, H. D. P. "The Aviary Simile in the *Theaetetus*." *Classical Quarterly* 33 (1939): 208–11.

200c8–206b12

Burnyeat, M. F. "The Material and Source of Plato's Dream." *Phronesis* 15 (1970) 101–22.

Hicken, W. F. "Knowledge and Forms in Plato's *Theaetetus*." *Journal of Hellenic Studies* 77 (1957): 48–53.

Meyerhoff, H. "Socrates' Dream in the *Theaetetus*." *Classical Quarterly*, n.s. 8 (1958): 131–38.

Rorty, A. O. "A Speculative Note on Some Dramatic Elements in the *Theaetetus*." *Phronesis* 17 (1972): 227–38.

206c1–206b10

Bondeson, W. B. "The Dream of Socrates and the Conclusion of the *Theaetetus*." *Apeiron* 3 (1969): 1–13.

Fine, G. J. "Knowledge and Logos in the *Theaetetus*." *Philosophical Review* 88 (1979): 366–97.

Sophist

226a6–231b8

Booth, N. B. "Plato *Sophist* 231a, etc." *Classical Quarterly*, n.s. 6 (1956): 89–90.

Gooch, P. W. "Vice Is Ignorance: The Interpretation of *Sophist* 226A–231B." *Phoenix* 25 (1971): 124–33.

Kerferd, G. B. "Plato's Noble Art of Sophistry." *Classical Quarterly*, n.s. 4 (1954): 84–90.

Skemp, J. B. "Plato *Sophistes* 230e–231b." *Proceedings of the Cambridge Philo-

logical Society, n.s. 2 (1952–53): 8–9.

231b9–236c8

Bondeson, W. " Plato's *Sophist*: Falsehoods and Images." *Apeiron* 6 (1972):
1–6.

239bl–241b4

Kohnke, F. W. " Plato's Conception of *to ouk ontôs ouk on.*" *Phronesis* 2 (1957):
32–40.

Peck, A. L. " Plato and the Megista Gene of the *Sophist*: A Reinterpretation."
Classical Quarterly, n.s. 2 (1952): 32–56.

250d5–259d8

Ackrill, J. L. " Plato and the Copula: *Sophist* 215–259." *Journal of Hellenic Stud-
ies* 77 (1957): 1–6.

Gomez-Lobo, A. " Plato's Description of Dialectic in the *Sophist* 253D1 – E2."
Phronesis 22 (1977): 29–47.

Lee, E. N. " Plato on Negation and Not-being in the *Sophist.*" *Philosophical Re-
view* 81 (1972): 267–304.

Waletzki, W. " Platons Ideenlehre und Dialektik im *Sophistes* 253d." *Phronesis* 24
(1979): 241–52.

259d9–264d9

Bluck, R. S. " False Statement in the *Sophist.*" *Journal of Hellenic Studies* 77
(1957): 181–86.

Lorenz, K., and Mittelstrass, J. " Theaetetos fliegt: Zur Theorie wahre und
falscher Sätze bei Platon (*Soph.* 251 d – 263d)." *Archiv für Geschichte der
Philosophie* 47 (1966): 133–52.

Statesman

Rosen, S. " Plato's Myth of the Reversed Cosmos." *Review of Metaphysics* 33
(1979): 59–85.

Schuhl, P. M. " Sur le mythe du Politique." *Revue de Metaphysique et Morale* 39
(1932): 47–58.

Strauss, L. " Plato." In *History of Political Philosophy*, ed. L. Strauss and J.
Cropsey, 2d ed., pp. 42–51. Chicago, 1972.

索 引

图书在版编目(CIP)数据

美之在 / (美)伯纳德特著;柯常咏,李安琴译.
--上海:华东师范大学出版社,2018
ISBN 978-7-5675-8184-5

I.①美… II.①伯… ②柯… ③李… III.①柏拉图(Platon 前 427-前 347)-哲学思想-研究 IV.①B502.232

中国版本图书馆 CIP 数据核字(2018)第 190066 号

华东师范大学出版社六点分社

企划人 倪为国

经典与解释·伯纳德特集
美之在

著　　者	(美)伯纳德特
译　　者	柯常咏　李安琴
责任编辑	彭文曼
封面设计	吴元瑛
出版发行	华东师范大学出版社
社　　址	上海市中山北路 3663 号　邮编　200062
网　　址	www.ecnupress.com.cn
电　　话	021-60821666　行政传真　021-62572105
客服电话	021-62865537　门市(邮购)电话 021-62869887
地　　址	上海市中山北路 3663 号华东师范大学校内先锋路口
网　　店	http://hdsdcbs.tmall.com
印 刷 者	上海景条印刷有限公司
开　　本	890×1240　1/32
插　　页	2
印　　张	13.75
字　　数	300 千字
版　　次	2018 年 10 月第 1 版
印　　次	2018 年 10 月第 1 次
书　　号	ISBN 978-7-5675-8184-5/B.1153
定　　价	68.00 元
出 版 人	王焰

(如发现本版图书有印订质量问题,请寄回本社客服中心调换或电话 021-62865537 联系)